刑事正义的追求

XINGSHI ZHENGYI
DE ZHUIQIU

中伦文德
刑事辩护典型案例
精选

主 编 许 波 黄晓亮

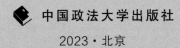

中国政法大学出版社

2023·北京

编 委 会

作者简介

（按文章先后排序）

　　许波，北京市中伦文德律师事务所高级合伙人，中伦文德刑事法研究院院长，中伦文德企业刑事合规研究中心主任，执业领域包括刑事案件辩护与代理、企业刑事合规体系建设、民商事诉讼与仲裁等。许波律师现为国际刑法学协会（AIDP）注册会员、北京万合企业合规研究院高级研究员、北京师范大学刑事法律科学研究院法律硕士研究生兼职导师、安徽财经大学法学院法律硕士研究生实践导师、北京市律师协会商事犯罪预防与辩护专业委员会委员、中央电视台社会与法频道《我是大律师》栏目嘉宾律师/优秀公益律师、央视网华人频道《诚信中国》栏目特邀嘉宾律师、凤凰卫视特邀嘉宾律师、内蒙古卫视特邀嘉宾律师。许波律师代表性专著及论文：《企业刑事合规实务指引》（合著，法律出版社 2022 年版）；《企业知识产权法律实用手册》（中国检察出版社 2021 年版）；最高人民检察院、中国刑法学研究会、人民检察杂志社"首届全国职务犯罪检察论坛征文活动"获奖论文——《职务犯罪案件企业合规工作研究》。

　　娄爽，北京市中伦文德（天津）律师事务所高级合伙人，天津仲裁委员会仲裁员，北海国际仲裁院仲裁员，上市公司独立董事，高级企业合规师，中央电视台社会与法频道《律师来了》栏目嘉宾，无讼研究院、万法通吾法吾天学院、英才苑府、厚大、智合特邀讲师。娄爽律师毕业于南开大学法学院（经济法硕士）和周恩来政府管理学院（公共管理硕士），曾在天津市公安局和天津市国资委任职多年，执业后代理数十起刑事案件，案由包括走私，行贿，集资诈骗，贷款诈骗，非法吸收公众存款，非法经营，过失致人死亡，故意伤害，诈骗，伪造国家机关证件，寻衅滋事，开设赌场，拒不执行判决、裁定，贩卖毒品，袭警，妨害公务，职务侵占，生产、销售伪劣产品，污染环境等罪名，并致力于对刑民交叉类案件的处理解决，案件涉及各地基层法院、高级法院、最高人民法院等司法机关和仲裁机构；担任多家大型国有、民营企业常年法律顾问。其中，娄爽律师代理的"任某过失致人死亡案"中被告人任某获无罪判决，代理的"'8.12'天津和平区无差别杀人刑事附带民事诉讼案"被法治日报社和中国政法大学律师学研究中心评为"首届律师公益（社会责任）典型案例"。2023年5月，娄爽律师团队申报的法律服务产品在中国政法大学律师学研究中心主办、法治日报社媒体支持的"首届青年律师创新引领典型案例"评选中被评为"创新法律服务产品典型案例"。娄爽律师著作：《从入门到精通：国有企业混合所有制改革法律操作实务》（中国政法大学出版社2019年版）；论文《国有企业以接受外资并购方式融资引发国有资产流失法律问题研究》被收录至中华全国律师协会编的《中国企业"走出去"合规理论与实践论文选》。

严锦，北京市中伦文德（昆明）律师事务所主任，毕业于云南大学法学院，从警近十年，先后在治安、经侦、刑侦多岗位工作，兼公职律师，积累了丰富的司法实践经验。专业领域：刑事辩护、企业及企业家刑事合规建设、国际刑事业务（涉外反腐合规方向）。

王志坚，北京市中伦文德（成都）律师事务所主任，经济师、并购交易师、数据合规官，北京市中伦文德律师事务所一级合伙人、医药健康专业委员会主任。王志坚律师自1995年开始从事法律工作以来一直并主要从事医药健康、房地产、公司和合规法律事务，现为四川省人民代表大会常务委员会立法专家、四川省公安厅食药环侦总队外聘专家、四川省涉案企业合规第三方监督评估机制专业人员、四川省药学会药事专业委员会副主任、成都市保护消费者权益委员会常务理事，是《医药行业合规管理规范》起草人、《中小企业合规管理体系有效性评价》团体标准起草人，现为国家市场监督管理总局、中国网络空间安全协会、四川省药监局和成都市市监局执法总队常年法律顾问。

康琪，北京市中伦文德（成都）律师事务所律师，硕士研究生毕业于成都中医药大学，研究方向为药事法规，博士研究方向为中药知识产权，具有律师执业资格、执业中药师资格和专利代理人执业资格，系四川省中药研究促进会医药法律与政策专家委员会委员、四川省药学会药事专业委员会委员。

其服务领域包括医药专利权纠纷、药品监管合规和药品技术转让。

汪倩，北京市中伦文德（成都）律师事务所律师，四川大学法学硕士，专业方向为刑法。汪倩律师自 1994 年开始从事律师职业，对刑事诉讼和各类民商事诉讼事务有较为丰富的经验。

陈云峰，北京市中伦文德（上海）律师事务所高级合伙人。陈云峰律师的业务领域包括刑事风险防控、合规制度构建，刑事辩护，银行、保险、信托等业务，主要为高管人员存在的刑事/合规/反腐败风险提供建议，构建企业内部合规制度和风控体系，金融产品交易结构设计等。

马珂，北京市中伦文德（上海）律师事务所律师，上海交通大学法律硕士。擅长领域为企业合规、刑事辩护、争议解决等法律业务。

洪国安，中伦文德集团副董事长、高级合伙人，中国政法大学法学博士，兼任深圳市第五届人大常委会委员法律助理，深圳市律师协会第一届监事会监事，深圳市法制专家工作委员会专家，深圳市专家工作联合会专家，深圳市企业家协会高级律师顾问团顾问，深圳市第五届、第六届侨联法律顾问委员会委员，深圳市福田区政府法律顾问，深圳市福田区第二届、第三届政协委员，深圳市福田区第三届、第四届、第五届、第六届人大常委会法工委委员。洪国安律师被评为"首届全国建设领域百名优秀专业律师""深圳市优秀专业律师""福田区政协好委员"。洪国安律师担任多家大型国企和政府部门法律顾问，在房地产与建筑工程、土地整备、"三旧"改造（城市更新及棚户区改造）、政府与社会资本合作（PPP）、特许经营、行政法与行政执法等法律领域拥有丰富的专业经验。洪国安律师尤其擅长解决疑难重大的群体事件，刑民交叉案件的处理，以及疑难重大案件的诉讼与仲裁。

程海群，北京市中伦文德（深圳）律师事务所主任、高级合伙人，高级律师，中南财经政法大学法学学士，中国政法大学法学硕士，香港中文大学金融 MBA，兼任南方科技大学金融校友会荣誉导师，广东省律师协会理事。程海群律师被深圳市律师协会评为"2015 年度优秀专业律师"；被中共深圳市福田区直属机关工作委员会评为"2013—2015 年度福田区直属机关优秀共产党员"；被广东省律师协会评为"2015 年度省律协委员会优秀委员"；被深圳市坪山区人民政府法制办公室评为"2017 年度优秀法律工作者";2019 年入选司法部"千名涉外律师人才";2021 年获得深圳市律师协会"突出贡献个人"表彰。程海群律师是公司及资本市场类、金融、争议解决领域的专业律师，从事律师工作 20 年，擅长将客户的商业诉求与法律相结合，设计交易架构，完成复杂的商事交易，解决疑难商事纠纷。

王国栋，山东同济律师事务所专职律师，中国人民大学经济法学硕士，擅长执业领域：包括争议解决、公司业务与企业合规管理、房地产与建设工程。代表性执业案例：广河高速公路有限公司与鸿峰矿业有限公司的压矿财产损害赔偿纠纷案；深业农科集团、新科泰公司与华农联合公司的土地租赁合同纠纷案；龙门县城乡生活垃圾无害化处理 BOT 项目提前解除以及签订 TOT 合同项目；龙门县人民医院、中医医院、妇幼保健院项目 EPC 合同协调推进项目。

易依妮，北京市中伦文德（深圳）律师事务所律师，广西大学法律硕士。易依妮律师曾供职于深圳市某区级人民检察院，现任北京市中伦文德（深圳）律师事务所高级合伙人、管委会副主任、青工委主任。易依妮律师既具有丰富的公司管理经验又参与办理过大量具有社会影响的刑事案件，专注于刑事辩护及企业合规法律业务，在传统刑事诉讼以及刑事控告、涉案企业合规方面颇有研究。2022 年 5 月 23 日，易依妮律师与陈瑞华等教授一起作为主要起草人负责起草《中小企业合规管理体系有效性评价》。

孙壦，北京市中伦文德律师事务所律师助理，英国萨塞克斯大学法学硕士。

郭雪华，北京市中伦文德律师事务所合伙人，北京市中伦文德公益法律服务专业委员会主任，兼任北京多元调解发展促进会调解员，北京市律师协会侵权法专业委员会委员，北京市律师协会女律师工作委员会副主任，"巾帼维权·送法到家"首都女律师以案释法宣讲团主讲律师。

王本桥，北京市中伦文德（上海）律师事务所执业律师、合伙人。

黄晓亮，北京师范大学法学院教授、博士生导师，中国人民大学法学博士，兼任北京师范大学珠海校区法治发展研究中心执行主任。自2006年8月入职北京师范大学以来，黄晓亮教授在境内外期刊、报刊、集刊，独立或者合作发表论文100余篇，其中作为独立作者发表核心期刊论文40余篇；在境内外独立或者合作出版学术著作20余部，其中作为独立作者出版专著、译著5部；主持完成或者在研国家级、省部级、横向课题10余项。黄晓亮教授同时担任兼职律师，代理多起刑事案件，为刑事案件及企业刑事合规提供专业意见。

序一

美国联邦最高法院大法官霍姆斯曾言:"法律的生命力,不在于逻辑,而在于经验。"在刑事法律实务中,每一个鲜活的案例正是司法实践经验的回放与呈现。因此,研析典型案例不仅是法学前辈们总结经验的方式,而且是法学后辈们必要的成长之路。

我国是成文法国家,司法判例虽为非正式法律渊源,但在司法实践中有其独立存在的价值。这是因为法律条文中语言文字讲究准确精练,但同时语言文字所能表达的内涵和外延又有局限性和抽象性。法律条文本身也并非完美无缺,而总是存在着这样的或那样的"法律漏洞",在对法律条文的适用过程中,就不可避免地产生分歧或争议。实务判例通过对法律条文的解释而对案件作出可接受的结论,使其自身在法律理解上和适用上拥有独特的优势,可以在相当程度上克服法律条文的模糊性。

通过对案例的研判,可以将抽象的法律条文具体化,加深对法律的理解,形象、直观地对同类案件的认定和处理提供参考性的意见和看法。因而案例、判例在法律学习过程中起着不可或缺的支撑作用,可以很好地弥补成文法之不足。案例研究、判例整理与归纳,都是法律人精进学习的重要方式;同时,通过深入思考或者不断学习他人的办案过程来拓宽自己的视野,从而加深对法律的理解。

秉此理念,编者从中伦文德刑事法研究院(简称"刑研究")刑辩律师所代理的已决刑事案件中选择若干在法律适用上具有典型意义、相对普遍性,并对审判和辩护工作颇具指导意义的案例进行研究和分析。本书选取刑法典型案例、疑难案例共20篇，既有紧扣法条的案例，也有法条和法理相结合的案例；既有横跨刑法总则和分则的综合性案例，也有对多种罪名交叉剖析的疑难案例，这些案例具有较高的应用价值和研究价值。

本书案例设计结构分为"基本案情""争议问题""法理分析""简要总结"和"附：相关法律法规及司法解释"五大板块。基本案情梳理简明扼要；争议问题画龙点睛；法理分析深入细致；简要总结从专业视角进行精要评析；每个案例后附上相关法律法规及司法解释引出核心法条，指引明确。通过五大板块的编排，可以帮助读者透彻地理解刑法理论、刑事案件诉讼程序，准确地应用刑法规则。针对每个案例，在介绍案情和审理结果的基础上，重点对案件中的疑点难点、辩护思路及方向进行了深入分析，并针对审判结果进行了充分的阐述，将法学理论和法律适用紧密结合，呈现主办律师的案件办理思路和心得体会，并由资深律师同行和高校知名学者加以总结评析，全方位地展现了刑事案件的办理过程、辩护技巧。这些成果对于从事刑事辩护的律师具有较强的学习和借鉴意义，对于从事刑事法律理论研究的科研人员也是不可多得的珍贵素材，同时也对司法实务中类似法律问题的识别和处理具有较强的现实指导意义。

值得注意的是，本书的编者在对个案进行深入剖析的同时，还从部分典型案例中总结并引导当前国内企业/企业家在应对企业刑事法律风险上如何从固有的"事后救济型"消极法律风险防控观念，转变为"事前预防+事中应对+事后救济"的积极法律风险防控意识。本书在企业/企业家应对刑事法律风险，加强企业刑事合规体系建设方面，也提出了许多富有建设性和前瞻性的法律意见和建议。

这本书由刑研院的多位优秀律师共同编写。该研究院自成立以来，汇聚了一批理论水平高、实务能力强的优秀刑辩律师，注重理论与实践相结合，不仅依法认真进行刑事案件的代理工作，办理了多起具有重大社会影响的大案要案；还注重加强对刑事法的研究，延请了樊崇义教授、张明楷教授、陈卫东教授、梁根林教授、时延安教授、吴宏耀教授等专家学者担任"高级学术顾问"，组建专家咨询团队，在业界赢得了良好的口碑。本书是刑研院各位同仁精诚合作、勤奋工作的结晶。希望借助本书的编写和出版，刑研院各位同仁继续加强合作，在刑事法学界各位前辈和专家的指导和支持下，努力不辍，砥砺前行，为中国的刑事法律建设发挥积极的作用。

樊崇义

影响中国法治建设进程的百位法学家

中国政法大学诉讼法学研究院名誉院长

二〇二三年一月

序二

"刑之为物，国之神器。"刑法是主权国家维护其社会政治、经济秩序，捍卫国家安全，保护人民生命、自由、财产等权利最重要、最严厉的国家机器。"剑出鞘，必见血。"刑法不同于民商法、行政法等其他法律，动用刑法不仅事关人的财产等身外之物，更动辄剥夺人的自由、政治权利甚至生命。刑法之重，无出其右。因此，刑事辩护律师担负着更为艰巨的职业使命和执业责任。

中伦文德刑事法研究院旨在会聚国内外知名刑法从业者共同研究、探讨刑法实务中的典型案例，进而通过刑法实务验证、更新刑法理论，用科学的理论指导我们刑事法律工作实践，以更好地推进我国刑事法业务的发展和刑事法学术领域的进步。

我们研究院的成员大多具有公、检、法等司法机关以及高校法学教学的从业经历，具有深厚的理论功底和丰富的执业经验。为认真贯彻习近平总书记关于全面依法治国的系列论述和重要精神，有力推动严格执法、公正司法、全民守法，我们研究院组织编撰了这本《刑事正义的追求：中伦文德刑事辩护典型案例精选》，收录了中伦文德刑事法研究院多位刑辩律师在刑法实务中的经典案例，并对该系列案例从理论和实践相结合的角度进行深入解读、剖析，供法律从业人员借鉴参考，供广大读者深入理解和学习。

中伦文德刑事法研究院将继续秉承"中大至正"的理念，携手国内外刑事法领域的专家学者和业界同行深入研究刑法，不断提高我们刑辩队伍的刑事法理论水平和执业能力，为我国刑事法的不断完善和发展添砖加瓦，贡献绵薄之力。

中伦文德律师集团董事长

二〇二三年三月

目　录

第四编　破坏社会主义市场经济秩序类案件

第五编　妨害社会管理秩序类案件

第一编

侵犯公民人身权利、民主权利类案件

朱某某等故意伤害案法律分析

许 波

【基本案情】

案情简介：

2007 年 8 月 14 日下午 6 时许，宁夏回族自治区银川市永宁县望洪镇西河村三队村民陈某甲、陈某乙、马某甲等人到中铁十二局太中银铁路桥柱建设工地西河村三队段，在阻挡建设工程施工队向渠内排水的过程中，与朱某某（时任中铁十二局太中银铁路项目土建工程公司总经理）、李某某、孙某某（均系施工方天龙建筑工地施工人员）发生争执并相互厮打。在厮打的过程中，孙某某从地上捡了一根木棒朝杨某某胯部等处击打，将杨某某打倒在地。朱某某、李某某、孙某某共同对被害人陈某甲实施殴打，朱某某、李某某从地上捡起砖块等硬物砸击陈某甲的头部等处，致使陈某甲头部受伤流血，送医院后经抢救无效死亡。经银川市公安局物证鉴定所鉴定，被害人陈某甲系被具有一定质量的钝性物体直接作用于头部致重度颅脑损伤死亡。案发后，中铁十二局与被害人陈某甲亲属达成赔偿协议，中铁十二局支付被害人陈某甲亲属赔偿款人民币 360 000 元（该款系从被告人朱某某的项目工程款中支取）。

2013 年 5 月 22 日，经公安机关做朱某某家属的工作，朱某某到公安机关投案（后被公诉机关认定为具有自首情节）。被告人朱某某归案后，检举揭发他人犯罪线索且经查证属实（后被司法机关认定为具有立功情节）。2014 年 2 月 14 日，被告人孙某某到公安机关投案（后被公诉机关认定为具有自首情节）。

在本案审理期间，朱某某、李某某、孙某某的亲属与被害人亲属自愿达成赔偿协议，朱某某另行赔偿被害人亲属经济损失 155 000 元，李某某赔偿被害人亲属经济损失 10 000 元，孙某某赔偿被害人亲属经济损失 5000 元，被害人亲属对三被告人的行为表示谅解并撤回刑事附带民事起诉状。

审理结果：

2014 年 12 月，银川市中级人民法院依法开庭审理了该案，法院认定朱某某故意伤害他人身体，致一人死亡，其行为已构成故意伤害罪。公诉机关指控朱某某犯故意伤害罪的事实清楚，证据确实、充分，指控的罪名成立。在共同犯罪中，朱某某起主要作用系主犯。朱某某到案后揭发他人犯罪行为，经查证属实，具有立功表现，依法可以减轻处罚。朱某某赔偿了被害人亲属经济损失，取得被害人亲属的谅解，可以作为量刑情节予以考虑。朱某某虽能主动投案，但没有如实供述犯罪事实，依法不构成自首。法院采纳了公诉机关自首、认罪认罚、积极给予受害人亲属经济赔偿等从轻减轻量刑情节，同时也采纳了公诉机关在共同犯罪中系主犯的公诉意见。法院最终判决朱某某犯故意伤害罪，判处有期徒刑 7 年（刑期自判决执行之日起计算，判决执行前先行羁押的，羁押一日折抵刑期一日，即自 2013 年 5 月 22 日起至 2020 年 5 月 21 日止）；另外两名被告人李某某、孙某某被判处刑期不等的有期徒刑。

【争议问题】

本案的争议焦点在于：被告人朱某某有没有实施伤害行为进而造成被害人陈某甲的死亡结果？朱某某的行为和陈某甲的死亡结果之间是否具有刑法意义上的因果关系？导致陈某甲的死亡原因是一因一果还是多因一果？

【法理分析】

引发前述争议的原因有以下两个：

（一）司法机关的鉴定结果只能说明被害人陈某甲系头部受重击死亡，但究竟是何人使用何种凶器击中被害人头部，存在重大疑点

案发地没有监控设备，没有留下视频资料，对于案发现场的还原只能通过被告人的口供和现场目击者的证人证言。被告人供述与证人证言之间存在明显矛盾，各组证人证言相互之间也存在矛盾，且本案事发多年后，被告人供述以及证人证言难免存在记忆模糊，前后不稳定、不一致的情况。根据在案证据，难以证实对陈某甲实施伤害行为系朱某某一人所为，

无法证实朱某某的行为和陈某甲死亡结果之间具有必然的、法律上的因果关系。

《中华人民共和国刑事诉讼法》（以下简称《刑事诉讼法》）第 55 条规定："对一切案件的判处都要重证据，重调查研究，不轻信口供。只有被告人供述，没有其他证据的，不能认定被告人有罪和处以刑罚；没有被告人供述，证据确实、充分的，可以认定被告人有罪和处以刑罚。证据确实、充分，应当符合以下条件：（一）定罪量刑的事实都有证据证明；（二）据以定案的证据均经法定程序查证属实；（三）综合全案证据，对所认定事实已排除合理怀疑。"[1]从《刑事诉讼法》该条规定我们不难看出，我国《刑事诉讼法》对被告人供述采取极为谨慎的态度，原则上，案件只有被告人供述，没有其他证据的，不能认定被告人有罪和处以刑罚；没有被告人供述，证据确实、充分的，可以认定被告人有罪和处以刑罚。这一规定曾被概括为"重证据，不轻信口供"的原则，体现了实质真实的基本刑法理念，并使得刑事诉讼与奉行形式真实原则的民事诉讼之间具有本质的区别。

《最高人民法院关于适用〈中华人民共和国刑事诉讼法〉的解释》第 141 条规定："根据被告人的供述、指认提取到了隐蔽性很强的物证、书证，且被告人的供述与其他证明犯罪事实发生的证据相互印证，并排除串供、逼供、诱供等可能性的，可以认定被告人有罪。"[2]根据这一规定，只有在被告人作出有罪供述的情况下，且同时具备以下三个条件的，才能认定被告人有罪：一是根据被告人供述、指认提取到了隐蔽性较强的物证、书证；二是被告人供述与其他证据相互印证；三是排除了串供、逼供、诱供等可能性的。其中第二项条件非常重要，意味着被告人供述只有得到其他有罪证据的印证，其真实性得到了其他证据的补强，法院才能对被告人作出有罪的判决，否则公诉机关就应当"存疑不起诉"，法院应当作出无罪判决。

该规定被称为被告人供述补强规则，其实质在于：在被告人作出有罪供述的情况下，被告人供述所揭示的证据事实与案件的待证事实大体保持一致，被告人供述具有最大程度的证明力，只要将该供述采纳为定案的根据，检察

---

[1]《中华人民共和国刑事诉讼法》第 55 条。

[2]《最高人民法院关于适用〈中华人民共和国刑事诉讼法〉的解释》第 141 条。

机关指控的"犯罪事实"也就得到了证明。这个时候对该供述的采信就具有极大的风险。基于历史上重视口供、采取刑讯逼供的教训，为避免出现刑事误判，我国《刑事诉讼法》才确立了被告人供述补强规则。根据这一规则，对于被告人供述，只有在得到其他证据印证的情况下，才能确认其真实性，并进而承认其证明力。与此同时，也只有对被告人供述作出慎重的采纳，法院才能确认被告人所供述的犯罪事实。[1]

因此，我们认为："不能证明的事实就等于是不存在的（拉丁文：Idem est non esse et non probari）。"这里的事实分为两个层面的"事实"：一是客观存在的事实，二是通过证据加以证实的事实。前者是一种脱离人们主观认识而存在的"先验事实"。承认这一事实的存在，是哲学上"可知论"的内在应有之义，也是我们构建司法证明制度的逻辑前提。后者则是一种建立在证据基础上的事实，这一事实是人们可感知的事实，是经历过司法证明过程而得到验证的事实。在任何一项刑事诉讼活动中，以上两个层面的事实可能是同时存在的。但是司法机关不能根据前一层面的事实来作出裁判结论。因为这一事实具有程度不同的不确定性，它有可能是真实存在的，也有可能是虚假的，还有可能只是一种被假设存在的事实。因此，为避免出现事实认定上的错误，司法机关不能将这一层面的事实作为裁判的依据。而后一层面的事实，则可以成为司法机关认定案件事实存在的根据。这是因为，这些事实都有查证事实的证据加以支持，并且经过了法律上的、逻辑上的和经验上的司法验证。因此，那些没有证据证明、未经司法验证的"事实"，即便有可能是真实的事实，也不应成为裁判案件的基础，而应被"视为不存在的事实"。这里所说的"视为不存在的"相当于"被推定为不存在的"。[2]

具体到本案：

1. 在场的目击证人对朱某某的衣着特征描述混乱，难以据此认定朱某某参与了对陈某甲实施的伤害行为

根据在场目击证人何某某的证言："（施工方）参与打架的四个人中，有三个都穿着白色的T恤。"根据证人朱某乙的证言："朱某某上着迷彩短袖，

---

〔1〕 陈瑞华：《刑事证据法》（第3版），北京大学出版社2018年版，第156页。
〔2〕 陈瑞华：《看得见的正义》（第2版），北京大学出版社2013年版，第168页。

下穿灰色运动鞋。"证人马某某说："［朱老板（即被告人朱某某）穿着］半截袖的黑底红上衣的 T 恤衫。"然而根据朱某某本人交待：他当时所穿的裤子是白黄相间的，白色的运动鞋，衣服是白色的；他手下员工李某某则交待记不清朱某某穿的什么衣服。

可见，仅就朱某某当时所穿衣服的描述，证人与被告人的说法就大相径庭。虽然当时场面混乱，但是要记住动手的犯罪嫌疑人的衣服穿着这种纯粹感官性的视觉印象并不难。况且，对于在场证人的询问都是在 2007 年 8 月 15 日进行的，距离案件发生不过一日。在这种情况下，不但证人证言与被告人口供中描述的衣着特征不一致，各个证人之间的说法也各有差异，无法相互印证。

另外，被告人朱某某自首归案后，2013 年 8 月侦查机关对于当年案件现场的目击者杨某、马某乙、苏某某等 7 人组织了辨认并分别制作了辨认笔录。这 7 名证人无一人能够辨认出（公诉机关指控）当时参与殴打被害人的朱某某的照片。这也从侧面说明了这些证人记忆并不一定准确。

从生活经验上分析，在场的证人在当时十分混乱的情况下想要提供准确无误的证言并非易事，因此司法机关不应将证人证言作为朱某某定罪量刑的唯一依据，尤其是在证人证言与被告人口供存在差异的情况下，更不应一律弃口供而纳证言，否则就可能制造冤假错案。

2. 在场的人对参与人、打击工具的描述混乱

在本案中，被害人被钝器击中头部引起重度颅脑损伤，送医后伤重不治。问题的关键在于，朱某某是不是直接拿钝器砸中被害人的行为人。对于案发时这一关键情节的描述，被告人口供与证人证言之间又出现了明显的矛盾。

根据被告人朱某某供述："他走到冲突发生的水渠旁边时，他们已经打起来了，我始终是赤手空拳打的，没拿过其他东西……我清楚地记得绝对没有。"而根据同案的孙某某交待："李经理（即被告人李某某）右手拿着一块黄色的不知什么的东西正往半蹲在地上的那个高个中年男子头上打。"而同案的李某某承认手拿了石块，但其交待案情的笔录前后三次均不一致。

根据证人朱某甲的证言："看到朱某某从地上拾了一块两个拳头大的东西，用这个在被害人头上砸了一下。"根据证人何某某的证言："当时参与打架的个头最高、穿白色 T 恤的人从地上捡了一块不知是土块还是石块的东西

往被害人头上拍了一下。"根据证人苏某某的证言："当时殴打被害人的人有三四个小伙子，他们'用拳脚和砖头打'。"而根据张某某的证言："我现在记忆的是那个拿木棍的人将被害人殴打致死的，他就是凶手。"根据证人王某某的证言："殴打被害人的不是老板（指朱某某），是他手下打工的人打的。"

从被告人的供述和证人证言来看，朱某某自称参与过混战，但从来没有拿石头、砖块或者其他钝形凶器。另外两个施工方的员工口供也无法证明朱某某拿石块或者其他工具砸中被害人的头部。而证人证言这边有的声称朱某某拿棍子敲被害人的，也有的声称朱某某拿砖块砸被害人的，甚至还有证人声称攻击被害人的不止一人。这些证人证言矛盾重重，对于是谁参加了打架、参与打架的人数、使用的打击工具等涉案关键细节语焉不详、逻辑混乱，这也恰好印证了多名现场目击者的直观感受："场面比较混乱，也看不清⋯⋯"

考虑到当时在场的证人与朱某某本不熟悉，无法辨认其外表、衣着，且在侦查机关组织的辨认中不认识朱某某的长相，那么他们所声称的朱某某手持砖块砸被害人这一事实就站不住脚了，不能排除他们误认的可能性。另外，从在场的人对参与打架的人数和打击工具的描述可以看出，被告人和证人之间各执一词，而且各个证人之间的描述也有很大的分歧。因此，本案中判断对陈某甲实施伤害致死的行为人系朱某某的关键证据缺失，无法形成完整的、闭合的证据链条，根据存疑有利于被告人的原则，即在对事实存在合理疑问时，应当作出有利于被告人的判决、裁定，因此不应认定朱某某是故意伤害罪的犯罪行为人。进而，朱某某也就不应对陈某甲被故意伤害致死的结果承担刑事责任。

（二）被害人送医后是否得到了及时且有效的救治，银川市公安局物证鉴定所是否具备鉴定资质等疑点都与本案最终的定性有很大关系

1. 医院是否应对被害人的死亡结果承担一定责任？

在故意伤害致人死亡的案件中，行为人的行为对他人的身体健康造成损害，首先表现为致命伤，其次才表现出死亡结果。根据法医学理论，一般将致命伤分为绝对性致命伤和条件性致命伤。前者是指该伤对于任何人都足以致死，如断头、高坠等，这种情况下的伤害行为与死亡结果之间，是一种直接的、必然的因果关系。后者是指伤害本身并不致命，而是由于受伤者本人体质特异或条件不利而发生死亡。因此，因抢救不及时或抢救不得力而造成

的死亡结果，具有偶然性，在这种情况下，死亡结果具有多个原因，伤害行为与被害人的死亡结果不是直接的引起和被引起的关系，二者之间是一种偶然的间接的因果关系。

在本案中，从案发到被害人死亡，时间长达几十个小时，其间还经历了转院，后被害人在医院抢救过程中死亡。在此治疗期间，医院及医生是否积极履行了救治义务，采取的治疗措施是否适当，甚至医生的救治行为是否存在医疗过错，这些合理的怀疑都是无法通过合法证据予以排除的，也就是说无法否认被害人的死亡结果与医疗机构救治行为之间的因果关系。

因此，在存在医疗行为介入的情况下，不能直接断定被害人的死亡结果是朱某某的伤害行为（且致命伤害是否系朱某某所为仍然存疑）独立地、排他地导致的。辩护律师所主张的并不是凭空臆想医院具有医疗过错，而是在没有合法证据的情况下所产生的合理怀疑，即存在"多因一果"的情形。刑法上的证据要求，所要证明事实的所有疑点都要完全排除，不能存在任何合理怀疑。所以，对于被害人的死亡，应当进行司法鉴定，判断医疗机构有无延误治疗时机、施救方法不当等行为。如果存在，那么医疗机构的过失占被害人死亡原因的比重是多少？这些都是本案司法机关应做而未做的工作，导致本案在定性方面存在疑点。

2. 本案的司法鉴定机构是否具有鉴定资格？

本案中被害人的死亡鉴定意见系侦查机关内设的鉴定机构——银川市公安局物证鉴定所出具的。经检索《国家司法鉴定人和司法鉴定机构名册》（宁夏回族自治区分册），该机构并不属于经国家登记的鉴定机构，无鉴定资格。根据《全国人民代表大会常务委员会关于司法鉴定管理问题的决定》的规定，法医类鉴定的鉴定人和鉴定机构实行登记管理制度。

鉴定机构和鉴定人只有具备法定的资格和条件，才能依法从事司法鉴定工作，所提供的鉴定意见才能具备证据能力。相反，在鉴定机构或鉴定人不具备法定资格和条件的情况下，无论其所提供的鉴定意见是否科学、可靠和权威，都要被排除于法庭定案根据之外。可以说，鉴定机构和鉴定人具备法定的资格和条件，是其鉴定意见具备证据能力的前提条件。

对于鉴定机构的资格和条件，我国法律和司法解释有一些原则性的要求。根据《全国人民代表大会常务委员会关于司法鉴定管理问题的决定》的要求，鉴定机构要从事鉴定业务，需要有明确的业务范围，有在业务范围内进行司法鉴定所必需的仪器、设备，有在业务范围内进行司法鉴定所必需的依法通过计量认证或者实验室认可的检测实验室，并且每项司法鉴定业务要有 3 名以上鉴定人参与。鉴定机构要经过省级人民政府司法行政部门的登记、名册编制和公告，而且鉴定事项不能超出鉴定机构项目范围或者鉴定能力。违背上述任一方面的要求，鉴定机构就不具备法定的资格和条件，所提供的鉴定意见就可以被认定为非法证据。

《最高人民法院关于适用〈中华人民共和国刑事诉讼法〉的解释》第 97 条第 1 项规定："对鉴定意见应当着重审查以下内容：（一）鉴定机构和鉴定人是否具有法定资质。"[1] 第 98 条第 1、2 项规定："鉴定意见具有下列情形之一的，不得作为定案的根据：（一）鉴定机构不具备法定资质，或者鉴定事项超出该鉴定机构业务范围、技术条件的；（二）鉴定人不具备法定资质，不具有相关专业技术或者职称，或者违反回避规定的。"[2] 该解释的施行，则对鉴定意见的证据能力提出了明确要求，并首次确立了针对非法鉴定意见的排除规则。从理论上看，司法解释针对非法鉴定意见所确立的排除规则，属于"强制性的排除"规则，而不是"自由裁量的排除"规则，更不属于"可补正的排除"规则。这是因为，法庭对于司法解释明文列举的非法鉴定意见，无须考虑侦查人员、鉴定人违法行为的严重程度，也无须考虑采纳这类鉴定意见是否会"影响司法公正"，而只要发现它们属于司法解释所确立的违法取证情形的，就可以自动地加以排除，而不需要附加其他方面的前提条件。这样法院就只需根据违法取证的行为来确立排除性的制裁措施，而不需要考虑违法取证是否会对鉴定意见的证明力造成消极影响。不仅如此，对于那些违法取得的鉴定意见，司法解释也没有授权法院给予办案机关予以补正的机会。无论是公诉方还是侦查机关，都无权自行重新鉴定或者补充鉴定。[3]

另外从理论上说，司法鉴定制度与当事人的基本权利密切相关，鉴定意见在认定案件事实中也常作为关键的定案依据。因此，对于司法鉴定最基本的要求是具有独立性和中立性。然而，侦查机关利用内设的鉴定机构进行鉴

---

[1]《最高人民法院关于适用〈中华人民共和国刑事诉讼法〉的解释》第 97 条。
[2]《最高人民法院关于适用〈中华人民共和国刑事诉讼法〉的解释》第 98 条。
[3] 陈瑞华：《刑事证据法》（第 3 版），北京大学出版社 2018 年版，第 310 页。

定是在封闭状态下运行的，通过内部制约机制或自我控制难以保障鉴定的质量，即坚定公平公正性和合法性。侦查机关内设机构实施"自侦自鉴"，且鉴定人不出庭接受质证，那么，这种鉴定机构作出的鉴定意见仅可作为侦查案件的参考，而不能作为认定被害人陈某甲死亡原因的依据。

在本案中，侦查机关内设的鉴定所并未经合法登记注册，为了进一步明确陈某甲的死亡原因，辩护律师可以申请重新鉴定或者补充鉴定申请。

■■ 【简要总结】

本案是一起故意伤害造成他人死亡的案件，司法机关具有仅凭相互矛盾、不清晰的证人证言给案件定性之嫌。本案律师在辩护过程中，紧紧抓住了证人证言与被告人口供矛盾、证人证言之间互相矛盾这一关键特征，主张本案事实不清、证据不足、疑点重重。另外，本案辩护律师出于最大化当事人利益的考虑，在辩定性的同时也辩量刑，积极向法院主张当事人具有自首和立功情节。值得一提的是，本案律师从被告人、被害人双方的实际情况出发，既考虑法理，又考虑情理、伦理，尽最大可能地为被告人辩护，争取获得轻判。下文将依次论述这三个辩护要点，并在此基础上对于企业家如何防范刑事风险给出专业的建议。

（一）事实不清、证据不足

本案最重要的辩护思路在于主张朱某某故意伤害（致死）的犯罪事实不清、证据不足。根据鉴定结论，被害人是"被具有一定质量的钝性物体直接作用于头部致重度颅脑损伤死亡"。但是直接导致被害人死亡的"钝性物体"是砖头、石块还是木棒等，侦查机关无法提供相关证据，遍观全部案卷也无法找到原始现场的勘验笔录、痕迹、照片、录像等相关证据予以佐证。被害人的"重度颅脑损伤"究竟是何人行为、何物所致？在本文"争议问题"部分已经论述在场目击证人证言与被告人供述之间的矛盾，以及证人证言自身的矛盾。总之，给朱某某定罪的关键事实并没有相应的证据支撑，对于全案事实没有形成闭合的、完整的证据链条，不能排除合理怀疑。

《刑事诉讼法》第55条第1款规定："对一切案件的判处都要重证据，重调查研究，不轻信口供……"而本案中，在被告人口供与现场目击证人证言存在矛盾的情况下，司法机关径直采信证人证言（且是部分地、有选择地采信）而罔顾被告人的口供，并且没有在司法文书中阐明纳证人证言而弃口供的法定依据和理由。既然全案证据中存在证据相互对立，那么对所认定事实并不能排除合理怀疑，这种做法明显违背了"证据确实、充分"的要求。

（二）争取自首、积极立功

《中华人民共和国刑法》（以下简称《刑法》）第 67 条第 1 款规定，对于自首的犯罪分子，可以从轻或者减轻处罚。其中，犯罪较轻的，可以免除处罚。《刑法》第 68 条规定，犯罪分子有立功表现的，可以从轻或减轻处罚；有重大立功表现的，可以减轻或免除处罚。在实践中，辩护律师向司法机关主张当事人具有自首和立功情节也是常见的辩护策略。

在本案中，朱某某具有投案自首的情节。负责本案的侦办大队的"到案经过"和起诉意见书均对此予以认定，仅由于朱某某归案后的口供与检方认定的"事实"存在区别，法院就以朱某某"虽能主动投案，但没有如实供述犯罪事实"为由否定其构成自首，如此认定是值得商榷的。同时法院经审理查明，朱某某到案后揭发他人犯罪行为，经查证属实，具有立功表现，依法可以减轻处罚。

（三）积极赔偿与家属谅解

在此类具有明确被害人的人身伤害案件中，积极赔偿并取得被害人家属的谅解的行为可以作为法院从轻处罚的量刑情节予以考虑。在辩护实践中，律师应当劝委托人及其家属力所能及地给予受害人一方经济赔偿。在本案中，朱某某一方对受害人家属积极进行民事赔偿，受害人的妻子也明确表示：不再追究朱某某的刑事责任。此外，朱某某在躲避在外的数年间，也一直与被害人的妻子保持联系并给予经济资助。本案之所以能获得法院轻判，与被告人积极赔偿和取得家属谅解是分不开的。值得注意的是，本案律师在辩护时还从被告人的实际情况出发，向司法机关主张该案件具有一定的突发性和偶然性，朱某某本身不具有社会危害性。另外，朱某某及其家人的经历也多有可体恤怜悯之处。这些辩护意见为朱某某最终获得轻判起到了一定的积极作用。

（四）企业家的刑事风险及防范

本案发生之前，朱某某是中铁十二局太中银铁路项目土建工程公司总经理，是一个成功的商人，在亲戚朋友的圈子里具有良好的口碑，事业也做得风生水起。在承包工地的现场与当地村民发生了打架斗殴并导致一名村民死亡后，他的事业也从此陷入了最低谷。虽然没有确凿证据证明村民的死亡系朱某某行为所致，但一旦卷入刑事纠纷，那么正常的商业活动就不可能再进行了。案发后，朱某某担心国家项目停工会损失巨大，于是躲避在外。在将近6年的逃亡时间里，不仅朱某某的事业受到严重打击，他和家人的身心也遭受着巨大的痛苦和煎熬。他的父亲去世时，他在外地无法回家奔丧。他的母亲也在他自首不久后病逝。作为家中独子，朱某某只能在看守所号啕大哭，长跪不起。这一系列真实深刻的教训也值得每一位企业家引以为戒——无论是在商业活动中，还是在日常生活中，一定要公平守法，戒骄戒躁，一定要严防死守法律这根底线，绝不能触碰刑法这条红线。企业家如果经历投资经营风险，最多遭受财产损失，还可以东山再起、从头再来；但是一旦涉及刑事风险，那么将会面对国家公权力机关严厉的强制措施，乃至失去自由，家庭、事业都会遭受严重打击。

朱某某的经历给广大企业家敲响了警钟。防范刑事法律风险是刻不容缓的大事，企业家应该把防范刑事风险与防范商业风险放在等同的位置上，不能以为刑法离自身很远就麻痹大意。实际上，对于企业家来说，既有可能在经营活动中犯非法集资诈骗罪、职务侵占罪等，也会因为日常生活中道德修养不高，处事莽撞而犯聚众斗殴罪、故意伤害罪。一旦触犯刑法，其损失就是巨大而不可逆的。总而言之，企业家应当提高刑事风险防控的意识，在有条件的情况下，应当聘请专业的刑事律师团队为整个公司量身打造全面的法律风险防控体系，尤其是企业刑事合规制度建设，为企业/企业家的持续稳健发展保驾护航。

附：相关法律法规及司法解释

📖《中华人民共和国刑法》

第二百三十四条 【故意伤害罪】故意伤害他人身体的，处三年以下有期徒刑、拘役或者管制。

犯前款罪，致人重伤的，处三年以上十年以下有期徒刑；致人死亡或者以特别残忍手段致人重伤造成严重残疾的，处十年以上有期徒刑、无期徒刑或者死刑。本法另有规定的，依照规定。

《公安部关于印发〈公安机关办理伤害案件规定〉的通知》

第一章　总　则

第一条　为规范公安机关办理伤害案件，正确适用法律，确保案件合法、公正、及时处理，根据《中华人民共和国刑法》、《中华人民共和国刑事诉讼法》等法律法规，制定本规定。

第二条　本规定所称伤害案件是指伤害他人身体，依法应当由公安机关办理的案件。

第三条　公安机关办理伤害案件，应当遵循迅速调查取证，及时采取措施，规范准确鉴定，严格依法处理的原则。

第二章　管　辖

第四条　轻伤以下的伤害案件由公安派出所管辖。

第五条　重伤及因伤害致人死亡的案件由公安机关刑事侦查部门管辖。

第六条　伤情不明、难以确定管辖的，由最先受理的部门先行办理，待伤情鉴定后，按第四条、第五条规定移交主管部门办理。

第七条　因管辖问题发生争议的，由共同的上级公安机关指定管辖。

第八条　被害人有证据证明的故意伤害（轻伤）案件，办案人员应当告知被害人可以直接向人民法院起诉。如果被害人要求公安机关处理的，公安机关应当受理。

第九条　人民法院直接受理的故意伤害（轻伤）案件，因证据不足，移送公安机关侦查的，公安机关应当受理。

第三章　前期处置

第十条　接到伤害案件报警后，接警部门应当根据案情，组织警力，立即赶赴现场。

第十一条　对正在发生的伤害案件，先期到达现场的民警应当做好以下处置工作：

（一）制止伤害行为；

（二）组织救治伤员；

（三）采取措施控制嫌疑人；

（四）及时登记在场人员姓名、单位、住址和联系方式，询问当事人和访问现场目击证人；

（五）保护现场；

（六）收集、固定证据。

第十二条　对已经发生的伤害案件，先期到达现场的民警应当做好以下处置工作：

（一）组织救治伤员；

（二）了解案件发生经过和伤情；

（三）及时登记在场人员姓名、单位、住址和联系方式，询问当事人和访问现场目击证人；

（四）追查嫌疑人；

（五）保护现场；

（六）收集、固定证据。

第四章　勘验、检查

第十三条　公安机关办理伤害案件，现场具备勘验、检查条件的，应当及时进行勘验、检查。

第十四条　伤害案件现场勘验、检查的任务是发现、固定、提取与伤害行为有关的痕迹、物证及其他信息，确定伤害状态，分析伤害过程，为查处伤害案件提供线索和证据。

办案单位对提取的痕迹、物证和致伤工具等应当妥善保管。

第十五条　公安机关对伤害案件现场进行勘验、检查不得少于二人。

勘验、检查现场时，应当邀请一至二名与案件无关的公民作见证人。

第十六条　勘验、检查伤害案件现场，应当制作现场勘验、检查笔录，绘制现场图，对现场情况和被伤害人的伤情进行照相，并将上述材料装订成卷宗。

第五章 鉴 定

第十七条 公安机关办理伤害案件，应当对人身损伤程度和用作证据的痕迹、物证、致伤工具等进行检验、鉴定。

第十八条 公安机关受理伤害案件后，应当在 24 小时内开具伤情鉴定委托书，告知被害人到指定的鉴定机构进行伤情鉴定。

第十九条 根据国家有关部门颁布的人身伤情鉴定标准和被害人当时的伤情及医院诊断证明，具备即时进行伤情鉴定条件的，公安机关的鉴定机构应当在受委托之时起 24 小时内提出鉴定意见，并在 3 日内出具鉴定文书。

对伤情比较复杂，不具备即时进行鉴定条件的，应当在受委托之日起 7 日内提出鉴定意见并出具鉴定文书。

对影响组织、器官功能或者伤情复杂，一时难以进行鉴定的，待伤情稳定后及时提出鉴定意见，并出具鉴定文书。

第二十条 对人身伤情进行鉴定，应当由县级以上公安机关鉴定机构二名以上鉴定人负责实施。

伤情鉴定比较疑难，对鉴定意见可能发生争议或者鉴定委托主体有明确要求的，伤情鉴定应当由三名以上主检法医师或者四级以上法医官负责实施。

需要聘请其他具有专门知识的人员进行鉴定的，应当经县级以上公安机关负责人批准，制作《鉴定聘请书》，送达被聘请人。

第二十一条 对人身伤情鉴定意见有争议需要重新鉴定的，应当依照《中华人民共和国刑事诉讼法》的有关规定进行。

第二十二条 人身伤情鉴定文书格式和内容应当符合规范要求。鉴定文书中应当有被害人正面免冠照片及其人体需要鉴定的所有损伤部位的细目照片。对用作证据的鉴定意见，公安机关办案单位应当制作《鉴定意见通知书》，送达被害人和违法犯罪嫌疑人。

第六章 调查取证

第二十三条 询问被害人，应当重点问明伤害行为发生的时间，地点，原因，经过，伤害工具、方式、部位，伤情，嫌疑人情况等。

第二十四条 询问伤害行为人，应当重点问明实施伤害行为的时间，地点，原因，经过，致伤工具、方式、部位等具体情节。

多人参与的，还应当问明参与人员的情况，所持凶器，所处位置，实施伤害行为的先后顺序，致伤工具、方式、部位及预谋情况等。

第二十五条　询问目击证人，应当重点问明伤害行为发生的时间，地点，经过，双方当事人人数及各自所处位置、持有的凶器，实施伤害行为的先后顺序，致伤工具、方式、部位，衣着、体貌特征，目击证人所处位置及目击证人与双方当事人之间的关系等。

第二十六条　询问其他证人应当问清其听到、看到的与伤害行为有关的情况。

第二十七条　办理伤害案件，应当重点收集以下物证、书证：

（一）凶器、血衣以及能够证明伤害情况的其他物品；

（二）相关的医院诊断及病历资料；

（三）与案件有关的其他证据。

办案单位应当将证据保管责任落实到人，完善证据保管制度，建立证据保管室，妥善保管证据，避免因保管不善导致证据损毁、污染、丢失或者消磁，影响刑事诉讼和案件处理。

第七章　案件处理

第二十八条　被害人伤情构成轻伤、重伤或者死亡，需要追究犯罪嫌疑人刑事责任的，依照《中华人民共和国刑事诉讼法》的有关规定办理。

第二十九条　根据《中华人民共和国刑法》第十三条及《中华人民共和国刑事诉讼法》第十五条第一项规定，对故意伤害他人致轻伤，情节显著轻微、危害不大，不认为是犯罪的，以及被害人伤情达不到轻伤的，应当依法予以治安管理处罚。

第三十条　对于因民间纠纷引起的殴打他人或者故意伤害他人身体的行为，情节较轻尚不够刑事处罚，具有下列情形之一的，经双方当事人同意，公安机关可以依法调解处理：

（一）亲友、邻里或者同事之间因琐事发生纠纷，双方均有过错的；

（二）未成年人、在校学生殴打他人或者故意伤害他人身体的；

（三）行为人的侵害行为系由被害人事前的过错行为引起的；

（四）其他适用调解处理更易化解矛盾的。

第三十一条 有下列情形之一的，不得调解处理：

（一）雇凶伤害他人的；

（二）涉及黑社会性质组织的；

（三）寻衅滋事的；

（四）聚众斗殴的；

（五）累犯；

（六）多次伤害他人身体的；

（七）其他不宜调解处理的。

第三十二条 公安机关调解处理的伤害案件，除下列情形外，应当公开进行：

（一）涉及个人隐私的；

（二）行为人为未成年人的；

（三）行为人和被害人都要求不公开调解的。

第三十三条 公安机关进行调解处理时，应当遵循合法、公正、自愿、及时的原则，注重教育和疏导，化解矛盾。

第三十四条 当事人中有未成年人的，调解时未成年当事人的父母或者其他监护人应当在场。

第三十五条 对因邻里纠纷引起的伤害案件进行调解时，可以邀请当地居民委员会、村民委员会的人员或者双方当事人熟悉的人员参加。

第三十六条 调解原则上为一次，必要时可以增加一次。对明显不构成轻伤、不需要伤情鉴定的治安案件，应当在受理案件后的 3 个工作日内完成调解；对需要伤情鉴定的治安案件，应当在伤情鉴定文书出具后的 3 个工作日内完成调解。

对一次调解不成，有必要再次调解的，应当在第一次调解后的 7 个工作日内完成第二次调解。

第三十七条 调解必须履行以下手续：

（一）征得双方当事人同意；

（二）在公安机关的主持下制作调解书。

第三十八条 调解处理时，应当制作调解笔录。达成调解协议的，应当制作调解书。调解书应当由调解机关、调解主持人、双方当事人及其他参加人签名、盖章。调解书一式三份，双方当事人各一份，调解机关留存一份备查。

第三十九条 经调解当事人达成协议并履行的，不予处罚。经调解未达成协议或者达成协议后不履行的，公安机关应当对违反治安管理行为人依法予以处罚，并告知当事人可以就民事争议依法向人民法院提起民事诉讼。

第八章 卷 宗

第四十条 公安机关办理伤害案件，应当严格按照办理刑事案件或者治安案件的要求，形成完整卷宗。

卷宗内的材料应当包括受案、立案文书，询问、讯问笔录，现场、伤情照片，检验、鉴定结论等证据材料，审批手续、处理意见等。

第四十一条 卷宗应当整齐规范，字迹工整。

第四十二条 犯罪嫌疑人被追究刑事责任的，侦查卷（正卷）移送检察机关，侦查工作卷（副卷）由公安机关保存。

侦查卷（正卷）内容应包括立案决定书，现场照片、现场图，现场勘查笔录，强制措施和侦查措施决定书、通知书、告知书，各种证据材料，起诉意见书等法律文书。

侦查工作卷（副卷）内容应包括各种呈请报告书、审批表，侦查、调查计划，对案件分析意见，起诉意见书草稿等文书材料。

第四十三条 伤害案件未办结的，卷宗由办案单位保存。

第四十四条 治安管理处罚或者调解处理的伤害案件，结案后卷宗交档案部门保存。

第九章 责任追究

第四十五条 违反本规定，造成案件难以审结、侵害当事人合法权益的，依照《公安机关人民警察执法过错责任追究规定》追究办案人员和主管领导的执法过错责任。

第十章　附　则

第四十六条　本规定所称以上、以下，包括本数。

第四十七条　本规定自 2006 年 2 月 1 日起施行。

📖**《最高人民法院、最高人民检察院印发〈关于常见犯罪的量刑指导意见（试行）〉的通知》**

四、常见犯罪的量刑

（七）故意伤害罪

1. 构成故意伤害罪的，根据下列不同情形在相应的幅度内确定量刑起点：

（1）故意伤害致一人轻伤的，可以在二年以下有期徒刑、拘役幅度内确定量刑起点。

（2）故意伤害致一人重伤的，可以在三年至五年有期徒刑幅度内确定量刑起点。

（3）以特别残忍手段故意伤害致一人重伤，造成六级严重残疾的，在十年至十三年有期徒刑幅度内确定量刑起点。依法应当判处无期徒刑以上刑罚的除外。

2. 在量刑起点的基础上，可以根据伤害后果、伤残等级、手段残忍程度等其他影响犯罪构成的犯罪事实增加刑罚量，确定基准刑。

故意伤害致人轻伤的，伤残程度可以在确定量刑起点时考虑，或者作为调节基准刑的量刑情节。

3. 构成故意伤害罪的，综合考虑故意伤害的起因、手段、危害后果、赔偿谅解等犯罪事实、量刑情节，以及被告人的主观恶性、人身危险性、认罪悔罪表现等因素，决定缓刑的适用。

任某涉嫌过失致人死亡案无罪辩护法律分析

娄　爽

■ 【基本案情】

案情简介：

2018 年 10 月 16 日 16 时许，任某驾驶红色马自达牌小型轿车，行驶至天津市和平区建设路与烟台道交口北侧汇融大厦地下停车场入口通道时，与躺卧此处的被害人张某发生碰撞，致其死亡。

经司法鉴定，涉案小型轿车前保险杠左侧下沿及车体底部与被害人张某身体接触；涉案小型轿车与被害人张某身体发生碰撞接触时，被害人张某处于躺卧状态，涉案小型轿车碰撞前的行驶速度介于 11km/h～14 km/h 之间。经法医鉴定，被害人张某系被机动车碾压致创伤性休克死亡。

经被告人任某报警，民警到达案发现场将其带走至公安机关。被告人任某于 2018 年 12 月 11 日被天津市公安局和平分局刑事拘留，同年 12 月 25 日被取保候审，2019 年 3 月 4 日天津市公安局和平分局向天津市和平区人民检察院移送审查起诉，2019 年 3 月 5 日被天津市和平区人民检察院取保候审。天津市和平区人民检察院分别于 2019 年 3 月 21 日和同年 6 月 5 日两次退回公安机关补充侦查，同年 7 月 5 日公安机关补充侦查完毕重新移送。2019 年 8 月 7 日，天津市和平区人民检察院向天津市和平区人民法院提起公诉，附带民事诉讼原告人向天津市和平区人民法院提起附带民事诉讼。2019 年 8 月 8 日，天津市和平区人民法院传唤任某至法院领取了天津市和平区人民检察院起诉书［津和检公诉刑诉（2019）213 号起诉书］及量刑建议书［津和检公诉量建（2019）219 号，建议量刑有期徒刑 1 年至 2年］。

审理结果：

经过一审法院天津市和平区人民法院审理并作出（2019）津 0101 刑初 277 号刑事附带民事判决书。法院根据庭审查明的事实、证据及相关法律规定，综合评判如下：

公诉机关指控被告人构成过失致人死亡罪，即认定被告人具有疏忽大意的过失。疏忽大意的过失是行为人对行为发生危害结果的可能性能够预见、应当预见，只是由于其疏忽大意的心理而导致了未能实际预见。本案中，被害人躺卧在地下车库入口的通道内，该地下车库入口通道供机动车单向下行，且仅供银行内部员工使用。按一般常识分析，驾驶人员无法预见仅供单位内使用的地下车库车行道会有躺卧的行人，且根据案发现场地形位置，车辆下坡过程中驾驶人员会有一定的视线盲区，根据一般人的认知能力和当时的情况，行为人对损害结果的发生不应当预见，因此对于本案的危害结果不能苛责于被告人。被告人对于本案损害结果的发生不具有能够预见的条件和能力，损害结果的发生完全出乎被告人的意料之外，因此本案属于意外事件，被告人不应当负刑事责任，即被告人不构成过失致人死亡罪。虽被告人对被害人死亡的结果不具有犯罪的主观方面罪过，但其驾驶车辆的行为造成张某死亡的后果，其行为与损害结果之间具有因果关系，符合民事侵权行为的构成要件，应承担民事赔偿责任。对附带民事诉讼原告人提供的证据本院予以确认。法院认为，被告人任某在地下车库入口通道内驾驶机动车与躺卧状态的被害人接触，造成被害人死亡的结果，并不是出于被告人故意或者过失，根据一般常识和现场情况，被告人无法预见也不应当预见该通道内有躺卧的行人，因此被告人的行为不构成犯罪。公诉机关的指控不能成立。辩护人的辩护意见本院予以采纳。最终，法院判决被告人任某无罪，同时，还对民事赔偿问题进行了判决。

一审法院判决后，天津市和平区人民检察院提出抗诉，天津市第一中级人民法院依法开庭进行了审理，并以（2020）津 01 刑终 471 号刑事裁定书，作出终审判决：

从现有证据来看原审被告人任某在驾车进入地下车库时，难以预见到有人躺卧在车辆前方，不宜苛求原审被告人超出社会一般成员的预见范围和预见能力。原审判决认定事实清楚，审判程序合法。天津市和平区人民检察院抗诉理由、天津市人民检察院第一分院支持抗诉意见及诉讼代理人所提代理意见，依据不足，不予采纳；辩护人所提原审被告人的行为不构成过失致人死亡罪的辩护意见，予以采纳。经本院审判委员会讨论，依照《中华人民共和国刑事诉讼法》第 236 条第 1 款第 1 项之规定，裁定如下：驳回抗诉，维持原判。

【争议问题】

本案主要有四个争议点：一是被告人是否存在超速违法行驶行为？二是驾驶员（即被告人）是否尽到了审慎观察、安全行驶的注意义务，主观上是否有预见的可能性？三是公安机关的侦查实验的适用效力问题？四是对于发生在公共道路以外的驾车致人死亡案件，在责任认定方面是否可以参照交通肇事罪的思路认定？

此外，本案在审理过程中，还曾发生公诉人当庭提起检察建议和被害人近亲属委托的诉讼代理人以人民陪审员当庭制止诉讼代理人向证人发问为由，要求人民陪审员回避的情况，也在下文作出相应分析。

【法理分析】

（一）被告人是否存在超速违法行驶行为？

公诉人认为：案发地点地下停车场设置了限速 5km/h 的标识牌，构成了要求驾驶人员进入地下车库时减速慢行的规范义务来源。而根据上海联合道路交通安全科学研究中心司法鉴定所于 2019 年 5 月 17 日做出的司法鉴定意见书，被鉴定车辆在碰撞前的行驶速度介于 11km/h～14km/h 之间。因此，公诉机关认定，被告人任某存在超速违法驾驶的行为。

对此，辩护律师认为：涉案地下车库（即地下停车场）虽设置了限速 5km/h 的标识牌，但经向相关部门进行了解咨询，均表示目前尚无明文规定地下车库的行驶速度，也没有任何相关文件规定在地下车库超过 5km/h 驾驶车辆应当承担何种责任，因此该限速规定并无明确依据和出处，对出入地下车库的驾驶人员而言并不具有当然的约束力。此外，案发现场的限速标识牌摆放于地下车库下坡后的通道内，而不是在车库入口，因此也不适用于车库坡道部分。因此，公诉机关所主张的该项注意义务缺乏明确的法律依据，难以成为约束驾驶人员的在先义务，被告人不存在超速违法行驶行为。

1. 地下停车场张贴 5km/h 的限速标识牌没有法律依据

经与事故停车场所属的天津市规划和自然资源局和平分局、天津市公安交通管理局和平交警支队、天津市和平区城市管理委员会、天津市规划和自然资源局、天津市住房和城乡建设委员会、天津市城市管理委员会、天津市交通运输委员会、天津市机动车停车管理办公室、天津市公安交通管理局等电话咨询，上述单位回复：单位内部停车场自行管理，相关单位职能不涉及限速标志，其中天津市住房和城乡建设委员会的验收项目不涉及交通标志。此外，建设工程规划验收合格证通知书及合格书是汇融大厦的办公楼，停车配建整体验收，但验收的依据是《中华人民共和国城乡规划法》《天津市城市规划条例》，上述法律法规并未要求挂限速标志及限速 5km/h，因此验收标志并不是验收事项。

2. 事故准确地点并没有达到限速处

根据《城市道路交通标志和标线设置规范》（GB51038-2015）及相关法律规定，限速标志应当设置在限速起点。但本案中事故发生地点尚未达到地下停车场单向入口所设置的限速标志处，因此事故车辆不适用限速标准。

3. 公诉人提交的车速司法鉴定意见书相应标准适用错误，且违反车速鉴定限两次的规定，不应作为证据使用

公诉人提交的上海联合道路交通安全科学研究中心司法鉴定所司法鉴定意见书存在错误：

首先，该鉴定所并未对现场及事故车辆进行现场实地勘查；其次，该鉴定关于汽车滑动附着系数参考值的选取错误，事故停车场自 2013 年左右投入使用，至事故发生时使用时间已有 5 年多，路面磨耗较大，并非新铺装，其取值"新铺装 0.8-1.0"，系取值错误；再次，分析被鉴定车辆事发时左侧车轮留下制动痕迹，"S"为汽车碰撞制动后的滑移（制动）距离，"S=2.1m"系分析错误，该数据为人体检材与地面的挫痕距离；最后，《道路交通事故处理程序规定》第 56 条第 2 款规定，"同一交通事故的同一检验、鉴定事项，重新检验、鉴定以一次为限"。按照该项规定速度只能重新检验一次，但本案中车速鉴定做了三次：在天津市津实司法鉴定中心司法鉴定意见书（津津实〔2018〕痕迹鉴字第 4579 号）第二次出具后，对于当事人的相关疑问未与鉴

定中心进行沟通及由鉴定中心做出合理解释时，第三次委托鉴定，系违反程序规定。

因此，上海联合道路交通安全科学研究中心司法鉴定所的司法鉴定意见书存在选取系数错误、分析错误、未到现场勘查，且第三次车速鉴定违反程序规定，该鉴定意见书不能作为证据使用。

此外，对于被告人驾车以 11km/h～14km/h 之间的车速进入地下车库，从车辆发动性能、一般驾驶行为要求、案发地点的坡道情况来看，均不能得出其存在明显超速驾驶的结论，故从实质危险性的角度也难以认定被告人违反了注意义务。

（二）驾驶员（即被告人）是否尽到了审慎观察、安全行驶的注意义务，主观上是否有预见的可能性？

除上述限速标识牌以外，公诉机关还认为被告人违反了"驾驶人员在行车过程中应始终保持对车辆周边的高度警惕和观察"的安全驾驶义务，因此主观上具有预见的可能性。

对此，辩护律师认为：刑法意义上的注意义务，应当结合具体案情和特定的时空条件去设定要求，而不应该大而化之地要求安全驾驶，从而将刑法规制的范围无限扩张，导致刑事违法行为与一般行政违法行为和普通民事违法行为之间的界限难以区分。在本案中，被告人驾车进入地下车库时是否尽到了安全驾驶义务，应根据社会共同生活的常识与习惯，保障地下车库交通活动安全的必要性，行为本身的危险性以及其他有必要考虑的因素来判断被告人的驾驶行为是否违背了应尽的审慎义务或是否偏离了一般的行为标准来考量。但是，现有证据均不足以认定被告人的驾驶行为违反了法律规范或社会习俗对安全驾驶的一般要求，因此，被告人应被认定尽到了审慎观察、安全行驶的注意义务，主观上没有对死亡结果的预见可能性，即缺乏过失犯罪的客观要件。

1. 案发车库为单向进车地库，不应有行人在此躺卧

本案事发地为仅供银行内部员工使用的地下车库入口通道，该通道系下坡且机动车单向行驶，虽偶有个别人步行出入车库通道，但发生频率较低且本身即违反停车场规定。根据《中华人民共和国道路交通安全法实施条例》第 74 条第 2 项规定："行人不得有下列行为：（二）在车行道内坐卧、停留、嬉闹。"同时第 97 条第 1 款规定："车辆在道路以外发生交通事故，公安机关

交通管理部门接到报案的，参照道路交通安全法和本条例的规定处理。"因此，被害人躺卧于事故车库的单行入口车道系违法行为，且本身更属罕见，不应苛求被告人对行人在车库下坡处的躺卧行为有明确预判，否则将大大降低违章成本而提高守法成本。

2. 被告人依法驾驶车辆，不存在违章违法行为

被告人任某于 2018 年 10 月 16 日 16 时 25 分采血，经鉴定，送检的任某血液中未检出乙醇；未吸毒；事故车辆行驶证在有限期内；驾驶证在有效期内。北京龙晟交通事故司法鉴定所交通事故司法鉴定意见书（京晟〔2018〕交鉴津字第 10133 号）鉴定意见：涉案马自达牌小型轿车的制动性能符合《机动车运行安全技术条件》（GB7258-2017）中的相关规定。

3. 由于不具有可预见性，被告人在事故发生时的应激反应，均属于正常合理范围

根据被告人的讯问笔录："在我感觉车头翘起的同时，我就踩了刹车。""因为这个停车场通道是下坡，所以进入通道口时我就已经踩着刹车向下行使，感觉压到东西后我就马上踩死了刹车。"被告人任某是在没有任何预见的情况下突然发生事故的，其作出反应的时间，包括感知时间、决策时间、准备执行时间及执行时间；刹车后产生 2.1 米拖痕，按照 9km/h 的速度，任某的应激反应时间为 0.084s，在正常人的反应范围内。

4. 综合本案驾驶行为的危险程度及客观环境、被告人的认知水平等判断，难以认定被告人主观上具有预见可能性

涉案车库出于防止雨水倒灌的需要，将入口处垫高，致使车辆在进入地下车库时需要轻踩油门加速进入，且在通过垫高处时由于车头高、车尾低，导致驾驶员开车进入地库时视线存在一定盲区，加之车库内光线较差，车辆驶入车库时驾驶员的瞳孔会因光线骤然变暗而发生变化，客观上导致进入车库的瞬间不能及时发现或看清车辆前方是否有障碍物。另考虑到被告人的行驶车速较低，被害人在地下车库呈躺卧状超出一般人的预见范围。因此，被告人主观上没有对死亡结果的预见可能性，即缺乏过失犯罪的客观要件。

5. 被害人意识清醒，可完全控制自己的行为，不能排除被害人故意躺卧于车道中央的合理怀疑

根据天津市社会保险个人权益记录公务查询结果表（2017 年 1 月—2017

年 12 月、2018 年 1 月—2018 年 12 月期间的门诊就诊记录、门特/住院记录）、天津市津实司法鉴定中心司法鉴定意见书（津津实〔2018〕毒物鉴字第 10470 号）、天津市公安局物证鉴定中心检验报告（津公技鉴字〔2018〕第 08544 号）、被害人生前在地库外的视频等证据可知，被害人在事故发生前并未服用任何可产生限制其行为能力效果的药物或酒精等，同时未有重大病症，被害人属于意志清醒的人，完全有能力支配自己的意志和行为，其进入事故停车场并躺在地下车库单向入口车道，属于置本身性命于危险之地的行为。

6. 公诉机关提起公诉的证据不足，不能形成合法有效的完整证据链条，不能依法认定被告人构成过失致人死亡罪

本案缺失监控视频等可依法认定被告人构成犯罪的关键性证据，无法证明本案事故发生的全部具体过程，包括事故发生成因及事故发生前被害人的状态，如躺卧的状态、位置以及是否发生过变动。此外，公诉机关已提交的其他证据也不能证明被告人能够看到被害人、存在疏忽大意的过失及构成犯罪。

（1）蒋某某等 8 名证人的证言，均不是事故现场的目击证人，均未见到事故发生时的情况，不能证明被告人能够看到被害人、存在疏忽大意的过失继而构成犯罪。

（2）司法鉴定意见书、检验报告、天津市公安局物证鉴定中心鉴定书、法医学尸体检验鉴定书、接警单、案件来源、到案经过、户籍证明材料、交通事故意见书、居民死亡医学证明（推断）书、机动车行驶证、驾驶证、建设工程规划验收合格证、扣押清单、现场勘验笔录、现场勘查笔录、现场图及照片、监控录像、现场救援录像等证据，只能体现最后的事故发生结果，具体的事故发生过程，包括被害人在事故发生前的状态、具体位置以及是否发生过变动等关键性证据均没有证据证明。

（3）和平分局小白楼派出所于 2020 年 4 月 24 日出具的《侦查实验笔录》存在程序、实验内容等错误，无法作为本案依据，甚至不能用作参考。

（4）被告人供述明确表示"未看到被害人"，其不存在疏忽大意。

（三）公安机关的侦查实验的适用效力问题？

本案在侦查阶段、审查起诉阶段、审理阶段，被告人均向各部门提出过侦查实验的申请，但均被回绝。被告人在审理阶段提出侦查实验申请的时间

是在 2019 年 11 月左右，但被告知侦查机关认为不具有还原现场等条件，无法作出，该申请以被回绝而终止。但在 2020 年 1 月 21 日本案进行了第二次开庭审理后，申请人突然被告知公安机关将于 2020 年 4 月 24 日进行侦查实验，并得出了错误的实验结论，险些误导法庭的公正审理。最终，经辩护律师强力论证，和平分局小白楼派出所出具的《侦查实验笔录》存在程序、实验内容等错误，没有被法院采纳为参考依据，但也凸显了侦查实验的诸多问题。

1. 侦查实验的功能作用有所偏离

侦查实验的基本功能，是协助办案机关查明案情。具体而言，侦查实验的功能定位应包括以下几个方面：①还原案件真实性。②判定主体同一性。③验证证据真实性。④增加破案可能性。在本案中，公安机关开展侦查实验，目的主要在于还原案件真实性，即希望能够通过重新演示案件事实的经过，来确定被告人是否有罪。但令人生疑的是，在侦查和审查起诉阶段，公安机关均以"无法还原客观事实"为由拒绝犯罪嫌疑人的实验申请，却在庭审过程中突然决定开展侦查实验，而在此时，公诉方的全部证据均已经过辩方质证且处于诉讼效果的不利地位，公安机关开展的侦查实验，令人感觉目的更多在于帮助公诉人补充证据，确定被告人有罪，而非客观公正还原事实，这无疑是对侦查实验功能作用的操作偏离。

2. 侦查实验的启动程序不够规范

《中华人民共和国刑事诉讼法》第 135 条、《人民检察院刑事诉讼规则》第 200 条分别规定，相应经公安机关负责人批准、经检察长批准，可以进行侦查实验。在本案中，侦查实验是在审判阶段，经过证据质证和一次庭审后，法庭突然通知由公安机关组织开展的。在审判阶段开展侦查实验，由公安机关组织开展是否符合程序，值得研讨。此外，进行侦查实验的前提为"在必要的时候"，但并没有具体的规定可以对于"在必要的时候"这一规定进行细化和解释。这使得侦查机关的自由裁量权很大，有时甚至成为侦查机关滥用侦查权的挡箭牌。虽然在司法实践中，曾有过犯罪嫌疑人（被告人）或辩护人申请公安机关开展侦查实验被批准，[1]但很多时候，犯罪嫌疑人（被告人）或辩护人的申请很难被同意。即便实验结果有利于被告人，也发生过公

---

[1] 参见罗某某涉嫌故意杀人案，安徽金亚太律师事务所王亚林、黄奥律师申请侦查实验。

诉方以审批程序非法为由拒绝予以采纳的情况。

3. 侦查实验的适用主体欠缺合理性

侦查实验的适用主体为公安机关或者检察机关。但是，这样规定侦查实验的适用主体在合理性方面是有欠缺的。首先，我国享有侦查权的主体除了公安机关、检察机关，还包括国家安全机关、军队保卫部门、监狱、海关缉私部门等，只规定侦查实验的适用主体为公安机关或者检察机关，显然将其他单位排除在外，而其他部门在侦查过程中如果需要开展侦查实验，则需要公安机关负责人或检察长的批准，显然不合理。其次，前述经过公安机关负责人或检察长批准，更多体现的是内部审批制，而相应的对侦查实验的任务、要求、证据材料等前期审查、过程监督及责任落实上存在流于形式化的情况。最后，对于侦查实验适用的证据材料或设定条件存在争议，或在庭审阶段对于案件事实调查存在争议，法院能否组织开展侦查实验，辩护人根据案件情况严格依据相应条件开展的模拟实验能否作为证据，在现实立法环境下或审判实践中，很难得到支持。如侦查实验作为公安机关、检察院的专属权利，以及相应结论作为定案依据，无疑会产生该专属权利的选择及任意适用，无法对其形成有效监督，也无法对辩护权进行合法保障，更不利于查明案件事实情况。

4. 侦查实验的条件设定缺乏客观性

在本案中，案发时间为10月份、天气阴，只有外部行驶路线及涉案车辆情况，对于进入地下车库的人员状态等情况均未有客观证据。

而本案中侦查实验的组织开展时间为4月份、天气晴，在外部行驶路线可更为准确的情况下未严格设定路线；驾驶员虽身高类似但驾驶员在案发时的真实驾驶状态未能还原；被告人在案发时不存在预知预判及有针对性关注某一角度；躺卧人员的具体状态包括躺卧的位置、具体姿势、是否变动等均未有明确证据予以客观设定；以上情况直接影响侦查实验结论。

但侦查机关在审批及组织开展侦查实验时，均未合理审查落实该侦查实验的条件。侦查实验的条件设定在一定程度上也是案件事实的争议焦点，无论是在刑事诉讼中的哪一阶段，侦查实验的条件设定直接影响其作为证据的能力。公安机关或检察院在开展侦查实验时直接以其证据标准予以设定条件，以相应结论作为依据，本身是对犯罪嫌疑人/被告人、辩护人甚至是法官相应权利或审查的限制；更何况就实践而言，相应侦查实验条件的设定缺乏审查、评判机制。

5. 侦查实验的操作程序不够规范

在实践中，开展侦查实验可以聘请具有专门知识的人参加实验，也可以邀请见证人在场，但必要情况的审查、专家专业水平要求、见证人的资格审查、其他人员的参加、侦查实验条件落实及确认、相应实验是否有效、相应人员操作行为等并未有具体规范；尤其对辩护人参加侦查实验没有进行规定，很容易造成控辩双方力量不均衡。实践中，即使作为侦查机关，对于如交通类案件也需要邀请相应专业人员予以指导，以保障侦查实验的科学性，在不具备专业人员指导等情况下作出的侦查实验结论将存在差异。在无明确操作规范要求的情况下，犯罪嫌疑人/被告人的权益保障无从谈起。

6. 侦查实验的救济措施难以实现

人民检察院对侦查实验等笔录存在疑问的，根据《人民检察院刑事诉讼规则》第336条规定，人民检察院可以要求调查人员或者侦查人员提供获取、制作的有关情况，必要时也可以询问提供相关证据材料的人员和见证人并制作笔录附卷，对物证、书证、视听资料、电子数据进行鉴定。但实践中，存在犯罪嫌疑人/被告人申请侦查实验被拒绝，侦查实验启动时公安机关或检察院可以通知也可以不通知犯罪嫌疑人、被害人、证人参加，犯罪嫌疑人、被害人、证人在实验过程中发现侦查实验条件设定与其认知的条件不一致也无法提出异议，对侦查实验结论有异议也无法申请再次开展侦查实验或申请难获支持，以及其他种种问题，却暂未发现及时有效的救济措施。当然，根据《最高人民法院关于适用〈中华人民共和国刑事诉讼法〉的解释》第106~107条规定，对侦查实验笔录可进行全面质证，以审查侦查实验笔录能否作为定案的根据；这也是现时的救济方式。但在实践中，存在一个重大的问题，就是公安机关在开展侦查实验的时候，很可能采取闭门实验的方式，辩护人最终看到的只是侦查实验笔录，这无形中给辩护人质证设置了障碍。

7. 侦查实验的问责机制不够健全

对于刑事案件来说，侦查实验的结论非常重要，甚至会直接决定罪与非罪的判决结果，影响当事人的未来人生。因此，不规范的侦查实验、错误的实验结论，不仅可能影响个案的公正审理，还可能影响司法程序的顺利推进，危害社会公正。但遗憾的是，目前尚没有相关规定对错误的侦查实验结论给予专门的救济途径，对于得出错误侦查实验结论的公安机关及相关人员也没有问责规定，相应侦查机关、侦查人员无法客观、规范、准确地作出合法、科学的侦查实验结论，违背了公平公正客观的原则。

综合开展侦查实验引发的上述问题，进一步完善侦查实验制度、规范侦查实验工作已成为刑事领域亟须解决的重要问题。对此，我们建议，进一步加强对侦查实验的细化规定，对侦查实验制度予以充分完善。①明确适用主体及其资格条件，提高参与侦查实验人员的素质能力和资格条件，对于可能影响公正实验的人员予以排除，明确辩护人需要到场监督和参与，以保证实验的科学性与规范性。②规范申请程序和前提条件，保证当事人对于侦查实验的申请权利，促进侦查实验前提条件的客观化和标准化，落实分析、比较等评估、审查确认过程。③完善实验步骤和程序，形成完整、统一、规范的侦查实验行为，确保实验结果的合法性、证据的有效性。明确侦查机关在实验开始之前，需要制定详细的实验计划，包括实验目的、时间、地点、环境条件、参加者和具体分工安排、实验的方法和具体步骤、实验的记录、实验的警戒制度等。④健全审查监督机制，扩展相关救济措施，对侦查实验笔录的制作主体是否合格、人员是否充分参与、记录的格式内容是否正确、实验条件是否高度还原、实验方法是否科学恰当、实验程序是否正当等作出详细规定。对有瑕疵的笔录证据应当要求说明情况，合理说明，可以补正后使用，否则予以排除。[1]⑤健全问责机制，对造成侦查实验结论错误的相关单位和个人，结合错误的严重程度和影响后果，予以相应的问责处罚，对涉嫌违规违法行为予以坚决追究。

（四）对于发生在公共道路以外的驾车致人死亡案件，在责任认定方面是否可以参照交通肇事罪的思路认定？

鉴于本案系发生在公共道路以外的单位内部地下车库，因此交管部门并未出具道路交通事故责任认定书，但辩护律师认为，鉴于本案客观上系机动车驾驶过程中发生的交通事故，与交通肇事罪的罪状、责任及主、客观方面

---

〔1〕米双鹏：《侦查实验笔录的审查与运用——对办理的一起污染环境案的思考》，载《中国检察官》2018年第12期。

较为类似，故在认定原审被告人是否构成过失致人死亡罪时，应参照交通肇事罪的认定方式和适用精神。根据相关法律和司法解释的规定，车辆驾驶人在行车过程中致一人死亡的，且负事故全部责任或主要责任的，构成交通肇事罪。根据相关规定，车辆驾驶人在驾车过程中应当尽到相应的安全驾驶义务，但不宜苛求超出社会一般成员的预见范围和预见能力。本案中，考虑到被害人违反交通法规躺卧在车库通道的实际情况，客观上对案件结果负有一定责任，应相应减轻原审被告人对案件结果承担的责任比例，不宜认定原审被告人承担本次事故的全部或主要责任，即参照上述交通肇事罪的入罪标准，依法认定原审被告人不构成过失致人死亡罪。

（五）当庭提出检察建议的合法性及正当性？

本案在某次庭审过程中，公诉人要求休庭，在被拒绝后，其当庭提出检察建议，理由是对庭审程序有异议，后被审判长直接驳回。辩护人认为，检察建议具有其法定的功能定位和实现路径，当庭提出检察建议缺乏法律依据和正当合理性，错误适用检察建议应设立救济途径并开展责任追究。

1. 检察建议的功能定位

根据最高人民检察院《人民检察院检察建议工作规定》第 2 条的规定，检察建议是人民检察院依法履行法律监督职责，参与社会治理，维护司法公正，促进依法行政，预防和减少违法犯罪，保护国家利益和社会公共利益，维护个人和组织合法权益，保障法律统一正确实施的重要方式。结合检察机关固有的监督职权，检察建议的主要功能在于监督诉讼活动，纠正违法行为，并在此基础上维护司法公正。

具体而言，检察建议的功能定位应该包括以下几个方面：①纠错功能。检察机关对于执法机关在遵循、适用和执行法律的过程中发生的违法和不法行为予以督促和纠正。②整改功能。检察机关对于所办案件的相关单位存在的违法情况或管理漏洞提出整改建议。③预防功能。结合办理案件的一般规律，分析相关案件的形成原因，督促相关部门采取措施，预防和减少犯罪发生。④处置功能。针对不认真履行职责的执法单位及人员，要求其采取措施进行补救，保证法律的有效实施。⑤引导功能。通过推进社会治安综合治理，促进相关单位严格执法、文明执法，维护法律尊严。

结合本案而言，检察机关在庭审过程中当庭提出的检察建议，可被认定为属于第一项功能——纠错功能，即公诉人认为审判机关在庭审中存在程序错误甚至违法的情况，因此要求休庭，并在被拒绝后当庭提出检察建议。

2. 检察建议的实现路径

根据最高人民检察院《人民检察院检察建议工作规定》的相关规定，检察官在履行职责中发现有应当依照本规定提出检察建议情形的，应当报经检察长决定。检察官一般应当在检察长作出决定后两个月以内完成检察建议事项的调查核实。情况紧急的，应当及时办结。检察官调查核实完毕，应当制作调查终结报告，写明调查过程和认定的事实与证据，提出处理意见。认为需要提出检察建议的，应当起草检察建议书，一并报送检察长，由检察长或者检察委员会讨论决定是否提出检察建议。检察建议书应当以人民检察院的名义送达有关单位。送达检察建议书，可以书面送达，也可以现场宣告送达。

因此，检察官提出检察建议的合法实现路径，应该是：①发现相关情形；②报经检察长决定；③完成调查核实；④起草检察建议书报送检察长；⑤由检察长或者检察委员会讨论决定；⑥以人民检察院的名义送达检察建议书。在本案中，检察官当庭提出检察建议的方式，没有报请检察长同意并由检察长或者检察委员会讨论决定，也没有以人民检察院的名义提出，显然不符合提出检察建议合法路径。

3. 当庭提出检察建议的可能后果

在本案中，检察官当庭口头提出检察建议，明显没有报经检察长决定，更不可能经检察长或者检察委员会讨论决定，是以检察官个人名义提出，并非以人民检察院的名义送达，在程序上属于重大错误。作为国家司法机关和法律监督机关，检察院在提起检察建议的时候，必须严格依照相关程序进行，这样才具有合法性和公信力，否则将带来极为不利的法律后果，对社会造成负面影响，包括：造成控辩双方法庭地位不平等；限制检察机关提高公诉水平；严重影响法律监督程序严肃性等。

4. 检察建议错误提出的救济途径

目前尚没有相关规定，对错误提出检察建议给予专门的救济途径，对于错误提出检察建议的检察机关及相关人员也没有归责处罚的规定，这使得检察建议可以"肆无忌惮"地提出，这显然有违该项法律制度设立的初衷。对此，我们建议应进一步完善检察建议的合法性论证和后评价制度，由最高人民检察院出台相关的规定，丰富完善检察建议制度的运行，特别是对于错误提出检察建议的，设立救济途径并开展责任追究，包括：①确定违反程序提出的检察建议的法律效力；②确定对错误检察建议的救济路径和方式；③确定因错误检察建议造成损失的损害赔偿主体及标准；④确定错误检察建议相关责任人的责任追究制度等。

（六）人民陪审员能否引导庭审活动？

在案件庭审过程中，被害人近亲属委托的诉讼代理人以"人民陪审员具有当庭制止诉讼代理人向证人发问的不正当行为，可能影响公正审判"为由，要求人民陪审员回避，法庭未予准许。在上诉的过程中，检察机关还以此为由，认为一审的审判程序违法，其依据是《最高人民法院关于适用〈中华人民共和国刑事诉讼法〉的解释》（2012 年）第 214 条规定，控辩双方的讯问、发问方式不当或者内容与本案无关的，对方可以提出异议，审判长应当判明情况予以支持或者驳回；对方未提出异议的，审判长也可以根据情况予以制止。检察机关认为，人民陪审员并非审判长，因此无权制止被害人近亲属的委托诉讼代理人对证人进行发问。

对此，辩护律师认为，根据《最高人民法院关于适用〈中华人民共和国人民陪审员法〉若干问题的解释》第 10 条、第 11 条之规定，"案件审判过程中，人民陪审员依法有权参加案件调查和调解工作。庭审过程中，人民陪审员依法有权向诉讼参加人发问……"，人民陪审员在庭审过程中享有案件调查权和发问权。在本案的庭审期间，人民陪审员对诉讼代理人的发问方式给以适当提醒，属于合议庭引导庭审的正常范畴，符合相关法定程序。因此，原审法院不支持"人民陪审员回避"的申请未违反法律规定。二审法院也对上述观点予以了支持。

【简要总结】

本案被人民法院列为疑难案件进行审理，作为本案的辩护人，接受委托时，该案已到审查起诉阶段，之前阶段有其他律师代理，但辩护效果较差，案件前景不容乐观。对此，辩护律师顶住压力，坚持不懈、水滴石穿，通过一点一滴地梳理、抽丝剥茧，令复杂案情、疑难问题等各项困难逐一化解，一个个小胜利慢慢浮现，最终勇夺刑事辩护皇冠的明珠：无罪辩护获无罪判决。

　　总结办理本案的如下工作：一是通过审阅全部案卷，一帧一帧地反复观看视频证据，精确落实案件涉及相关人员的时间、行为以及与其他事实的有效关联；二是通过对证据的有序整理和提炼总结，固定本案中的各项客观证据与事实；三是通过与当事人的多次会见和沟通，了解第一手的现场情况和事发状态；四是通过多次查看现场、测量相关数据、推演还原案发情形的所有可能性，并在日常生活中不断体验相同车速、进入地库状态，以及对比进入同地形地下车库的状态等，来衡量本案中当事人进入案发地库时常人的注意水平；五是通过申请交通事故民警出庭作证和开展模拟实验，有效推定案发现场情况；六是通过总结归纳案件问题点，全面查询过失致人死亡刑事案件的相关判例以及与本案关键问题相关的案例，扩展辩护思维，为无罪辩护寻求实践支撑；七是通过研究绘制案件时间轴，清晰梳理案件办理的整个过程；八是通过充分准备扎实证据和论理，对公诉人指控的相关问题予以全面有效反驳，使得辩护意见获得支持和认可；九是通过与审判庭专业而积极的沟通，对案件的审理和庭审起到良好的配合和促进效果；十是通过推进协调附带民事诉讼其他各方进行调解，并积极配合法院开展调解工作，最大程度调和被告人与被害人家属之间的矛盾，缓解审理压力，维护社会稳定。

　　本案最终判决无罪具有重大意义，不仅推进了一起刑事案件的圆满解决，更让当事人任某卸下长达两年之久的心理重负，不用再心事重重、愁容满面，不用再担心失去工作、丢掉党籍，不用再背负刑事罪名，为其点燃了重启新生的火苗，对其开启新的人生具有非凡意义。同时，在全国各地各类地库轧人案件多发的当下，本案的无罪判决，还将对其他过失致人死亡案件，尤其是地库轧人的类似案件起到积极的指引作用，捍卫了对生命权的真正敬重和以人为本的核心价值理念。

　　据了解，这是近十年来，天津市和平区人民法院作出的首例无罪判决案件。目前，该案已在《今日头条》等重要媒体上予以报道，并对类案的解决产生积极影响，获得了当事人及社会各界人士的一致赞誉。

附：相关法律法规及司法解释

📖《中华人民共和国刑法》

第十六条 **【不可抗力和意外事件】**行为在客观上虽然造成了损害结果，但是不是出于故意或者过失，而是由于不能抗拒或者不能预见的原因所引起的，不是犯罪。

第一百三十三条 **【交通肇事罪】**违反交通运输管理法规，因而发生重大事故，致人重伤、死亡或者使公私财产遭受重大损失的，处三年以下有期徒刑或者拘役；交通运输肇事后逃逸或者有其他特别恶劣情节的，处三年以上七年以下有期徒刑；因逃逸致人死亡的，处七年以上有期徒刑。

第二百三十三条 **【过失致人死亡罪】**过失致人死亡的，处三年以上七年以下有期徒刑；情节较轻的，处三年以下有期徒刑。本法另有规定的，依照规定。

📖《中华人民共和国刑事诉讼法》

第一百三十五条第一款 为了查明案情，在必要的时候，经公安机关负责人批准，可以进行侦查实验。

第二百条第二项 在被告人最后陈述后，审判长宣布休庭，合议庭进行评议，根据已经查明的事实、证据和有关的法律规定，分别作出以下判决：

（二）依据法律认定被告人无罪的，应当作出无罪判决。

📖《最高人民法院关于适用〈中华人民共和国刑事诉讼法〉的解释》

第一百零六条 对侦查实验笔录应当着重审查实验的过程、方法，以及笔录的制作是否符合有关规定。

第一百零七条 侦查实验的条件与事件发生时的条件有明显差异，或者存在影响实验结论科学性的其他情形的，侦查实验笔录不得作为定案的根据。

📖《中华人民共和国道路交通安全法实施条例》

第七十四条第二项 行人不得有下列行为：

（二）在车行道内坐卧、停留、嬉闹。

第九十七条第一款　车辆在道路以外发生交通事故，公安机关交通管理部门接到报案的，参照道路交通安全法和本条例的规定处理。

📖《最高人民法院关于审理交通肇事刑事案件具体应用法律若干问题的解释》

第二条第一款第一项　交通肇事具有下列情形之一的，处三年以下有期徒刑或者拘役：

（一）死亡一人或者重伤三人以上，负事故全部或者主要责任的。

第八条　在实行公共交通管理的范围内发生重大交通事故的，依照刑法第一百三十三条和本解释的有关规定办理。

在公共交通管理的范围外，驾驶机动车辆或者使用其他交通工具致人伤亡或者致使公共财产或者他人财产遭受重大损失，构成犯罪的，分别依照刑法第一百三十四条、第一百三十五条、第二百三十三条等规定定罪处罚。

📖《人民检察院刑事诉讼规则》

第二百条第一款　为了查明案情，必要时经检察长批准，可以进行侦查实验。

第二百零一条　侦查实验，必要时可以聘请有关专业人员参加，也可以要求犯罪嫌疑人、被害人、证人参加。

第三百三十六条　人民检察院对物证、书证、视听资料、电子数据及勘验、检查、辨认、侦查实验等笔录存在疑问的，可以要求调查人员或者侦查人员提供获取、制作的有关情况，必要时也可以询问提供相关证据材料的人员和见证人并制作笔录附卷，对物证、书证、视听资料、电子数据进行鉴定。

📖《人民检察院检察建议工作规定》

第二条　检察建议是人民检察院依法履行法律监督职责，参与社会治理，维护司法公正，促进依法行政，预防和减少违法犯罪，保护国家利益和社会公共利益，维护个人和组织合法权益，保障法律统一正确实施的重要方式。

第十三条　检察官在履行职责中发现有应当依照本规定提出检察建议情形的，应当报经检察长决定，对相关事项进行调查核实，做到事实清楚、准确。

《人民检察院办理刑事申诉案件规定》

第二十九条　对与案件有关的勘验、检查、辨认、侦查实验等笔录和鉴定意见，认为需要复核的，可以进行复核，也可以对专门问题进行鉴定或者补充鉴定。

《公安机关刑事案件现场勘验检查规则》

第六十九条第一款　为了证实现场某一具体情节的形成过程、条件和原因等，可以进行侦查实验。

第七十一条第二项至第五项　侦查实验应当符合以下要求：

（二）侦查实验的时间、环境条件应当与发案时间、环境条件基本相同；

（三）侦查实验使用的工具、材料应当与发案现场一致或者基本一致；必要时，可以使用不同类型的工具或者材料进行对照实验；

（四）如条件许可，类同的侦查实验应当进行二次以上；

（五）评估实验结果应当考虑到客观环境、条件变化对实验的影响和可能出现的误差。

《公安机关办理刑事案件程序规定》

第二百一十六条　勘查现场，应当拍摄现场照片、绘制现场图，制作笔录，由参加勘查的人和见证人签名。对重大案件的现场勘查，应当录音录像。

第二编

侵犯财产类案件

钱某某涉嫌诈骗案法律分析

—— 如何界定诈骗罪"以非法占有为目的"

许 波

■ 【基本案情】

案情简介：

2011 年 1 月师某与钱某某经朋友介绍相识，两人"第二次见面之后长时间再没见过面""认识很短，没有很深的交往"。后钱某某以运作筹办"刘德华银川个人演唱会"为由，前后共骗取师某人民币 220 万元后失去联系，师某遂于 2012 年 3 月 1 日向宁夏回族自治区银川市公安局直属分局（以下简称"银川市公安局直属分局"）报案。

2012 年 11 月 4 日，钱某某被银川市公安局直属分局刑事拘留。2012 年 12 月 10 日，钱某某被宁夏回族自治区银川市金凤区人民检察院（以下简称"银川市金凤区检察院"）批准逮捕，该案办理期间走完了"二退三延"法律程序（即被检察机关两次退回公安机关补充侦查）。2013 年 7 月 5 日，银川市金凤区检察院向金凤区人民法院提起公诉，案件进入法院审判阶段。

检方起诉意见书称：2011 年 1 月，犯罪嫌疑人钱某某与被害人师某结识，2011 年 12 月至 2012 年 6 月间，钱某某在与师某的交往过程中，多次虚构自己曾承办过"刘德华常州个人演唱会"，十分成功，并正在筹备"刘德华银川个人演唱会"。2011 年 5 月，师某在银川市金凤区的住处接到钱某某电话，称"刘德华银川个人演唱会"项目资金有缺口，让师某出资 80 万元，双方进行合作。师某信以为真，于 5 月 19 日向钱某某名下的建行账户汇款人民币 80 万元，同年 6 月 15 日，犯罪嫌疑人钱某某以演出规模扩大为由要求师某追加投资，师某于当日分两笔再向钱某某名下的建行账户汇款人民币 140 万元。钱某某得款后即失去联系，共骗取被害人师某人民币 220 万元。后钱某某用骗得赃款在常州首付人民币 60.8 万元购买一套 143.12 平方米的住房，所得剩余赃款全部被其挥霍。

法院经审理查明：师某与钱某某实际上长期保持恋人关系，钱某某从来没有向师某提起过关于筹备"刘德华银川个人演唱会"一事。事实是，两人确认恋爱关系后，师某和钱某某长期保持密切的电话、短信沟通，两人还一起开过房，师某还和钱某某一起在香港购买了卡地亚情侣钻戒。师某为了让女友钱某某不再从事演艺事业，并帮助她尽早了结与前男友的纠葛，前后三次汇款人民币220万元给钱某某。在两人交往过程中，由于师某向钱某某刻意隐瞒了他两次结婚并育有子女的事实，玩弄钱某某的感情，钱某某发现感情被欺骗后身心都受到了极大的伤害，遂与师某分手，而师某提出了"要么还钱，要么保持'恋人'关系"的要求，再次遭拒绝后，与钱某某的矛盾由此产生。当师某要求钱某某还款时，钱某某因感情被欺骗、身心遭伤害拒绝了师某的还款要求，但钱某某并没有躲避，更没有失联，而是一直与师某保持联系。

根据在案证据，师某向钱某某三次汇款之时无任何证据证明他当时身在银川，银川市司法机关对本案不具有管辖权，银川市公安局直属分局在证据不确凿、未补充、对本案不具有管辖权的情况下强行立案，于法无据。

审理结果：

2013年7月23日，银川市金凤区人民法院开庭公开审理了本案，经法庭审理认定银川市司法机关对本案不具有管辖权，遂将本案退回银川市金凤区检察院。

在银川市金凤区人民法院将案件退回之后，银川市金凤区检察院又试图将案件移送至北京司法机关（演员钱某某长期在北京工作生活），终因本案事实不清、证据不足而未能移送。2013年8月14日，银川市公安局直属分局解除了钱某某长达1年之久的非法羁押状态，改为监视居住刑事强制措施，同年8月23日，钱某某的监视居住强制措施被依法解除。

2014年3月3日，银川市金凤区检察院作出银金检〔2013〕10号不起诉决定书，依照2012年《中华人民共和国刑事诉讼法》第171条第4款的规定，决定对钱某某不起诉。2014年3月31日，银川市金凤区检察院作出银金检不诉说理〔2013〕10号不起诉说理书，在不起诉说理书中，银川市金凤区检察院阐述了对钱某某不予起诉的两点理由："一是本案通过两次退侦，后起诉至银川市金凤区人民法院，因对本案无管辖权退回我院，故本案存在管辖权争议；二是被不起诉人钱某某先后收到被害人 220 万元汇款，但无充足的证据认定被不起诉人钱某某具有非法占有被害人财物的目的，其一直辩解与被害人系男女朋友关系，其辩解理由无相应证据予以合理排除。"

钱某某恢复人身自由之后，针对银川市相关司法机关的违法办案、致其人身遭非法羁押的行为，依法提起了国家赔偿并得到了受理法院的支持。

【争议问题】

在本案办理过程中，辩护律师梳理出本案的三个争议焦点：一是银川市司法机关对本案是否具有管辖权？二是钱某某的行为是否构成诈骗罪？三是本案侦查机关在办案过程中是否存在程序性违法行为？

【法理分析】

（一）银川市司法机关对本案是否具有管辖权？

我国《刑事诉讼法》、最高人民法院司法解释以及公安部颁布的相关规定都对刑事案件的地域管辖作出了明确规定。具体如下：

2012 年《中华人民共和国刑事诉讼法》第 24 条规定："刑事案件由犯罪地的人民法院管辖。如果由被告人居住地的人民法院审判更为适宜的，可以由被告人居住地的人民法院管辖。"[1]

2012 年《最高人民法院关于适用〈中华人民共和国刑事诉讼法〉的解释》第 2 条第 1 款规定："犯罪地包括犯罪行为发生地和犯罪结果发生地。"第 3 条第 1 款规定："被告人的户籍地为其居住地。经常居住地与户籍地不一致的，经常居住地为其居住地。经常居住地为被告人被追诉前已连续居住一年以上的地方，但住院就医的除外。"[2]

2012 年《公安机关办理刑事案件程序规定》第 15 条规定："刑事案件由犯罪地的公安机关管辖。如果由犯罪嫌疑人居住地的公安机关管辖更为适宜

---

[1]　2012 年《中华人民共和国刑事诉讼法》第 24 条。

[2]　2012 年《最高人民法院关于适用〈中华人民共和国刑事诉讼法〉的解释》第 2 条第 1 款。

的，可以由犯罪嫌疑人居住地的公安机关管辖。犯罪地包括犯罪行为发生地和犯罪结果发生地。犯罪行为发生地，包括犯罪行为的实施地以及预备地、开始地、途径地、结束地等与犯罪行为有关的地点；犯罪行为有连续、持续或者继续状态的，犯罪行为连续、持续或者继续实施的地方都属于犯罪行为发生地。犯罪结果发生地，包括犯罪对象被侵害地、犯罪所得的实际取得地、藏匿地、转移地、使用地、销售地。居住地包括户籍所在地、经常居住地。经常居住地是指公民离开户籍所在地最后连续居住一年以上的地方。法律、司法解释或者其他规范性文件对有关犯罪案件的管辖作出特别规定的，从其规定。"[1]

在本案中，师某向银川市公安局直属分局报案，称其向钱某某三次汇款的行为是根据他在银川的公司和钱某某之间的约定所实施，汇款时他身在银川，并称其几次和钱某某通话洽谈"刘德华银川个人演唱会"商演项目时均身在银川。银川市公安局直属分局根据《最高人民法院、最高人民检察院、公安部、国家安全部、司法部、全国人大常委会法制工作委员会关于实施刑事诉讼法若干问题的规定》第1条第2款、2012年《公安机关办理刑事案件程序规定》第15条之规定，认为其对本案具有管辖权并立案。

那么，能否由此认定银川市公安直属分局对本案具有管辖权呢？

辩护律师认为，银川市公安局直属分局对本案不具有管辖权：

第一，师某没有任何证据能够证明汇款的时候他身在银川。事实上，师某长期生活在北京，本案中除了其个人的陈述以外，没有其本人于案发期间曾在银川居住、生活的任何证据，例如并无从北京到银川的乘机记录、火车票以及乘坐其他交通工具出入银川的行驶记录等。因此，师某在汇款日、与钱某某通话时是否身在银川，并无相应证据予以证明。

第二，师某声称其以在银川经营的公司的名义与钱某某约定汇款220万元，但钱某某与该公司并未形成合同关系，该公司给师某汇款80万元属于该公司与师某之间的行为，与钱某某不具有关联性，且师某所汇220万元款项均是通过其个人银行账户转至钱某某名下建设银行账户内，故不能由此认定银川市司法机关对本案具有管辖权。

第三，钱某某的户籍地在江苏常州，经常居住地在北京市朝阳区，钱某

[1] 2012年《公安机关办理刑事案件程序规定》第15条。

某的户籍所在地、经常居住地均与银川市司法机关的管辖权不具有关联性。

通过以上三点，足以证明无论从犯罪行为发生地、结果发生地，还是从被告人经常居住地来判断，银川市司法机关对本案均没有管辖权。不能因为报案人师某的户籍地在银川，就可以任意扩大刑事诉讼法中规定的管辖权的外延。

（二）钱某某的行为是否构成诈骗罪？

《中华人民共和国刑法》第 266 条规定："诈骗公私财物，数额较大的，处三年以下有期徒刑、拘役或者管制，并处或者单处罚金；数额巨大或者有其他严重情节的，处三年以上十年以下有期徒刑，并处罚金；数额特别巨大或者有其他特别严重情节的，处十年以上有期徒刑或者无期徒刑，并处罚金或者没收财产。本法另有规定的，依照规定。"[1]

诈骗罪，是指以非法占有为目的，使用欺骗方法，骗取数额较大的公私财物的行为。诈骗罪（既遂）的基本构造为：行为人实施欺骗行为——对方（受骗者）产生（或继续维持）错误认识——对方基于错误认识处分财产——行为人或第三者取得财产——被害人遭受财产损害。[2]

辩护律师认为，本案中钱某某的行为不构成诈骗罪，这可以从客观方面和主观方面分别予以证明：

1. 客观上，钱某某没有实施诈骗行为

在本案中，根据公诉机关的逻辑链条来看，钱某某在结识师某后向其虚构了她正在筹备举办"刘德华银川个人演唱会"的事实，师某因此陷入了认识错误，基于这一错误认识向钱某某汇款人民币 220 万元，并由此遭受巨额经济损失。因此钱某某主观上具有实施诈骗的故意，实施了诈骗的行为，依法构成诈骗罪。然而，公诉机关的这一看似完整的证据链条，既缺乏有力的证据支撑，又违背了常理、常识和常情。

（1）钱某某没有实施虚构事实、隐瞒真相的欺诈行为。在本案中，师某声称钱某某向其提及举办"刘德华银川个人演唱会"一事，并以资金不足为由让其汇款。但是这一事实除了师某个人的口述之外，只有师某好友秦某某

---

[1]　《中华人民共和国刑法》第 266 条。
[2]　参见张明楷：《刑法学》（第 5 版·下），法律出版社 2016 年版，第 1000 页。

和刘某某的证人证言，且证人秦某某的证言前后相互矛盾，其只是"选择性"地听见了钱某某与师某所谓拟举办"刘德华银川个人演唱会"的对话，其他的谈话内容却"没听清"，这显然与生活常理不符。因此，能够证明钱某某"虚构事实"的证据，就只有刘某某证言这一孤证了。而且，秦某某、刘某某和师某均系朋友关系，其证人证言的效力及证据的客观真实性存疑。对于口供的使用，2012年《中华人民共和国刑事诉讼法》第53条第1款规定："对一切案件的判处都要重证据，重调查研究，不轻信口供……"[1]因此，本案中办案机关片面相信刘某某一人的证言，而对于其他对被告人有利的证据却视若不见，违背了孤证不能定案这一铁律。况且，既然是合作，理所当然地包括投入资金的总数、各方享有的权益及回报比例，但本案在这些方面的证据恰恰是严重缺失的。因此，本案中所谓的师某投资"刘德华银川个人演唱会"这一事实缺少充分证据予以印证。

（2）师某并非基于认识错误而处分个人财产。在本案中，师某声称自己因为受到钱某某欺骗，为了投资"刘德华银川个人演唱会"的项目而向钱某某汇款，并称他自己跟钱某某的关系是"第二次见面之后再没见过面""认识很短，没有很深的交往"。然而，判断被害人师某陈述的真实性和证明力，需要与其他证据事实相结合。在案件办理过程中，辩护律师仔细梳理了侦查机关调取的所有在案证据，同时向相关部门调取了师某和钱某某之间的通话记录、短信聊天记录以及两人的开房记录（住宿登记记录和刷卡付款记录）等证明两人交往密切、频繁往来的大量证据材料。经梳理甄别，辩护律师发现大量的在案证据材料可以证实：本案中师某与钱某某之间实际上是恋人关系。这一关系不只是钱某某一人的供述，而是客观事实。能够证实两人是恋人关系的证据包括：①师某和钱某某两人共同朋友的证人证言；②师某和钱某某之间的大量、长期、频繁的通话记录、短信聊天记录；③师某和钱某某两人的开房记录（住宿登记记录和刷卡付款记录）；④恋爱期间师某送给钱某某的卡地亚情侣钻戒等个人物品。这些证据能够形成一个完整的证据链条，从证据的证明力角度来看，前述证据链条足以认定师某和钱某某两人系恋人关系。

需要特别指出的是，辩护律师依法调取的师某和钱某某二人之间通话记

---

[1] 2012年《中华人民共和国刑事诉讼法》第53条。

录，动辄 1 个多小时，较短的也有 20 分钟左右，其间还有两人每天几条、几十条的短信往来，而几乎所有的通话记录和短信聊天记录均发生在师某声称的"第二次见面之后再没见过面"之后。依据生活常理来判断，如果不是热恋中的情侣或者关系极为密切者，是不可能有如此长期、频繁、密集的通话和短信聊天记录的。据此，师某声称的"第二次见面之后再没见过面""认识很短，没有很深的交往"的一系列谎言不攻自破。

既然有确凿证据证明二人系恋人关系，那么师某向钱某某汇款的行为也就不可能是基于"钱某某的诈骗行为"而"限于错误认识"，继而"主动向钱某某转款"了。事实上，在两人交往过程中，师某得知钱某某与前男友之间仍然存在纠葛，在师某与钱某某成为亲密恋人之后，师某不希望钱某某继续从事演艺事业。为了使自己的女友尽早了结与前男友的纠葛，也为了自己的女友退出演艺圈后衣食无忧，师某才前后三次汇款 220 万元给钱某某，供其日常生活开销。依据生活常理判断，恋人之间男方为女方花钱，完全符合正常情侣之间的生活方式，更何况钱某某作为演员，日常开销很大，据钱某某本人自述 1 个月要花费"10 万多元人民币"。师某在交往过程中十分清楚钱某某的职业特点及其与前男友之间的纠葛。师某给钱某某的转账完全是基于他对钱某某职业的了解以及情侣之间的感情与信赖关系，而绝不可能是因为被女方欺骗而产生的"认识错误"，何况钱某某用部分师某转来的钱买房师某是完全知晓的，所谓的师某因被钱某某欺骗而"遭受财产损失"的自述既无事实证据，也无法律依据，纯属无稽之谈。

因此，根据本案辩护律师调查取证，并经法院依法核实的证据来看，钱某某与师某之间一直是以恋人的身份相处，师某主张的钱某某的欺骗行为并无相应证据予以证明，其汇款目的亦不是他所说的"受到欺骗"。总之，钱某某并未实施诈骗行为。

2. 主观上，钱某某没有非法占有目的

诈骗罪的主观要件除了具备主观上的诈骗故意之外，还需要有非法占有目的。从刑法理论上看，非法占有目的可以分解为两部分：一为剥夺的（排除的）意思；二为僭用的意思。剥夺的意思是指让财物的原所有人与其物永久地脱离关系，要排除其对物的支配，持续长久地、终局性地不返还财物；僭用意思是指取而代之成为财物的新占有人。

在本案中，钱某某不具有对 220 万元汇款的剥夺意思。虽然钱某某使用了师某转账的 220 万元钱，但是当师某提出要钱某某还款时，钱某某并没有躲避，而是一直和师某保持联系。需要特别指出的是，师某向钱某某提出还款，并不是因为"师某醒悟自己被骗，从而案发"，而是因为师某自身隐瞒了曾经有两段婚姻的历史，被钱某某发现之后，后者毅然决定与师某分手，由此也不难看出：钱某某与师某恋爱交往是真心相爱、希望与师某共同踏入结婚殿堂，而非"欺骗财物"。师某被分手后气急败坏，想继续保持与钱某某之间的"恋爱关系"未果，于是让钱某某返还所谓的"刘德华银川个人演唱会"投资款。即便如此，当师某要求钱某某还款时，钱某某仍然没有躲避，这点从二人的聊天记录中可以看出：

师某：1 周了，钱筹集得怎么样？

钱某某：我也想立马给你，可我尽全力了，还有两个人不知道有没有希望，还不在北京，在等他们回来，他们要是不肯（我）真的只有死了。

可见，在师某报案前后，钱某某一直与师某保持联系，这一点有短信聊天记录、通话记录等证据予以佐证，而绝不是师某个人在报案材料里所称的"得款后钱某某失去联系，挥霍财物"，等等。

综上，钱某某在客观上没有实施诈骗师某的犯罪行为，主观上也没有非法占有师某财产的目的，钱某某的行为依法不构成诈骗罪。

总而言之，刑事诉讼法实行无罪推定的原则，根据存疑有利于被告人的原则，任何人都不被推定为罪人，任何人在被证明有罪前，应被假定为无罪。在刑事诉讼中，证明是原告的任务，或者说证明的任务属于主张者，证明的责任在请求者，起诉方必须证明被告人在特定的时间、地点、以特定的方式实施了特定犯罪行为；追诉者若没有证明，被告人便没有罪责。换言之，如果某项犯罪事实没有得到证明，就应认为不存在该犯罪事实，所以未证明等同于不存在；不存在的不被确认。[1] 结合本案，公诉机关没有举证证明被告人钱某某实施诈骗行为以及以非法占有财物为目的的证据，因此被告人被起诉构成诈骗罪依法不能成立。

---

〔1〕 参见张明楷：《刑法格言的展开》（第 3 版），北京大学出版社 2013 年版，第 534~535 页。

（三）本案侦查机关在办案过程中是否存在程序性违法行为？

在案件办理过程中，辩护人还发现本案中侦查机关存在两个程序性违法违规问题：一是办案文书明显有误；二是看守所在收押时未对钱某某进行体检。

1. 办案文书明显有误

本案中对钱某某实施拘留时出示的拘留证和拘留通知书的落款时间均为2012年7月31日，而钱某某及其家属收到的时间分别为2012年11月7日和2012年7月8日。2012年《中华人民共和国刑事诉讼法》第83条规定，公安机关除无法通知或者涉嫌危害国家安全犯罪、恐怖活动犯罪通知可能有碍侦查的情形以外，应当在拘留后的24小时以内，通知被拘留人的家属。[1]本案中的日期间隔显然不属于应在24小时以外通知家属的情形，这不仅仅是文字疏漏，事实是银川市侦查机关隔了足足4个月才通知家属，显然是严重的程序违法行为。

2. 看守所在收押时未对钱某某进行体检

2012年《公安机关办理刑事案件程序规定》第150条规定："看守所收押犯罪嫌疑人、被告人和罪犯，应当进行健康和体表检查，并予以记录。"[2]然而在本案中，钱某某在辩护律师会见时说自己是被强行关进银川市看守所的，在被关进看守所之前没有经过健康和体表检查，随案证据中也没有相应的健康和体表检查的记录或说明。由此不难发现，办案机关和看守所存在严重的违法或失职渎职行为。另外，由于侦查机关违反办案程序，入监之前没有对钱某某进行体格检查，导致钱某某原本要定期进行的癌症复查得不到及时复查，加之钱某某在看守所羁押期间经常生病，其中慢性阑尾炎发作过两次，导致犯罪嫌疑人/被告人的身体状况进一步恶化，严重损害了钱某某的身心健康。

从上述两个事实来看，本案的侦查机关存在程序不合法的行为，办案程序存在较为严重的违法违规问题。

▰▱　【简要总结】

钱某某涉嫌诈骗案，是一起较为疑难复杂的涉嫌诈骗犯罪案件。它的复

---

[1] 2012年《中华人民共和国刑事诉讼法》第83条。
[2] 2012年《公安机关办理刑事案件程序规定》第150条。

杂性在于既涉及程序性的管辖权争议，又涉及实体上的诈骗罪定性问题，另外还有办案机关在办案流程、履行手续等方面的违法违规问题。它的典型性在于为这一类案件划清刑事与民事的界限提供了一个良好的范例。

在司法实践中，认定民事纠纷还是诈骗犯罪始终是一个疑难问题。在本案的办案过程中，办案律师"重实施、重调查研究"，积极与司法机关开展工作沟通，依法依规、有理有据有节地依法行使辩护权，人民法院在审判阶段将本案退回审查起诉机关，审查起诉机关作出了"证据不足，依法不予不起诉"的决定。最终，辩护律师实现了为钱某某的无罪辩护。

笔者认为，钱某某涉嫌诈骗案可以带给我们以下几点启示：

（一）及时会见犯罪嫌疑人，积极保持和办案机关的工作沟通

辩护律师在办案过程中必须及时会见犯罪嫌疑人，充分了解案情，甚至是一些关键信息，这些案情和关键信息将成为下一步进行调查取证进而开展辩护工作的重要线索来源。在本案中，辩护律师在接受委托后数次前往看守所会见犯罪嫌疑人钱某某。在会见过程中，钱某某详细描述了师某的体貌特征，包括他胸前有一个肉色且突出的痣，这一体貌特征除了关系非常亲密的人之外其他人是不可能知晓的。因此，犯罪嫌疑人的这番表述对于证明她与师某之间是恋人关系这一事实非常关键。

另外，辩护律师在接受委托后，考虑到犯罪嫌疑人的身体因素，以及本案的性质和情节，在不同案件办理阶段及时地向办案机关出具了《取保候审申请书》《撤销强制措施申请书》，以及《管辖权异议申请书》《金凤区司法机关对本案不具管辖权的辩护意见》《关于羁押必要性审查的法律意见》等法律文书，依法履行辩护职责，很好地维护了钱某某的合法权益。

（二）重事实、重调查研究，深入开展调取证据工作

主动为犯罪嫌疑人调查收集无罪或者罪轻的证据，是辩护律师履行辩护职责的重要工作内容。2012年《中华人民共和国刑事诉讼法》第41条第1款规定："辩护律师经证人或者其他有关单位和个人同意，可以向他们收集与本案有关的材料，也可以申请人民检察院、人民法院收集、调取证据，或者申请人民法院通知证人出庭作证。"本案中，辩护律师为收集证据材料，积极开展了以下工作：①向办案机关递交了《调取证据申请书》《申请证人出庭作证申请书》等法律文书；②调取了师某与钱某某恋爱期间的全部电话与短信记

录、开房记录等证据，以证明二者系交往密切的恋人关系，而非仅见过两次面的普通朋友关系；③联系到钱某某的好友，获取了他们的证人证言，以证明师某和钱某某之间确实是恋人关系。

（三）结合涉案罪名相关法律、司法解释，剥茧抽丝、仔细甄别梳理案情

为了证明犯罪嫌疑人有罪，司法机关必须形成一条完善的闭合证据链，如果这一链条的任何一环被击破，那么犯罪嫌疑人难以构成犯罪。这就要求辩护律师在办案时要调查详细、深入，切入问题的核心，而不是浅尝辄止。比如在本案过程中，为打破审查起诉机关起诉书中构建的"师某以投资'刘德华银川个人演唱会'为由向钱某某汇款"的定性和论述，律师在调查研究后发现，双方当事人没有关于所谓的"刘德华银川个人演唱会"的任何协议，没有刘德华经纪公司或代理公司的介入，也没有任何有据可查的法定证据。这就推翻了起诉书里构建的"所谓事实"，而以一个逻辑充分完备的新事实取而代之。在此提示广大律师在辩护过程中，要认真分析司法机关构建的证据链条，找出其中的薄弱环节，通过寻找证据线索、调查取证获得新证据，打破司法机关的证据链条。

（四）通过调取关键证据实现突破，达到有效辩护之目的

在本案中，为了切实维护被告人的合法权益，实现程序公正和实体公正，辩护律师采取的辩护策略是既做程序辩护，又做实体辩护：一方面，主张金凤区司法机关对本案没有管辖权；另一方面，重点对钱某某不构成诈骗罪进行辩护；同时也严正指出了办案机关在办案程序上的违法违规行为。但在关键辩护点上做足功课，力求实现突破，比如在"银川市司法机关对本案不具管辖权"问题上，辩护律师做了大量的分析研究和调查取证工作，向主审法官提供了大量法律依据和事实证据，有效提高了案件辩护成功率。当然，在辩护过程中也要在侦查、审查起诉、审判不同的阶段分清主次缓急，以保证辩护思路的一致与连贯。

虽然辩护律师最终为被告人钱某某实现了无罪辩护，钱某某本人也获得了"国家赔偿"，但本案从案发到最终结案，前后持续两年之久，这对钱某某个人生活、事业的影响是非常大的。案发之前，钱某某正处于演艺事业的上升期，主演了多部有影响的影视剧，是演艺界一颗冉冉上升的新星，也是所在演艺公司重点培养的影星。案发后，钱某某身陷囹圄长达 1 年之久，演艺

事业从此戛然而止，也给所在的演艺公司、钱某某自身经营的公司都带来了不可估量的损失。

在此，笔者呼吁，无论是演艺界，还是各行各业的公司企业及其经营者、从业者，在努力做好企业刑事合规经营、规避刑事法律风险的同时，也要学会运用法律武器捍卫自身合法权益，尤其是刑事法律风险来临之前的"事前预防"，真正做到有备无患、未雨绸缪。笔者建议，无论是企业经营者还是个人从业者，要特别重视刑事法律顾问、刑事律师在企业经营、事业发展中的不可替代作用，不断提高个人刑事风险防范意识，建立起有效的"事前预防、事中应对、事后救济"企业刑事合规体系和个人刑事法律风险救济措施。

附：相关法律法规及司法解释

📖《中华人民共和国刑法》

第二百六十六条　【诈骗罪】诈骗公私财物，数额较大的，处三年以下有期徒刑、拘役或者管制，并处或者单处罚金；数额巨大或者有其他严重情节的，处三年以上十年以下有期徒刑，并处罚金；数额特别巨大或者有其他特别严重情节的，处十年以上有期徒刑或者无期徒刑，并处罚金或者没收财产。本法另有规定的，依照规定。

📖《最高人民法院、最高人民检察院关于办理诈骗刑事案件具体应用法律若干问题的解释》

第一条　诈骗公私财物价值三千元至一万元以上、三万元至十万元以上、五十万元以上的，应当分别认定为刑法第二百六十六条规定的"数额较大"、"数额巨大"、"数额特别巨大"。

各省、自治区、直辖市高级人民法院、人民检察院可以结合本地区经济社会发展状况，在前款规定的数额幅度内，共同研究确定本地区执行的具体数额标准，报最高人民法院、最高人民检察院备案。

第二条　诈骗公私财物达到本解释第一条规定的数额标准，具有下列情形之一的，可以依照刑法第二百六十六条的规定酌情从严惩处：

（一）通过发送短信、拨打电话或者利用互联网、广播电视、报刊杂志等发布虚假信息，对不特定多数人实施诈骗的；

（二）诈骗救灾、抢险、防汛、优抚、扶贫、移民、救济、医疗款物的；

（三）以赈灾募捐名义实施诈骗的；

（四）诈骗残疾人、老年人或者丧失劳动能力人的财物的；

（五）造成被害人自杀、精神失常或者其他严重后果的。

诈骗数额接近本解释第一条规定的"数额巨大"、"数额特别巨大"的标准，并具有前款规定的情形之一或者属于诈骗集团首要分子的，应当分别认定为刑法第二百六十六条规定的"其他严重情节"、"其他特别严重情节"。

第三条　诈骗公私财物虽已达到本解释第一条规定的"数额较大"的标准，但具有下列情形之一，且行为人认罪、悔罪的，可以根据刑法第三十七条、刑事诉讼法第一百四十二条的规定不起诉或者免予刑事处罚：

（一）具有法定从宽处罚情节的；

（二）一审宣判前全部退赃、退赔的；

（三）没有参与分赃或者获赃较少且不是主犯的；

（四）被害人谅解的；

（五）其他情节轻微、危害不大的。

第四条　诈骗近亲属的财物，近亲属谅解的，一般可不按犯罪处理。

诈骗近亲属的财物，确有追究刑事责任必要的，具体处理也应酌情从宽。

第五条　诈骗未遂，以数额巨大的财物为诈骗目标的，或者具有其他严重情节的，应当定罪处罚。

利用发送短信、拨打电话、互联网等电信技术手段对不特定多数人实施诈骗，诈骗数额难以查证，但具有下列情形之一的，应当认定为刑法第二百六十六条规定的"其他严重情节"，以诈骗罪（未遂）定罪处罚：

（一）发送诈骗信息五千条以上的；

（二）拨打诈骗电话五百人次以上的；

（三）诈骗手段恶劣、危害严重的。

实施前款规定行为，数量达到前款第（一）、（二）项规定标准十倍以上的，或者诈骗手段特别恶劣、危害特别严重的，应当认定为刑法第二百六十六条规定的"其他特别严重情节"，以诈骗罪（未遂）定罪处罚。

第六条　诈骗既有既遂，又有未遂，分别达到不同量刑幅度的，依照处罚较重的规定处罚；达到同一量刑幅度的，以诈骗罪既遂处罚。

第七条 明知他人实施诈骗犯罪，为其提供信用卡、手机卡、通讯工具、通讯传输通道、网络技术支持、费用结算等帮助的，以共同犯罪论处。

第八条 冒充国家机关工作人员进行诈骗，同时构成诈骗罪和招摇撞骗罪的，依照处罚较重的规定定罪处罚。

第九条 案发后查封、扣押、冻结在案的诈骗财物及其孳息，权属明确的，应当发还被害人；权属不明确的，可按被骗款物占查封、扣押、冻结在案的财物及其孳息总额的比例发还被害人，但已获退赔的应予扣除。

第十条 行为人已将诈骗财物用于清偿债务或者转让给他人，具有下列情形之一的，应当依法追缴：

（一）对方明知是诈骗财物而收取的；

（二）对方无偿取得诈骗财物的；

（三）对方以明显低于市场的价格取得诈骗财物的；

（四）对方取得诈骗财物系源于非法债务或者违法犯罪活动的。

他人善意取得诈骗财物的，不予追缴。

第十一条 以前发布的司法解释与本解释不一致的，以本解释为准。

📖 **2012年《公安机关办理刑事案件程序规定》（已被修改）**

第十五条 刑事案件由犯罪地的公安机关管辖。如果由犯罪嫌疑人居住地的公安机关管辖更为适宜的，可以由犯罪嫌疑人居住地的公安机关管辖。

犯罪地包括犯罪行为发生地和犯罪结果发生地。犯罪行为发生地，包括犯罪行为的实施地以及预备地、开始地、途径地、结束地等与犯罪行为有关的地点；犯罪行为有连续、持续或者继续状态的，犯罪行为连续、持续或者继续实施的地方都属于犯罪行为发生地。犯罪结果发生地，包括犯罪对象被侵害地、犯罪所得的实际取得地、藏匿地、转移地、使用地、销售地。

居住地包括户籍所在地、经常居住地。经常居住地是指公民离开户籍所在地最后连续居住一年以上的地方。

法律、司法解释或者其他规范性文件对有关犯罪案件的管辖作出特别规定的，从其规定。

第一百五十条 看守所收押犯罪嫌疑人、被告人和罪犯，应当进行健康和体表检查，并予以记录。

曾某某涉嫌合同诈骗罪违法所得没收程序案

严　锦

【基本案情】

案情简介：

被告人曾某某，原系昆明 MF 房地产开发经营有限公司（以下简称"MF 公司"）、云南 HL 国际投资管理有限公司（以下简称"HL"公司）、腾冲县 YY 房地产开发经营有限公司（以下简称"YY 公司"）法定代表人，已于 2013 年 8 月 24 日死亡。

云南省保山市人民法院经公开审理查明：2008 年 12 月 23 日，MF 公司以其开发的昆明市西山区杨家地房地产使用权作为抵押，向富滇银行昆明轻联支行（以下简称"轻联支行"）借款人民币 14 000 万元，用于"DC 泊屋"房地产开发。

2010 年 1 月 30 日，MF 公司原股东将 MF 公司股权转让给被告人曾某某担任法人代表的 HL 公司、曾某某和张某，将 MF 公司法定代表人变更为曾某某。

2010 年 6 月 18 日，MF 公司与轻联支行签订《借款展期协议》，约定将 MF 公司之前向轻联支行的 13 100 万元借款展期至 2011 年 3 月 18 日，用该公司开发的"DC 泊屋"的土地使用权作抵押。

在借款展期时间即将到期前，曾某某以"何某"的化名，以 HL 公司、MF 公司的名义，于 2011 年 1 月 7 日与乔某某签订协议书，约定："YX 公司以位于腾冲县的 195.679 亩土地，作价 85 万元/亩、共计价 16 632.715 万元入股注册成立 YY 公司，HL 公司、MF 公司以支付对价款的形式收购 YX 公司所持股份，完成土地所有权转让。"协议还约定："YX 公司在收到 HL 公司、MF 公司第一笔款 8000 万元之日（2011 年 3 月 31 日前）起 3 个月内负责办理

055

完土地使用权由工业用地变更为可上市销售的住宅开发用地并过户到 YY 公司名下的手续，之后将土地使用权证交 HL 公司、MF 公司收执，90 日内支付完尾款，全部股权和经营权移交给 HL 公司、MF 公司。"协议签订后，乔某某、吴某某按合同约定注册成立了公司类型为"自然人出资有限责任公司"的 YY 公司，并将土地使用权转移到 YY 公司名下。

曾某某于 2011 年 1 月 20 日至 2011 年 10 月 8 日期间，通过 HL 公司、MF 公司、云南 HY 基础工程公司、昆明 BF 绿化工程公司、云南 LB 华饰装饰公司、嵩明 XPY 饮食文化公司、CM 机化土石方工程处等多家单位的账户，先后向乔某某付款共 7000 万元，剩余对价款无力继续支付。

在此期间，轻联支行将对 MF 公司的 13 100 万元借款本息债权转让给 JT 公司（原 HR 云南公司）。2011 年 9 月 28 日原 HR 云南公司、HR 国际信托公司、昆明 ZF 现代房地产公司（以下简称"ZF 公司"）实际控制人赵某与 MF 公司、HL 公司签订议，约定由 ZF 公司以 17 000 万元收购 HR 国际信托公司持有的 MF 公司 99% 的股权。当日 ZF 公司将 17 000 万元转到 HR 国际信托公司，实现了对 MF 公司的控股。

曾某某在已经丧失了 MF 公司的控股权后，在明知"DC 泊屋"土地使用权已经被抵押给银行，并且商铺未取得昆明市住房和城乡建设局预售许可的情况下，虚构事实，隐瞒真相，于 2012 年 3 月 28 日，仍然以 MF 公司的名义与乔某某签订了《购房协议书》和《DC 泊屋商铺认购协议书》，约定由 MF 公司用"DC 泊屋"1 幢 01-11 号、2 幢 01-05 号、3 幢 01-07 号商铺共计面积 5323.53 平方米，作价 11 711.766 万元冲抵拖欠乔某某的土地款，并互相找补差价。协议签订后，曾某某谎称能在 2012 年 8 月 8 日前办好商铺的《房屋所有权证》交给乔某某，向乔某某骗取了［腾国用（2011）第 115×××号］《国有土地使用权证》和购房差价款 2013.7 万元。同年 4 月 9 日，曾某某采用伪造乔某某、吴某某二人签名、捺印的手段向腾冲县工商行政管理局提供 YY 公司增资 1000 万元和变更法定代表人的相关虚假材料进行变更登记，从而使自己成为 YY 公司的法定代表人，占有公司 90.91% 的股份，实现对 YY 公司名下国有土地使用权的控制。之后，曾某某与赵某等合谋以该土地使用权做抵押，以 HL 公司的名义与 TC 公司、中国银行昆明北站支行签订委托贷款合同，由 TC 公司委托中国银行昆明北站支行向 HL 公司发放贷款，但所借款项 HL 公司并未实际使用。在 TC 公司提起金融借款合同纠纷民事诉讼后，云南省高级人民法院审理认定，TC 公司、HL 公司恶意串通，假借订立人民币委托借款合同，而借款发放后又迅速转回，借款人 HL 公司并未实际使用。在无真实借款关系的前提下，TC 公司、HL 公司对 YY 公司土地使用权设定抵押，妄图通过本案诉讼实现其用抵押物偿还借款的非法目的，侵害了 YY 公司的合法权益，TC 公司提起上诉后，最高人民法院审理认定"曾某某利用身兼 HL 公司、YY 公司法定代表人的身份，在公司股东会决议上伪造乔某某、吴某某签字。而 YY 公司原股东乔某某已向检察机关控告曾某某以股权转让名义实施诈骗犯罪，且检察机关已立案。本案确实存在公司虚构合同关系与 YY 公司合谋实施诈骗行为的嫌疑，遂裁定：驳回上诉，维持原裁定。

被告人曾某某于 2013 年 8 月 24 日死亡。

法院认为：被告人曾某某以非法占有为目的，在明知其经营的 MF 公司拖欠银行巨额贷款，公司已严重资不抵债的情况下，仍然采用虚构事实、隐瞒真相或以订立合同的形式，与被害人乔某某签订股权转让协议，在不能继续履行其承诺给 MF 公司原股东合同约定的股权价款及应支付给权利人乔某某、吴某某在 YY 公司的股权价款时，故意隐瞒自己已经丧失 MF 公司 99% 的股权及"DC 泊屋"土地使用权已经被抵押，并且商铺未取得预售许可的事实真相，擅自以 MF 公司名义对外订立协议并处分自己无权处分的国有土地使用权及房产，编造能够为乔某某办理"DC 泊屋"产权证书的借口，继续采取订立购房合同的形式，骗取了乔某某持有的 ［腾国用（2011）第 115×××号］《国有土地使用权证》和差价款 2013.7 万元。为达到非法占有该土地使用权的目的，采用伪造乔某某、吴某某二人签名、捺手印的手段将自己变更成为 YY 公司的法定代表人，占有公司 90.91% 的股份，实现对 YY 公司名下土地使用权的控制。并在之后以该土地使用权做抵押，在无真实借款关系的前提下，妄图通过用抵押物偿还借款，实现非法占有该土地使用权收益的目的。被告人曾某某的行为已触犯我国刑律，构成了诈骗罪，且诈骗金额特别巨大。因被告人曾某某已经死亡，检察机关依法提出没收被告人曾某某违法所得的申请，符合法律规定。根据 2012 年《中华人民共和国刑事诉讼法》第 280 条第 1 款规定"对于贪污贿赂犯罪、恐怖活动犯罪等重大犯罪案件，犯罪嫌疑人、被告人逃匿，在通缉一年后不能到案，或者犯罪嫌疑人、被告人死亡，依照刑法规定应当追缴其违法所得及其他涉案财产的，人民检察院可以向人民法院提出没收违法所得的申请"，以及《最高人民法院、最高人民检察院关于适用犯罪嫌疑人、被告人逃匿、死亡案件违法所得没收程序若干问题的规定》第4条规定"犯罪嫌疑人、被告人死亡，依照刑法规定应当追缴其违法所得及其他涉案财产的，人民检察院可以向人民法院提出没收违法所得的申请"的规定，相关利害关系人曾某、YY公司及TC公司提出的曾某某不构成犯罪及本案不符合法律规定的没收财产的罪名范围的观点，与查明的事实及法律规定不符，本院不予采纳。虽然涉案土地使用权被曾某某用作与TC公司委托贷款的抵押物，但已经被人民法院生效法律文书认定为无真实借款关系的抵押，故TC公司对申请没收的财产并不具有合法权利，JT公司提出已经人民法院裁定对MF公司在YY公司的到期债权7000万元予以强制执行的异议成立，本院予以采纳。对于利害关系人乔某某、吴某某提出的要求返还涉案土地使用权及撤销工商变更登记将YY公司90.91%的股权返还的请求。经查，该国有土地使用权属于被告人曾某某诈骗犯罪的违法所得，该国有土地使用权虽然是登记在YY公司名下，但YY公司注册成立时为被害人乔某某、吴某某二人成立的公司类型为自然人出资的有限责任公司：该国有土地使用权实际属于被害人乔某某、吴某某所有，依法应当追缴并没收后返还被害人乔某某、吴某某；撤销工商变更登记将YY公司90.91%的股权返还的请求，不属于没收财产程序解决的范围；对乔某某、吴某某提出先期支付的7000万元还应当扣除各种费用及损失的请求，依法应扣除其被诈骗的2013.7万元后，剩余4986.3万元返还MF公司。

审理结果：

云南省保山市人民检察院以保检诉没申〔2015〕001号申请书指控被告人曾某某犯合同诈骗罪，于2015年12月8日向云南省保山市中级人民法院申请没收被告人曾某某违法所得。

2017年1月20日，云南省保山市中级人民法院以（2015）保中刑没字第1号刑事裁定书裁定合同诈骗案件不属于2012年《中华人民共和国刑事诉讼法》第280条第1款规定的"犯罪案件"为由，驳回云南省保山市人民检察院提起的没收被告人曾某某违法所得的申请。

宣判后，云南省保山市人民检察院提起抗诉，利害关系人 JT 公司不服提起上诉，云南省高级人民法院于 2017 年 11 月 14 日作出（2017）云刑终 511 号刑事裁定书以本案有利害关系人参加诉讼，人民法院应当开庭审理，原审未开庭审理即作出裁定，属程序违法裁定撤销原审裁定，发回重审。

保山市中级人民法院于 2018 年 1 月 31 日作出（2017）云 05 刑没 1 号刑事裁定书，裁定追缴被告人曾某某违法所得［腾国用（2011）第 115×××号］国有土地使用权，返还被害人乔某某、吴某某；对供被告人曾某某犯罪所用 4986.3 万元由乔某某退还，依法予以没收上缴国库。

宣判后，利害关系人乔某某、吴某某、曾某、YY 公司、JT 公司不服提出上诉，云南省高级人民法院于 2018 年 9 月 29 日作出（2018）云刑终 395 号刑事裁定书，以本案部分事实不清，证据不足为由裁定发回重审。

保山市中级人民法院于 2018 年 12 月 24 日作出（2018）云 05 刑没 1 号刑事裁定书，裁定追缴被告人曾某某违法所得［腾国用（2011）第 115×××号］国有土地使用权，返还被害人乔某某、吴某某；对供被告人曾某某以 MF 公司名义支付的人民币 7000 万元在扣除诈骗乔某某、吴某某的人民币 2013.7 万元后，剩余人民币 4986.3 万元返还 MF 公司。

宣判后，JT 公司服判不上诉，云南省保山市人民检察院不服，依法提起抗诉，利害关系人乔某某、吴某某、YY 公司、曾某、TC 公司不服，提起上诉。云南省高级人民法院于 2021 年 3 月 10 日作出（2019）云刑终 384 号刑事裁定书，以一审审理期间相关人员违反法律规定，收受利害关系人乔某某的财物，影响本案公正审理为由裁定发回重审。

现该案发回重审，指定管辖法院为楚雄彝族自治州中级人民法院，案件正在进行中。

■ 【争议问题】

1. 曾某某是否存在以非法占有为目的虚构事实或隐瞒真相的行为？乔某某是否因陷入错误认知处分了腾冲涉案土地使用权？

2. 曾某某的欺骗行为与乔某某处分行为之间是否存在刑法上的因果关系？

3. 诈骗罪数额如何认定？

【法理分析】

2020年底，二审裁定下发以前，保山市乔某某家族涉黑案爆发。据公开信息显示：在办理乔某某涉法案件中，云南省人民检察院民行处原处长、西双版纳州人民检察院原检察长张某收受贿赂170万元；云南省人民检察院原四级高级检察官张某某（本案原二审公诉人）收受贿赂100万元；保山市中级人民法院原副院长李某某（本案原一审主审法官）收受贿赂123万元；保山市人民检察院原副检察长高某收受贿赂54万元和1000克金条。随后云南省高级人民法院以本案一审审理期间，相关人员违反法律规定，收受利害关系人乔某某的财物，影响本案公正审理为由裁定撤销原判、发回重审。

由此可见，本案因一审承办人及相关领导收受乔某某贿赂违反法定程序启动本案，这是发回重审的法定事由；但本案在实体层面是否构成诈骗违法所得没收案，便成为发回重审后被指定的管辖法院（楚雄彝族自治州中级人民法院）对本案重新进行全面审查的工作重点。接下来，代理人严格围绕与本案相关的事实、证据和法律适用提出如下代理意见：

（一）本案的关键在于准确认定曾某某是否存在以非法占有为目的虚构事实或隐瞒真相的行为，乔某某因陷入错误认知处分了腾冲涉案土地使用权，曾某某的欺骗行为与乔某某处分行为之间存在刑法上的因果关系，本案的论证体系便是以此为基础展开的

（1）本案中腾冲土地使用权的唯一合法主体是YY公司，乔某某并非土地使用权的拥有者；一审裁定书裁定该国有土地使用权返还乔某某、吴某某，没有任何事实与法律依据。

根据一审认定的事实：乔某某、吴某某于2011年1月4日出资100万元注册成立了YY公司，之后曾某某以"何某"的别名代表HL公司、MF公司与YX公司法人代表乔某某于2011年1月7日签订《协议书》。由此可见：乔某某是先成立了YY公司，之后双方才签订的协议，并非一审法院裁定认定的"入股成立YY公司"，即YY公司的成立即是为了配合取得本案所涉土地使用权。

根据公司财产独立于个人财产的原则，土地使用权自始即属于YY公司，乔某某从未拥有过该土地使用权，原一审法院突破公司法直接将土地使用权

判归乔某某没有法律依据。退一步讲，即便土地使用权回归，也当回归至 YY 公司名下；再退一步讲，土地使用权进一步从 YY 公司剥离，也应当是回归腾冲县林业局，与乔某某没有丝毫权属层面的联系，乔某某仅仅是 YY 公司的小股东，如此而已。一审直接将土地使用权判给乔某某，不仅是权属主体认定有误，且无异于间接为乔某某省去巨额土地使用权过户的交易税费。

不管正义是否会迟到，被滥用的权力永远不可能阻挡真相的光芒。

（2）关于曾某某使用"何某"的别名：一审期间，公诉机关曾指控曾某某冒名"何某"的别名，以此作为曾某某虚构的事实之一。在案证据显示，曾某某在不同商务场合多次使用"何某"的别名，"何某"就是曾某某，曾某某就是"何某"，与曾某某有关的圈层都清楚，这在特定场合是公知的事实，乔某某也从未因曾某某使用"何某"的别名产生交易主体认识错误的风险，更没有产生任何经济损失。所以，曾某某使用"何某"的别名没有任何刑法评价的意义。

（3）曾某某支付的 7000 万元对价足以覆盖当时腾冲县土地的真实市价，将《协议书》约定的剩余 9000 万元作为认定曾某某"诈骗数额"，不符合合同诈骗罪关于"实际损失"的法定要求。

《协议书》约定："乔某某的 YX 公司以位于腾冲县的土地，作价 85 万元/亩，市值 45 万元/亩，共计 1.6 亿元入股 YY 公司［见"保山市中级人民法院（2017）云 05 刑没 1 号刑事裁定书"］。

事实上，曾某某于 2011 年 1 月至 2011 年 10 月期间向 YY 公司支付了 7000 万元人民币，YY 公司用该款项向腾冲县国土资源局支付了土地出让金等款项后原始取得了该土地的使用权。随后曾某某于 2012 年 3 月 29 日向 YY 公司支付 1000 万元增资款，取得 YY 公司 90.91% 的股权。

我们可据此初步得出以下结论：①乔某某、吴某某从来都不是土地的权属人，土地的唯一权属主体是 YY 公司，但乔某某却以土地权属人的身份与曾某某签署了《协议书》，即便有欺诈的可能，也只有乔某某才具备这个条件；②曾某某向乔某某支付的 7000 万元，足以覆盖乔某某取得腾冲县土地所支付的 6700 万元对价；③本案中没有对当时腾冲县土地做任何价格评估和鉴定，应按照"存疑有利被告"的原则予以认定；④根据现有证据证实：当时腾冲县土地市值 45 万元/亩，对应价格为 8470 万元。

结论：曾某某向乔某某支付的7000万元与腾冲县土地价值差距不大，应视为支付对价，双方在本阶段签订的合同（即《协议书》）真实有效，曾某某不存在任何虚构事实或隐瞒真相的可能。

（4）本案中，根据《协议书》约定的曾某某未支付的9000万元尾款，不得认定为曾某某的"诈骗数额"。

我们不可否认，曾某某对乔某某负有继续支付9000余万元尾款的义务，但该义务属民商事层面的义务，且属于曾某某支付对价后对自我权利的限制性设定，这种承诺在民事上是有效的，但毕竟不是乔某某的"实际损失"，而是曾某某给乔某某承诺的"未来可期待的利益"，刑事诈骗案件中的"诈骗数额"必须是来自被害人的实际损失，不能是"未来利益"。将民事还款义务简单等同于刑事"诈骗数额"，混淆了民事义务与刑法因果关系的界定标准。

一审认定的逻辑是：曾某某以7000万元作为实施诈骗的犯罪工具非法获取了土地使用权。曾某某以随时可以被乔某某带走的7000万元人民币，去诈骗一块自己根本无法带走的土地（土地属于YY公司），如此逻辑不符合常理。因为土地使用权登记在乔某某发起成立的YY公司名下，属于YY公司，曾某某支付7000万元后进一步通过增资控股获得YY公司90.91%的股权。按照一审的逻辑：曾某某用7000万元人民币诈骗了其本人与乔某某共同作为股东的YY公司90.91%的股权，这比诈骗"未来利益"更离谱。

（二）曾某某以"DC泊屋"通过"以房抵债"的方式与乔某某签订《商铺认购协议书》，计价约1.17亿元，乔某某支付给曾某某的2013.7万元差价，同样不得作为诈骗数额予以认定

（1）如上所述，曾某某已然支付了土地实际价值的对价（7000万元），在此基础上，即使曾某某不再支付剩余任何尾款（9000万元），也不可能构成诈骗，更何况曾某某还将其名下"MF公司"开发的"DC泊屋"的商铺卖给乔某某，让其进一步获利。2013.7万元是曾某某以"DC泊屋"房产作价1.17亿元支付给乔某某抵扣了9000万元后，乔某某支付给曾某某的差价。这是双方在民事层面达成的合意，与诈骗没有任何关联。

（2）乔某某将商铺出租他人（陈某某），已经实际占有、使用和收益。

（3）虽然"DC泊屋"因房地产市场气候发生变化、政策调整等介入因素，使得整个"DC泊屋"小区房产证未能及时办理并过户，但商铺已实际交

付给乔某某占有、使用和收益，仅仅是处分权暂时受到限制，其根本利益并未受到实质性损害。更何况整个"DC泊屋"小区房产证未办理是公知事实，曾某某不具备诈骗条件。

（4）曾某某将"DC泊屋"商铺卖给乔某某之后，又于2013年7月30日，将其中部分商铺以2200万元左右的价格出售给谷某某，该"一房二卖"并未损害乔某某的任何利益。因为曾某某与乔某某所签订的购房合同早于与谷某某所签的购房合同，双方均没有办理产权变更登记的情况下，根据房产交易规则，成立在先的合同具有优先性。既如此，乔某某在"DC泊屋"的权利并未受到任何减损，何来欺骗之说？即使有"商事欺诈"行为，"欺诈"的对象也是谷某某，而不是乔某某。根据商事交易规则，由于乔某某、谷某某双方都没有取得房产证，并未实际发生物权的对外公示效力，曾某某之后完全可以有机会通过向乔某某支付对价的方式回购部分的商铺交付给谷某某，或事后返还谷某某购房款，都可以解决问题。这样一个连"商事欺诈"都不一定成立的行为，更别谈刑事诈骗。而此后不久的2013年8月24日，由于曾某某死亡，致使其"一房二卖"的真相无从考察。但无论如何，由于"一房二卖"因没有损害乔某某的在先权利，该行为同样不具有刑法评价的意义。

（三）曾某某并未丧失对MF公司的控制，一审法院对MF公司"没有履行能力"的认定错误

（1）曾某某没有丧失对MF公司的控制。2012年1月10日，ZF公司因"债转股"与HR公司（以"优先级受益人"身份）对MF公司的债务进行监管。其对MF公司均只是进行大额的财务监管，至于MF公司的经营活动，均是由曾某某掌控，包括"DC泊屋"房地产房屋的销售等行为，均不予干涉。所以，ZF公司所谓的从HR信托公司购买MF公司股权还是所谓的对MF公司的持股，并非实质的股权转让，不是对MF公司的控制，而是为了满足自身利益最大化的一种财务监管行为，其本质是担保行为（见赵某证言）。更何况公司股权与控制权没有任何关联，曾某某并未丧失对MF公司的控制。退一步讲，乔某某是与MF公司签订的购买商铺协议，无论控制人是谁，协议均成立并生效，只要房产证办下来，即可依据商铺购销合同办理过户手续，MF公司不管是股权还是管理人变更，均不影响乔某某对所购商铺的权益。

（2）"DC泊屋"抵押给银行的事实不得成为认定曾某某"隐瞒真相"的

法律原因。土地使用权抵押遵循"登记生效"的公示公信原则，一经登记，即具有对外公示的法律效力，曾某某的"告知义务"即宣告完成，这是房地产交易最基础的常识。另外，乔某某作为在房地产行业经营多年的行家，"DC 泊屋"土地使用权抵押的事实，客观上也不可能对其造成信息不对称的后果。

（3）"DC 泊屋"未取得预售许可，不影响房屋销售。2003 年《最高人民法院关于审理商品房买卖合同纠纷案件适用法律若干问题的解释》第 2 条规定："出卖人未取得商品房预售许可证明，与买受人订立的商品房预售合同，应当认定无效，但是在起诉前取得商品房预售许可证明的，可以认定有效。"根据该法律规定，"DC 泊屋"虽然未取得预售许可证明，但并不影响房屋销售。

（4）一审法院对 MF 公司"没有履行能力"的认定错误。一审法院以 MF 公司没有缴纳相关税费和土地出让金等证据欲证实 MF 公司已资不抵债的事实。一审法院在未对 MF 公司的固定资产进行相应评估鉴定及司法会计鉴定的情况下，仅凭 MF 公司流动资金阶段性负债就得出公司"没有履行能力"的结论，不符合房地产行业资本的认定规律。这是典型的主观归罪。

一审裁定书认定"曾某某丧失对 MF 公司的控股权后，在明知'DC 泊屋'土地使用权已抵押给银行，并且商铺和房屋未取得预售许可的情况下，虚构事实，隐瞒真相，于 2012 年 3 月 28 日，仍然以 MF 公司的名义与乔某某签订《购房协议书》与《DC 泊屋商铺认购协议书》"的事实，严重背离最基本的法律常识，不符合刑事诉讼法关于"人民法院法律文书认定的事实应当忠于事实真相"的法定要求。

（四）曾某某增资后控股 YY 公司的行为，是在其实际缴纳出资的前提下并经股东会决议通过，对内在股东之间即具有法律效力，这才是认定增资控股行为的实质要件，而不是后续的变更工商登记

（1）增资控股的事实。2012 年 3 月 29 日，曾某某向 YY 公司增资 1000 万元，YY 公司于 3 月 31 日召开公司股东会决议：①修改公司章程并形成公司章程修正案，增加曾某某为股东，增资 1000 万元，持股 90.91%，将"曾某某变更为 YY 公司股东，实际出资 1000 万元，持股比例 90.91%"的股东身份写进 YY 公司的公司章程和公司修正案；②免除乔某某 YY 公司法定代表人、执董和总经理职务，由曾某某任职，并修改公司章程。保山明大联合会

计师事务所根据 YY 公司委托，于 2012 年 4 月 1 日出具《验资报告》，YY 公司注册并实际出资 1100 万元，曾某某于 2012 年 3 月 29 日向 YY 公司实缴增资 1000 万元，成为 YY 公司股东，持股 90.91%。整个行为都有乔某某参与确认。

（2）关于变更工商登记。工商登记的"签名瑕疵"行为仅是对外公示的形式要求，是公司内部决议达成一致后的必然延伸，没有刑事违法性。

2012 年 4 月 9 日，曾某某变更工商登记成为 YY 公司的法定代表人和股东。一审裁定书对此认定："系曾某某在乔某某、吴某某不知情的情况下，提供虚假材料向腾冲县工商局增资 1000 万元，采用伪造乔某某、吴某某签名、捺印实现变更登记其为法定代表人，占有公司 90.91% 的股份。"这显然与客观事实不符：①鉴定意见中显示"签名并非来自乔某某、吴某某"，但并不能据此得出系曾某某所为的结论；②工商登记签名不一致只是个"瑕疵行为"，实践中企业常委托工商代办机构办理，工商登记部门通常只要求代办人提供书面材料进行形式审查，并不要求本人亲自到场，加之本案中并没有调取并甄别被委托人向工商登记管理部门提交的授权委托书、内资登记表等文件，有断章取义之嫌；③由于乔某某在增资和股东会决议环节均全程参与，在对股东间已经形成既定法律效力的前提下，工商登记的"签名瑕疵"行为仅是对外公示的形式要求，是公司内部决议达成一致后的必然延伸，不管是对内还是对外，都不会对任何人造成不利影响，没有法律评价的意义；④根据乔某某二审当庭举示的 1000 万元出资打款凭证，其本人当庭陈述："1000 万元增资款是由乔某某出借给曾某某。"由此可以确定，曾某某对 YY 公司的增资行为是完全符合乔某某的主观意愿的。

（五）"虚假诉讼"事件与本案没有关联，且乔某某全程参与，佐证了原一审认定"伪造乔某某、吴某某签名骗取登记"的事实认定错误

2012 年 5 月，HL 公司通过中国银行北站支行借款 9000 万元，以 YY 公司在腾冲县土地提供担保，该行为由乔某某同意并参与。这反证了乔某某主张并被一审认定的"伪造乔、吴签名骗取变更登记"的事实是不客观的。原因即在于，乔某某在之后的借款担保过程中，以及在协同曾某代替曾某某成为 YY 公司法定代表人时，均没有提出过任何异议，其绝不可能不清楚曾某某在此之前已经增资控股 YY 公司的事实，在此之后，乔某某再回过头来以曾某

某"伪造签名"增资控股 1000 万元的方式实现对 YY 公司名下土地的控制，既不符合客观事实，也违背常理，因为上述方案获得乔某某的认可，并由乔某某全程参与办理。

（六）重点：精准锁定以非法占有为目的的时间点，是有效认定曾某某是否构成合同诈骗，以及在多少数额、多大程度范围内成立诈骗的关键

（1）"以非法占有为目的"相关的基础事实。本案中，被认定与犯罪事实相关的关键环节有：购买土地、"瑕疵签名"、增资控股 YY 公司、"DC 泊屋以房抵债"、以腾冲土地为 MF 公司对 ZF 公司的债务办理抵押贷款等事实。

（2）关于以非法占有为目的的"起点"的认定：①本案以非法占有为目的的"起点"应锁定于曾某某控制腾冲县土地之前。但本案没有任何证据显示曾某某在控制腾冲县土地使用权之前，存在基于非法占有的主观目的实施了虚构事实和隐瞒真相的欺骗行为。②曾某某支付给 YY 公司的款项的来源，以及与曾某某存在"债转股、股转债、债权收购"等（与 HR、JT 等经济主体相关）交易事实，与本案没有关联性。

（3）关于以非法占有为目的的"终点"的认定。①2012 年 3 月 29 日，曾某某向 YY 公司增资 1000 万元；2012 年 3 月 31 日，YY 公司召开股东会确定曾某某出资 1000 万元持有 YY 公司 90.91% 的股权；2012 年 4 月 9 日，曾某某变更工商登记成为 YY 公司的法定代表人和股东。2012 年 3 月 31 日是曾某某通过控股 YY 公司实际控制土地的时间，双方合意一经达成，对内即已发生效力，工商登记只是对外公示。本案对以非法占有为目的的"终点"即应锁定于 2012 年 3 月 31 日。②锁定以非法占有为目的时间"终点"的意义：根据刑法理论，诈骗罪要求行为主体首先产生非法占有他人财物的犯意，并基于该"非占"目的实施了虚构事实和隐瞒真相的行为，致使被害人陷入错误认知并处分了财物。先有"非占"的因，方有"取财"的果。我们不能违背"先因后果"的刑事认定规律，强行"倒果为因"。例如：甲向乙借款 5 万元，届期后乙频繁催讨，甲不堪其忧，于是向乙提供了一个"房产证"以显示其偿付能力。后经乙查证，该房产证系甲伪造。乙报案，公安机关将甲以涉嫌诈骗罪为由刑拘。该案中，我们不可否认甲确实存在虚构事实的行为，但该行为发生于"取财"行为之后，没有刑法评价的意义。因为正常的逻辑应该是"先骗人后取财"，而不是"先取财再骗人"。本案的荒唐之处即在于，用

大量的曾某某控制土地（取财）之后的"虚构、隐瞒"行为，作为认定曾某某"诈骗"的法律原因，强行"倒果为因"。

结论："瑕疵工商登记""土地抵押贷款""DC 泊屋以物抵债"、所谓的"虚假诉讼"等发生于曾某某实际控制土地之后的事实，均不具有刑法评价的价值和意义。所以，我们只要考察曾某某"是否用欺骗手段取得土地"这一关键事实是否客观存在就足够了。如此明显的经济纠纷，却被认定为"合同诈骗"，同时也给曾某某及其家人带来巨大的伤害，这个官司已经历经多年，也该尽早结束了。

【简要总结】

本案中，诸如 ZF 公司等对 MF 公司的债权、曾某某用于入股 YY 公司7000 万元以控制腾冲土地的款项来源，以及虚假诉讼等事实，与本案存在事实上的牵连，但没有刑法层面的因果关系。办案人员一直试图以商业逻辑代替刑法层面因果关系的判定规则，结果使如此简单的一个本不应立案的案件搞得异常复杂，本质上只不过是被收买的办案人员为了帮助乔某某非法获取腾冲那块已经升值的土地所采取的鱼目混珠的手法罢了。

不管案件背后的水有多深，也不论操纵案件的官员如何位高权重，从其违法弄权的那一刻起，就注定其没有资格代表公权力，司法官员的腐败行为与司法机关的执法行为应理性进行界分。官员贪腐不可怕，其利用专业手法实施掩盖真相才真正可怕。

不管本案走到哪个阶段，代理人都有足够的理由坚信：真相，一定可以打败夹带私货的权力。那些曾经裹挟公权力的舞者，必须退出司法的殿堂。这场长达数年的表演，应该结束了。

一灯能灭千年暗，一智能除万年愚。请法院本着只为真相负责的态度公正司法，并充分发挥法律智慧和司法担当的精神，依法判决已故的曾某某无罪。

附：相关法律法规及司法解释

《中华人民共和国刑事诉讼法》

第二百九十八条　对于贪污贿赂犯罪、恐怖活动犯罪等重大犯罪案件，犯罪嫌疑人、被告人逃匿，在通缉一年后不能到案，或者犯罪嫌疑人、被告人死亡，依照刑法规定应当追缴其违法所得及其他涉案财产的，人民检察院可以向人民法院提出没收违法所得的申请。

公安机关认为有前款规定情形的，应当写出没收违法所得意见书，移送人民检察院。

没收违法所得的申请应当提供与犯罪事实、违法所得相关的证据材料，并列明财产的种类、数量、所在地及查封、扣押、冻结的情况。

人民法院在必要的时候，可以查封、扣押、冻结申请没收的财产。

《最高人民法院、最高人民检察院关于适用犯罪嫌疑人、被告人逃匿、死亡案件违法所得没收程序若干问题的规定》

第一条 下列犯罪案件，应当认定为刑事诉讼法第二百八十条第一款规定的"犯罪案件"：

（一）贪污、挪用公款、巨额财产来源不明、隐瞒境外存款、私分国有资产、私分罚没财物犯罪案件；

（二）受贿、单位受贿、利用影响力受贿、行贿、对有影响力的人行贿、对单位行贿、介绍贿赂、单位行贿犯罪案件；

（三）组织、领导、参加恐怖组织，帮助恐怖活动，准备实施恐怖活动，宣扬恐怖主义、极端主义、煽动实施恐怖活动，利用极端主义破坏法律实施，强制穿戴宣扬恐怖主义、极端主义服饰、标志，非法持有宣扬恐怖主义、极端主义物品犯罪案件；

（四）危害国家安全、走私、洗钱、金融诈骗、黑社会性质的组织、毒品犯罪案件。

电信诈骗、网络诈骗犯罪案件，依照前款规定的犯罪案件处理。

《中华人民共和国刑法》

第二百二十四条 【合同诈骗罪】有下列情形之一，以非法占有为目的，在签订、履行合同过程中，骗取对方当事人财物，数额较大的，处三年以下有期徒刑或者拘役，并处或者单处罚金；数额巨大或者有其他严重情节的，处三年以上十年以下有期徒刑，并处罚金；数额特别巨大或者有其他特别严重情节的，处十年以上有期徒刑或者无期徒刑，并处罚金或者没收财产：

（一）以虚构的单位或者冒用他人名义签订合同的；

（二）以伪造、变造、作废的票据或者其他虚假的产权证明作担保的；

（三）没有实际履行能力，以先履行小额合同或者部分履行合同的方法，诱骗对方当事人继续签订和履行合同的；

（四）收受对方当事人给付的货物、货款、预付款或者担保财产后逃匿的；

（五）以其他方法骗取对方当事人财物的。

第三编

危害公共安全类案件

论民刑交叉案件的有效推进

——陈某亮涉嫌交通肇事罪法律分析

娄　爽

【基本案情】

案情简介：

公诉机关指控：2020 年 12 月 30 日 22 时许，被告人陈某亮驾驶"冀 JQ×××"号东风牌半挂牵引车、"冀 JW×××"号正康宏泰牌重型罐式半挂车（车内载有柴油 32.78 吨，价值约为人民币 161 605.4 元），驶入高速后行驶至天津市武清区京沪高速公路上行 59 公里 400 米处第二车道，因车辆故障停在第二车道内，被告人陈某亮未及时报警、未按规定设置警告标志，即停车修复车辆。后于 2020 年 12 月 31 日 2 时许，被告人陈某亮驾驶上述车辆，欲由第二车道向第三车道变更车道驶入应急车道过程中，与王某文驾驶的在第三车道行驶的"京 AJF×××"号欧曼牌重型半挂牵引车、"京 AK×××挂"号华骏牌重型集装箱半挂车（车上拉载变速箱 24 件、共价值人民币约 2 061 120 元，变速器托盘 30 个、共价值人民币约 18 万元，车辆价值约人民币 32 万元）发生事故。后两车起火燃烧，造成王某文死亡、两车和两车所载货物及道路交通设施毁损（道路设施损毁价值约为人民币 53 584 元）的交通事故。经天津市公安交通管理局高速公路二支队京沪高速公路大队认定，被告人陈某亮承担事故全部责任，王某文不承担事故责任。经天津市津实司法鉴定中心鉴定，王某文符合烧死。案发后，被告人陈某亮拦截他人车辆请求代为报警，后离开现场到附近服务区休息，天亮后，主动向警方投案，并如实供述。被告人陈某亮于 2021 年 4 月 21 日被天津市公安局武清分局刑事拘留，2021 年 4 月 30 日被天津市武清区人民检察院批准逮捕。2021 年 6 月 29 日，天津市公安局武清分局向天津市武清区人民检察院移送审查起诉。2021 年 7 月 27 日，天津市武清区人民检察院向天津市武清区人民法院提起公诉。

审理结果：

一审法院天津市武清区人民法院审理并作出（2021）津0114刑初618号刑事判决书。法院审理查明：被告人陈某亮忽视交通安全，驾车发生交通事故，致一人死亡，且负事故全部责任，其行为已构成交通肇事罪，应予依法惩处。公诉机关的指控成立。被告人陈某亮犯罪后请求他人代为报警并自动投案如实供述所犯罪行，系自首，依法可从轻处罚。被告人陈某亮认罪认罚，可从宽处罚。被告人陈某亮赔偿被害人亲属损失，取得本案被害方的谅解，依法可酌情从轻处罚。综上，依照《中华人民共和国刑法》第133条，第67条第1款，第72条第1款，第73条第2款、第3款的规定，判决如下：被告人陈某亮犯交通肇事罪，判处有期徒刑2年，缓刑3年。

【争议问题】

本案并不复杂，但涉及三大争议焦点：

第一，在没有客观证据的情况下，仅有当事人的口供，能否定罪量刑？在本案中，公安机关仅仅依照陈某亮和证人（陈某亮同事）的供述，即认定"陈某亮驾驶车辆，欲由第二车道向第三车道变更车道驶入应急车道过程中，与王某文驾驶的在第三车道行驶的车辆发生事故"，并认定陈某亮承担事故全部责任。检察机关以此起诉，法院最终以此定罪，但案件缺乏客观证据。

第二，交通肇事罪案件的审理中，在公安部门出具的《道路交通事故认定书》存在疑义的情况下，法院应当如何调整？

第三，交通肇事造成的损失，是否应由被告人全部承担，并据此量刑？在本案中，造成的损失金额巨大，包括被告人陈某亮驾驶的车辆（车内载有柴油32.78吨、价值约为人民币161 605.4元）、被害人王某文驾驶的车辆（车上拉载变速箱24件、共价值人民币约2 061 120元，变速器托盘30个、共价值人民币约18万元，车辆价值约人民币32万元）以及道路交通设施（价值约为人民币53 584元）。在审查起诉的时候，检察机关在做认罪认罚时，基于交通肇事造成的损失巨大，且被告人无力承担，因此给出的量刑建议为5年3个月至6年。后被告人陈某亮未签署认罪认罚具结书。而对于交通肇事损失金额的认定和承担问题，似乎又不是刑事审判庭应该审理的范畴，这就涉及另外一个争议焦点，即刑民交叉案件的解决思路问题。

【法理分析】

（一）在没有客观证据的情况下，仅有当事人的口供，能否定罪量刑？

根据起诉书："2020 年 12 月 31 日 2 时许，被告人陈某亮驾驶车辆，欲由第二车道向第三车道变更车道驶入应急车道过程中，与王某文驾驶的在第三车道行驶的车辆发生事故。"因此，公诉机关认为："被告人陈某亮违反交通运输管理法规，因而发生重大事故，致一人死亡、他人财产重大损失且有特别恶劣的情节，其行为触犯了《中华人民共和国刑法》第 133 条，犯罪事实清楚、证据确实充分，移送起诉。"但在本案中，没有任何事故发生具体过程的视频证据及现场目击证人，仅是依托被告人和证人（被告人同事）的供述，证人证言又没有相应的证据予以印证，具有很大的主观性。根据《中华人民共和国刑事诉讼法》第 55 条规定，对于对一切案件的判处都要重证据，重调查研究，不轻信口供。只有被告人供述，没有其他证据的，不能认定被告人有罪和处以刑罚。因此，辩护律师认为，作为核心证据的《道路交通事故认定书》事实不清、结论不实，导致本案基本事实不清。

1. 现有证据无法证明，事故发生时，被告人驾驶的车辆是停滞状态还是行驶状态

根据证人田某的证词，其"确定不来油罐车当时是停着还是动着，油罐车开着双闪灯"；根据京沪高速公路大队《道路交通事故现场勘查笔录》，地面痕迹无法勘查；根据天津市津实司法鉴定中心《司法鉴定意见书》，不具备鉴定事故发生时检材 2（被告车辆）行驶速度的条件。

2. 被告人陈某亮的口供并不确定一致

虽然被告人陈某亮在 2020 年 12 月 31 日的讯问笔录中供述，案发时车速大约 10km/h；但其在 2021 年 1 月 31 日的讯问笔录中又供述，车速大约20km/h。此外，在会见时，被告人陈某亮一再强调，其口供并不真实，事实是其车辆在碰撞时并未行驶，系后车的追尾事故。特别是，在庭审过程中，被告人陈某亮一再说明事故发生时其刚刚修理完车辆，甚至没有收拾工具，

便遭到后车的撞击，因此车辆系处于制动状态。此外，事故发生时，押运员崔某新尚在车后，这也不符合车辆修好要驶离的常态。

3. 辩护人申请的证据无法调取，鉴定无法作出

为查明被告人车辆在事发时的真实状态，在审查起诉阶段，辩护人曾经申请公诉机关对本案事发时过往车辆的行车记录仪视频、事发路段高速监控视频、王某文驾驶车辆的行车记录仪视频进行调取，并请求对两车相撞接触痕迹（包括痕迹类型、长度、深度、形状）进行鉴定分析，对被告人车辆发生事故时行驶速度和地面痕迹进行重新鉴定，但均未得出结论，因此没有客观证据认定事发时被告人车辆的真实状态。

假设被告人车辆如其所说，系处于停滞状态，经咨询公安交管部门获知，"前车在道路上停车后未按规定开启危险报警闪光灯和设置警示标志形成的追尾交通事故，前车承担事故的次要责任，后车承担事故主要责任"，因此被告人陈某亮在此次事故中应承担次要责任。根据《最高人民法院关于审理交通肇事刑事案件具体应用法律若干问题的解释》第2条第1项规定，"交通肇事具有下列情形之一的，处三年以下有期徒刑或者拘役：（一）死亡一人或者重伤三人以上，负事故全部或者主要责任的"，因此在陈某亮承担事故次要责任的情况下，其并不构成交通肇事罪。但遗憾的是，虽然辩护律师在接受委托后就一直致力于发现事实真相，并试图向检察机关和审判机关说明这一点，但仍然无力改变《道路交通事故认定书》对于事实的认定。

需要说明的是，在天津市武清区人民法院作出的（2021）津0114刑初618号刑事判决书中，曾对辩护律师的上述辩护意见作出评判意见，即"关于辩护人提出《道路交通事故认定书》事实不清、结论不实，导致本案基本事实不清的辩护意见，经查《道路交通事故认定书》系公安机关依法作出的且辩护人未提供充足有效的证据证明公安机关出具的《道路交通事故认定书》存在错误，故对辩护人提出的该辩护意见，本院不予采纳"。对此，辩护律师持保留意见：一是出具《道路交通事故认定书》首先需要事实清楚、证据确凿，在此基础上才能判定责任的承担和归属，而仅仅依托当事驾驶人和驾驶人同事的供述，不足以做到事实清楚。二是作为辩护律师，如不能通过分析质疑，而必须向法庭提供充足有效的证据，才能来证明公安机关出具的交通事故认定书存在错误，则极大地提升了辩护律师的辩护难度。毕竟，公安机

关、检察机关和审判机关都无法查明的事实情况，需要辩护人来提供证据予以证明，实属勉为其难。

（二）在交通肇事罪案件的审理中，在公安部门出具的《道路交通事故认定书》存在疑义的情况下，法院应当如何调整？

如前所述，本案的关键证据在于天津市公安交通管理局高速公路二支队京沪高速公路大队出具的《道路交通事故认定书》（第120119120200000203号）。但根据该《道路交通事故认定书》所示，其仅能确认：①陈某亮血液未检出乙醇；②崔某新血液未检出乙醇；③王某文为王某飞的父亲；④王某文符合烧死；⑤不具备鉴定前车原因，后尾灯、双闪灯是否齐全有效开启的条件，前车载货未超过核载质量，不具备鉴定后车前照等是否齐全有效开启及制动性能是否合格的条件，后车载货未超过核载质量；⑥后车前部左侧及左侧前部与前车后部右侧及右侧后部接触，接触点位于京沪高速上行59公里400米处由南向北方向第三机动车道内，后车车速40km/h，不具备鉴定前车速度的条件。除上述证据，所依托的即为当事人陈述和证人证言，便得出了"陈某亮驾驶机动车运载危险物品时未按规定的时间、路线行驶，发生故障后未及时报警、未设置警告标志，变更车道时影响相关车道机动车正常行驶的违法行为，是事故发生的原因，应承担事故责任"的结论。辩护律师认为，该事故认定过于草率，具有很大的主观性，不应被采信。

1. 相关结论缺乏事实基础

没有任何客观证据证明，事故发生时，陈某亮车辆是行驶状态还是停滞状态，交管部门应该开展充分调查，搜寻证据，开展鉴定，确认事实情况。例如：调取事发时过往车辆的行车记录仪视频、事发路段高速监控视频、王某文驾驶车辆的行车记录仪视频；对两车相撞接触痕迹（包括痕迹类型、长度、深度、形状）进行鉴定分析；对被告人车辆发生事故时行驶速度和地面痕迹进行重新鉴定；对碰撞前后被告人车辆位移情况进行比对，被告人车辆下是否存在修车工具等；而不应仅以口供确认事故发生经过，并分析原因，推导责任。此外，根据证人田某的证词，厢式货车在撞击油罐车前，没看到刹车灯亮，说明后车可能存在走神、打盹的情况，但交管部门对此并未核查。

2. 相关结论存在矛盾之处

交管部门认定陈某亮驾驶机动车违反了《中华人民共和国道路交通安全法》第 68 条第 1 款 "机动车在高速公路上发生故障时，应当依照本法第 52 条的有关规定办理；但是，警告标志应当设置在故障车来车方向 150 米以外，车上人员应当迅速转移到右侧路肩上或者应急车道内，并且迅速报警"，及《中华人民共和国道路交通安全法实施条例》第 44 条第 2 款 "在道路同方向划有 2 条以上机动车道的，变更车道的机动车不得影响相关车道内行驶的机动车的正常行驶" 之规定。如果陈某亮车辆是在行驶状态，则不应违反《中华人民共和国道路交通安全法》第 68 条第 1 款之规定；如果车辆处于停滞状态，则不应违反《中华人民共和国道路交通安全法实施条例》第 44 条第 2 款之规定，交管部门得出矛盾的结论，恰恰说明其并未确认陈某亮车辆的真实状态。

3. 相关结论认定与法不符

交管部门认定陈某亮驾驶机动车违反了《中华人民共和国道路交通安全法》第 48 条第 3 款 "机动车载运爆炸物品、易燃易爆化学物品以及剧毒、放射性等危险物品，应当经公安机关批准后，按指定的时间、路线、速度行驶，悬挂警示标志并采取必要的安全措施"。陈某亮的车辆系 2020 年 12 月 30 日 23 时 53 分行驶，并发生故障。根据《危险货物道路运输安全管理办法》第 49 条第 2 款的规定，"除法律、行政法规另有规定外，公安机关综合考虑相关因素，确需对通过高速公路运输危险化学品依法采取限制通行措施的，限制通行时段应当在 0 时至 6 时之间确定"。因此，陈某亮车辆并未违反相关规定。

基于以上理由，辩护律师认为《道路交通事故认定书》事实不清、结论不实，具有很大的主观性，不应被采信。固然，《道路交通事故认定书》是法院审理案件的重要依据，但是法院的审理不应限于对《道路交通事故认定书》的被动认可和执行，而是应在对包括《道路交通事故认定书》在内的所有的事实证据依法查明的基础上，做出最终的判断，可以进行调整或重新认定责任。本案在《道路交通事故认定书》存在疑义的情况下，法院应当进行调整，而非直接引用。

（三）交通肇事造成的损失，是否应由被告人全部承担，并据此量刑？

根据起诉书，公诉机关认为"被告人陈某亮违反交通运输管理法规，因而发生重大事故，致一人死亡、他人财产重大损失且有特别恶劣的情节，其行为触犯了《中华人民共和国刑法》第133条，犯罪事实清楚、证据确实充分"。根据《最高人民法院关于审理交通肇事刑事案件具体应用法律若干问题的解释》第4条之规定："交通肇事具有下列情形之一的，属于'有其他特别恶劣情节'，处三年以上七年以下有期徒刑：（一）死亡二人以上或者重伤五人以上，负事故全部或者主要责任的；（二）死亡六人以上，负事故同等责任的；（三）造成公共财产或者他人财产直接损失，负事故全部或者主要责任，无能力赔偿数额在六十万元以上的。"很显然，此案不属于前两项情况，公诉机关认为被告人陈某亮"造成公共财产或者他人财产直接损失，负事故全部或者主要责任，无能力赔偿数额在六十万元以上的"，并据此在起诉前的认罪认罚阶段作出了5年3个月至6年的量刑建议。对此，辩护律师经深入分析，认为赔偿责任亦不应由陈某亮承担，并开展了一系列卓有成效的工作，从而促使公诉机关将量刑建议当庭调整为"有期徒刑二年到三年，可适用缓刑"，为被告人陈某亮最终获得缓刑判决奠定了坚实基础。

1. 根据相关法律规定，相关侵权责任应由车主承担

崔某城（系陈某亮驾驶车辆的车主）证实，被告陈某亮系其雇佣司机，根据《最高人民法院关于适用〈中华人民共和国民法典〉时间效力的若干规定》第1条第2款、《中华人民共和国侵权责任法》第35条的规定，陈某亮在提供劳务过程中发生的交通事故，相应责任应当由崔某城承担。根据2012年《最高人民法院关于审理道路交通事故损害赔偿案件适用法律若干问题的解释》第3条的规定，挂靠公司沧州临港HX运输有限公司应承担连带责任，因此，相关侵权责任应由车主崔某城承担。

2. 相关保险公司应承担赔偿责任，且保险额度远远超过事故损失额度

被告人陈某亮驾驶的车辆在中煤财产保险股份有限公司沧州中心支公司投保了交强险、特种车第三者责任保险、道路危险货物运输承运人责任保险，其中商业三者险主车为100万元、挂车5万元，道路危险货物运输承运人责任保险中第三者赔偿责任中人员伤亡及财产损失限额为100万元；在中国太平洋财产保险股份有限公司沧州中心支公司投保了道路危险货物承运人责任

保险，其中第三者人身伤亡和财产损失每次事故保险限额为 500 万元，累计限额 1000 万元。因此中煤财产保险股份有限公司沧州中心支公司、中国太平洋财产保险股份有限公司沧州中心支公司应承担相应的赔偿责任，且保险额度远远超过事故损失额度，因此保险公司能够承担全部的赔偿责任。

3. 主动要求陈某亮授权委托，代理其参与本案相关民事诉讼，通过庭审确定赔偿责任，补充刑事辩护证据

虽经辩护人分析论证被告人陈某亮既非本次交通事故的民事责任承担主体也非赔偿主体，并且其驾驶车辆投保的保险限额足够赔偿在该事故中造成的损失，因此不能以未赔偿数额作为陈某亮的定罪量刑依据，但仍需相关证据予以支撑。在陈某亮被羁押期间，北京 RJ 恒通物流有限公司（后车车主）以"机动车交通事故责任纠纷"为由，起诉沧州临港 HX 运输有限公司（陈某亮车辆挂靠公司）、崔某城（陈某亮车辆车主）、中煤财产保险股份有限公司沧州中心支公司和中国太平洋财产保险股份有限公司沧州中心支公司，但由于陈某亮被羁押，无法出庭，且法院认为应遵照"先刑后民"的原则，因此该案迟迟未开庭审理。辩护律师抓住这一有利时机，主动要求陈某亮授权委托，代理其参与本案相关民事诉讼，同时请求法院开庭审理。最终，法院开庭审理此案，虽最终以"双方对事故责任争议较大，故本案等待陈某亮刑事判决对责任的确定后再予审理"为由中止审理，但庭审过程中，基本确定了赔偿责任由车主崔某城承担，沧州临港 HX 运输有限公司承担连带责任，且保险公司能够承担全部的赔偿额度。在此后的刑事庭审中，该份民事庭审的笔录被辩护律师作为证据补充提交，从而当庭排除公诉机关认定的被告人陈某亮"有其他特别恶劣情节"，将量刑成功降档。

（四）刑民交叉案件的解决思路问题，究竟应该谁先谁后？

一直以来，在司法审判领域，"先刑后民"作为习惯做法，被广泛适用。该原则是指：在民事诉讼活动中，发现涉嫌刑事犯罪时，应当在侦查机关对涉嫌刑事犯罪的事实查清后，由法院先对刑事犯罪进行审理，再就涉及的民事责任进行审理，或者由法院在审理刑事犯罪的同时，附带审理民事责任部分，在此之前不应当单独就其中的民事责任进行审理判决。该做法的出处，源于《中华人民共和国民事诉讼法》第 153 条第 1 款第 5 项关于中止诉讼的规定，"本案必须以另一案的审理结果为依据，而另一案尚未审结的"，因此，

什么情况下适用"先刑后民"，归根结底还有赖于根据个案的实际情况对民事纠纷与刑事犯罪间关联性质和程度的判断。只有在刑事案件的处理结果对民事案件的处理结果足以产生实质性的影响的前提下，才应当优先处理刑事案件，然后再处理民事纠纷。简单来说，是否适用"先刑后民"，需要根据主体、事实和标的物等关联的不同分别进行对待。

1. 主体关联

民事案件中的当事人，同时又是刑事案件中的犯罪嫌疑人或被害人。此时只要刑事案件与民事案件并非基于同一法律关系，即使有主体关联，也应分别进行刑事诉讼与民事诉讼，各自独立处理，不存在"谁先谁后"的问题。比如，甲向乙借钱不还而引起的债权债务民事纠纷，和甲、乙嗣后因其他琐事争斗致其中一人重伤而产生的刑事犯罪问题，即因刑事、民事两种法律关系之间彼此无涉、互相无关而应分别处理。但除了有主体关联外，刑事、民事法律关系上也存在联系时，是否适用"先刑后民"则应依事实关联的判断而定。

2. 事实关联

事实关联分为两种情况：

一是事实相同，即民事案件、刑事案件的产生基于同一法律事实。此时一般均应予以"先刑后民"的处理。例如甲和乙签订买卖合同，事后发生争议。甲可能以合同欺诈为由提起民事诉讼，也可以合同诈骗为由向公安机关报案，引发刑事诉讼，两种诉讼的事实基础均系甲、乙之间的合同关系。在此情形下，即应当遵循"先刑后民"的处理方式，优先处理合同诈骗罪的刑事案件。

二是事实相关，即刑事犯罪与民事纠纷并非基于同一法律关系产生，而是由不同性质的基础事实引起，但不同基础事实之间存在密切关联。此时是否可按照"先刑后民"方式予以处理，不能一概而论，须根据个案实际情况，经比对不同性质基础事实间的关联程度后而定。例如在存款冒领纠纷案件中，储户既可以冒领者盗窃存单，冒领存款的犯罪行为引发刑事诉讼，又可依据与银行间的储蓄合同向银行提起民事诉讼，前一诉讼的基础事实是冒领者盗窃、冒领的犯罪行为，后一诉讼的基础事实在于银行未尽注意义务致储户存款被冒领的违约行为。此种情况下，不一定实行"先刑后民"，两案可分别审理。

3. 标的物关联

即刑事案件所涉及的具体财物同时也是另一个民事案件所争议的标的物。此种情况下，原则上应按"先刑后民"处理。例如甲涉嫌诈骗取得货物，后又签订购销合同将该货物卖与乙，该批货物本身即是被诈骗的财物，同时又成为民事纠纷的争议标的物，甲、乙之间的买卖合同关系、货物所有权的确定有赖于甲诈骗行为的认定结果，故应先行处理刑事案件，民事纠纷应中止审理。

本案，显然属于"事实关联"中"事实相关"的情况。被告人陈某亮交通肇事的刑事犯罪与机动车交通事故责任的民事纠纷并非基于同一法律关系产生，前者侵害了交通运输的安全，后者则是源于侵权责任纠纷，是由不同性质的基础事实引起，但又存在着密切关联。因此，不一定实行"先刑后民"，两案可分别审理。民事诉讼案件法官以"双方对事故责任争议较大，故本案等待陈某亮刑事判决对责任的确定后再予审理"为由中止审理的做法值得商榷，但好在庭审过程中基本确定了赔偿责任的承担，也为陈某亮获得缓刑判决起到了至关重要的作用。

值得一提的是，在民事诉讼的庭审中，主审法官宣布中止诉讼后，代理律师曾以"本案当事人陈某亮刑事判决的定性及量刑，将依托于本起民事案件中对其承担的赔偿责任和金额的认定；刑事案件主审法官明确表示，须在民事案件判决后方能对陈某亮作出客观公正的刑事判决"为由反对中止审理，民事法官虽表示中止决定不做变更，但明确告知会在庭后与刑事法官进行沟通。代理律师遂要求"民庭法官将赔偿责任和赔偿主体的认定依据和审理情况，向刑事案件的主审法官予以释明，协助刑事案件依法判决"，并将该要求记录于笔录，从而打破了法官"先刑后民"的主导思想，使民事审理的结果最大程度作用于刑事辩护工作，获得了良好的效果。

【简要总结】

本案虽是一起看似简单的交通肇事罪案件，但涉及口供定罪、损失承担以及刑民交叉案件的有效推进等相关问题。通过代理律师的大力工作和有效辩护，最终使被告人获得了有期徒刑2年，缓刑3年的判决，虽仍有遗憾，但使得当事人免除了 5 年多的牢狱之苦。获释后的当天，陈某亮及其家属连夜赶到律师事务所，对辩护人娄爽、刘政律师表达深切的谢意，并送上锦旗。

接受委托后，辩护律师迅速开展辩护工作，秉承着认真负责、专业审慎的态度，仔细研究案卷，多次会见犯罪嫌疑人，走访交管、鉴定等专业部门，就事发时陈某亮驾驶车辆所处的状态、行驶速度、两车相撞接触痕迹、地面刹车痕迹以及损失责任承担等案件细节进行深入研究、大胆推测和小心论证，并与公安、检察和法院持续沟通。

在审查起诉阶段，辩护律师认为此案事实不够清晰，于是要求对事发时过往车辆的行车记录仪视频、事发路段高速监控视频、相关车辆的行车记录仪视频进行收集、调取；并对两车相撞接触痕迹（包括痕迹类型、长度、深度、形状）进行鉴定分析，对车辆发生事故时行驶速度和地面痕迹进行鉴定，但均以无法调取和鉴定为由，被公诉机关驳回。最终，公诉机关指控：陈某亮违反交通运输管理法规，发生重大事故，致一人死亡、他人财产重大损失且有特别恶劣情节，并作出认罪认罚 5 年 3 个月至 6 年的量刑建议。对此，陈某亮不认可公诉机关的量刑建议，拒绝认罪认罚。

鉴于上述情况，辩护律师及时转变辩护思路，另辟蹊径，寻求突破，从交通事故责任赔偿主体入手开展辩护工作，希望可以通过降低陈某亮的赔偿金额来减轻对其处罚。在案件起诉之初，辩护律师即向主审法官提出"依据《天津市高级人民法院机动车交通事故责任纠纷案件审理指南》的规定，陈某亮作为雇佣司机，不应由其作为交通事故责任赔偿主体，更不能以未赔偿数额作为陈某亮量刑依据"的辩护观点。这一思路获得了主审法官的初步认可，使得辩护工作展露曙光，但寻求司法判决证据支撑的要求又使案件陷入僵局。对此，经与陈某亮紧急沟通，在相对方车辆公司提起的交通事故责任纠纷民事诉讼中，辩护律师代理陈某亮出庭应诉。虽然民事法官依照"先刑后民"的原则在首次开庭后便中止审理，但代理律师仍然拿到了《庭审笔录》这一关键证据。在这份笔录中，诉讼各方均认可，相关赔偿责任承担主体为雇主和车辆挂靠公司，并应由保险公司承担全部的赔偿责任。这一关键证据和辩护思路在庭审过程中发挥了重大作用，再通过提交多项材料来佐证观点，使得公诉人在庭审辩论阶段，当庭变更量刑建议为 2 年至 3 年，从而为最终判决缓刑奠定了坚实的法理基础。

庭审结束后，辩护律师并没有结束工作、静待判决，而是毫不懈怠、继续努力，与承办法官保持高频率沟通，同时安排家属争取各方谅解，最终促使合议庭采纳了辩护意见，对陈某亮适用缓刑。

本案的缓刑判决，将重新点燃陈某亮的人生之路，作为两个孩子的父亲和家庭重要的支柱，本案的结果对其整个家庭也具有举足轻重的重大意义。在代理本案的过程中，两位律师以抽丝剥茧的精神，不放弃、不懈怠，经过近半年的持续努力，以专业精神开展积极有效辩护，与公检法进行充分沟通，在树立法治权威和追求公平正义的同时，也彰显了教育挽救的重大意义。

附：相关法律法规及司法解释

📖《中华人民共和国刑法》

第六十七条 【自首】犯罪以后自动投案，如实供述自己的罪行的，是自首。对于自首的犯罪分子，可以从轻或者减轻处罚。其中，犯罪较轻的，可以免除处罚。

被采取强制措施的犯罪嫌疑人、被告人和正在服刑的罪犯，如实供述司法机关还未掌握的本人其他罪行的，以自首论。

犯罪嫌疑人虽不具有前两款规定的自首情节，但是如实供述自己罪行的，可以从轻处罚；因其如实供述自己罪行，避免特别严重后果发生的，可以减轻处罚。

第七十二条 【适用条件】对于被判处拘役、三年以下有期徒刑的犯罪分子，同时符合下列条件的，可以宣告缓刑，对其中不满十八周岁的人、怀孕的妇女和已满七十五周岁的人，应当宣告缓刑：

（一）犯罪情节较轻；

（二）有悔罪表现；

（三）没有再犯罪的危险；

（四）宣告缓刑对所居住社区没有重大不良影响。

宣告缓刑，可以根据犯罪情况，同时禁止犯罪分子在缓刑考验期限内从事特定活动，进入特定区域、场所，接触特定的人。

被宣告缓刑的犯罪分子，如果被判处附加刑，附加刑仍须执行。

第七十三条　【考验期限】拘役的缓刑考验期限为原判刑期以上一年以下，但是不能少于二个月。

有期徒刑的缓刑考验期限为原判刑期以上五年以下，但是不能少于一年。

缓刑考验期限，从判决确定之日起计算。

第一百三十三条　【交通肇事罪】违反交通运输管理法规，因而发生重大事故，致人重伤、死亡或者使公私财产遭受重大损失的，处三年以下有期徒刑或者拘役；交通运输肇事后逃逸或者有其他特别恶劣情节的，处三年以上七年以下有期徒刑；因逃逸致人死亡的，处七年以上有期徒刑。

📖《最高人民法院关于审理交通肇事刑事案件具体应用法律若干问题的解释》

第二条　交通肇事具有下列情形之一的，处三年以下有期徒刑或者拘役：

（一）死亡一人或者重伤三人以上，负事故全部或者主要责任的；

（二）死亡三人以上，负事故同等责任的；

（三）造成公共财产或者他人财产直接损失，负事故全部或者主要责任，无能力赔偿数额在三十万元以上的。

交通肇事致一人以上重伤，负事故全部或者主要责任，并具有下列情形之一的，以交通肇事罪定罪处罚：

（一）酒后、吸食毒品后驾驶机动车辆的；

（二）无驾驶资格驾驶机动车辆的；

（三）明知是安全装置不全或者安全机件失灵的机动车辆而驾驶的；

（四）明知是无牌证或者已报废的机动车辆而驾驶的；

（五）严重超载驾驶的；

（六）为逃避法律追究逃离事故现场的。

第四条　交通肇事具有下列情形之一的，属于"有其他特别恶劣情节"，处三年以上七年以下有期徒刑：

（一）死亡二人以上或者重伤五人以上，负事故全部或者主要责任的；

（二）死亡六人以上，负事故同等责任的；

（三）造成公共财产或者他人财产直接损失，负事故全部或者主要责任，无能力赔偿数额在六十万元以上的。

第四编

破坏社会主义市场经济秩序类案件

成都 TY 公司及相关人员涉嫌生产、销售假药案

王志坚　康　琪　汪　倩

■■■【基本案情】

案情简介：

　　成都 TY 制药有限公司（以下简称"成都 TY 公司"）生产的护肝片于2006 年获得上市资格，护肝片的处方组成包括柴胡和五味子等。2012 年 3 月至 2014 年 2 月，成都 TY 公司的董事长江某庆与直接负责生产管理的副总经理游某涛商议后决定：①以价格较低廉且药品标准中尚未收载的竹叶柴胡进行投料生产；②购买五味子提取物进行投料生产。四川省药品监督管理机构认为成都 TY 公司的上述行为违反《中华人民共和国药品管理法》的相关规定，生产的药品护肝片应按假药论处。随后，四川省公安厅对成都 TY 公司涉嫌生产、销售假药案立案侦查。检察院公诉意见认为，被告单位成都 TY 公司及相关责任人违反国家药品管理法规，生产、销售假药的行为，触犯了《中华人民共和国刑法》第 141 条、第 150 条之规定。

　　法庭审理阶段，辩护人的主要意见是：①指控成都 TY 公司在 20 个批次的护肝片生产中使用竹叶柴胡替代柴胡投料生产，而在案 11 个批次的护肝片生产记录中，并没有包含柴胡饮片及浸膏的生产记录，指控证据并不能认定成都 TY 公司使用竹叶柴胡及五味子提取物投料生产的数量是 20 个批次；②成都 TY 公司采用外购五味子提取物的行为，不构成刑法上生产、销售假药罪。起诉书指控成都 TY 公司使用五味子提取物的时间在 2012 年 3 月至 2014 年 2月，而国家药品监管机构于 2014 年 7 月才对使用提取物进行明确规定，直至2016 年国家才对外购中药提取物的行为进行规范和禁止性规定，故成都 TY公司使用外购五味子提取物的行为，按照当时的政策规定，不构成犯罪。基于上述，请求法院查明事实，依法对成都 TY 公司和江某庆、游某涛等相关责

任人作出公正判决。

审理结果：

法院认为，成都 TY 公司及其相关人员违反国家对药品生产的管理规定，擅自变更获得国家批准文号药品护肝片的生产原料、生产工艺及流程，其行为已构成生产、销售假药罪。

【争议问题】

（一）购买中药饮片的提取物进行投料生产是否属于生产、销售假药罪？

2013 年《中华人民共和国药品管理法》第 10 条第 1 款明确规定"除中药饮片的炮制外，药品必须按照国家药品标准和国务院药品监督管理部门批准的生产工艺进行生产，生产记录必须完整准确。药品生产企业改变影响药品质量的生产工艺的，必须报原批准部门审核批准"，表明制药企业要改变生产工艺的必须报原批转部门审核批准。因此本案中，成都 TY 公司在 2012 年 3 月至 2014 年 2 月的护肝片生产中使用五味子提取物进行投料生产，该行为是否属于改变生产工艺是本案的关键所在。

根据《中华人民共和国药典》（2010 年版）第 760 页护肝片【制法】项下"五味子碾碎成粗粉，用 75% 乙醇回流提取三次，第一次 3 小时，第二次 2 小时，第三次 1 小时，滤过，合并滤液，回收乙醇并浓缩至适量"，即中国药典护肝片标准项下的工艺是单独制备成五味子提取物，再与其他药材混合生产制剂。本案中，成都 TY 公司本应自己单独制备五味子提取物，再添加到其他药材里，但成都 TY 公司由于在市场上采购不到质量较好的五味子，无法提取出合格的提取物，就采购了比自己提取质量更好的提取物成品生产护肝片。

辩护人认为，成都 TY 公司使用外购的五味子提取物而不是自己提取的提取物，其实质是提取生产的转移，不是工艺改变。由于外购中药提取物用于生产中成药是行业内普遍存在的一种情况。2014 年 7 月 29 日发布的《国家食品药品监督管理总局关于加强中药生产中提取和提取物监督管理的通知》（食药监药化监〔2014〕35 号）规定："对中成药国家药品标准处方项下载明，且具有单独国家药品标准的中药提取物实施备案管理……对不属于备案管理的中药提取物，应自行提取。自 2016 年 1 月 1 日起，中成药生产企业一律不得购买未备案的中药提取物投料生产……使用未备案的中药提取物投料生产的，应依据《中华人民共和国药品管理法》第79条进行查处。"2013年《中华人民共和国药品管理法》第79条规定："药品的生产企业、经营企业、药物非临床安全性评价研究机构、药物临床试验机构未按照规定实施《药品生产质量管理规范》、《药品经营质量管理规范》、药物非临床研究质量管理规范、药物临床试验质量管理规范的，给予警告，责令限期改正；逾期不改正的，责令停产、停业整顿，并处五千元以上二万元以下的罚款；情节严重的，吊销《药品生产许可证》、《药品经营许可证》和药物临床试验机构的资格。"本案发生于《国家食品药品监督管理总局关于加强中药生产中提取和提取物监督管理的通知》施行前。因此，成都TY公司用外购五味子提取物投料生产，构成行政违法，但是否构成犯罪还值得探讨。

已上市中成药的工艺变更，包括生产工艺路线、方法、参数等变更，可能影响到药品的质量控制以及安全性和有效性。因此，从1984年《中华人民共和国药品管理法》开始均要求，药品应当按照国家药品标准和经药品监督管理部门核准的生产工艺进行生产，且生产、检验记录应当完整准确，不得编造。但是在实践中，部分中成药生产企业出于技术保密的考虑，导致生产工艺错误或不完整，或者由于标准本身存在错漏，与实际生产情况不符，从而产生了不少不实的"生产工艺变更"。同时，随着研究和认识的深入，已上市中成药需要面临完善生产工艺、降低生产成本、适应劳动保护等问题。鉴此，国家药监局于2021年1月12日发布施行了《药品上市后变更管理办法（试行）》，一方面鼓励药品上市许可持有人运用新生产技术、新方法、新设备、新科技成果，不断改进和优化生产工艺，持续提高药品质量，提升药品安全、有效和质量可控性；另一方面规范药品变更行为和变更监管，严厉打击非法变更，落实持有人主体责任，保障人民群众用药安全。

（二）成都TY公司使用竹叶柴胡的行为是否构成生产、销售假药罪？

2013年《中华人民共和国药品管理法》明确规定，药品必须符合《中华人民共和国药典》等国家药品标准。《中华人民共和国药典》（2010年版）记载柴胡的来源是"北柴胡"和"南柴胡"，不包括竹叶柴胡。因此，成都TY公司在2012年3月至2014年2月的护肝片生产中使用竹叶柴胡投料生产，属药品所含成份与国家药品标准规定的成份不符的违法行为，药品监督部门依据《中华人民共和国药品管理法》规定对该行为以生产、销售假药论处符合法律规定。

本案中，辩护人围绕全案证据进行辩护，认为成都 TY 公司非法使用竹叶柴胡生产护肝片的证据没有达到 2012 年《中华人民共和国刑事诉讼法》第 53 条规定的确实充分、排除合理怀疑的证明标准。本案证据中，没有竹叶柴胡实体物证、没有微量物证司法鉴定（无法确定护肝片成品中有没有、有多少竹叶柴胡的成分），没有与涉案的竹叶柴胡一一对应的运输、入库检验、仓储、领用记录、投料生产记录，证人全部否认投料生产环节用过竹叶柴胡，证人对竹叶柴胡购买环节的证言也是前后矛盾、各说不一，被告人供述存在关键错误且自相矛盾，本案的指控证据不能形成证据锁链，无法排除合理怀疑。此外，本案所涉护肝片，其有效成分及含量，没有证据证明其成分、含量不达标，更没有任何不良反应报告。

【法理分析】

（一）《药品管理法》对假药的认定

2013 年《中华人民共和国药品管理法》的相关规定与生产、销售假药罪的成立、认定、处罚及治理都密不可分。2013 年《中华人民共和国药品管理法》第 48 条规定假药包括药品所含成份与国家药品标准规定的成份不符和以非药品冒充药品或者以他种药品冒充此种药品的两种情况。有六种情况按假药论处：①国务院药品监督管理部门规定禁止使用的；②依照本法必须批准而未经批准生产、进口，或者依照本法必须检验而未经检验即销售的；③变质的；④被污染的；⑤使用依照本法必须取得批准文号而未取得批准文号的原料药生产的；⑥所标明的适应症或者功能主治超出规定范围的。该条对认定假药及按假药论处的情形可以看出，假药的认定需要考虑药品实质上是否符合标准，包括其成分是否与国家药品标准相符、是否冒充或变质等。同时，假药的认定亦考虑形式标准，只要形式上未经批准或未取得批准文号，或药品管理部门规定禁止使用的，会被认定为假药。

2019 年修订的《中华人民共和国药品管理法》对原有药品管理制度进行了全面和系统的修改，尤其是与假药、劣药的认定以及责任等方面。2019 年

《中华人民共和国药品管理法》第 98 条对假药采用列举的方法进行界定，删除了旧法关于"按假药论处"的规定，并且在范围上也进行了限缩，仅包括以下四种情况：①药品所含成份与国家药品标准规定的成份不符；②以非药品冒充药品或者以他种药品冒充此种药品；③变质的药品；④药品所标明的适应症或者功能主治超出规定范围。根据 2019 年修订后的《中华人民共和国药品管理法》，未经批准进口少量境外已合法上市的药品，不再按"假药"论处；对未经批准进口少量境外已合法上市的药品，情节较轻的，可以依法减轻处罚；没有造成人身伤害后果或者延误治疗的，可以免于处罚。总体来看，2019 年《中华人民共和国药品管理法》对生产假药的单位及其主要负责人的行政责任规定得更为严厉，这也回应了当前我国制售假药劣药事件较为频繁，国民对于药品安全的忧虑。

（二）刑法对生产假药罪的认定

1979 年《中华人民共和国刑法》中对于该罪名的规定将其归为结果犯模式，要求在生产、销售假药的过程中需满足以营利为目的，并且危害人体健康。而后在 1997 年《中华人民共和国刑法》中对该罪也进行了一定程度上的修订，将其从结果犯转变为危险犯，在日常的司法活动中，满足"足以严重危害人体健康"的情形，方能进入刑法评价，该要件进一步考虑了假药的实质危害性。为加强对民生的保护，2011 年《中华人民共和国刑法修正案（八）》对生产、销售假药罪的处刑作了修改，加大了对这类犯罪的惩处力度。其中最为突出的就是，删除生产、销售假药罪"足以严重危害人体健康"的构成条件，将状态犯改为行为犯。即只要实施生产、销售假药的行为就构成犯罪。这样修改是考虑到药品的主要功能是治疗疾病，保护人体健康，生产、销售假药的行为已经构成对人体健康的威胁。

2020 年《中华人民共和国刑法修正案（十一）》对本条做出修改：一是衔接 2019 年《中华人民共和国药品管理法》，删除了"本条所称假药，是指依照《中华人民共和国药品管理法》的规定属于假药和按假药处理的药品、非药品"。生产、销售假药罪属于法定犯，法定犯的完整规范由刑法和行政法共同构成，法定犯中包含了一定的行政要素，行政要素不但承担着行政违法性的解释功能，还具有限制入罪的功能，而刑法主要承担犯罪构成要件的具体认定。因此，法学理论上讲，法定犯具有行政从属性。比如，在药品犯罪中，2017 年《中华人民共和国刑法》第 141 条第 2 款规定："本条所称假药，是指依照《中华人民共和国药品管理法》的规定属于假药和按假药处理的药品、非药品。"对于假药的界定均转引于行政法，这就是行政从属性的体现，2020 年《中华人民共和国刑法修正案（十一）》直接删除此转引性规定，让可能适用的行政法不限于《中华人民共和国药品管理法》，从而规避了转引性条款对于药品犯罪在法律适用上的影响。

二是增加"药品使用单位的人员明知是假药而提供给他人使用的，依照前款的规定处罚"条款。2014 年《最高人民法院、最高人民检察院关于办理危害药品安全刑事案件适用法律若干问题的解释》第 6 条第 2 款规定："医疗机构、医疗机构工作人员明知是假药、劣药而有偿提供给他人使用，或者为出售而购买、储存的行为，应当认定为刑法第 141 条、第 142 条规定的'销售'。"2020 年《中华人民共和国刑法》在第 141 条、142 条均增加药品使用单位的人员明知是假药、劣药而提供给他人使用的，依照前款规定处罚的规定，将药品使用单位人员明知是假药、劣药而提供给他人使用的行为纳入刑法规制范围。医院、疾病预防控制中心、防疫站、乡镇卫生院等药品使用单位人员具有药品专业知识，这些人员在日常工作中承担治疗疾患、疾病预防控制、卫生防疫等特殊职责，从事药品购进、储存、调配以及应用等活动，有的还直接面对人民群众，负有救死扶伤等特定义务。药品使用单位纳入生产、销售假药罪与生产、销售劣药罪的范围当中，提高了药品使用单位用药的审慎义务，加大了对药品犯罪的处罚力度。

2014 年《最高人民法院、最高人民检察院关于办理危害药品安全刑事案件适用法律若干问题的解释》第 8 条对以下问题作了专门规定："明知他人生产、销售假药、劣药，而有下列情形之一的，以共同犯罪论处：①提供资金、贷款、账号、发票、证明、许可证件的；②提供生产、经营场所、设备或者运输、储存、保管、邮寄、网络销售渠道等便利条件的；③提供生产技术或者原料、辅料、包装材料、标签、说明书的；④提供广告宣传等帮助行为的。"

此外，《最高人民法院、最高人民检察院关于执行〈中华人民共和国刑法〉确定罪名的补充规定（七）》规定将《中华人民共和国刑法》第 141 条[《中华人民共和国刑法修正案（十一）》第 5 条]的生产、销售假药罪罪名变更为生产、销售、提供假药罪。

【简要总结】

2021 年 3 月 1 日，《中华人民共和国刑法修正案（十一）》正式生效，关于药品的规定也更加详细、全面。在办理药品相关案件时，不仅要理解和运用相关法律，还要详细了解涉案药品的核心，并与法律所禁止的部分仔细对比，这样才能更好地帮助客户争取合法权益。

附：相关法律法规及司法解释

《中华人民共和国刑法》

第一百四十一条　【生产、销售、提供假药罪】生产、销售假药的，处三年以下有期徒刑或者拘役，并处罚金；对人体健康造成严重危害或者有其他严重情节的，处三年以上十年以下有期徒刑，并处罚金；致人死亡或者有其他特别严重情节的，处十年以上有期徒刑、无期徒刑或者死刑，并处罚金或者没收财产。

药品使用单位的人员明知是假药而提供给他人使用的，依照前款的规定处罚。

《中华人民共和国药品管理法》

第九十八条第一款至第二款　【假药的认定】禁止生产（包括配制，下同）、销售、使用假药、劣药。

有下列情形之一的，为假药：

（一）药品所含成份与国家药品标准规定的成份不符；

（二）以非药品冒充药品或者以他种药品冒充此种药品；

（三）变质的药品；

（四）药品所标明的适应症或者功能主治超出规定范围。

《中药品种保护条例》

第二十三条第一款　违反本条例第十七条的规定，擅自仿制中药保护品种的，由县级以上人民政府负责药品监督管理的部门以生产假药依法论处。

📖《血液制品管理条例》

第三十八条 血液制品生产单位有下列行为之一的，由省级以上人民政府卫生行政部门依照药品管理法及其实施办法等有关规定，按照生产假药、劣药予以处罚；构成犯罪的，对负有直接责任的主管人员和其他直接责任人员依法追究刑事责任：

（一）使用无《单采血浆许可证》的单采血浆站或者未与其签订质量责任书的单采血浆站及其他任何单位供应的原料血浆的，或者非法采集原料血浆的；

（二）投料生产前未对原料血浆进行复检的，或者使用没有产品批准文号或者未经国家药品生物制品检定机构逐批检定合格的体外诊断试剂进行复检的，或者将检测不合格的原料血浆投入生产的；

（三）擅自更改生产工艺和质量标准的，或者将检验不合格的产品出厂的；

（四）与他人共用产品批准文号的。

📖2014 年《最高人民法院、最高人民检察院关于办理危害药品安全刑事案件适用法律若干问题的解释》（已失效）

为依法惩治危害药品安全犯罪，保障人民群众生命健康安全，维护药品市场秩序，根据《中华人民共和国刑法》的规定，现就办理这类刑事案件适用法律的若干问题解释如下：

第一条 生产、销售假药，具有下列情形之一的，应当酌情从重处罚：

（一）生产、销售的假药以孕产妇、婴幼儿、儿童或者危重病人为主要使用对象的；

（二）生产、销售的假药属于麻醉药品、精神药品、医疗用毒性药品、放射性药品、避孕药品、血液制品、疫苗的；

（三）生产、销售的假药属于注射剂药品、急救药品的；

（四）医疗机构、医疗机构工作人员生产、销售假药的；

（五）在自然灾害、事故灾难、公共卫生事件、社会安全事件等突发事件期间，生产、销售用于应对突发事件的假药的；

（六）两年内曾因危害药品安全违法犯罪活动受过行政处罚或者刑事处

罚的;

（七）其他应当酌情从重处罚的情形。

第二条　生产、销售假药，具有下列情形之一的，应当认定为刑法第一百四十一条规定的"对人体健康造成严重危害"：

（一）造成轻伤或者重伤的；

（二）造成轻度残疾或者中度残疾的；

（三）造成器官组织损伤导致一般功能障碍或者严重功能障碍的；

（四）其他对人体健康造成严重危害的情形。

第三条　生产、销售假药，具有下列情形之一的，应当认定为刑法第一百四十一条规定的"其他严重情节"：

（一）造成较大突发公共卫生事件的；

（二）生产、销售金额二十万元以上不满五十万元的；

（三）生产、销售金额十万元以上不满二十万元，并具有本解释第一条规定情形之一的；

（四）根据生产、销售的时间、数量、假药种类等，应当认定为情节严重的。

第四条　生产、销售假药，具有下列情形之一的，应当认定为刑法第一百四十一条规定的"其他特别严重情节"：

（一）致人重度残疾的；

（二）造成三人以上重伤、中度残疾或者器官组织损伤导致严重功能障碍的；

（三）造成五人以上轻度残疾或者器官组织损伤导致一般功能障碍的；

（四）造成十人以上轻伤的；

（五）造成重大、特别重大突发公共卫生事件的；

（六）生产、销售金额五十万元以上的；

（七）生产、销售金额二十万元以上不满五十万元，并具有本解释第一条规定情形之一的；

（八）根据生产、销售的时间、数量、假药种类等，应当认定为情节特别严重的。

第五条　生产、销售劣药，具有本解释第二条规定情形之一的，应当认定为刑法第一百四十二条规定的"对人体健康造成严重危害"。

生产、销售劣药，致人死亡，或者具有本解释第四条第一项至第五项规定情形之一的，应当认定为刑法第一百四十二条规定的"后果特别严重"。

生产、销售劣药，具有本解释第一条规定情形之一的，应当酌情从重处罚。

第六条 以生产、销售假药、劣药为目的，实施下列行为之一的，应当认定为刑法第一百四十一条、第一百四十二条规定的"生产"：

（一）合成、精制、提取、储存、加工炮制药品原料的行为；

（二）将药品原料、辅料、包装材料制成成品过程中，进行配料、混合、制剂、储存、包装的行为；

（三）印制包装材料、标签、说明书的行为。

医疗机构、医疗机构工作人员明知是假药、劣药而有偿提供给他人使用，或者为出售而购买、储存的行为，应当认定为刑法第一百四十一条、第一百四十二条规定的"销售"。

第七条 违反国家药品管理法律法规，未取得或者使用伪造、变造的药品经营许可证，非法经营药品，情节严重的，依照刑法第二百二十五条的规定以非法经营罪定罪处罚。

以提供给他人生产、销售药品为目的，违反国家规定，生产、销售不符合药用要求的非药品原料、辅料，情节严重的，依照刑法第二百二十五条的规定以非法经营罪定罪处罚。

实施前两款行为，非法经营数额在十万元以上，或者违法所得数额在五万元以上的，应当认定为刑法第二百二十五条规定的"情节严重"；非法经营数额在五十万元以上，或者违法所得数额在二十五万元以上的，应当认定为刑法第二百二十五条规定的"情节特别严重"。

实施本条第二款行为，同时又构成生产、销售伪劣产品罪、以危险方法危害公共安全罪等犯罪的，依照处罚较重的规定定罪处罚。

第八条 明知他人生产、销售假药、劣药，而有下列情形之一的，以共同犯罪论处：

（一）提供资金、贷款、账号、发票、证明、许可证件的；

（二）提供生产、经营场所、设备或者运输、储存、保管、邮寄、网络销售渠道等便利条件的；

（三）提供生产技术或者原料、辅料、包装材料、标签、说明书的；

（四）提供广告宣传等帮助行为的。

第九条 广告主、广告经营者、广告发布者违反国家规定，利用广告对药品作虚假宣传，情节严重的，依照刑法第二百二十二条的规定以虚假广告罪定罪处罚。

第十条 实施生产、销售假药、劣药犯罪，同时构成生产、销售伪劣产品、侵犯知识产权、非法经营、非法行医、非法采供血等犯罪的，依照处罚较重的规定定罪处罚。

第十一条 对实施本解释规定之犯罪的犯罪分子，应当依照刑法规定的条件，严格缓刑、免予刑事处罚的适用。对于适用缓刑的，应当同时宣告禁止令，禁止犯罪分子在缓刑考验期内从事药品生产、销售及相关活动。

销售少量根据民间传统配方私自加工的药品，或者销售少量未经批准进口的国外、境外药品，没有造成他人伤害后果或者延误诊治，情节显著轻微危害不大的，不认为是犯罪。

第十二条 犯生产、销售假药罪的，一般应当依法判处生产、销售金额二倍以上的罚金。共同犯罪的，对各共同犯罪人合计判处的罚金应当在生产、销售金额的二倍以上。

第十三条 单位犯本解释规定之罪的，对单位判处罚金，并对直接负责的主管人员和其他直接责任人员，依照本解释规定的自然人犯罪的定罪量刑标准处罚。

第十四条 是否属于刑法第一百四十一条、第一百四十二条规定的"假药"、"劣药"难以确定的，司法机关可以根据地市级以上药品监督管理部门出具的认定意见等相关材料进行认定。必要时，可以委托省级以上药品监督管理部门设置或者确定的药品检验机构进行检验。

第十五条 本解释所称"生产、销售金额"，是指生产、销售假药、劣药所得和可得的全部违法收入。

第十六条 本解释规定的"轻伤"、"重伤"按照《人体损伤程度鉴定标准》进行鉴定。

本解释规定的"轻度残疾"、"中度残疾"、"重度残疾"按照相关伤残等级评定标准进行评定。

　　第十七条　本解释发布施行后，《最高人民法院、最高人民检察院关于办理生产、销售假药、劣药刑事案件具体应用法律若干问题的解释》（法释〔2009〕9号）同时废止；之前发布的司法解释和规范性文件与本解释不一致的，以本解释为准。

HE基金陈某某非法吸收公众存款案法律分析

许　波

【基本案情】

案情简介：

北京HE基金管理有限公司（以下简称"HE基金"）是一家从事私募股权投资基金的公司，其业务模式是企业向HE基金提出融资需求，HE基金据此立项，向社会公开募集资金。HE基金的销售员经业务培训后，通过电话推销等方式主动招徕客户，以较高的资产年化收益率吸引客户投资。该基金公司把每一投资项目都成立一个有限合伙企业，客户投资方式是签署入伙协议，将资产通过银行转账的方式打到有限合伙的账户。然而，这些私募股权投资项目并没有到期返还投资者的本金，遑论收益，因而被投资者举报而案发。据检方查明，从2012年至2015年间，HE基金的员工以投资"西安BA国际学校改扩建""西安城中村改造—万象春天"等项目为名，与胡某某等100余人签订入伙协议，非法吸收投资款2亿余元。

2010年底，陈某某受HE基金总经理王某某（2015年8月去世）邀请来到HE基金工作，一开始是司机，后来从事售后服务，2014年1月升任公司行政副总裁，2015年初离职。案发后，陈某某于2016年8月10日被刑事拘留，9月9日被逮捕。2017年8月17日，北京市朝阳区检察院以岳某某、陈某某等12人非法吸收公众存款罪向北京市朝阳区人民法院提起公诉。

审理结果：

2018年4月25日，北京市朝阳区人民法院审理了该案，辩护律师关于陈某某依法构成自首，认罪认罚，积极退赃的辩护意见被审理法院采纳，作为集团犯罪第二被告人，陈某某犯非法吸收公众存款罪，判处有期徒刑2年10

个月（第一被告，HE 基金另一同级副总裁被判处 5 年 6 个月有期徒刑），并处罚金人民币 15 万元。现陈某某已刑满释放。

【争议问题】

本案有两个主要争议点：一是从定性上看，陈某某是共同犯罪中的主犯还是从犯？二是从量刑上看，陈某某的行为是否构成法定自首情节？

【法理分析】

在办理本案过程中，经过阅卷、会见被告人等阶段，辩护律师认为陈某某是共同犯罪中的主犯还是从犯，陈某某的行为是否构成法定自首情节的角度辩护是本案突破的关键点。

（一）陈某某是共同犯罪中的主犯还是从犯？

《中华人民共和国刑法》第 25 条规定，"共同犯罪是指二人以上共同故意犯罪。二人以上共同过失犯罪，不以共同犯罪论处；应当负刑事责任的，按照他们所犯的罪分别处罚"。[1] 该规定表明共同犯罪是二人以上以共同的犯罪故意和共同的犯罪行为联系起来的犯罪整体，一人故意实施的犯罪行为、两人以上共同过失实施的犯罪行为或两人以上各自故意实施不同的犯罪行为都不构成共同犯罪。

那么在刑法总则中为什么要规定共同犯罪呢，它的立法理由是什么？我们认为，在刑法总则中规定共同犯罪，是基于如下理由：

（1）社会生活中存在着多人共同故意实施犯罪行为的现象，并且共同犯罪较之一个人单独犯罪具有更大的社会危害性。从政治经济学角度来看，协作不等于若干劳动的简单相加，而可以产生一种新的集体力量；那么，共同犯罪也不是若干单独犯罪的简单相加，而会对社会造成更大的危害：①它可以实施个人不能单独实施的重大犯罪，给国家、社会和公民个人利益造成更为严重的损失；②它可以通过密谋策划、互相分工，使犯罪易于实行，并便于对抗侦查，逃避打击。为此需要将它用立法加以规定，以便依法与之作

---

〔1〕《中华人民共和国刑法》第 25 条。

斗争。

（2）刑法分则中各个条款所规定的犯罪构成，只是限于实行犯，并且除了必要的共同犯罪之外，都是以个人单独犯罪为标本。在这种情况下，涉及共同犯罪的案件，都不便直接适用刑法分则的规定。如果在刑法分则的每一条文中，都规定不同种类的共同犯罪行为，又未免失之于烦琐，不宜采用。所以只能在刑法总则中规定共同犯罪的构成。[1]

（3）共同犯罪是一种复杂的社会现象，各个共同犯罪人在共同犯罪中所处的地位各异，所起作用大小也可能各不相同。根据罪责刑相适应的原则，需要对共同犯罪人区别对待，采用不同的量刑原则，这才符合我国的刑事政策。所以，从惩办与宽大相结合的刑事政策来看，对共同犯罪人的处罚原则，也应当在刑法总则中加以规定。

结合本案，岳某某、陈某某、关某某等 12 人所实施的非法吸收公众存款的犯罪行为完全符合共同犯罪的必要要件，因此构成非法吸收公众存款罪的共同故意犯罪。由共同犯罪的立法缘由，我们可以看出在认定构成共同犯罪以后，我们将面临如何追究共同犯罪行为人刑事责任的问题。《中华人民共和国刑法》第 5 条规定，"刑罚的轻重，应当与犯罪分子所犯罪行和承担的刑事责任相适应"。该条规定阐明了我国刑法罪责刑相适应的原则，即根据犯罪分子所犯罪行的社会危害性的大小，决定处刑的轻重，重罪重判，轻罪轻判，罚当其罪，罪刑相适应。罪责越重，刑罚越重。即罪责轻则刑罚轻，罪责重则刑罚重，应当根据犯罪裁量刑罚，而不是随意裁量刑罚。用英语法律格言来表述便是："罪行越大，绞刑越高。"[2] 也就是说，罪重的量刑要重，罪轻的量刑要轻，各个法律条文之间对犯罪量刑要统一平衡，不能罪重的量刑比罪轻的轻，也不能罪轻的量刑比罪重的重。刑罚与罪责同等，惩罚与罪行相当，绝不因事后行为加重对过去犯罪的评价。[3]

换而言之，认定共同犯罪中不同犯罪行为人的刑事责任也就是如何区分主犯和从犯的标准问题。那么我国刑法又是如何区分主犯和从犯的呢？区分的标准是什么？根据《中华人民共和国刑法》第 26 条第 1 款规定："组织、

---

[1] 马克昌主编：《犯罪通论》（第 3 版），武汉大学出版社 2005 年版，第 504 页。

[2] 张明楷：《刑法格言的展开》（第 3 版），北京大学出版社 2013 年版，第 90 页。

[3] 张明楷：《刑法格言的展开》（第 3 版），北京大学出版社 2013 年版，第 94 页。

领导犯罪集团进行犯罪活动的或者在共同犯罪中起主要作用的，是主犯。"〔1〕第 27 条规定："在共同犯罪中起次要或者辅助作用的，是从犯。对于从犯，应当从轻、减轻或者免除处罚。"〔2〕由此，我们可以看出我国刑法对于共同犯罪中主犯和从犯的区分，是以行为人在共同犯罪中所起的作用为区分标准。

结合本案，在本案的办理过程中对陈某某是否构成本案的主犯存在两种观点：

第一种观点认为，判断主犯还是从犯的关键在于该嫌疑人在共同犯罪中的地位。这种观点认为，在公司处于领导、"头头"地位的人，无论是否实际参与了其他同案犯实行的犯罪行为，也无论其在共同犯罪中作用如何，都要认定为主犯。理由在于职位高的嫌疑人能够对同案犯施加更多的影响，尤其是心理和精神上的无形影响。同时，职务高的人在共同犯罪中获得的收益也更大。再者，如果在司法实践中认定只有亲自从事犯罪活动的人是主犯，而在幕后指挥或者进行"精神鼓舞"的人是从犯，那么将会催生后者更积极地雇佣"打手"，让自己居于幕后从而减轻自身的刑事责任。具体到本案来说，陈某某被 HE 基金员工认为是公司的"二当家或三当家"，而且在公司老总王某某去世后，陈某某在公司中更是处于主要领导地位，如果对于行政副总裁认定为从犯，而这个行政副总裁的下属反而被认定为主犯，这在刑法逻辑上无法自洽。

第二种观点认为，判断主犯还是从犯的关键在于作用和分工。这一观点认为，将行为人评价为主犯的标准在于该行为人在犯罪过程中所起的实际作用，如果他在团队中从事的工作内容和性质显著区别于其他同案犯，对于犯罪行为的推动和促进作用不强，那么即使这一行为人是居于领导地位，也不能认定为主犯。这种观点认为区别主犯从犯的唯一标准在于行为人在共同犯罪中所起的作用大小，而判断作用大小，不能仅依据行为人的地位，而是要综合考虑行为人的实际参与程度、对危害结果的原因力大小、对赃物的控制程度等一系列因素。在本案中，虽然陈某某是公司的行政副总裁，但他并不从事销售、推广这些与非法吸收公众存款罪的客观行为直接相关的工作，而

---

〔1〕《中华人民共和国刑法》第 26 条第 1 款。
〔2〕《中华人民共和国刑法》第 27 条。

是主管人事部门工作，主要负责人事管理，因此他与主管推广和主管营销的团队负责人之间有本质的区别。陈某某的行为不涉及推广与营销，对于吸收公众存款的结果推动力不强，不应认定为主犯。

我们支持第二种观点。我们认为判断陈某某是主犯还是从犯的核心在于他的行为在共同犯罪中所起的作用而非在公司中的领导地位，具体说来，就是要考察陈某某的行为究竟在多大程度上促进了犯罪的发生，以及他凭一己之力是否可以影响甚至支配整个犯罪结果。为了准确评价陈某某的行为，需要进一步释明"主要作用"的含义。我国刑法理论认为，共同犯罪的因果关系具有双重性，即整体性和独立性。所谓整体性，是指所有共犯的行为看作一个整体，这个整体与共同结果之间的因果关系，称为大的因果关系。所谓独立性，是指每个共犯各自的行为与所产生的结果之间的因果关系，即小因果关系，既具有独立性，又是大因果关系的一部分，而具有整体性。这些小的因果关系都是犯罪结果发生的原因，但是它们的作用力并不是等同的，而是有大小之分的，这种作用力的大小就是我们区分主犯与从犯的根据。

上述共犯因果关系的独立性特征，为我们将陈某某的作用力与其同案犯的作用力进行区分对待提供了有力依据。根据陈某某的供述，他的业务大多是由其他业务员招揽的，陈某某只是负责相关业务员离职后的跟踪服务，没有主动向社会公开宣传和销售基金产品，因此，我们可以认定陈某某在非法吸收公众存款行为中所起的作用较小。此外依据常理，公司的行政部门通常也会被认为是销售、推广等核心业务部门的"配角"，往往在犯罪行为中起次要、辅助作用。

当然，实务中不可能仅凭陈某某的口供来认定他的作用大小，还需要其他能够证明他次要作用的证据相互印证。

一方面，陈某某不具备非法吸收公众存款的能力和经验。他本身是高中文化，进入公司前从事黑车司机工作，在进入公司后起初也是作为公司老总王某某的个人司机，根本没有足够的知识能力储备从事非法吸收公众存款犯罪。

另一方面，陈某某对公司几乎没有控制力和影响力。陈某某虽然被个别员工认为是公司的"二当家或三当家"，但他并不享有公司股份，甚至连个人办公室都没有。此外，虽然陈某某是行政副总裁，但并没有业务员和销售团队招聘的权力，至于关键的销售主管的任命上，陈某某也没有参与决定的权力。在公司具体的销售计划制定和利润分配上，陈某某没有参与权和决策权，从其他被告人的供述可以印证都是由老总王某某和岳某某、关某某等负责销售的领导层直接确定的。还有一个细节值得注意，陈某某早在2015年春节后就离职了，而本案大部分涉案人员都是在老总王某某病故后才离职，可见在陈某某离职后对于公司的现存业务完全没有任何影响。在离职时，公司反而还拖欠陈某某5个月工资共计5万元。

综上所述，在判断共同犯罪中具有领导形式，而缺乏领导实质特征的行为人，应当在综合考虑他对犯罪结果的支配力、自身的能力素质等多方面厘清他在犯罪中所起的真正作用。在本案中，虽然陈某某在公司担任行政副总裁，但他并不涉及公司的融资业务，而只是进行人事管理。这对融资活动并不产生直接实质的促进作用，因此可以说他只扮演了对公司融资行为输送人员的帮助作用。至于这些人是否能顺利融资，非陈某某所能控制，因此将陈某某认定为从犯的事实理由充分，且有多个证据支撑与相互印证。

（二）陈某某的行为是否构成法定自首情节？

自首是我国刑罚裁量中的一项从宽处罚制度，也是一个重要的从宽处罚情节，它是党和国家惩办与宽大相结合的基本刑事政策的具体化、法律化。《中华人民共和国刑法》第67条规定："犯罪以后自动投案，如实供述自己的罪行的，是自首。对于自首的犯罪分子，可以从轻或者减轻处罚。其中，犯罪较轻的，可以免除处罚。被采取强制措施的犯罪嫌疑人、被告人和正在服刑的罪犯，如实供述司法机关还未掌握的本人其他罪行的，以自首论。犯罪嫌疑人虽不具有前两款规定的自首情节，但是如实供述自己罪行的，可以从轻处罚；因其如实供述自己罪行，避免特别严重后果发生的，可以减轻处罚。"[1]本案中，陈某某是否构成自首也是一个争议焦点。2016年8月9日，办案警察到陈某某家中准备逮捕他，而此时陈某某并不在家，警察让陈某某妻子联系陈某某。陈某某在电话里得知公安机关办案人员正在家中等他时，当即表示愿意向公安机关投案——"让他们（指办案警察）先回去吧，回头我办完事就去公安局找他们"。在第二次与妻子通话时他得知警察没走，于是

---

〔1〕《中华人民共和国刑法》第67条。

又跟妻子说，"让他们（指办案警察）等会儿，我很快回"，随即主动回家，到达楼下时见到一个（便衣）警察，主动上前问"你们是不是找我的办案警察，我就是陈某某"，显然是主动向办案机关投案。这一事实有陈某某的口供和证人证言支持。自首需要满足"自动投案"和"如实供述"两个要件，围绕陈某某的行为是否属于自动投案，有以下两种观点。

第一种观点认为，陈某某的行为不构成自首。自首是指犯罪发生后，犯罪嫌疑人主动将自己置于司法机关的控制之下。这种观点认为，案发后公安机关对犯罪嫌疑人上门传唤，甚至实施逮捕，表明他们已经掌握了犯罪嫌疑人的犯罪事实，嫌疑人逃脱惩罚的侥幸心理破灭，此时即使回家也只是"迫不得已"，故不能认定为自动投案。

第二种观点认为，陈某某的行为构成自首。这种观点认为，即使案发后公安机关已经上门抓捕，但由于陈某某当时不在家，所以他仍然有人身自由，自由选择的余地很大，可以选择回家接受公安机关的逮捕，也可以选择拒绝前往，甚至选择潜逃。在这种情形下，只要其在投案心理的支配下，以嫌疑人的身份前往司法机关，完全符合自动投案的实质精神，应认定为自动投案。

我们支持第二种观点。这两种意见分歧产生的原因在于本案中出现了嫌疑人向在家中等待的警察投案的特殊情形，因此不能囿于自动投案的形式规定，而要结合自动投案的实质精神去评价陈某某的行为。自动投案的本质是犯罪嫌疑人犯罪之后，在具有人身自由的状态下，自愿、主动将自己置于司法机关或者有关负责人的控制之下，并进一步接受法律的审查与制裁。成立自动投案，客观上要求嫌疑人未处于司法机关的控制之下，具有人身自由；主观上要求嫌疑人具有将自己置于司法机关控制之下并接受制裁的投案心理。构成自动投案还要求犯罪嫌疑人具有投案的心理动机，即清楚知晓自己去投案是以嫌疑人的身份，而不是接受一般性的询问或者作为证人去做笔录。

在本案中，陈某某完全符合自动投案的主客观要件。一方面，陈某某在接到其配偶打来的电话时，本人并没有处于公安机关的控制之下，也就是说，从警察登门到未来某时间节点的期间内，陈某某仍有充分选择自己行为的条件，因为此时司法机关还未采取任何强制措施，司法人员也未对其予以实际控制，不存在强制性的环境，陈某某完全可以选择逃跑。而此时他选择上门投案，是其自己主动要做出的行为，理应认定为自动投案。另一方面，陈某某清楚警察上门是要以犯罪嫌疑人的身份逮捕自己，因此他在电话里明确表示愿意向公安机关投案。当然，判断嫌疑人的主观心态不能仅凭他自己的陈述，还需要借助一定的外部事实进行印证。当时与陈某某同行的、陈某某儿子的教练老师也提供了证人证言，本案律师也提供了办案民警的具体信息，提请法院据实查明案件事实。因此，可以认定陈某某回家找便衣警察的行为是自动投案，陈某某依法构成自首。

需要特别指出的是，陈某某在接到电话后回了一趟家，而不是就近去派出所投案，是考虑到他的小孩当时也在他身边，只要把孩子安全送回家后，自己换身衣服就能跟警察走。父爱心理是人之常情，法律不应当因此苛责该行为。

【简要总结】

本案是一起非法吸收公众存款罪集团犯罪的典型案例，涉案金额特别巨大，涉案人员多。本案被告人陈某某的主办律师将理论与实践相结合，重事实证据，重调查取证，在论述非法吸收公众存款罪司法处理的一般原则的基础上，分析律师办理这类案件时需要考虑的辩护要点。

（一）非法吸收公众存款案的处理原则

非法吸收公众存款罪属于破坏金融管理秩序的犯罪，在实践中要准确把握罪与非罪，此罪与彼罪的界限。非法吸收公众存款罪的特点在于涉案公司不具备向社会公众公开募集资金的资质的情况下，并非以欺诈的行为骗取受害人的财产，而是通过成立类似金融机构的组织（比如本案的 HE 基金）吸收被害人的财产。在吸收财产的过程中不使用暴力、胁迫，而是采取签订协议、出具凭证，承诺还本付息的手段来获取被害人的财产。

从非法吸收公众存款案的特征中，我们可以看出该罪的不法性在于吸收公众存款的主体不具有金融机构的资质，而不是采取伪造、变造的资料骗取受害人信任，更没有将吸收的存款占为己有的非法占有目的。因此，该罪的客观方面不存在诈骗行为，主观方面不存在非法占有目的，这就意味着该罪的刑事责任要轻于集资诈骗罪等犯罪（该罪的量刑幅度和最高刑期都比金融诈骗类犯罪要轻）。

另外，从被害人的角度来看，也能找到降低本罪刑事责任的理由。非法吸收公众存款罪的被害人，在投资金融项目的时候清楚自己行为的特点——资产年化收益率高，风险大，高收益必然意味着高风险，既然投资人选择了不把钱放在银行，而是选择投资更高的基金项目，那么与之并存的高风险则是投资的必然代价。基金公司从事的业务是正常的私募股权基金，替企业融资，如果投资人获得了预期的回报则已，假设项目一旦失败，投资人承担了正常的投资风险，就摇身一变成为无辜的"受害人"，向公安机关报案，追究基金公司及相关负责人的刑事责任，以此要回自己的本金。民事上正常的投资风险竟然要通过刑事渠道解决，这样的行为逻辑未免让融资方胆寒。

因此，无论是从非法吸收公众存款罪的犯罪性质，还是投资者自身具有一定过错的角度来看，该罪的刑事责任较轻，在实务中如果没有诈骗行为和非法占有目的，一般都会从轻处理。

（二）非法吸收公众存款案的办案要点

1. 认定从犯

在本案中涉案嫌疑人高达 12 人，这 12 人背景不同，职位不等，在犯罪中所起的作用必然存在差别，有主犯和从犯之分。根据《中华人民共和国刑法》第 27 条第 2 款规定，对于从犯应当从轻、减轻处罚或者免除处罚。在刑事辩护实践中，主张嫌疑人是从犯也是让他获得从轻判决的重要途径。这就要求律师在为特定嫌疑人辩护时，要仔细分析该嫌疑人在整个犯罪中所处的位置和作用，找出嫌疑人与其他同案犯之间的关键区别点。在本案中，陈某某在起诉书 12 人中列第二，又是公司的行政副总裁，一般而言认定从犯的可能性不大，但本案律师抓住了"在犯罪中所起作用"这一区分主犯从犯的关键特征，主张陈某某并不从事与非法吸收公众存款紧密相关的销售、推广业务工作，其自身能力和经验也限制了他作为主犯的"资格"，再者，陈某某虽然身为行政副总裁，却没有对应的"高管权"。

另外，值得注意的是，律师在共同犯罪案件的辩护工作中，必须阅读每一涉案嫌疑人的案卷材料，而不能仅限于了解自己委托人的情况。阅读全案材料不仅能够让律师对于整个案情了然于胸，更能找出同案犯的供述中与委托人相关的证据和案情线索，为进一步辩护提供重要论据。具体说来，作为陈某某的辩护律师，通过阅读段某某的口供，发现了陈某某被公司个别员工认定为"二当家或三当家"这一不利证据，做好充分准备，在辩护词中向司法机关解释这一说法是个别的、不知情的，不能因此认定陈某某是主犯的事实。另外，通过对其他同案犯案卷的阅读，本案律师掌握了很多能够支持陈某某的业务性质与推广、营销无关联的口供，这些证据相互印证，加上陈某某自身的客观能力和职权限制，使得认定陈某某是从犯的主张更具有说服力。

2. 认定自首

《中华人民共和国刑法》第 67 条第 1 款规定，对于自首的犯罪分子，可以从轻或者减轻处罚。其中，犯罪较轻的，可以免除处罚。在实践中，主张嫌疑人自首也是常见的辩护策略。在本案中，难点在于陈某某自动把自己交付司法机关控制的地点是其家门口，而不是司法机关。本案律师把"自动归案"的实质理解为在具有人身自由的前提下自愿把自己置于司法机关控制下并接受制裁。这种理解既有利于嫌疑人，又不违背现行法律法规对于自首认定的规定。另外，本案律师还通过收集证人证言和提出证人出庭申请书等形式向司法机关证明认定自首具有事实依据。

3. 认定积极退赃

退赃，是指犯罪人将犯罪所得的赃款或者赃物，直接退还被害人或上缴司法机关的行为。2013 年《最高人民法院关于常见犯罪的量刑指导意见》第 3 项规定，对于退赃、退赔的，综合考虑犯罪性质，退赃、退赔行为对损害结果所能弥补的程度，退赃、退赔的数额及主动程度等情况，可以减少基准刑的 30% 以下。

退赃、退赔行为是对犯罪后果一定程度的修补，挽回被害人损失，降低犯罪行为的社会危害性。因此，从辩护律师的角度出发，在委托人经济条件许可的情况下应当积极做工作，争取主动退赃，退还非法所得，使其从宽处罚。

在本案中，陈某某积极配合侦查机关工作，如实供述犯罪事实，其家属在审查起诉阶段先向办案机关退还部分赃款，并且积极筹措资金退赃。这一事实能被认定为积极退赃，最终对陈某某从轻量刑起到重要作用。

附：相关法律法规及司法解释

📖《中华人民共和国刑法》

第一百七十六条 【非法吸收公众存款罪】非法吸收公众存款或者变相

吸收公众存款，扰乱金融秩序的，处三年以下有期徒刑或者拘役，并处或者单处罚金；数额巨大或者有其他严重情节的，处三年以上十年以下有期徒刑，并处罚金；数额特别巨大或者有其他特别严重情节的，处十年以上有期徒刑，并处罚金。

单位犯前款罪的，对单位判处罚金，并对其直接负责的主管人员和其他直接责任人员，依照前款的规定处罚。

有前两款行为，在提起公诉前积极退赃退赔，减少损害结果发生的，可以从轻或者减轻处罚。

📖 2010年《最高人民法院关于审理非法集资刑事案件具体应用法律若干问题的解释》（已失效）

第一条　违反国家金融管理法律规定，向社会公众（包括单位和个人）吸收资金的行为，同时具备下列四个条件的，除刑法另有规定的以外，应当认定为刑法第一百七十六条规定的"非法吸收公众存款或者变相吸收公众存款"：

（一）未经有关部门依法批准或者借用合法经营的形式吸收资金；

（二）通过媒体、推介会、传单、手机短信等途径向社会公开宣传；

（三）承诺在一定期限内以货币、实物、股权等方式还本付息或者给付回报；

（四）向社会公众即社会不特定对象吸收资金。

未向社会公开宣传，在亲友或者单位内部针对特定对象吸收资金的，不属于非法吸收或者变相吸收公众存款。

第二条　实施下列行为之一，符合本解释第一条第一款规定的条件的，应当依照刑法第一百七十六条的规定，以非法吸收公众存款罪定罪处罚：

（一）不具有房产销售的真实内容或者不以房产销售为主要目的，以返本销售、售后包租、约定回购、销售房产份额等方式非法吸收资金的；

（二）以转让林权并代为管护等方式非法吸收资金的；

（三）以代种植（养殖）、租种植（养殖）、联合种植（养殖）等方式非法吸收资金的；

（四）不具有销售商品、提供服务的真实内容或者不以销售商品、提供服务为主要目的，以商品回购、寄存代售等方式非法吸收资金的；

（五）不具有发行股票、债券的真实内容，以虚假转让股权、发售虚构债券等方式非法吸收资金的；

（六）不具有募集基金的真实内容，以假借境外基金、发售虚构基金等方式非法吸收资金的；

（七）不具有销售保险的真实内容，以假冒保险公司、伪造保险单据等方式非法吸收资金的；

（八）以投资入股的方式非法吸收资金的；

（九）以委托理财的方式非法吸收资金的；

（十）利用民间"会"、"社"等组织非法吸收资金的；

（十一）其他非法吸收资金的行为。

第三条 非法吸收或者变相吸收公众存款，具有下列情形之一的，应当依法追究刑事责任：

（一）个人非法吸收或者变相吸收公众存款，数额在 20 万元以上的，单位非法吸收或者变相吸收公众存款，数额在 100 万元以上的；

（二）个人非法吸收或者变相吸收公众存款对象 30 人以上的，单位非法吸收或者变相吸收公众存款对象 150 人以上的；

（三）个人非法吸收或者变相吸收公众存款，给存款人造成直接经济损失数额在 10 万元以上的，单位非法吸收或者变相吸收公众存款，给存款人造成直接经济损失数额在 50 万元以上的；

（四）造成恶劣社会影响或者其他严重后果的。

具有下列情形之一的，属于刑法第一百七十六条规定的"数额巨大或者有其他严重情节"：

（一）个人非法吸收或者变相吸收公众存款，数额在 100 万元以上的，单位非法吸收或者变相吸收公众存款，数额在 500 万元以上的；

（二）个人非法吸收或者变相吸收公众存款对象 100 人以上的，单位非法吸收或者变相吸收公众存款对象 500 人以上的；

（三）个人非法吸收或者变相吸收公众存款，给存款人造成直接经济损失数额在 50 万元以上的，单位非法吸收或者变相吸收公众存款，给存款人造成直接经济损失数额在 250 万元以上的；

（四）造成特别恶劣社会影响或者其他特别严重后果的。

非法吸收或者变相吸收公众存款的数额，以行为人所吸收的资金全额计算。案发前后已归还的数额，可以作为量刑情节酌情考虑。

非法吸收或者变相吸收公众存款，主要用于正常的生产经营活动，能够及时清退所吸收资金，可以免予刑事处罚；情节显著轻微的，不作为犯罪处理。

第四条　以非法占有为目的，使用诈骗方法实施本解释第二条规定所列行为的，应当依照刑法第一百九十二条的规定，以集资诈骗罪定罪处罚。

使用诈骗方法非法集资，具有下列情形之一的，可以认定为"以非法占有为目的"：

（一）集资后不用于生产经营活动或者用于生产经营活动与筹集资金规模明显不成比例，致使集资款不能返还的；

（二）肆意挥霍集资款，致使集资款不能返还的；

（三）携带集资款逃匿的；

（四）将集资款用于违法犯罪活动的；

（五）抽逃、转移资金、隐匿财产，逃避返还资金的；

（六）隐匿、销毁账目，或者搞假破产、假倒闭，逃避返还资金的；

（七）拒不交代资金去向，逃避返还资金的；

（八）其他可以认定非法占有目的的情形。

集资诈骗罪中的非法占有目的，应当区分情形进行具体认定。行为人部分非法集资行为具有非法占有目的的，对该部分非法集资行为所涉集资款以集资诈骗罪定罪处罚；非法集资共同犯罪中部分行为人具有非法占有目的，其他行为人没有非法占有集资款的共同故意和行为的，对具有非法占有目的的行为人以集资诈骗罪定罪处罚。

第五条　个人进行集资诈骗，数额在 10 万元以上的，应当认定为"数额较大"；数额在 30 万元以上的，应当认定为"数额巨大"；数额在 100 万元以上的，应当认定为"数额特别巨大"。

单位进行集资诈骗，数额在 50 万元以上的，应当认定为"数额较大"；数额在 150 万元以上的，应当认定为"数额巨大"；数额在 500 万元以上的，应当认定为"数额特别巨大"。

集资诈骗的数额以行为人实际骗取的数额计算，案发前已归还的数额应予扣除。行为人为实施集资诈骗活动而支付的广告费、中介费、手续费、回扣，或者用于行贿、赠与等费用，不予扣除。行为人为实施集资诈骗活动而支付的利息，除本金未归还可予折抵本金以外，应当计入诈骗数额。

第六条 未经国家有关主管部门批准，向社会不特定对象发行、以转让股权等方式变相发行股票或者公司、企业债券，或者向特定对象发行、变相发行股票或者公司、企业债券累计超过 200 人的，应当认定为刑法第一百七十九条规定的"擅自发行股票、公司、企业债券"。构成犯罪的，以擅自发行股票、公司、企业债券罪定罪处罚。

第七条 违反国家规定，未经依法核准擅自发行基金份额募集基金，情节严重的，依照刑法第二百二十五条的规定，以非法经营罪定罪处罚。

第八条 广告经营者、广告发布者违反国家规定，利用广告为非法集资活动相关的商品或者服务作虚假宣传，具有下列情形之一的，依照刑法第二百二十二条的规定，以虚假广告罪定罪处罚：

（一）违法所得数额在 10 万元以上的；

（二）造成严重危害后果或者恶劣社会影响的；

（三）二年内利用广告作虚假宣传，受过行政处罚二次以上的；

（四）其他情节严重的情形。

明知他人从事欺诈发行股票、债券，非法吸收公众存款，擅自发行股票、债券，集资诈骗或者组织、领导传销活动等集资犯罪活动，为其提供广告等宣传的，以相关犯罪的共犯论处。

第九条 此前发布的司法解释与本解释不一致的，以本解释为准。

张某某集资诈骗罪

——对于实际控制人地位如何准确认定

陈云峰　马　珂

【基本案情】[1]

案情简介：

原审法院经审理查明：2011 年 9 月起，被告人张某某先后指使他人注册设立杭州 A 企业管理有限公司上海分公司（以下简称"上海 A 公司"）和上海 B 投资有限公司（以下简称"上海 B 公司"），并实际控制上述两公司，对公司的人事任命、项目策划、资金支配等具有决定权。

2012 年 8 月至 2014 年 12 月间，张某某以"张三"的身份，利用其控制的上海 A 公司、上海 B 公司，编造养生投资项目，以支付高额利息为诱饵，招揽公众投资，共骗取竺某等 170 余名被害人人民币 1840 余万元（以下币种均为人民币），除部分用于支付本息、兑现服务外，造成实际损失 1690 余万元。

上海市人民检察院认为：现有事实和证据足以证明上诉人张某某具有非法占有的主观故意及张某某系上海 A 公司、上海 B 公司的实际控制人，原判对被告人犯罪数额的认定遵循有利于被告人的原则正确。故原判认定张某某犯集资诈骗罪的犯罪事实清楚，证据确实、充分，适用法律正确，量刑适当，诉讼程序合法。建议上海市高级人民法院驳回上诉，维持原判。

审理结果：

上海市高级人民法院审理查明的事实和证据与原判相同。

本案经过一审、二审，最终由二审法院上海市高级人民法院作出终审裁定。上海市高级人民法院认为张某某犯集资诈骗罪的事实清楚，证据确实、充分，适用法律正确，量刑适当，诉讼程序合法。上诉人张某某的上诉理由

---

〔1〕　案号：（2016）沪刑终 119 号。

及辩护人的辩护意见不能成立，不予采纳。上海市人民检察院建议驳回上诉、维持原判的意见正确，应予支持。据此，依照《中华人民共和国刑事诉讼法》第 225 条第 1 款第 1 项之规定，裁定如下：驳回上诉，维持原判。

【争议问题】

经过分析研究案卷材料，会见当事人，辩护律师总结本案的三个争议焦点：一是张某某是否为上海 A 公司、上海 B 公司的实际控制人？二是本案是不是单位犯罪？三是本案量刑是否适当？

【法理分析】

（一）集资诈骗罪的构成要件

集资诈骗罪，是指以非法占有为目的，使用诈骗方法非法集资，骗取集资款数额较大的行为。根据传统的四要件犯罪构成[1]理论，集资诈骗罪的构成要件如下：

1. 犯罪主体

犯罪主体，是指实施危害社会的行为并依法应当被追究刑事责任的自然人和单位。集资诈骗罪的犯罪主体是一般主体，即任何符合刑法规定的单位和自然人均可构成本罪。

（1）自然人集资诈骗罪的认定。根据《中华人民共和国刑法》第 17、18 条的规定，凡年满 16 周岁、具有刑事责任能力的自然人均可构成本罪的犯罪主体。

（2）单位集资诈骗罪的认定。根据《中华人民共和国刑法》第 30、31、200 条的规定，公司、企业、事业单位、机关、团体均可构成本罪的犯罪主体，且对单位犯罪主体采用双罚制，即既处罚单位，也处罚其直接负责的主管人员和其他直接责任人员。

但需注意的是，个人为进行违法犯罪活动而设立的公司、企业、事业单位实施犯罪的；公司、企业、事业单位设立后，以实施犯罪为主要活动的；

---

[1] 犯罪构成，是指确定某种行为构成犯罪所必须具备的一切主客观要件的总和。

盗用单位名义实施犯罪，违法所得由实施犯罪的个人私分的；没有取得法人资格的独资、私营等企业实施犯罪的，应以自然人犯罪定罪处罚，而不得以单位犯罪论处。[1]

此外，单位和自然人可以构成共同犯罪，即根据违法层面的共犯理论和部分犯罪共同说，单位和自然人可在触犯集资诈骗罪的限度内成立共犯。

2. 犯罪客体

犯罪客体，是指刑法所保护的而为犯罪行为所侵犯的社会主义社会关系。

关于集资诈骗罪的犯罪客体，学界存在着诸多不同的观点，主要有以下几种：①集资诈骗罪既侵犯了公私财产所有权，又侵犯了国家金融管理秩序；②集资诈骗罪既侵犯了国家融资管理制度，又侵犯了投资者的财产所有权；③集资诈骗罪既侵犯了投资者的财产权，也侵犯了社会经济管理秩序；④集资诈骗罪的犯罪客体是公众财产的所有权和国家正常的金融秩序；⑤集资诈骗罪侵犯的法益是国家金融管理制度、金融秩序和他人的合法财产权。

针对以上不同观点，笔者认为集资诈骗罪侵犯的应当是双重法益，即投资者的财产所有权和国家融资管理秩序。首先，集资诈骗罪侵犯的直接客体是投资者的财产所有权，犯罪主体以非法占有为目的，使用诈骗方法非法集资的行为，直接导致投资者上当受骗，其财产所有权遭受严重损失。其次，集资诈骗罪侵犯的客体是国家融资管理秩序，由于集资诈骗罪规定在《中华人民共和国刑法》分则第三章破坏社会主义市场经济秩序罪的第五节金融诈骗罪中，由此可知，集资诈骗罪的犯罪客体应当是社会主义市场经济秩序下的金融管理秩序，而合法集资又是金融融资的一项重要手段，因此，具体准确而言，集资诈骗罪侵犯的客体应当是国家融资管理秩序，这也是区分本罪与他罪的关键所在。而且由于集资诈骗罪对国家融资管理秩序所造成的危害远大于对投资者的财产所有权所造成的危害，国家融资管理秩序应是主要客体，投资者的财产所有权则是次要客体。

3. 犯罪主观方面

犯罪主观方面，是指犯罪主体对自己的行为及其危害社会的结果所抱的

---

[1]　《最高人民法院关于审理单位犯罪案件具体应用法律有关问题的解释》。

心理态度，包括犯罪故意和犯罪过失。[1]其中，犯罪故意又可细分为犯罪的直接故意[2]和间接故意。[3]目前，我国刑法以处罚故意犯罪为原则、以处罚过失犯罪为例外。

根据《中华人民共和国刑法》第192条的规定，集资诈骗罪的主观方面应是犯罪故意，且必须以非法占有为目的。

而刑法意义上的"以非法占有为目的"，是指犯罪主体出于占为己有的目的，非法获取他人财物的控制权，包括对所有权人的占有、使用、收益、处分权的全面侵犯，从而使得所有权人无法实现其权利。则集资诈骗罪中的"以非法占有为目的"，指的是犯罪主体出于将非法聚集的资金据为己有的目的，完全控制通过非法集资行为所取得的款项，从而使得所有权人的权利无法实现。[4]由此，不具有非法占有的目的的非法集资行为，不能构成集资诈骗罪。这不仅仅是构成集资诈骗罪的基本前提，也是区别于非法吸收公众存款罪的关键所在。

4. 犯罪客观方面

犯罪客观方面，是指刑法所规定的、说明行为对刑法所保护的社会关系造成损害的客观外在事实特征，简而言之，即是指行为人客观上实施的违反刑法规定的行为。

集资诈骗罪的客观方面，则是指犯罪主体客观上实施了使用诈骗方法非法集资，且集资款数额较大的行为。具体而言，包括以下几点：

（1）使用诈骗方法。使用诈骗方法，是指行为人通过虚构事实或者隐瞒真相的欺骗方法，骗取他人资金的行为。由此，集资诈骗罪是诈骗罪的特殊规定，与诈骗罪是特殊与一般的关系。因此，集资诈骗罪应当具有诈骗罪的一般构成要件。具体而言，即：①行为人实施了欺骗行为，通过虚构事实或者隐瞒真相，使得被骗人陷入处分财产的认识错误；②行为人的欺骗行为使

---

〔1〕 犯罪过失，是指行为人应当预见自己的行为可能发生危害社会的结果，因为疏忽大意而没有预见，或者已经预见而轻信能够避免的一种心理态度。

〔2〕 犯罪的直接故意，是指行为人明知自己的行为必然或者可能发生危害社会的结果，并且希望这种结果发生的心理态度。

〔3〕 犯罪的间接故意，是指行为人明知自己的行为可能发生危害社会的结果，并且放任这种结果发生的心理态度。

〔4〕 参见金晓平：《集资诈骗罪非法占有目的的认定》，载《人民论坛》2013年第33期。

得被骗人产生错误认识或者使其维持、强化了错误认识；③被骗人基于认识错误处分了财产；④行为人取得财产，被骗人遭受财产损失。

集资诈骗罪中常见的诈骗方法有：虚构集资用途，以虚假的证明文件和高回报率为诱饵骗取集资款等。[1]

（2）实施非法集资的客观行为。非法集资，是指法人、其他组织或者个人，未经有权机关批准，违反法律法规规定，通过不正当的渠道，向社会公众募集资金的行为。

实践中常见的非法集资方式有：非法发行有价证券；非法发行会员卡、会员证；非法发行债权凭证；通过签订商品销售等经济合同进行非法集资；将物业、地产等资产进行等份化，出售其份额处置权进行非法集资；以地下银行、地下钱庄形式进行非法集资等。

（3）集资款数额较大。根据《中华人民共和国刑法》第192条的规定，行为人以非法占有为目的，使用诈骗方法非法集资所得到集资款数额必须达到数额较大的标准，否则将不构成集资诈骗罪。

2010年《最高人民法院关于审理非法集资刑事案件具体应用法律若干问题的解释》第5条已明确规定个人进行集资诈骗，数额在10万元以上的，应当认定为"数额较大"；单位进行集资诈骗，数额在50万元以上的，应当认定为"数额较大"。并且，集资诈骗的数额以行为人实际骗取的数额计算，案发前已归还的数额应予扣除；行为人为实施集资诈骗活动而支付的广告费、中介费、手续费、回扣，或者用于行贿、赠与等费用，不予扣除；行为人为实施集资诈骗活动而支付的利息，除本金未归还可予折抵本金以外，应当计入诈骗数额。

此外，需注意的是，2015年8月29日全国人大常委会表决通过的《中华人民共和国刑法修正案（九）》已废除集资诈骗罪的死刑。

（二）庭审中，辩护律师主要从以下三个方面发表辩护意见

1. 张某某是否为上海A公司、上海B公司的实际控制人？

在本案中，法院审理查明，张某某在上海A公司、上海B公司证人上海A公司原法定代表人马某某、上海B公司副总经理郑某某、上海B公司财务

---

〔1〕　邓中文：《论集资诈骗罪》，载《兰州学刊》2009年第10期。

邓某及公司员工盛某、高某、郝某某的证言，被害人竺某等的陈述，被告人的同案犯李某的供述证实，张某某系上海 A 公司、上海 B 公司的总裁，其经常来上海公司处理事务，公司的几任总经理由其聘用。上海 B 公司出纳徐某某的证言称上海 B 公司日常运作开支和老会员定期的返息都会从公司收取的钱款中支取，同案犯李某也会向她要钱，还经常让她打钱给"张总裁"，钱款的支取她在电子账簿中记录的证言，以及张某某"上海 B 公司在千岛湖、安吉、广西巴马等处有度假基地，这些基地在李某来前就有"的供述，印证了相关证人、被害人证明的张某某系上海 A 公司、上海 B 公司实际控制人的事实。

对于上述证人证言的证据效力问题，辩护律师在辩护意见中提到，本案中证据除了同案被告人李某口供外基本上是涉案两公司员工口供，尚不能有直接证据证明张某某犯集资诈骗罪。但是上海市高级人民法院并未采纳辩护律师的意见，并认为，原判认定张某某为上海 A 公司、上海 B 公司的实际控制人证据确实、充分。张某某为上海 A 公司、上海 B 公司的实际控制人，决定以公司的名义支付高额利息向公众吸收资金未用于生产经营活动，致吸纳的资金不能返还，其行为构成非法集资诈骗罪，原判定性正确。

2. 本案是不是单位犯罪？

在本案中，辩护律师在辩护意见中提出，被告人张某某的行为系合法旅游接待服务行为，张某某并非涉案公司上海 A 公司、上海 B 公司的法定代表人、实际负责人，其客观行为上没有虚构或编造事实，主观上没有将非法聚集的资金据为己有的目的，没有诈骗故意。但是上海市高级人民法院认为，上海 A 公司、上海 B 公司成立后主要从事非法吸收资金等犯罪活动，并根据法律规定，公司设立以后，以实施犯罪为主要活动的，不以单位犯罪论处，法院审理认定，原判认定本案被告人的行为为个人犯罪而非单位犯罪正确。

3. 本案量刑是否适当？

辩护律师提请法院酌情对被告人张某某量刑，但是上海市高级人民法院认为，张某某集资诈骗数额为 1840 余万元，数额特别巨大，依法应处十年以上有期徒刑或无期徒刑，并处 5 万元以上 50 万元以下罚金或没收财产。张某某不具有从轻减轻情节，原判对其判处无期徒刑，剥夺政治权利终身，并处没收个人全部财产，量刑并无不当。

▰▰ 【简要总结】

张某某集资诈骗案具备经济类犯罪案件的共同特性，也具有特殊性。辩护律师认为，其在实际控制人地位认定、证据规则适用方面有很好的启示：

（一）实际控制人地位认定

由于经济类犯罪大多以公司实体实施犯罪，对于其实际控制人、主要负责人的地位、角色认定，是判定其犯罪作用大小的重要依据。笔者认为可以通过以下方式判定公司实际控制人地位：

第一，区分单位犯罪、个人犯罪。根据《最高人民法院、最高人民检察院、公安部印发〈关于办理非法集资刑事案件若干问题的意见〉的通知》第2条："单位实施非法集资犯罪活动，全部或者大部分违法所得归单位所有的，应当认定为单位犯罪。判断单位是否以实施非法集资犯罪活动为主要活动，应当根据单位实施非法集资的次数、频度、持续时间、资金规模、资金流向、投入人力物力情况、单位进行正当经营的状况以及犯罪活动的影响、后果等因素综合考虑认定。"反过来讲，如果企业全部或大部分资金当事人控制，由当事人决策使用，则可能被认定为个人犯罪，该个人为实际控制人。

第二，当事人是否管控公司财务、是否获益、与公司核心人员是否有领导与被领导关系，向下属发出指示等。

第三，资金流向。审核公司财务收支情况，分析公司的资金流向。若不能证明当事人与公司存在资金利益关系，则不能认定当事人是公司实际控制人；若有任何记录或凭证显示当事人直接或间接控制公司财务，并处于绝对控制地位，则很可能被认定为实际控制人地位。

此外，在当事人主观故意方面，根据2010年《最高人民法院关于审理非法集资刑事案件具体应用法律若干问题的解释》第4条第2款规定："使用诈骗方法非法集资，具有下列情形之一的，可以认定为'以非法占有为目的'：（一）集资后不用于生产经营活动或者用于生产经营活动与筹集资金规模明显不成比例，致使集资款不能返还的；（二）肆意挥霍集资款，致使集资款不能返还的；（三）携带集资款逃匿的；（四）将集资款用于违法犯罪活动的；

（五）抽逃、转移资金、隐匿财产，逃避返还资金的；（六）隐匿、销毁账目，或者搞假破产、假倒闭，逃避返还资金的；（七）拒不交代资金去向，逃避返还资金的；（八）其他可以认定非法占有目的的情形。"是否具有非法占有目的，是认定行为人是否构成集资诈骗罪的重要方面，人民法院在认定行为人是否以非法占有为目的时，应当审查行为人是否具有上述情形。

（二）合理适用证据规则

在本案中，据以定案的证据仅有证人证言、被害人陈述等言词证据，这类证据在使用过程中要完全符合证人证言的取证规则、取证程序等。辩护律师在办理案件过程中，要着重审查证据的关联性、合法性和客观性。

对于言词证据的使用，我国刑事证据制度中，"重证据、重调查研究、不轻信口供"是一个重要的指导原则。证据必须形成证据链才能作为定罪的依据，只有被告人的有罪供述没有其他的证据是不能定罪的，同时只有口供也不能定罪判刑，不能轻信口供。如果有其他的证据且相互印证就可以定罪判刑。

另外，《最高人民法院关于执行〈中华人民共和国刑事诉讼法〉若干问题的解释》第 61 条规定："严禁以非法的方法收集证据。凡经查证确实属于采用刑讯逼供或者威胁、引诱、欺骗等非法的方法取得的证人证言、被害人陈述、被告人供述，不能作为定案的根据。"辩护律师应当全面审核言词证据收集的合法性，合理提出辩护意见，维护当事人的合法权益。

除了对参与本案专业技术方面的一些思考外，辩护律师从代理的多起经济类犯罪案件中发现，此类犯罪多是由于当事人对于企业经营风险、管理层个人风险缺乏认识，以至于在业务经营过程中忽视事先的风险防控，使得企业及管理者个人面临民事责任，甚至刑事责任的窘境。事实上，随着我国法治建设的不断完善，企业经营应当尽快完成从粗放式到精细化、合规化的转变，否则企业、管理者个人都将面临不确定的经营风险。因此，不论是企业、企业管理者都应该尽早建立合规体系，重视企业内部的合规管理，必要时寻求专业律师的建议，规避不必要的风险。

附：相关法律法规及司法解释

📖《中华人民共和国刑法》

第十七条　【刑事责任年龄】已满十六周岁的人犯罪，应当负刑事责任。

已满十四周岁不满十六周岁的人，犯故意杀人、故意伤害致人重伤或者死亡、强奸、抢劫、贩卖毒品、放火、爆炸、投放危险物质罪的，应当负刑事责任。

已满十二周岁不满十四周岁的人，犯故意杀人、故意伤害罪，致人死亡或者以特别残忍手段致人重伤造成严重残疾，情节恶劣，经最高人民检察院核准追诉的，应当负刑事责任。

对依照前三款规定追究刑事责任的不满十八周岁的人，应当从轻或者减轻处罚。

因不满十六周岁不予刑事处罚的，责令其父母或者其他监护人加以管教；在必要的时候，依法进行专门矫治教育。

第十七条之一　【刑事责任年龄】已满七十五周岁的人故意犯罪的，可以从轻或者减轻处罚；过失犯罪的，应当从轻或者减轻处罚。

第十八条　【特殊人员的刑事责任能力】精神病人在不能辨认或者不能控制自己行为的时候造成危害结果，经法定程序鉴定确认的，不负刑事责任，但是应当责令他的家属或者监护人严加看管和医疗；在必要的时候，由政府强制医疗。

间歇性的精神病人在精神正常的时候犯罪，应当负刑事责任。

尚未完全丧失辨认或者控制自己行为能力的精神病人犯罪的，应当负刑事责任，但是可以从轻或者减轻处罚。

醉酒的人犯罪，应当负刑事责任。

第三十条　【单位负刑事责任的范围】公司、企业、事业单位、机关、团体实施的危害社会的行为，法律规定为单位犯罪的，应当负刑事责任。

第三十一条　【单位犯罪的处罚原则】单位犯罪的，对单位判处罚金，并对其直接负责的主管人员和其他直接责任人员判处刑罚。本法分则和其他法律另有规定的，依照规定。

第一百九十二条 【集资诈骗罪】以非法占有为目的，使用诈骗方法非法集资，数额较大的，处三年以上七年以下有期徒刑，并处罚金；数额巨大或者有其他严重情节的，处七年以上有期徒刑或者无期徒刑，并处罚金或者没收财产。

单位犯前款罪的，对单位判处罚金，并对其直接负责的主管人员和其他直接责任人员，依照前款的规定处罚。

第二百条 【单位犯金融诈骗罪的处罚规定】单位犯本节第一百九十四条、第一百九十五条规定之罪的，对单位判处罚金，并对其直接负责的主管人员和其他直接责任人员，处五年以下有期徒刑或者拘役，可以并处罚金；数额巨大或者有其他严重情节的，处五年以上十年以下有期徒刑，并处罚金；数额特别巨大或者有其他特别严重情节的，处十年以上有期徒刑或者无期徒刑，并处罚金。

📖《中华人民共和国刑事诉讼法》

第五十五条 对一切案件的判处都要重证据，重调查研究，不轻信口供。只有被告人供述，没有其他证据的，不能认定被告人有罪和处以刑罚；没有被告人供述，证据确实、充分的，可以认定被告人有罪和处以刑罚。

证据确实、充分，应当符合以下条件：

（一）定罪量刑的事实都有证据证明；

（二）据以定案的证据均经法定程序查证属实；

（三）综合全案证据，对所认定事实已排除合理怀疑。

📖《最高人民法院、最高人民检察院、公安部、国家安全部、司法部印发〈关于办理死刑案件审查判断证据若干问题的规定〉和〈关于办理刑事案件排除非法证据若干问题的规定〉的通知》

第三十三条 没有直接证据证明犯罪行为系被告人实施，但同时符合下列条件的可以认定被告人有罪：

（一）据以定案的间接证据已经查证属实；

（二）据以定案的间接证据之间相互印证，不存在无法排除的矛盾和无法解释的疑问；

（三）据以定案的间接证据已经形成完整的证明体系；

（四）依据间接证据认定的案件事实，结论是唯一的，足以排除一切合理怀疑；

（五）运用间接证据进行的推理符合逻辑和经验判断。

根据间接证据定案的，判处死刑应当特别慎重。

📖《最高人民法院关于审理单位犯罪案件具体应用法律有关问题的解释》

第二条 个人为进行违法犯罪活动而设立的公司、企业、事业单位实施犯罪的，或者公司、企业、事业单位设立后，以实施犯罪为主要活动的，不以单位犯罪论处。

第三条 盗用单位名义实施犯罪，违法所得由实施犯罪的个人私分的，依照刑法有关自然人犯罪的规定定罪处罚。

📖《最高人民检察院关于办理涉互联网金融犯罪案件有关问题座谈会纪要》

（二）集资诈骗行为的认定

14. 以非法占有为目的，使用诈骗方法非法集资，是集资诈骗罪的本质特征。是否具有非法占有目的，是区分非法吸收公众存款罪和集资诈骗罪的关键要件，对此要重点围绕融资项目真实性、资金去向、归还能力等事实进行综合判断。犯罪嫌疑人存在以下情形之一的，原则上可以认定具有非法占有目的：

（1）大部分资金未用于生产经营活动，或名义上投入生产经营但又通过各种方式抽逃转移资金的；

（2）资金使用成本过高，生产经营活动的盈利能力不具有支付全部本息的现实可能性的；

（3）对资金使用的决策极度不负责任或肆意挥霍造成资金缺口较大的；

（4）归还本息主要通过借新还旧来实现的；

（5）其他依照有关司法解释可以认定为非法占有目的的情形。

黄某合同诈骗案

——对个人犯罪还是单位犯罪的具体认定

陈云峰　马　珂

【基本案情】

案情简介：

受害人张某某、刘某等人报案称：其通过上海某地产经纪公司（以下简称"中介公司"）介绍，与上海某资产管理有限公司（以下简称"管理公司"）签订《委托购买房屋合同》，并向管理公司支付购房款和佣金共计1000余万元，但是管理公司的老板黄某一直未办理过户手续，后来中介公司告知他们，黄某伪造法院文书，让受害人到管理公司退款，但是受害人找到黄某后，黄某称没有钱。于是，受害人于2017年11月到公安局报案。

2017年11月20日，黄某主动至公安机关接受调查，如实供述了主要犯罪事实，上海市公安局静安分局以涉嫌合同诈骗罪对其刑事拘留，同年12月26日经上海市静安区人民检察院批准，由上海市公安局静安分局执行逮捕。

本案由上海市公安局静安分局侦查终结，以被告人黄某涉嫌合同诈骗罪，移送上海市静安区人民检察院审查起诉。该院受理后，于法定期限内告知被告人有权委托辩护人和申请法律援助，并于2018年7月19日将案件报送检察院审查起诉，检察院受理后，依法讯问了被告人，听取了辩护人的意见，审查了全部案件材料。

检方起诉意见书称：2016年12月，被告人黄某虚构其持有银行不良资产包中的房屋处置权，谎称购买该不良资产包中的房屋不限购、不走法院外拍程序，可通过法院的执行裁定书办理房屋的产权，后通过中介公司及相关房屋中介为其介绍客户，至2017年3月间，陈某某等8名被害人与黄某的管理公司签订了《委托购买房屋合同》，被告人向黄某交付了部分购房款1500余万元。2017年7月，黄某为骗得剩余房款，伪造了上海市第二中级人民法院执行裁定书、受理执行案件及缴款通知书，后被发现而未得逞。

至案发，黄某除退还被害人149万元外，造成被害人实际损失1300万元，上述钱款被黄某花用殆尽。2017年11月20日，被告人黄某主动到公安机关接受调查，如实供述了主要犯罪事实。

审理结果：

法院经审理查明：2016年12月，被告人黄某通过朋友找到中介公司及其他个人，谎称其经营的管理公司对相关银行不良资产包中的房产有出售权，且购买该不良资产包中的房屋不限购、不走法院外拍程序，可通过法院的执行裁定办理房屋的产权，要求中介公司及其他个人帮助挂牌，联系客户，后通过中介公司及其他个人为黄某介绍客户，至2017年3月间，陈某某等8名被害人先后分别与黄某的管理公司签订了《委托购买房屋合同》，并向黄某交付了部分购房款1500余万元。2017年7月，黄某为骗得剩余房款及应付被害人，使用伪造的上海市第二中级人民法院执行裁定书、受理执行案件及缴款通知书应对被害人，后被发现而未得逞。至案发，黄某除退还部分被害人149万元外，造成被害人实际损失共计1300余万元，其中被害人陈某某损失439 838元，张某损失1 031 720元，杨某损失1 546 090元，章某损失1 134 600元，刘某损失505 000元，袁某损失5 491 500元。上述钱款被黄某用于涉案的中介费用及个人花用等。2017年11月20日，被告人黄某主动到公安机关接受调查，如实供述了主要犯罪事实。

2018年12月20日，上海市第二中级人民法院公开开庭审理了本案，法院审理认为，被告人以非法占有为目的，以管理公司名义在签订、履行合同过程中，骗取他人钱款，其行为构成合同诈骗罪，数额特别巨大，依法应予惩处。被告人黄某曾因故意犯罪被判处有期徒刑以上刑罚，刑罚执行完毕以后，在5年以内再犯应当判处有期徒刑以上刑罚之罪，系累犯，依法应当从重处罚。被告人黄某主动投案，并如实交待犯罪事实，系自首，依法可从轻处罚。被告人黄某以管理公司名义实施犯罪，赃款用于犯罪开支及个人花用等，故对被告人黄某及辩护人提出本案系单位犯罪的辩解与辩护意见均不予采纳。为维护社会经济市场秩序，保障公民财产权益不受侵犯，依照《中华人民共和国刑法》第 224 条、第 55 条第 1 款、第 56 条第 1 款、第 65 条第 1 款、第 67 条第 1 款、第 64 条的规定，判决如下：

一、被告人黄某犯合同诈骗罪，判处有期徒刑 15 年，剥夺政治权利 4 年，并处罚金人民币 100 万元。

二、追缴违法所得返还被害人，不足部分予以退赔。

■ 【争议问题】

本案侦查、审查起诉以及审判阶段中，黄某对检察院指控事实、证据均没有任何异议。在辩护律师看来，本案所涉主要争议焦点为：本案是否为单位犯罪，管理公司实际上是实施犯罪行为的主体？

■ 【法理分析】

本案中黄某的行为是法律上规定的单位犯罪还是其个人的诈骗行为将会影响对其定罪量刑。若是单位犯罪，根据《中华人民共和国刑法》第 31 条规定则采取对单位、直接负责的主管人员和其他直接责任人员采取双罚制，如有例外，也可以适用单罚制。但是若为黄某的个人行为，则不能以单位犯罪论处，而是构成合同诈骗罪。因此，有必要辨析单位犯罪和个人的合同诈骗罪。

（一）单位犯罪的概念及认定

根据《中华人民共和国刑法》第 30 条，只有法律明确规定为单位犯罪的，才能认定为单位犯罪，如果法律未规定，则不能以单位犯罪定性。另外，根据最高人民法院于 2001 年印发的《全国法院审理金融犯罪案件工作座谈会纪要》的规定："以单位名义实施犯罪，违法所得归单位所有的，是单位犯罪。"对于不能认定为单位犯罪的情形可见于《最高人民法院关于审理单位犯罪案件具体应用法律有关问题的解释》中。由以上法律可以看出：

单位犯罪是指犯罪主体必须是单位，主要为公司、企业、事业单位、机关、团体，实施犯罪行为，享受犯罪利益，承担刑事、民事责任的犯罪类型。

在犯罪的主观方面，与自然人犯罪不同，单位犯罪的情况需要以为单位谋利为要件。但是因为个人与单位实在难舍难分，因此在实践中，对于是主观上是否以单位的名义实施活动是判案的一个关键点。因为单位成员扮演着两种角色，一方面作为单位的一分子，需要服从单位的指令；另一方面其作为行为人有自己思考判断的能力。因此，在认定是否为单位谋利而不是为个人所用是判断的关键。[1]也正是因为单位犯罪的双重性，才有单位犯罪的双罚制。此时可以结合当事人在单位中的职位、单位的议事流程、监督管理、文化氛围等来推断其主观目的。

单位犯罪要求由单位享受犯罪的非法收益，犯罪所得归单位所有。司法实践中常见的情形是犯罪所得的资金财产进入单位账户或为单位控制，单位对该违法所得享有处置权，此外，单位实施犯罪行为得以挽回损失的亦构成单位犯罪，比如逃避应交税费。

在单位犯罪中，由单位实施犯罪行为，主要表现为单位的决策机构即能够控制单位的负责人的联合体，策划实施犯罪行为，常见的表现形式是单位管理层通过会议决议的方式讨论犯罪实施，明确具体犯罪实施与具体分工，与犯罪实施有关的合同、文件、印章等均具有单位属性。此外，单位的内设机构为了该机构的利益，实施上述单位犯罪行为，构成单位犯罪（《全国法院审理金融犯罪案件工作座谈会纪要》）。

单位犯罪实行"双罚制"单位以及单位的直接负责的主管人员和其他直接责任人员均受处罚，单位被注销的，仅追究直接负责人的刑事责任，对单位不再追究。该单位被合并进新单位的，仍处罚原犯罪单位。《中华人民共和国刑法》第31条规定："单位犯罪的，对单位判处罚金，并对其直接负责的主管人员和其他直接责任人员判处刑罚。本法分则和其他法律另有规定的，依照规定。"一般来说单位犯罪的入罪标准要比自然人犯罪要高，是自然人的3倍至5倍。对于双罚制而言，刑法表现的形式为：一是直接在自然人犯罪基础上，增设单位犯罪，此时单位犯罪中的行为人和自然人是相同的处罚；二是对单位处以刑罚，对自然人予以轻于自然人犯罪的量刑两种方式惩处。如果是自然人行贿，最高可判处到无期徒刑，但若是单位行贿罪，对自然人最多只能判处5年有期徒刑。近年来，也有学者提出应该统一对单位犯罪中相关责任人的刑罚与自然人犯罪的处罚标准。

---

[1]　黎宏：《单位犯罪中单位意思的界定》，载《法学》2013年第12期。

首先，本案中管理公司与被害人签订的《委托购买房屋合同》是证明犯罪事实的关键物证，该合同由管理公司而非黄某与被害人签订，以合同形式确定了双方主体，证明犯罪行为实施主体为单位。

其次，本案的犯罪行为系该管理公司实施，该管理公司与中介公司合作进行了相关不良资产处置的合作，司法鉴定机构出具的《司法鉴定意见书》中，受托的鉴定事项为"上海某资产管理有限公司涉嫌合同诈骗进行司法审计鉴定"，该份材料亦显示被害人的购房款均实际转入管理公司账户，支出也是"管理公司"的行为。

最后，管理公司主导了处置非法获益的财产的行为，将非法获益用于公司的日常经营，支付中介公司的中介费用、退还股东投资款等公司事务，黄某仅仅侵占其中的 100 余万元用于购买汽车，且事后已变卖了汽车进行赔偿。

（二）合同诈骗的概念及认定

合同诈骗罪的主体既可以是单位也可以是个人。此处要注意在《最高人民法院关于审理单位犯罪案件具体应用法律有关问题的解释》中规定，不符合单位犯罪条件的，不得按照单位犯罪论处。比如说在个人为进行违法犯罪活动而设立的公司、企业、事业单位实施犯罪的，或者公司、企业、事业单位设立后，以实施犯罪为主要活动的；盗用单位名义犯罪，违法所得由实施犯罪的个人私分的，这时便应当考虑自然人犯罪，合同诈骗就是一个可考量的罪名。

在主观方面上行为人有没有非法占有的故意是判断此罪与彼罪，罪与非罪的一个关键要素。但是主观存在于个人的心理，外界无从判断，只有结合其实施的客观行为来推断主观意图。这种推断若过分严苛，则容易让不法分子利用，但若过于随意地推断，又有主观入罪之嫌，因此对于如何判断非法占有的意图，学界存在不同意见：高铭暄教授在《新编中国刑法学》中提及，"非法占有人将财产归为己有或者第三人"；何秉松认为，"非法占有达到占有的状态"即可，其占有财产之后是归为己有还是非法转归第三人在所不问；殷玉谈学者认为，"此处的非法占有首先也最应当考量的是犯罪嫌疑人有无诈骗的意图，其他条件如行为能力、手段、是否积极履行合同等均是辅助要素"；舒洪水学者认为，"刑法上的占有与民法上的占有不同"。刑法上不仅仅是民法中占有的一种状态，更多了一层排除他人占有的含义。[1]还有学者认为合同诈骗与一般的诈骗不同，不仅仅包含非法所有，还包括比如长时间占用后才归还的非法占有；此外还有非法获利说，非法所有说等。但是目前的通说是行为人意图非法占有他人财产并排除他人合法的占有、处分、收益的权利。

本案中，黄某的行为若被判断为基于实施犯罪行为而设立公司或者其他原因，导致其不符合单位犯罪的条件，以自然人犯罪论处时，那么他符合合同诈骗中的非法占有的主观因素。另外，黄某客观上存在欺骗行为，以及收款1500余万元，仅还款少部分款项的行为，让法院认定其有非法占有他人财产的主观故意。

合同诈骗罪规定于《中华人民共和国刑法》第三章，扰乱市场秩序罪这一节，因此，对于合同诈骗，行为人不仅有诈骗的故意，同时也有扰乱市场经济秩序的意图。《中华人民共和国刑法》第14条第1款规定："明知自己的行为会发生危害社会的结果，并且希望或者放任这种结果发生，因而构成犯罪的，是故意犯罪。"直接故意即是指行为人就是为了骗取他人财产而与之订立合同的主观心态，间接故意指的是，行为人先收取对方钱财，但是对自己的履约能力尚无把握，采取放之任之的态度，履行与否依赖于时运，可以履行便履行，若无法履行就把财物归为己有。对犯罪的直接故意与间接故意划分仅是学理考量，且犯罪目的不是直接和间接故意的区分标准。在实践中很少区分。学界存在两种声音，一种认为合同诈骗犯罪的主观心态既包含了直接故意又包括间接故意，另一种认为只能是直接故意。之所以要进行如此区分，是因为在现代社会，有一些不法分子先收揽他人钱财，并不在乎最后是否能履约，利用他人钱财，若最后成功盈利，履行合同也应当受到惩罚。行为人放任合同履行的行为，也应被看作是破坏市场经济秩序的间接故意，即犯罪故意的一种，应当受到惩罚。此时，若仅将主观故意仅仅包括直接故意的话，便不能对行为人予以处罚，放任了这种投机的行为。

本罪与诈骗罪在于本罪是在行为人在签订、履行合同过程中，实施了骗取对方当事人财物的行为。学界通说认为此处的合同包含书面和口头合同。

---

[1] 舒洪水：《合同诈骗罪疑难问题研究》，载《政治与法律》2012年第1期。

行为人在行为过程中一定是利用合同，通过虚假订立合同致使对方陷入错误认识而导致的财物损失，而不是基于其他原因。

（三）单位犯罪与合同诈骗罪的不同

综上所述，单位犯罪与合同诈骗罪的判定标准不同。首先在行为主体上是不同的，单位犯罪必须是以单位的名义实施的。再者虽有学者诟病，但是现行的司法解释在对单位进行贷款诈骗时，无法直接定为单位犯罪，而是定为直接负责人或相关责任人的贷款诈骗罪。

另外，两者的处罚方式不同，法定刑也不同。《中华人民共和国刑法》第31条规定："单位犯罪的，对单位判处罚金，并对其直接负责的主管人员和其他直接责任人员判处刑罚。本法分则和其他法律另有规定的，依照规定。"所以，对单位犯罪，原则上实行双罚制，即同时处罚犯罪的单位和该单位的直接负责的主管人员和其他直接责任人员。但是，如果刑法分则或者其他法律（特别刑法）另有规定不采取双罚制而采取单罚制的，则属于例外情况。这是因为，单位犯罪的情况具有复杂性，其社会危害程度差别很大，一律采取双罚制的原则并不能准确全面地体现罪责刑相适应原则和对单位犯罪起到足以警戒的作用。但是也有学者认为这违反了罪刑平等的原则。

（四）本案主要辩护意见

辩护律师办理本案过程中，通过阅卷、会见被告人等阶段，辩护律师认为从单位犯罪的角度辩护是本案突破的关键要点，辩护意见也从合同签约主体、资金使用情况等方面相互论证构成单位犯罪。

根据法庭调查以及公诉机关提交的证据显示：本案中实施犯罪行为的主体为管理公司，管理公司作为合同主体先后与被害人签订《委托购买房屋合同》，且被害人的大部分房款均转入管理公司的账户，用于支付公司房租、工资及其他日常公司经营，其中大部分款项用于退还其他股东的投资款、支付中介费等，并未用于被告人黄某本人私人花销。

另外，与中介公司关于处置不良资产合作也由管理公司实际操作，且该公司在本案当中充当着极其重要的角色。更为关键的是司法鉴定机构出具的《司法鉴定意见书》中，受托的鉴定事项为"上海某资产管理有限公司涉嫌合同诈骗进行司法审计鉴定"，该份材料亦显示被害人的购房款均实际转入管理公司账户，支出也是"管理公司"的行为。"管理公司"在取得被害人信任这一方面起到至关重要甚至是不可替代的作用，也正是因此，被害人才会相信这是公司的行为。为此，辩护律师认为本案应该属于"管理公司"的单位犯罪，而被告人黄某是单位犯罪的直接责任人。

同时，根据侦查机关提供的《司法鉴定意见书》，管理公司共计收到被害人的购房款 17 791 936.70 元（扣除退回金额），而根据被告人供述，其仅使用其中的 100 多万元购买车辆，并且后续又卖掉用于退还被害人购房款。由此，辩护律师认为，尽管被告人作为管理公司的实际控制人有机会接触大量资金，但是被告人黄某并未全部据为己有，也不是起诉书所称的"花用殆尽"。

由于以上辩护意见并未得到足够有力的证据支撑，特别是涉案款项经检察院、法院认定为被告人黄某个人占有并使用，最终以被害人的实际损失确认被告人黄某的犯罪金额，而并非以黄某用于"个人"的花销数额为认定标准，另外，从单位意志、单位决策、整体实施、获益主体等实质性要素来看，被告人黄某很难被认定为单位犯罪，但是辩护律师为最大化维护被告人权利，利用有限的事实证据论述单位犯罪的成立。

【简要总结】

在辩护律师参与本案阅卷、会见被告人的前期准备过程中，最大的争议焦点甚至难点在于犯罪主体的认定，这对于最终确认被告人黄某的责任大小起到关键作用，但由于犯罪金额、犯罪事实较为清楚，单从黄某"个人花销"认定其犯罪作用的大小、犯罪主体确实可能性微乎其微。但是辩护律师仍尽可能地从事实角度发表辩护意见。

对于此类事实、法律认定较为清楚的案件来说，由于辩护的空间有限，笔者认为，辩护律师主要做到以下几个方面工作：

（一）告知被告人法庭上如实陈述事实

大部分犯罪嫌疑人在案件侦查过程中能够如实陈述犯罪事实，在案件的审判阶段也有较好的认罪态度，但是仍有一些犯罪分子心存侥幸心理，企图在侦查过程中、庭审过程中逃避侦查，甚至庭审上翻供，给案件审理造成一定的障碍。

因此，如果被告人在侦查、审判中有翻供的情况，辩护律师应首先确认办案人员有无通过刑讯逼供、威胁、引诱、欺骗等行为取得被告人口供。如果没有，只是当事人自己出于某种顾虑或者动机，在审讯时说了与之前讯问笔录不一致的内容，那么一般情况下建议当事人不要考虑翻供。另外，辩护律师要综合考虑告知被告人翻供对自首、立功情节认定的影响。

（二）对被告人予以情感关怀，鼓励其不放弃人生

对于一些犯罪嫌疑人，特别是累犯，年纪轻轻，走上犯罪道路最后被绳之以法，这段经历将会使他们对自己的人生失去信心，将来出狱后也很难重拾人生信念。作为被告人的辩护律师，会见的第一面在了解案情的同时，最重要的就是要鼓励他们好好改造，争取在服刑期间能够获得减刑、假释的机会。

实际上，大部分犯罪嫌疑人都属于心理比较脆弱的群体，对生活缺乏成熟的价值观，只要善加引导，很多人都有希望回归正道，继续为社会做贡献。另外，此类犯罪嫌疑人大多是公司高管，该群体往往触犯"高智商犯罪"，都是由于法律意识淡薄导致，为了企业利益铤而走险，对于业务后果的评估往往趋于乐观，并且当事人对于我国的刑事犯罪整套体系非常陌生，对于应对刑事调查程序、刑事追诉程序的法律和实践完全不了解，在个人或者企业经营过程中，对于刑事风险缺乏掌控，以至于不清楚在发生危机事件时第一时间咨询专业刑事律师，错过最佳的解决问题的时机。而专业的刑事律师，可以向当事人讲解可能所涉及的罪名以及相关的量刑规则；帮助当事人熟悉刑事诉讼程序的流程；帮助当事人鉴别常见的非法侦查手段，尤其是应对非法讯问的基本策略；协助当事人分清无罪证据与有罪证据，并做无罪证据的保全工作，以避免侦查人员立案后将全部证据材料予以扣押，以至于可能陷于有理说不清、有证无处取的困境。

因此，一名优秀的辩护律师一方面要用专业技能最大限度维护犯罪嫌疑人的合法权益，另一方面用真情感召这些暂时误入歧途的群体，防止他们再次走向犯罪道路，践行律师的社会责任感和使命感。

附：相关法律法规及司法解释

📖《中华人民共和国刑法》

第二百二十四条　【合同诈骗罪】有下列情形之一，以非法占有为目的，在签订、履行合同过程中，骗取对方当事人财物，数额较大的，处三年以下有期徒刑或者拘役，并处或者单处罚金；数额巨大或者有其他严重情节的，处三年以上十年以下有期徒刑，并处罚金；数额特别巨大或者有其他特别严重情节的，处十年以上有期徒刑或者无期徒刑，并处罚金或者没收财产：

（一）以虚构的单位或者冒用他人名义签订合同的；

（二）以伪造、变造、作废的票据或者其他虚假的产权证明作担保的；

（三）没有实际履行能力，以先履行小额合同或者部分履行合同的方法，诱骗对方当事人继续签订和履行合同的；

（四）收受对方当事人给付的货物、货款、预付款或者担保财产后逃匿的；

（五）以其他方法骗取对方当事人财物的。

第三百九十条　【行贿罪的处罚规定】对犯行贿罪的，处五年以下有期徒刑或者拘役，并处罚金；因行贿谋取不正当利益，情节严重的，或者使国家利益遭受重大损失的，处五年以上十年以下有期徒刑，并处罚金；情节特别严重的，或者使国家利益遭受特别重大损失的，处十年以上有期徒刑或者无期徒刑，并处罚金或者没收财产。

行贿人在被追诉前主动交待行贿行为的，可以从轻或者减轻处罚。其中，犯罪较轻的，对侦破重大案件起关键作用的，或者有重大立功表现的，可以减轻或者免除处罚。

第三百九十三条　【单位行贿罪】单位为谋取不正当利益而行贿，或者违反国家规定，给予国家工作人员以回扣、手续费，情节严重的，对单位判处罚金，并对其直接负责的主管人员和其他直接责任人员，处五年以下有期徒刑或者拘役，并处罚金。因行贿取得的违法所得归个人所有的，依照本法第三百八十九条、第三百九十条的规定定罪处罚。

📖《最高人民法院关于处理自首和立功具体应用法律若干问题的解释》

第一条　犯罪嫌疑人自动投案并如实供述自己的罪行后又翻供的，不能认定为自首；但在一审判决前又能如实供述的，应当认定为自首。

📖《最高人民法院关于审理单位犯罪案件具体应用法律有关问题的解释》

第一条　刑法第三十条规定的公司、企业、事业单位，既包括国有、集体所有的公司、企业、事业单位，也包括依法设立的合资经营、合作经营企业和具有法人资格的独资、私营等公司、企业、事业单位。

第二条　个人为进行违法犯罪活动而设立的公司、企业、事业单位实施犯罪的，或者公司、企业、事业单位设立后，以实施犯罪为主要活动的，不以单位犯罪论处。

第三条　盗用单位名义实施犯罪，违法所得由实施犯罪的个人私分的，依照刑法有关自然人犯罪的规定定罪处罚。

曾某、罗某某背信损害上市公司利益罪撤回起诉案

——记洪国安律师、程海群律师最新刑辩佳绩

洪国安 程海群 王国栋 易依妮

■■ 【基本案情】

案情简介：

2018 年 8 月 8 日，深圳市人民检察院向深圳市公安局作出《立案监督案件审查意见通知书》（深检立监意通字〔2018〕6 号），审查认为：①没有证据证明曾某、吴某某等人具有非法占有的目的，曾某、吴某某等人涉嫌职务侵占案的不予立案理由成立；②深圳证监局认定了 NB 集团前管理人员曾某、吴某某、罗某某、丁某某、张某、柯某某、张某某等人在未经董事会、股东大会授权情况下，将宜昌市政府原给予 NB 集团政策支持的人才公寓项目用地以及 1.71 亿元人才奖励基金转给了公司，涉嫌违反《中华人民共和国刑法》第 169 条之一规定的背信损害上市公司利益罪，有犯罪事实的存在，建议深圳市公安局对此审查立案，依法处理。

2019 年 1 月 25 日晚间，NBA（000012.SZ）发布公告称，公司近日从深圳市经济犯罪侦查局了解到，该局根据深圳证监局移交的犯罪线索及深圳市人民检察院的相关建议，经过该局自身的审查与调查决定，对曾某等公司部分前高级管理人员以背信损害上市公司利益罪立案侦查，并已对相关人员采取刑事强制措施。公告称立案侦查的原因，与 NB 集团 2017 年年度报告中披露的宜昌市政府人才基金相关事项有关。

2019 年 11 月 4 日，深圳市人民检察院对 NB 集团前董事长曾某、前财务总监罗某某以背信损害上市公司利益罪向深圳市中级人民法院提起公诉，经审查，公诉机关认为：自 2012 年开始，NB 集团决定将公司显示器等板块从深圳市迁移至湖北省宜昌市。宜昌市人民政府决定为 NB 集团采取每亩 200 万元底价的方式提供商业土地 30 亩用来建设集团人才公寓，并先后签署了 3 份

协议，约定 NB 集团实际支付超过底价之上部分，由宜昌市人民政府负责安排专项资金返还给 NB 集团。

宜昌市人民政府拟向 NB 集团返还人民币 1.71 亿元资金时，NB 集团时任董事长被告人曾某在未经 NB 集团授权的情况下，于 2014 年初，私自安排时任财务总监被告人罗某某向宜昌市高新区管委会发出《付款通知书》，指定由 NB 集团全资控股的宜昌 NB 硅材料有限公司（以下简称"南硅公司"）收取上述款项，并在南硅公司收取相应资金后，随即转汇给与 NB 集团没有股权隶属关系的宜昌 HT 置业有限公司（以下简称"HT 公司"）。上述人民币 1.71 亿元的收付，均没有以任何形式在 NB 集团及南硅公司财务报表中登记体现。经查，HT 公司是曾某、罗某某等原 NB 集团高管、中层管理人员等个人集资成立的深圳鹏城 YQ 投资有限公司（以下简称"YQ 公司"）的全资子公司，该公司在被告人曾某、罗某某等人的操纵下，非法取得了本属于 NB 集团的上述地产项目，收取了本属于 NB 集团的人民币 1.71 亿元资金，兴建了"天域水岸"地产项目。地产项目建成后，为掩盖 HT 公司实际上不是 NB 集团所有的项目公司，还是定向为 NB 集团在宜昌的员工提供了住宅 195 套，优惠了人民币 7186.79 万元，实际非法取得了本属于 NB 集团的人民币 9913.21 万元的资金。

在接受被告人曾某、罗某某委托之后，本所指派主任洪国安律师、副主任程海群律师组成辩护团队，集全所智慧为两名被告人提供法律服务。

经辩护团队反复阅卷后，总结出公诉机关认为被告人曾某、罗某某之所以构成背信损害上市公司利益罪，是基于以下四个"犯罪事实"：一是 HT 公司在被告人曾某、罗某某等人的操纵下，非法取得了本属于 NB 集团的上述地产项目；二是 HT 公司收取了本属于 NB 集团的 1.71 亿元资金；三是 HT 公司定向为 NB 集团在宜昌的员工提供了住宅 195 套，优惠了人民币 7186.79 万元，实际非法取得了本属于 NB 集团的人民币 9913.21 万元的资金；四是被告人曾某、罗某某等高级管理人员违背对公司的忠实义务，利用职务便利，操纵上市公司无偿向与 NB 集团没有股权隶属关系其他单位提供资金、致使上市公司利益遭受特别重大损失。

本案经立案侦查、审查起诉、第一次补充侦查、第二次补充侦查、一审审判阶段，前后历时 3 年有余，最终在 2021 年 5 月 20 日收到了深圳市中级人民法院作出的准许深圳市人民检察院撤回起诉的刑事裁定书。2021 年 6 月 23 日，深圳市人民检察院作出《不起诉决定书》（深检刑不诉〔2021〕Z1 号、Z2 号），认为曾某、罗某某犯背信损害上市公司利益罪的证据不足，不符合起诉条件，对曾某、罗某某作出不起诉决定。因此，本案成为国内背信损害上市公司利益罪撤回起诉的第一案。

关键事实梳理：

2009 年 3 月 31 日，NB 集团将公司的经营范围修改为不涉及房地产开发及物业管理。

2010 年 8 月 18 日，NB 集团发布《关于承诺发行公司债券用途的公告》，表明 NB 集团发行债券募集的资金只用于偿还公司短期借款、补充公司营运资金，不直接或间接投资房地产业务、不直接或间接用于参股从事房地产业务的企业。

2011 年 3 月，NB 集团发布年度报告，明确表示 NB 集团自 2004 年起已逐步退出房地产业务。

2012 年 12 月 10 日，NB 集团与宜昌市人民政府签订《精细玻璃及超薄电子玻璃项目合作协议书》：①就 NB 集团在宜昌投资建设精细玻璃及超薄电子玻璃等项目，宜昌市人民政府依法给予优惠政策，按招拍挂方式，在宜昌东山园区安排出让 360 亩左右工业用地，由 NB 集团按规则竞得，用于建设精细玻璃项目；在宜昌市沿江大道安排出让 50 亩左右商服用地，用于建设区域总部、技术研发中心及人才公寓项目；②为支持项目建设，宜昌市人民政府提供财政扶持，对 NB 集团依法取得建设区域总部、技术研发中心及人才公寓项目的商服用地，安排资金给予奖励，具体由双方另行商议后签订补充协议。

2013 年 3 月 20 日，NB 集团与宜昌市人民政府签订关于《精细玻璃及超薄电子玻璃项目合作协议书》的补充协议书（以下简称《320 补充协议》）。宜昌市人民政府负责在宜昌市沿江大道符合规划的区域内安排出让 30 亩左右商住用地，由 NB 集团指定的相关联的投资公司在宜昌注册的项目公司按规则竞得，用于建设 NB 集团工业项目需要的配套人才公寓，对于土地使用权价款中每亩 200 万元以上部分，宜昌市人民政府负责安排资金在项目开工后一个月内一次性奖励给项目公司。同时给予建筑业营业税 100% 奖励、行政事业性收费全免等政策优惠。

2013 年 4 月，HT 公司在湖北省宜昌市注册成立。

2013 年 9 月 30 日，宜昌市国土资源局发布《宜昌市国有建设用地使用权网上挂牌出让公告》（宜土网挂〔2013〕50 号，以下简称《930 挂牌出让公告》）挂牌出让位于宜昌市伍家岗区沿江大道的 19 727.33 平方米（合 29.59 亩）商务用地、住宅用地，挂牌起始价 1 亿元，竞买保证金 5000 万元，中华人民共和国境内外的法人、自然人和其他组织均可申请参加。

2013 年 9 月 30 日至 2013 年 10 月 31 日期间，共有宜昌 HY 投资有限公司、武汉 HK 房地产开发有限公司、宜昌 XF 置业有限公司、宜昌市 TJ 置业有限公司、HT 公司等 5 家公司以及一名自然人陈某某向宜昌市国土资源局缴纳了 5000 万元竞买保证金后参加竞买。

2013 年 10 月 29 日，HT 公司向宜昌市国土资源局缴纳保证金 5000 万元，HT 公司依法参与（2013）50 号的土地挂牌竞买。

2013 年 11 月 1 日，《宜土网挂（2013）50 号结果公示》公布，HT 公司经过 83 轮激烈竞价，竞得伍家岗沿江大道 29.59 亩土地，成交价为 25 000 万元。

2013 年 12 月 2 日，HT 公司与宜昌市国土资源局签订《国有建设用地使用权出让合同》。

2013 年 12 月 27 日，HT 公司向宜昌市国土资源局支付 7500 万元土地使用权出让价款。

2013 年 12 月 30 日，NB 集团与宜昌高新区管委会签订关于《精细玻璃及超薄电子玻璃项目合作协议书》的补充协议书（二）（以下简称《1230 补充协议》），宜昌高新区管委会同意为 NB 集团在宜昌的和将引进的中高级管理、工程技术人才及高级专业技工队伍设立人民币 17 100 万元的人才基金，作为人才引进和人才住房安置的专项资金补助。

2014 年 1 月 23 日，NB 集团向宜昌高新技术产业开发区管委会发出《付款通知书》，要求按书面通知将上述款项汇入 NB 集团指定的账户。

2014 年 1 月 23 日，NB 集团向南硅公司出具《代收代付委托书》，"现集团委托你公司代集团人才团队收讫宜昌高新技术产业开发区管理委员会汇来的总额为人民币 17 100 万元的人才基金（以实际收到的金额为准），并全额代付给宜昌 HT 置业有限公司，以落实集团人才团队引进及住房安置计划。"

2014 年 2 月 21 日、2014 年 2 月 24 日、2014 年 3 月 24 日、2014 年 4 月 28 日，HT 公司共收到南硅公司支付的 1.71 亿元。

2014 年 2 月 24 日、2014 年 4 月 4 日，HT 公司向宜昌市国土资源局分别支付 8500 万元、4000 万元土地使用权出让价款。

2014 年 3 月 31 日，HT 公司取得《建设用地规划许可证》。

2014 年 6 月 30 日，HT 公司经申请取得《国有土地使用证》。

2014 年 12 月 9 日，HT 公司共取得 5 份《建设工程规划许可证》。

2015 年 9 月 25 日，HT 公司开发建设的"天域水岸"项目取得商品房预售许可证。

2017 年 8 月 1 日，伍家岗税务局下发《房地产开发项目土地增值税清算审核通知书》，要求 HT 公司就"天域水岸"项目报送资料并办理土地增值税清算手续。

2017 年 12 月 29 日，伍家岗税务局要求 HT 公司补充提交土地返还款的相关证明材料。

2018 年 1 月，HT 公司开发的"天域水岸"人才安置房地产项目全部销售完毕。其中 195 套住宅销售给 NB 集团内部员工。

2018 年 2 月 27 日，NB 公司向深圳市经济犯罪侦查支队报案，控告曾某等人侵占公司资金 1.71 亿元。

2018 年 4 月 18 日，伍家岗区税务局出具《天域水岸项目土地增值税清算审核报告》该报告载明"天域水岸"项目自报取得土地使用权所支付的金额为 260 000 000 元，其中支付土地出让金 250 000 000 元，缴纳契税 10 000 000 元。经税务机关审核，因政府返还该单位土地款 171 000 000 元，故该单位实际支付土地款 79 000 000 元。

2018 年 4 月 26 日，伍家岗区税务局要求 HT 公司就"天域水岸"项目补交土地增值税 46 580 595.32 元。之后，HT 公司结清前述土地增值税款。

2018 年 5 月 9 日，深圳市公安局向 NB 集团董秘杨某某作出《不予立案通知书》，就 NB 集团控告曾某等人涉嫌职务侵占罪一案经侦查后认为没有犯罪事实。

2018 年 6 月 26 日，深圳证监局出具《中国 NB 集团股份有限公司专项核查报告》，认为曾某等人在未经董事会、股东大会授权情况下，将宜昌市人民政府原给予 NB 集团政策支持的人才公寓项目用地以及 1.71 亿元人才奖励基金转给 HT 公司，涉嫌背信损害上市公司的利益。

2018 年 6 月 26 日，深圳证监局作出《关于移送涉嫌犯罪线索的函》（深证局函〔2018〕518 号），将 NB 集团前管理层涉嫌存在背信损害上市公司利益行为的犯罪线索移送给深圳市公安局经济犯罪侦查支队。

2018 年 8 月 8 日，深圳市人民检察院作出《立案监督案件审查意见通知书》（深检立监意通字〔2018〕6 号），审查认为：①没有证据证明曾某、吴某某等人具有非法占有的目的，曾某、吴某某等人涉嫌职务侵占案的不予立案理由成立；②深圳证监局认定了 NB 集团前管理人员曾某、吴某某、罗某某、丁某某、张某、柯某某、张某某等人在未经董事会、股东大会授权情况下，将宜昌市人民政府原给予 NB 集团政策支持的人才公寓项目用地以及 1.71 亿元人才奖励基金转给了 HT 公司，涉嫌违反《中华人民共和国刑法》第 169 条之一规定的背信损害上市公司利益罪，有犯罪事实的存在，建议对此审查立案，依法处理。

2018 年 10 月 15 日，深圳市公安局作出《立案决定书》〔深公（经）立字〔2018〕00238 号〕，决定对 NB 集团前高管涉嫌背信损害上市公司利益罪一案立案侦查。

2018 年 12 月 12 日，深圳广深会计师事务所出具《关于"NB 公司前高管背信损害上市公司利益"案的司法专项审计意见书》。其审计意见包括：①HT 公司开发建设"天域水岸"项目亏损 415.46 万元；②根据 HT 公司提供的《天域水岸团购房清单》等材料显示，HT 公司内部员工购房补贴金额为 6688 万元，车位优惠金额为 390 万元，物业管理费补贴为 1 087 934 元，三项合计补贴 7186.79 万元。如果宜昌高新区管委会补贴的 1.71 亿元全部作为人才引进和人才住房安置的专项资金补助，则剩余 9913.21 万元未用于人才引进和人才住房安置的专项资金补助，冲减整个项目的开发成本。

2019 年 4 月 10 日，深圳市公安局向深圳市南山区人民检察院出具《起诉意见书》，认为曾某、罗某某等人在任职 NB 集团董事长、财务总监期间将 NB 集团的宜昌人才安置项目未经公司董事会、股东大会授权的情况下予以 HT 公司开发，导致此项目的资金游离于上市公司的管理之外，且在项目完工后将预期的 2300 万元应属 NB 集团的利润安排进行分配，触犯了《中华人民共和国刑法》第 169 条之一第 2 款的规定，涉嫌背信损害上市公司利益罪，公司原高管吴某某、丁某某等人情节显著轻微，不予追诉。现将此案移送审查起诉。

2019 年 4 月 30 日，本案由南山区人民检察院移送至深圳市检察院。

2019 年 6 月 13 日，深圳市人民检察院以"事实不清、证据不足"为由，将案件退回深圳市公安局经侦局补充侦查。

2019 年 8 月 27 日，深圳市人民检察院再次以"事实不清、证据不足"为由，将案件退回深圳市公安局经侦局补充侦查。

2019 年 11 月 4 日，深圳市人民检察院向深圳市中级人民法院提起公诉。

■■■【争议问题】

（一）HT 公司是不是在被告人曾某、罗某某等人的操纵下，非法取得了本属于 NB 集团的用来建设人才公寓的 30 亩商业地产项目？

辩护人认为 30 亩商业地产项目，具体是指宜昌市伍家岗区沿江大道的 19 727.33 平方米（合 29.59 亩）商务用地、住宅用地，本来就不属于 NB 集团，HT 公司依法通过挂牌竞价合法取得，与 NB 集团无关。具体理由为：

1. 2013 年 9 月 30 日，宜昌市国土资源局发布《930 挂牌出让公告》的行为，意味着 2013 年 3 月 20 日 NB 集团与宜昌市人民政府签订的《320 补充协议》已经终止

（1）《930 挂牌出让公告》主要包含三层内容：第一，发布公告的行为经过了宜昌市人民政府的批准；第二，凡于 2013 年 10 月 31 日前缴纳了 5000 万元竞买保证金的中华人民共和国境内外的法人、自然人和其他组织均可申请参加竞买；第三，该用地的性质为居住用地、商务用地。由此可知，《930 挂牌出让公告》确定的是"完全市场化的招拍挂规则"而不是"定向戴帽招拍挂规则"。所谓"定向"是指将（2013）50 号建设用地限定出让给 NB 集团或其指定的投资公司的项目公司；所谓"戴帽"是指限定该用地是给 NB 集团建设宜昌项目的配套人才公寓。

（2）《320 补充协议》主要包含四层内容：第一，宜昌市人民政府按一定规则向 NB 集团以及其指定的相关联的投资公司在宜昌注册的项目公司出让

30 亩左右商住用地；第二，上述商住用地只能用于建设乙方工业项目需要的配套人才公寓；第三，宜昌市人民政府给予项目公司扶持政策，包括超过每亩 200 万元的地价在项目开工后 1 个月内一次性奖励给项目公司、建筑业营业税 100% 奖励、行政事业性收费全免；第四，项目公司确保宜昌市人民政府给予的奖励资金全部用于在宜昌的项目建设。可见，宜昌市人民政府在《320 补充协议》中确定了以"定向戴帽招拍挂规则"出让"30 亩左右商住用地"。

（3）通过对比《320 补充协议》的条款与《930 挂牌出让公告》的内容，可以看出，二者在建设用地受让主体、建设用地的性质与用途、土地出让金返还、税务优惠、行政事业性收费免收政策等方面截然不同。宜昌市人民政府既是《320 补充协议》的签订主体，同时又是《930 挂牌出让公告》的批准发布主体。而《930 挂牌出让公告》并无任何"定向戴帽"的要求，可见，宜昌市人民政府在《930 挂牌出让公告》中选择了"完全市场化的招拍挂规则"，而没有选择"定向戴帽招拍挂规则"，并以此事实行为宣告了《320 补充协议》的终止。

2. 在当时历史背景下，NB 集团不能投资房地产，不存在被告人曾某和罗某某操控限制 NB 集团参与（2013）50 号建设用地的竞买行为

（1）NB 集团早于 2009 年 3 月将经营范围修改为不涉及房地产开发及物业管理业务；在 NB 集团发布的《2010 年年度报告》公告中，明确表示 NB 集团自 2004 年起已逐步退出房地产业务，目前集团的经营战略规划和具体经营计划均不包含房地产相关业务，所有房地产存货亦已于本年度清理完毕。可见，NB 集团的经营范围不涉及房地产开发，若 NB 集团开发涉案项目，属于超范围经营，并且违反了 NB 集团对投资者的承诺。

（2）NB 集团于 2010 年 8 月 18 日发布《关于承诺发行公司债券用途的公告》，公告显示根据中国证券监督管理委员会的要求，NB 公司郑重承诺如下：本次发行公司债券的募集资金只用于偿还银行短期借款、补充公司营运资金，不直接或间接投资房地产业务、不直接或间接用于参股从事房地产业务的企业。

（3）当时正值国家三令五申、加强房地产市场调控的时期，依据 2010 年 4 月 14 日时任国务院总理温家宝主持召开国务院常务会议，研究部署遏制部分城市房价过快上涨的政策措施，《国务院关于坚决遏制部分城市房价过快上

涨的通知》（国发〔2010〕10号），2013年2月20日国务院发布五项关于加强房地产市场调控的政策措施（"新国五条"），以及2013年3月4日国务院办公厅下发《关于继续做好房地产调控市场的通知》，国家对调控涉及的各个领域都进行了从严、从重的要求。在2010年10月，证监会官方网站发布了"暂停房地产企业重组申请"的消息后，证监会相关负责人随后也表示，不再审批任何房地产的再融资申请。除了主业是房地产的公司再融资肯定不批之外，对在主营收入中只要有房地产业务收入的也不接受申请，必须剥离房地产业务之后才能上报。根据当时的政策，国家严控房地产，多家上市公司为再融资，纷纷剥离房地产业务板块，在此背景下，NB集团不可能冒着再融资暂停的风险"顶风作案"，去宜昌竞买土地使用权并开发"NB人才公寓项目"。

3. HT公司用自有资金参与（2013）50号建设用地的竞买，完全是该公司独立自主的行为

HT公司从来没有接受NB集团的委托，而是自主决定于2013年10月29日以自有资金缴纳5000万元竞买保证金参与（2013）50号建设用地的竞买。同时，2013年10月31日至2013年11月1日，包括HT公司在内的6家竞买人、经过83轮竞价的激烈追逐，HT公司以2.5亿元、与宜昌XF置业有限公司报价2.499亿元仅相差10万元的价格中标，竞得（2013）50号建设用地。这完全是HT公司的独立自主的行为，与NB集团无任何法律上或商业利益上的关系。

（二）1.71亿元资金是否本属于NB集团？

辩护人认为1.71亿元本质上是土地出让金返还款，应当归属于实际缴纳土地出让金的HT公司，与NB集团无关。

具体理由为：

1. 2013年12月30日，NB集团与宜昌高新区管委会签订了《1230补充协议》，该协议约定宜昌高新区管委会为NB集团设立人民币17 100万元的人才基金，作为人才引进和人才住房安置的专项资金补助，但是实际上1.71亿元根本不是人才基金

（1）依据2012年8月23日湖北省人民政府发布的《湖北省承接产业转移专项资金管理暂行办法》（以下简称《办法》）相关规定，1.71亿元不是

人才专项基金。第一，《办法》第 8 条规定："专项资金实行项目管理。项目资金申请按行政管理级次，逐级申报。省直单位直接向省商务厅、省财政厅提出申请，其他单位按属地原则，向当地商务、财政主管部门提出申请，经同级商务、财政主管部门初审后上报市州商务、财政部门，由市州商务部门和财政部门审核后汇总报省商务厅、省财政厅。"

依上述规定可知。宜昌市人才基金应按照属地原则，由相关主体向宜昌市政府商务、财政主管部门提出申请。但是 NB 集团并没有向宜昌市人民政府商务、财政主管部门提出人才基金的申请，也没有向宜昌市人民政府商务、财政主管部门提交人才基金的申报文件：包括人才的类别、具体申请的人才数量、分配至每个人才的具体金额以及申请发放时间等。

第二，《办法》第 11 条规定："专项资金实行项目评审制度。项目评审工作由省商务厅会同省财政厅统一组织。项目评审分为初审、专家评审、公示三个阶段。"《办法》第 12 条规定："项目初审由省商务厅相关业务处室负责，主要审查申请人的资格条件、项目申报文本的完整性和项目的合规性、真实性，是否符合行业支持政策的支持方向。"《办法》第 13 条规定："项目由专家进行评审，省商务厅、省财政厅负责组织项目终审。"

公诉机关提交的在案材料和证据中没有湖北省商务厅对 NB 集团人才基金进行项目初审的文件，也没有相关项目专家进行评审的报告，更没有湖北省商务厅、财政厅组织 NB 集团人才基金项目终审的文件及批复。可见，NB 集团从来没有获得人才专项基金，1.71 亿元的资金的性质也不可能是人才专项基金。

（2）根据《中华人民共和国预算法》的相关规定，1.71 亿元不是人才专项基金。根据《中华人民共和国预算法》第 5 条第 1 款及第 13 条之规定，预算包括政府性基金预算，经人民代表大会批准的预算，非经法定程序，不得调整，各级政府、各部门、各单位的支出必须以经批准的预算为依据，未列入预算的不得支出。若 1.71 亿元资金的性质为人才基金，依法必须列入宜昌市 2013 年或者 2014 年政府性基金预算安排，经宜昌市人民代表大会依法批准后，才能作为人才基金进行支出。

根据宜昌市财政局于 2014 年 2 月 7 日主动公开的《关于宜昌市 2013 年预算执行情况和 2014 年预算草案的报告》，1.71 亿元人才基金既没有在宜昌市

2013 年预算中列支，也没有在宜昌市 2014 年预算中安排，由此可以证明 1.71 亿元资金的性质不是人才基金。

2. 1.71 亿元资金性质实际是宜昌市人民政府返还给 HT 公司的土地出让金返回款

（1）宜昌市人民政府伍家岗区税务局于 2018 年 4 月 18 日出具《天域水岸项目土地增值税清算审核报告》，该审核报告确认，"经审核，因政府后返还该单位土地款 1.71 亿元，故该单位实际支付土地款 7900 万元"，并据此征收 HT 公司土地增值税 4 947.241 328 万元。可见，宜昌市人民政府及相关部门对该 1.71 亿元资金性质已经认定是土地出让金返还款。

（2）1.71 亿元的确定过程为：根据挂牌结果，宜土网挂（2013）50 号建设用地多轮竞价后以人民币 2.5 亿元成交。减去 30 亩每亩 200 万元的部分，余下 1.9 亿元（2.5 亿元–200 万元/亩×30 亩）。根据财政部、国土资源部、中国人民银行的相关规定，市县财政部门从缴入地方国库的招标、拍卖、挂牌和协议方式出让国有土地使用权所取得的总成交价款中划出 10% 的资金，用于建立国有土地收益基金。据此再扣减 10% "国有土地收益基金" 1900 万元（1.9 亿元×10%），即为 1.71 亿元。

3. 宜昌高新区管委会与 NB 集团签订的《1230 补充协议》以及 NB 集团出具的《付款通知书》《代收代付委托书》，将 1.71 亿元资金的性质约定为人才基金，"绕道" NB 集团代收代付给 HT 公司，是 NB 集团为了帮助宜昌市政府规避返还土地出让金的行政风险而进行的特殊安排

（1）《财政部、国土资源部、中国人民银行关于印发〈国有土地使用权出让收支管理办法〉的通知》（财综〔2006〕68 号）第 10 条规定："任何地区、部门和单位都不得以'招商引资'、'旧城改造'、'国有企业改制'等各种名义减免土地出让收入，实行'零地价'，甚至'负地价'，或者以土地换项目、先征后返、补贴等形式变相减免土地出让收入；也不得违反规定通过签订协议等方式，将应缴地方国库的土地出让收入，由国有土地使用权受让人直接将征地和拆迁补偿费支付给村集体经济组织或农民等。"

（2）根据 2018 年 8 月 30 日宋某某《讯问笔录》第 2 页："至于为什么用人才基金的形式来奖励，是因为国务院有规定，不能直接以土地补贴款的形式来返还 NB 公司（注：如前所述，此处的'NB 公司'应当是指'NB 公司

所指定的项目公司'）的土地转让金。"关于 1.71 亿元的土地补贴款是如何转至 HT 公司的，宋某某说："宜昌市人民政府是指定宜昌市高新区管委会采取'绕道'的形式，由宜昌市人民政府财政拨款至高新区管理委员会，再由高新区管委会转至 NB 公司，由 NB 公司转回至人才项目落地的实施公司 HT 公司。而这 1.71 亿实际上也是 HT 公司多支付的土地出让金。"

可见，宜昌高新区管委会与 NB 集团签订的《1230 补充协议》只是为了帮助宜昌市政府规避行政责任风险而对 1.71 亿元进行的一种掩饰。由于不能从宜昌市人民政府直接返还给 HT 公司，只能以人才基金名义从宜昌高新区管委会绕道 NB 集团返给 HT 公司。但是，1.71 亿元的资金性质为（2013）50 号建设用地的土地出让金返还款，不是人才专项基金，应归属于 HT 公司，不属于 NB 集团，代收代付不损害 NB 集团的任何权益，不需要经 NB 集团授权。

（三）HT 公司是否非法取得了本属于 NB 集团的人民币 9913.21 万元？

公诉机关认为 HT 公司定向为 NB 集团在宜昌的员工提供了住宅 195 套，优惠了人民币 7186.79 万元，实际非法取得了本属于 NB 集团的人民币 9913.21 万元（1.71 亿元−7186.79 万元）的资金。辩护人认为公诉机关的计算方式是错误的。

如前所述，1.71 亿元资金本来就属于 HT 公司所有，并不属于 NB 集团。1.71 亿元资金由南硅公司绕道支付给 HT 公司只是"物归原主"，并不是 NB 集团向 HT 公司支付 1.71 亿元购买人才安置住房补贴。以 HT 公司自己所有的 1.71 亿元减去 HT 公司给 NB 公司员工的补贴金额 7186.79 万元来计算 HT 公司非法取得 NB 公司资金，这个逻辑本身就是荒谬的。更重要的是，深圳广深会计师事务所出具的《司法专项审计意见书》已经认定，截至 2018 年 8 月，HT 公司营业成本即开发成本为 47 058.18 万元（其中土地开发成本 9567.72 万元，房屋开发成本 26 189.46 万元），宜昌市人民政府补贴的 1.71 亿元土地出让金返还款已经全部冲减土地开发成本。

（四）曾某、罗某某是否违背了对公司的忠实义务，利用职务便利，操纵上市公司无偿向其他单位提供资金、致使上市公司利益遭受特别重大损失？

辩护人认为公诉人指控的犯罪事实根本不存在。理由如下：

（1）如前所述，在当时历史背景下，上市公司 NB 集团不能自行开发房地产，不存在被告人曾某和罗某某操控限制 NB 集团参与（2013）50 号建设用地的竞买行为，（2013）50号建设用地与NB集团没有任何关系。

（2）HT公司是以自有资金通过公开挂牌竞价取得（2013）50号建设用地的。

（3）从建设资金看，HT公司开发"天域水岸"项目共投入三笔资金：第一笔资金，就是2013年10月29日，HT公司的注册资本5000万元，交了竞买保证金，最后变成了土地出让金的一部分。第二笔资金，就是根据资管计划，委托贷款1.922亿元的资金。第三笔资金，就是宜昌市政府支付的（2013）50号建设用地的土地出让金返还款1.71亿元。在此过程中，上市公司NB集团始终没有投入一分钱。也没有为HT公司融资提供任何形式的担保。

（4）纵观全案，宜昌市人民政府除为辖区居民提供了大量的工作机会和工作岗位外，还确保了每年5个亿的稳定税源。NB集团在没有损失任何商业机会、没有任何经济损失、没有出资一分钱的情况下，为宜昌的三个项目公司"三高人才"提供了195套优惠商品房，稳定了职工队伍。唯一是HT公司因开发"天域水岸"地产项目共计亏损415.46万元，还要补缴314.61万元企业所得税。曾某或罗某某从来没有从"天域水岸"项目中拿走一分钱，更没有损害NB集团一分钱的利益。

（5）结合公诉人提交的全部证据，NB集团与HT公司并没有真实的关联交易关系，HT公司没有从NB集团那里取得任何非法收益。曾某和罗某某并没有"吃里爬外"违背忠实义务的行为，并没有损害上市公司NB公司的利益。

【法理分析】

（一）关于曾某、罗某某是否构成"背信损害上市公司利益罪"

《中华人民共和国刑法》第169条之一规定："上市公司的董事、监事、高级管理人员违背对公司的忠实义务，利用职务便利，操纵上市公司从事下列行为之一，致使上市公司利益遭受重大损失的，处三年以下有期徒刑或者拘役，并处或者单处罚金；致使上市公司利益遭受特别重大损失的，处三年以上七年以下有期徒刑，并处罚金：（一）无偿向其他单位或者个人提供资金、商品、服务或者其他资产的；（二）以明显不公平的条件，提供或者接受资金、商品、服务或者其他资产的；（三）向明显不具有清偿能力的单位或者个人提供资金、商品、服务或者其他资产的；（四）为明显不具有清偿能力的单位或者个人提供担保，或者无正当理由为其他单位或者个人提供担保的；（五）无正当理由放弃债权、承担债务的；（六）采用其他方式损害上市公司利益的。上市公司的控股股东或者实际控制人，指使上市公司董事、监事、高级管理人员实施前款行为的，依照前款的规定处罚。犯前款罪的上市公司的控股股东或者实际控制人是单位的，对单位判处罚金，并对其直接负责的主管人员和其他直接责任人员，依照第一款的规定处罚。"

本条是根据2006年6月29日第十届全国人民代表大会常务委员会第二十二次会议通过的《中华人民共和国刑法修正案（六）》第9条增加的。上市公司的董事、监事、高级管理人员是公司经营管理活动的重要决策者、监督者和执行者，这些人员利用其在公司中担任的职务，操纵公司进行不公平交易等损害公司利益的活动，是一种严重的背信行为。

但是，对于背信行为的具体表现形式，《中华人民共和国刑法》第169条之一第1款第1项至第5项作出了明确规定。虽然第6项作出了兜底规定，但对于依照兜底项追究的行为在对上市公司的危害性上应当与前五项具有相当性，都属于通过关联交易等方式损害公司利益、违背对公司忠实义务的行为。

因为NB集团本身不能开发商业房地产，所以"天域水岸"项目本质上就与NB集团无关，所以也就不存在NB集团把开发"天域水岸"的商业机会转让给HT公司的可能性。另外，1.71亿资金本来是"物归原主"，由宜昌市人民政府返还给实际缴纳土地出让金的HT公司，也与NB集团无关，所以也就不存在NB公司遭受的损失。而经过层层细致分析后可以发现，NB集团不仅没有遭受损失，反而是最大的受益者。在"天域水岸"项目中，NB公司没有投资一分钱，但是其员工却享受了7186.79万元购房补贴。HT公司反而因为开发"天域水岸"项目给NB公司员工大幅度优惠导致亏损415.46万元，还要补缴314.61万元企业所得税。

按照罪刑法定原则，由于公诉机关并没有确实、充分的证据证明曾某、罗某某确实操控NB集团与HT公司进行关联交易，并没有确实、充分的证据证明NB公司遭受了经济损失，也没有证据证明曾某、罗某某违背了对公司的忠实义务，不符合《中华人民共和国刑法》第169条之一第1款第1项至第6项规定的具体表现形式，不能构成背信损害上市公司利益罪。

（二）背信损害上市公司利益罪属于法定犯

自然犯和法定犯的理念最初来源于自然法和实在法的范畴。在《布莱克法律词典》中这样解释道：自然犯是指自然不法行为，行为违法的实质立足于自然生存的道德的以及公法（即影响所有公民或公众秩序的法律）的准则。法定犯是指法律禁止的不规行为，不规的非难性基础在于行为本身并非传统固有的非道德性，而是因为为制定法所禁止而成为不规。自然犯具体是指侵害或威胁刑罚法益又明显违反伦理道德的传统型犯罪，即来自道义指责的犯罪。如盗窃罪、抢劫罪、杀人罪、伤害罪等。而法定犯其特点是指只侵害或威胁法益但没有明显违反传统伦理道德的现代型犯罪，即来自法律规定的犯罪。如非法经营罪、逃避商检罪、妨害清算罪等。

在外国的刑事立法体例中，自然犯被规定在刑法典中，法定犯则被规定在附属刑法（行政法、经济法）等法律或者特别刑法中。这是因为刑法典是规范基本生活秩序的法律，直接关系到国民基本生活的安定，属于司法法；司法法最重要的指导原理是法的安定性。行政刑法、经济刑法是为了实现行政规制、经济管理目的而借用刑罚手段的法律，其指导原理主要是合目的性。法定犯的变易性较大，而刑法典则相对稳定，将法定犯规定在行政法、经济法中，有利于随时修改法定犯的构成要件与法定刑，实现行政刑法、经济刑法的合目的性，而不至于损害刑法典的稳定性

根据法定犯的特点，进行辩护分析时，不能仅仅局限于刑法条文的规定，更需要借助民商事法律规定、理论与实务经验，以及行政法律规定、理论与实务经验等分析工具，充分论证曾某、罗某某的行为不符合背信损害上市公司利益罪的构成要件。本案辩护过程中，辩护人充分利用民商法理论，论证《930招拍挂公告》对《320补充协议》的终止作用；充分利用行政法理论与实务经验，论证1.71亿元资金是土地出让金返还款，归属于HT公司，而不是人才基金，不属于NB集团。

实践证明，优秀的刑事辩护律师不仅要具备深厚的刑事法律理论基础与实务经验，还要具备高超的民事法律理论基础与实务经验以及精湛的行政法律理论功底与实务经验。

（三）背信损害上市公司利益罪属于结果犯

行为犯与结果犯的区分标准是犯罪客观构成要件是否包含结果要素。结果犯除了要求存在犯罪构成要件所描述的行为外，仍然要求存在结果要素，从而行为与结果能够借助因果关系链条关联起来。而在行为犯中，则无须以行为产生结果作为前提，只要求所实施的行为完全满足了构成要件。

被告人构成背信损害上市公司利益罪，需致使上市公司利益遭受重大损失。根据《最高人民检察院、公安部关于公安机关管辖的刑事案件立案追诉标准的规定（二）》第18条规定，有下列情形之一的，予以追诉：①无偿向其他单位或者个人提供资金、商品、服务或者其他资产，致使上市公司直接经济损失数额在150万元以上的；②以明显不公平的条件，提供或者接受资金、商品、服务或者其他资产，致使上市公司直接经济损失数额在150万元以上的；③向明显不具有清偿能力的单位或者个人提供资金、商品、服务或者其他资产，致使上市公司直接经济损失数额在150万元以上的；④为明显不具有清偿能力的单位或者个人提供担保，或者无正当理由为其他单位或者个人提供担保，致使上市公司直接经济损失数额在150万元以上的；⑤无正当理由放弃债权、承担债务，致使上市公司直接经济损失数额在150万元以上的；⑥致使公司发行的股票、公司债券或者国务院依法认定的其他证券被终止上市交易或者多次被暂停上市交易的；⑦其他致使上市公司利益遭受重大损失的情形。

公诉机关认为HT公司定向为NB集团在宜昌的员工提供了住宅195套，优惠了人民币7186.79万元，实际非法取得了本属于NB集团的人民币9913.21万元（17 100万元-7186.79万元）的资金。但是经过辩护人逐一分析可知，公诉人的计算方式存在根本性错误。1.71亿元资金本来就属于HT公司，7186.79万元优惠也是HT公司单方面提供给NB公司员工的，怎么能够用17 100万元-7186.79万元去计算NB公司所遭受的经济损失？

因此，在公诉机关无法提供充分证据证明上市公司NB集团因为HT公司开发"天域水岸"项目而遭受150万元以上的经济损失的情境下，由于无法排除一切合理怀疑，故而不能认定曾某和罗某某构成背信损害上市公司利益罪。

（四）利用行政公定力原理证明 1.71 亿元不属于人才基金

行政公定力的理念源于德国行政法学，德国行政法学奠基人奥托·梅耶参照司法既判力的概念，创造了行政行为的公定力的理论，以保障"行政法治"目标的实现。学术界有"完全公定力说"与"有限公定力说"两种不同的观点。"完全公定力说"认为：行政行为未经法定国家机关按法定程序认定，都一律被作为合法行为来对待，即使行政行为具有一些瑕疵。"有限公定力说"则认为：公定力的存在有例外，有瑕疵的行政行为因为它对公定力的影响被划分为无效行政行为和可撤销行政行为，其中无效行政行为不具有公定力，而可撤销的行政行为具有公定力。作为行政行为的特殊效力，公定力（行政行为合法性的推定）存在的实质依据是：保护行政目的的实现、维护行政权的权威、维护法律的权威。同时，由于行政机关也是适用法律、执行法律的机关，公众对行政行为的遵守和尊重一定程度上意味着对法律的遵守和尊重，行政行为公定力的存在也基于"行政法治"或"法治国"的目标。

根据主流观点，行政公定力原理是指行政行为未经法定国家机关按法定程序认定，未被法院依法撤销，都一律被作为合法行为来对待。

既然 1.71 亿元被伍家岗区税务局的行政征收行为认定为归属于 HT 公司的土地出让金返还款，在该行政征收行为没有被依法撤销或者被认定无效时，本案就不应再对 1.71 亿元资金的性质与归属作出相反的认定，不应认定为归属于 NB 公司的人才基金，否则就违背了行政公定力原则。

（五）利用法秩序统一原理论证 HT 公司开发"天域水岸"项目合法合规

法秩序统一性原理要求在处理某一件事情时，所有的规范秩序不能相互矛盾。正如德国学者罗克辛所言："当在任何一个法律领域中得到许可的一种举止行为，仍然要受到刑事惩罚时，那将会是一种令人难以忍受的价值矛盾，并且也将违背刑法作为社会政策的最后手段的这种辅助性。"应当说，法秩序统一性原理具有不可动摇的性质，所有部门法的执行都应当贯彻该原则。

要遵循法秩序的统一性，绝对不能偏离的规则是：在民商法或者行政法上合法的行为，不可能成为刑法上的犯罪。反过来说，唯有民商法和行政法所要反对的行为，才有可能成为犯罪行为。在刑法与民法规范、行政法规范的保护目的相一致的场合，刑法应当绝对从属于民法和行政法，这是法秩序统一性的当然要求。换言之，在民事或者行政违法不存在时，应当断然否定待处理案件中行为的犯罪性；行为具有民事违法性或者行政违法性时，也只不过是为定罪提供了"底线支撑"。总之，如果某一个行为的性质在民商法或者行政法上有争议，甚至该行为被民商法或者行政法所允许或容忍，就可能成为"出罪"的理由。

HT公司通过招拍挂竞买土地、开发建设"天域水岸"项目的全过程都是依法依规进行的，并且宜昌市人民政府向HT公司返还1.7亿土地出让金返还款的行为也不违反民商法以及行政法效力性的强制性规定。根据法秩序统一原理，HT公司、曾某和罗某某在民商法和行政法上合法的行为，不能认定构成背信损害上市公司利益罪。

■■ 【简要总结】

（一）抽丝剥茧，吃透案卷材料

律师办的不是案子，而是别人的人生。接受委托后，辩护团队就背信损害上市公司利益罪进行多次深入研讨，总结出该罪名为法定犯、结果犯的观点。与此同时，辩护团队投入大量时间和精力，逐字逐句吃透卷宗材料，深挖证据，从背信损害上市公司利益犯罪的构成要件、民事法律行为、民事法律关系、合同主体、权利义务等方面入手，去伪存真、去粗取精，整理出与本案相关的所有证据材料，并将相关联的事件整理成一目了然的时间轴。就关键事实焦点问题进行深入挖掘和研究。

（二）主动调查取证，实现关键突破

辩护团队围绕涉案1.71亿元款项的性质、归属以及用途展开了一系列调研工作。2019年3月10日至3月12日，程海群律师带队前往湖北宜昌展开为期3天的尽职调查。2019年5月27至5月28日，洪国安主任亲赴宜昌市国土资源局调查取证。

辩护团队重点调查了：①人才基金的申请文件与批准文件；②人才基金是否纳入宜昌市人民政府2013年至2015年的预决算报告；③2018年4月18日宜昌市地方税务局伍家岗分局《天域水岸项目土地增值税清算审核报告》、2018年4月26日《房地产开发项目土地增值税清算审核通知书》；④2013年9月30日至2013年11月1日缴纳5000万元竞拍保证金的企业法人与自然人名单、10 月 31 日至 11 月 1 日 83 次竞拍的过程文件。

前述调查取证工作使本案取得了重大突破，将 1.71 亿资金的真实性质和来龙去脉彻底查清，为最终成功辩护奠定了坚实基础。

（三）运用民法理论，关注《930 招拍挂公告》对《320 补充协议》的终止作用

通过比对《320 补充协议》的条款与《930 招拍挂公告》的内容，可以看出二者在建设用地受让主体、建设用地的性质与用途、土地出让金返还、税务优惠、行政事业性收费免收政策等方面截然不同，宜昌市人民政府既是《320 补充协议》的签订主体，同时又是《930 招拍挂公告》的批准发布主体，而《930 招拍挂公告》并无任何"定向戴帽"的要求。可见，宜昌市人民政府在《930 招拍挂公告》中选择了"完全市场化的招拍挂规则"，而没有选择"定向戴帽招拍挂规则"，并以此事实行为宣告了《320 补充协议》的终止。

（四）运用行政法实务，确认 1.71 亿元资金是土地出让金返还款归属于 HT

1.71 亿元不是人才基金，不属于 NB 集团，而是土地出让金返还款，归属于 HT 公司。①如 1.71 亿元为人才基金，则无法证明其构成，即有多少高级管理人才、多少高级技工人才？②无证据证明 NB 公司曾向湖北省商务厅提起过人才基金的申请，更没有证据证明湖北省商务厅批准过 NB 公司的人才基金申请。③人才基金的支付受预算法规制，无证据证明宜昌市人民政府在 2013 年至 2015 年有相关预算安排、决算支付。④宜昌市地方税务局伍家岗分局出具的《天域水岸项目土地增值税清算审核报告》及宜地税伍（2018）51005 号《房地产开发项目土地增值税清算审核通知书》认定 1.71 亿元为（2013）50 号建设用地的土地出让金返还款，应归属于 HT 公司。

（五）结语

无罪辩护被视为刑事辩护皇冠上的一颗明珠，意指它是刑事辩护的顶尖形态，能够综合反映出一个辩护律师的能力、素质和水平。成功的无罪辩护案例，正因为其难，所以往往被刑辩律师视为一生的职业荣耀。正义也许会迟到，但绝不会缺席。本案经辩护后，最终获得了史诗级的胜利，成为国内背信损害上市公司利益罪撤回起诉的第一案。本案的胜利，不仅维护了被告

人的合法权利，也是一场关乎正义、自由与尊严的保卫战。辩护团队充分运用法律思维、法治思维、法理思维，充分发挥民商法理论与实务、行政法理论与实务积淀与经验优势，在刑事辩护领域取得了集政治效果、法律效果与社会效果相统一的教科书式的成功案例，为中国特色社会主义法治体系建设添上了浓墨重彩的一笔。

附：相关法律法规及司法解释

《中华人民共和国刑法》

第一百六十九条之一　【背信损害上市公司利益罪】上市公司的董事、监事、高级管理人员违背对公司的忠实义务，利用职务便利，操纵上市公司从事下列行为之一，致使上市公司利益遭受重大损失的，处三年以下有期徒刑或者拘役，并处或者单处罚金；致使上市公司利益遭受特别重大损失的，处三年以上七年以下有期徒刑，并处罚金：

（一）无偿向其他单位或者个人提供资金、商品、服务或者其他资产的；

（二）以明显不公平的条件，提供或者接受资金、商品、服务或者其他资产的；

（三）向明显不具有清偿能力的单位或者个人提供资金、商品、服务或者其他资产的；

（四）为明显不具有清偿能力的单位或者个人提供担保，或者无正当理由为其他单位或者个人提供担保的；

（五）无正当理由放弃债权、承担债务的；

（六）采用其他方式损害上市公司利益的。

上市公司的控股股东或者实际控制人，指使上市公司董事、监事、高级管理人员实施前款行为的，依照前款的规定处罚。

犯前款罪的上市公司的控股股东或者实际控制人是单位的，对单位判处罚金，并对其直接负责的主管人员和其他直接责任人员，依照第一款的规定处罚。

📖《最高人民检察院、公安部关于公安机关管辖的刑事案件立案追诉标准的规定（二）》

第十三条　〔背信损害上市公司利益案（刑法第一百六十九条之一）〕上市公司的董事、监事、高级管理人员违背对公司的忠实义务，利用职务便利，操纵上市公司从事损害上市公司利益的行为，以及上市公司的控股股东或者实际控制人，指使上市公司董事、监事、高级管理人员实施损害上市公司利益的行为，涉嫌下列情形之一的，应予立案追诉：

（一）无偿向其他单位或者个人提供资金、商品、服务或者其他资产，致使上市公司直接经济损失数额在一百五十万元以上的；

（二）以明显不公平的条件，提供或者接受资金、商品、服务或者其他资产，致使上市公司直接经济损失数额在一百五十万元以上的；

（三）向明显不具有清偿能力的单位或者个人提供资金、商品、服务或者其他资产，致使上市公司直接经济损失数额在一百五十万元以上的；

（四）为明显不具有清偿能力的单位或者个人提供担保，或者无正当理由为其他单位或者个人提供担保，致使上市公司直接经济损失数额在一百五十万元以上的；

（五）无正当理由放弃债权、承担债务，致使上市公司直接经济损失数额在一百五十万元以上的；

（六）致使公司、企业发行的股票或者公司、企业债券、存托凭证或者国务院依法认定的其他证券被终止上市交易的；

（七）其他致使上市公司利益遭受重大损失的情形。

第五编

妨害社会管理秩序类案件

王某等拒不履行信息网络安全管理义务案

严　锦

■■ 【基本案情】

案情简介：

被告人王某，YT（北京）通信技术有限公司（以下简称"YT公司"）董事长、法定代表人。

云南省昆明市盘龙区人民法院经依法审理查明：首先，工业和信息化部（以下简称"工信部"）于2018年11月7日印发的《工业和信息化部办公厅关于加强源头治理　进一步做好移动通信转售企业行业卡安全管理的通知》（工信厅网安〔2018〕75号，简称"75号文"）明确规定，行业卡原则上不得开通短信功能，确需开通短信功能的，转售企业应严格限制"白名单"收发号码数量（收发号码数量不超过5个）；号码激活前，转售企业应将"白名单"号码信息书面通报中国信息通信研究院等，同时对YT公司存在的问题提出整改。同年11月13日，YT公司政府事务部主管汪某用邮件向王某、岳某某、徐某某等负责人发送该文件及专项整治的主要内容。同年12月19日、20日，薛某将整改报告多次发送给王某、王某飞、徐某某、汪某等人，经审核后于12月21日由汪某回复工信部门。

2019年1月，工信部网络安全管理局（以下简称"网安局"）等相关部门对YT公司进行专项检查（王某、王某飞等人在场），发现YT公司与下游代理商长沙市岳麓区YQL通讯店、徐州YCL通讯设备有限公司、沭阳县沂涛镇FQY手机店的合同中出现"未标明白名单具体号码""使用场景与企业资质仍需严谨评估""短信白名单号码需严谨评估"等问题并要求整改。同年1月4日，工信部对YT公司再次检查，并在2月召开的会议（王某飞参会）上通报问题，提到YT公司的问题为"未严格评估使用场景，使用场景为短信注册的非物联网景也通过了安全评估"等，要求在 3 月 31 日前完成整改。

2019 年 3 月，山东 YFD 信息科技股份有限公司（以下简称"YFD 公司"）董事长任某（另案处理）向 YT 公司董事长被告人王某商议采购开通点对点功能的行业卡，即可以向 11 位手机号发送短信，并确定采购数量为 20 万张。在王某授意下，YT 公司于 2019 年 3 月给 YFD 公司实际控制的济南 ST 公司发送部分卡用于测试能否点对点发送短信。同年 4 月 3 日，被告人王某飞发起制作该批 20 万张行业卡准备，明确要求"无须做语音、短信限制"，并在 4 月 8 日向被告人岳某某汇报之前发送测试卡及后期 20 万张卡还未发卡的情况，由岳某某安排后期资费等销售流程的执行，并在王某"要 BOD 专人负责"的授意下安排周某专门负责。YFD 公司将该批行业卡实名在实际控制的济南 ZS 公司、济南 ST 公司名下。济南 ZS 公司使用的上述卡因发送赌博垃圾短信被工信部 12321 平台通报至 YT 公司。YT 公司信息安全部发现相关内容后于 2019 年 3 月 29 日向王某建议关停相关业务，同日王某飞向薛某回复已经与 YFD 公司沟通并对业务进行监控，同时抄送被告人王某、徐某某，王某区等人，没有作出关停号码的决定。

2019 年 4 月 17 日，王某飞发邮件将（由王某、王某飞、徐某某等人召开的）"不良短信及通信管控会"相关会议纪要传达给王某、岳某某、徐某某等管理人员，明确要求"不能简单武断关停号码"。4 月 24 日，薛某将王某提出的关于不良信息管控"四个方面指导意见"发给岳某某、王某飞、徐某某等管理人员，明确要求"关停号码需要王某审批"，同日又通过邮件将垃圾短信投诉情况通报给 YFD 公司的白某（另案处理），并抄送给了王某、王某飞、成某。4 月 25 日，徐某某发现济南 ST 公司使用的该批行业卡发送大量包含诈骗内容的短信并向白某询问，未采取封停号码措施。

在王某、岳某某、王某飞、徐某某等人组建的微信群中，徐某某于 4 月 27 日对济南 ZS 公司的垃圾短信发送情况进行通报，但在王某 5 月 11 日联系任某商量解决期间，相关号码仍未关停。经查，该批行业卡中有 4230 个号码的注册信息为济南 ZS 公司，共计发送 14 329 条含有赌博内容的短信，并因未关停而大量传播。

其次，2016 年 12 月 21 日，YT 公司因违反《电话用户真实身份信息登记规定》第 6 条被辽宁省通信管理局处以 3 万元人民币罚款，并责令立即改正；

2017 年 1 月 10 日，工信部网安局在《关于电话用户真实身份信息登记违规行为的通报》中，对抽查 YT 公司部分网点违反实名制问题进行通报，提出整改要求严格落实电话用户登记工作有关规定；2017 年 2 月 21 日，工信部办公厅《关于防范打击通信信息诈骗工作专项督导检查情况的通报》中对 YT 公司存在的"电话实名工作落实情况"问题进行通报并要求整改。以上相关部门的处罚及责令改正情况均与违反实名制规定有关。

2018 年 9 月，李某某受王某安排，将三四万张回收卡交给 YFD 公司由该公司挑出 4000 张带有公民个人微信的卡号并要求 YT 公司以行业卡形式进行制卡。YFD 公司拿到该批回收卡后，违规实名在济南 JW 新能源科技有限公司、济南 ST 公司名下，并将回收卡卖给昆明 HTZ 工作室的林某某（另案处理）用于盗取回收卡上绑定的用户微信账号，导致回收卡上绑定的微信号被大量盗取。

王某系公司董事长、法人、实际控制人，在明知违反实名制管理规定的情况下，仍将大量带有公民个人信息的回收卡交给 YFD 公司，违反用户实名制进行挑卡，造成严重后果，且在两年内经监管部门多次责令改正而拒不改正，违反了《电话用户真实身份信息登记规定》的相关内容。2020 年 7 月 14 日，工信部网安局出具《关于涉及 YT（北京）通信技术有限公司相关咨询的复函》，指出 YT 公司未落实行业卡短信功能限制要求，未认真履行行业用户安全评估责任，违反了电话用户实名制、行业卡安全管理等相关规定。

另查明，2019 年 9 月 11 日，公安人员根据线索在北京市朝阳区新嘉园东里六区×号楼×单元××××号抓获王某，在北京市朝阳区恒大江湾×号楼×单元×××室抓获徐某某；公安机关对岳某某采取上网追逃措施后，2019 年 11 月 30 日，其被昆明出入境边防检查站抓获；公安人员电话通知王某飞到案配合调查，其本人于 2019 年 11 月 4 日到昆明市公安局五华分局接受调查。

公诉人认为：王某系 YT 公司董事长、法人、实际控制人，其在明知违反实名制管理规定的情况下，仍然将大量带有公民个人信息的回收卡交给 YFD 公司，违反用户实名制进行挑卡，造成严重后果，且在两年内经监管部门多次责令改正而拒不改正。以上行为违反了《电话用户真实身份信息登记规定》的相关内容，2020 年 7 月 14 日经工信部网安局出具《关于涉及 YT（北京）通信技术有限公司相关咨询的复函》证实，YT 公司未落实行业卡短信功能限制要求，未认真履行行业用户安全评估责任，违反了电话用户实名制、行业卡安全管理等相关规定。被告人王某、岳某某、王某飞、徐某某作为网络服务提供者，不履行法律、行政法规规定的信息网络安全管理义务，经监管部门责令采取改正措施而拒不改正，致使违法信息大量传播，其行为触犯了《中华人民共和国刑法》第286条之一的规定，构成拒不履行信息网络安全管理义务罪。本案不是单位犯罪系一般共同犯罪。

法院评判如下：

（一）关于本案被告人是否构成拒不履行信息网络安全管理义务罪

（1）拒不履行信息网络安全管理义务罪，是指网络服务提供者不履行法律、行政法规规定的信息网络安全管理义务，经监管部门责令采取改正措施而拒不改正，有下列情形之一的，处3年以下有期徒刑、拘役或者管制，并处或者单处罚金：①致使违法信息大量传播的；②致使用户信息泄露，造成严重后果的；③致使刑事案件证据灭失，情节严重的；④有其他严重情节的。

根据《最高人民法院、最高人民检察院关于办理非法利用信息网络、帮助信息网络犯罪活动等刑事案件适用法律若干问题的解释》第1条规定"网络服务提供者"是"利用信息网络提供的电子政务、通信、能源、交通、水利、金融、教育、医疗等公共服务"的单位和个人；第2条规定"监管部门责令采取改正措施"是指网信、电信、公安等依照法律、行政法规的规定承担信息网络安全监管职责的部门，以责令整改通知书或者其他文书形式，责令网络服务提供者采取改正措施；认定"经监管部门责令采取改正措施而拒不改正"，应当综合考虑监管部门责令改正是否具有法律、行政法规依据，改正措施及期限要求是否明确、合理，网络服务提供者是否具有按照要求采取改正措施的能力等因素进行判断。

《工业和信息化部办公厅关于加强源头治理 进一步做好移动通信转售企业行业卡安全管理的通知》（工信厅网安〔2018〕75号）、《通信短信息服务管理规定》（工信部令第31号）、《工业和信息化部关于印发〈电话用户真实身份信息登记实施规范〉的通知》（工信部网安〔2018〕105号）等规范性文件，系依照《中华人民共和国网络安全法》《中华人民共和国反恐怖主义法》《中华人民共和国电信条例》等法律、行政法规作出。《中华人民共和国网络安全法》第 8 条规定"国家网信部门负责统筹协调网络安全工作和相关监督管理工作"，第 9 条规定"网络运营者开展经营和服务活动，必须遵守法律、行政法规……履行网络安全保护义务"，第 47 条规定"网络运营者应当加强对其用户发布的信息的管理，发现法律、行政法规禁止发布或传输信息的，应当立即停止传输该信息，采取消除等处置措施，防止信息扩散"；《中华人民共和国电信条例》第 3 条规定"国务院信息产业主管部门依照本条例的规定对全国电信业实施监督管理"，第 6 条规定"电信网络和信息的安全受法律保护"，第 59 条规定"电信业务经营者应当按照国家有关电信安全的规定，建立健全内部安全保障制度，实行安全保障责任制"等。

工信部作为具有监督、检查管理职权的部门，负有检查处罚的职权，依据法律、行政法规，从维护网络信息安全、保护公民个人信息出发，规定要求：严格关闭语音功能；原则上不得开通短信功能，确需开通短信功能的，转售企业应严格限制"白名单"收发号码数量（不超过 5 个），号码激活前，转售企业应将"白名单"号码信息书面通报中国信息通信研究院；转售企业应严格按照公众移动电话用户进行实名登记。

（2）针对第一起指控事实，YT 公司政府事务部工作人员汪某于 2018 年 11 月 13 日将工信部 75 号文及整改要求以邮件形式发送并通知全公司，2019 年 1 月 4 日工信部针对该文件落实情况对 YT 公司进行检查并在 2 月 22 日通报结果，在检查和通报中均提出 YT 公司存在未严格审核短信使用场景、对此类业务通过安全评估等问题并要求整改。在明知行业规定并被要求整改的情况下，被告人王某作为 YT 公司实际控制人于 2019 年 3 月与 YFD 公司的任某达成出售 20 万张开通点对点功能行业卡的合意，先期发送少量卡用于测试该功能，3 月底测试卡因发送赌博垃圾短信被工信部平台通报至 YT 公司后，相关情况已由公司信息安全部通报被告人王某、王某飞、徐某某等人，上述管理人员未采取措施关停被投诉的测试卡；被告人王某在接到投诉通知后仍安排被告人王某飞于 4 月 3 日做好制发卡准备并要求"无须做语音、短信限制"，被告人王某飞于 4 月 8 日向被告人岳某某告知测试卡情况及 20 万张卡还未发卡，被告人岳某某知晓该批卡开通点对点短信功能并由其负责的 BOD 部门执行后续的销售、收费、结算流程、催促 YFD 公司缴费、进行款项沟通、形成账单、最后收款的情况。被告人王某作为公司实际控制人，通过薛某、被告人王某飞等公司人员向公司传达"不能简单武断关停号码""关停号码需要王某审批"要求，在出售给 YFD 公司的 20 万张卡出现大量发送赌博等违法短信被通报给 4 名被告人的情况下，作为不同部门负责人的 4 名被告人对上述情况未采取措施履行关停义务。

综上，被告人王某、岳某某、王某飞、徐某某分别作为 YT 公司实际控制人、部门负责人，作为网络服务提供者，主观上明知工信部依据法律、行政法规作出行业卡不能开通短信功能、需严格落实实名制等规定，并在被要求整改的情况下，客观上以整改报告形式上完成整改，事实上继续开展违法业务。被告人王某作为公司董事长、法定代表人，与任某达成开通短信功能出售行业卡的协议，要求岳某某此批行业卡订单需专人负责，并要求关停号码需其审批，未及时作出关停被投诉号码决定；被告人岳某某负责测试卡的对接以及出售 20 万张行业卡的售卡、催款、收款；被告人王某飞负责参与制卡并明确无须限制语音、短信；被告人徐某某未正确履职及采取管控措施，各被告人的行为导致出售的行业卡中有 4230 个号码发送 14 329 条含有赌博内容短信，符合不履行法律、行政法规规定的信息网络安全管理义务，经监管部门责令改正而拒不改正，致使违法信息大量传播，造成危害后果的情形，构成拒不履行信息网络安全管理义务罪。

（3）针对第二起犯罪事实，2016 年至 2017 年，工信部多次对实名制作出规范并要求落实，YT 公司多次因违反实名制行业规定被要求整改。在此情况下被告人王某于 2018 年 9 月安排李某某将回收的数万张个人卡交予 YFD 公司挑选，在 YFD 公司挑出 4000 张带有公民个人微信的卡后由 YT 公司以行业卡形式制发卡，YFD 公司将该批卡违规实名在济南 JW 新能源科技有限公司、济南 ST 公司名下，致使回收卡上被绑定的微信号被大量盗取，造成严重后果。被告人王某违反实名制管理规定，将大量带有公民个人信息的个人回收卡出售，造成公民个人信息被盗取，经监管部门责令采取改正措施而拒不改正，符合拒不履行信息网络安全管理义务罪的犯罪构成。

（二）关于本案是否构成单位犯罪

本案中出售开通点对点短信功能行业卡、将有微信个人信息的回收卡做成行业卡再次出售的两起犯罪事实，系由 YT 公司董事长、法定代表人王某与 YFD 公司董事长任某商谈开通行业卡点对点短信功能并决定制卡销售，分别由被告人王某飞、岳某某等人实施，工作人员向王某报告行业卡因发送垃圾短信被投诉后，王某未采取关停等有效措施；王某与任某商谈将回收卡作为行业卡补充货源并授意李某某将被挑选带有公民个人微信号的回收卡出售，两起犯罪行为未经单位集体研究决定，系被告人王某个人决定并要求各被告人分工实施，应以个人犯罪追究刑事责任。

法院认为：被告人王某、岳某某、王某飞、徐某某作为网络服务提供者不履行法律、行政法规规定的信息网络安全管理义务，经监管部门责令采取改正措施而拒不改正，致使违法信息大量传播，造成严重后果，其行为已构成拒不履行信息网络安全管理义务罪。本案中 4 名被告人共同参与并实施犯罪行为，被告人王某起决定作用，被告人岳某某、王某飞积极参与并实施犯罪行为，在共同犯罪中 3 人均起主要作用，系主犯；被告人徐某某发现发送垃圾信息情况并进行通报，但未正确履职并采取相应管控措施，在共同犯罪中起到辅助、次要作用，系从犯，依法应从轻处罚。根据被告人王某、岳某某、王某飞、徐某某犯罪的事实、情节、社会危害后果以及归案后的表现，依照《中华人民共和国刑法》第 286 条之一、第 25 条、第 26 条、第 27 条、第 67 条、第 68 条、第 42 条、第 44 条、第 45 条、第 47 条、第 72 条、第 73 条、第 75 条、第 52 条、第 64 条及《中华人民共和国刑事诉讼法》第 15 条、第 201 条之规定，判决被告人王某犯拒不履行信息网络安全管理义务罪，判处有期徒刑 1 年 10 个月，并处罚金人民币 15 万元。

宣判后，原审被告人王某、岳某某、王某飞不服，提出上诉。昆明市中级人民法院受理后，依法组成合议庭。经审阅卷宗，讯问上诉人王某、岳某某、王某飞，听取辩护人意见，移送昆明市人民检察院阅卷。昆明市人民检察院提出证据未经庭审举证、质证，违反《中华人民共和国刑事诉讼法》第 50 条第 2 款以及《最高人民法院关于适用〈中华人民共和国刑事诉讼法〉的解释》第 71 条的规定的意见。昆明市中级人民法院认为原判涉及岳某某立功的证据未经庭审举证、质证即予以采信，审判程序违法，依照《中华人民共和国刑事诉讼法》第 238 条第 3 项之规定，裁定撤销昆明市盘龙区人民法院（2020）云 0103 刑初 1244 号刑事判决，发回昆明市盘龙区人民法院重新审判。本案目前尚未审理终结。

【争议问题】

1. 《工业和信息化部办公厅关于加强源头治理 进一步做好移动通信转售企业行业卡安全管理的通知》是否属于法律或行政法规？是否能够作为认定本案构成拒不履行信息网络安全管理义务罪的依据？

2. YT 公司是否具备被苛责的义务和履行的能力？

3. YT 公司是否接到过具有刑法评价意义的"整改通知"？

4. 本案是否构成单位犯罪？

【法理分析】

核心观点：本案用于指控王某等人构罪的规范性文件《工业和信息化部办公厅关于加强源头治理 进一步做好移动通信转售企业行业卡安全管理的通知》不是法律或行政法规，不得作为认定本案构成拒不履行信息网络安全管理义务罪的依据；除此之外，本案没有任何法律或行政法规依据将本案中 YT 公司的行为规定为犯罪。

指控 YT 公司没有履行信息网络安全管理义务的事实认定错误，YT 公司并不具备被苛责的义务和履行的能力。

YT 公司从未接到过具有刑法评价意义的"整改通知"。

本案中所有被告人均是为单位利益展开的职务行为，依法应当认定为单位犯罪。

本案中，除 20 万张"企业短信卡"之外所有事实，检察机关指控的事实与本罪名没有任何关联。

构成本案被错误认定的真相：本案从一开始侦查机关就没有搞清楚通信领域的商务逻辑，检察机关在法律关的失守，是这个先天性带有疾病的案件一步步错误走到今天的原因。

关于案件走向：工信部熟悉商务逻辑和监管流程，但不掌握刑法适用具体情形；司法机关通晓法律适用条件，却没有深刻了解虚拟运营商运行的本质规律。鉴于本案已公开审理，工信部已经具备信息对称的条件，势必将本案通报最高人民检察院，如此一来，本案被平反只是时间问题。任何对法治心怀敬畏的人，都不会有异议。

辩护人直言相告的价值就在于：能够及时以专业发现真相，最大限度规避每一个法律人在本案中的风险。

（一）起诉书指控的事实依法不能成立

1. 虚拟网络运营商的本质：民营资本进入通信领域

民营资本进入通信行业，叫作虚拟运营商。虚拟网络运营商不建设网络，依托（相当于租用）于三大国营基础运营商（移动、联通、电信）。YT 公司是中国领先的民营网络运营商之一。YT 公司作为取得合法经营资质的民营虚拟运营商，与三大运营商联通、移动、电信一样，具备经营各种物联网行业卡、短信业务卡等通信卡的资格，唯一不同的是：三大基础运营商属国营，而 YT 公司是民营资本进入通信市场而已。

2. 工信部于 2018 年 11 月 7 日印发的《工业和信息化部办公厅关于加强源头治理 进一步做好移送通信转售企业行业卡安全管理的通知》与本案指控事实没有关联

检察机关指控：2019 年 3 月，代理商 YFD 公司董事长任某向 YT 公司董事长王某提出合作一批 YT 公司通信行业卡进行销售，并要求这批卡开通发送点对点短信功能，后这批卡部分被 YFD 公司激活开通，实名登记在 YFD 公司控制的关联公司（济南 ZS 公司、济南 ST 公司）名下，并向外发送了带有违法赌博信息的垃圾短信。

关于起诉书指控的"20 万张卡"的商业逻辑：20 万张卡仅开通了短信功能，专门为企业用户服务。而 YT 公司本来就可以发送点到点广告营销短信。理由是：①一张通信卡是否具备发短信的功能，是由作为初始制卡售卡的虚拟网络运营商来定义的，YT 公司作为虚拟网络运营商，有权定义套餐；②75 号文规范的是物与物通信的行业卡，而"20 万张卡"的订单并不属于起诉书提到的 75 号文所管辖的范围，因为这批卡并不是用于物与物通信的行业卡，在 2020 年 7 月 14 日工信部网安局回函中也明确了这一观点；③YFD 公司是 YT 公司的代理商，不是终端具有消费性质的用户，YT 公司所销售的 20 万张卡，本来就具备合规发短信的功能，结果被误解为 75 号文所规范的物联网卡。指控逻辑错误的原因是：检察机关没有搞清楚行业卡的概念。电话卡在完成用户实名登记前是尚未使用的"白卡"，具体落实实名制是代理商 YFD

公司的职责。此后就进入市场监管环节，监督管理的是主管机关。此时作为运营商的 YT 公司的唯一职责是：是否核实实名制。

3. 关于实名制的问题：对于 YFD 公司违规发送垃圾短信，YT 公司并无监管责任

检察机关指控：YFD 公司将这批卡中的部分卡实名登记在他们实际控制的济南 ZS 公司、济南 ST 公司名下才得以激活使用，足以证明落实实名制的主体是作为代理商的 YFD 公司。

YFD 公司的违规行为是否可以作为认定 YT 公司没有落实实名制的理由？事实上，YT 公司在该交易中只有两个行为：①卖白卡（套餐还没有设定）；②监督 YFD 公司落实实名制。

起诉书同时还指控 YT 公司明知 YFD 公司实名制的主体是与自己有关联的主体。首先，法律和市场规则并不禁止该行为；其次，YT 公司并没有能力也没有义务监管 YFD 公司实名制之后作为合法用途还是非法用途。因为这已经不属于 YT 公司监督范围，而是市场监管部门的责任范围。YT 公司接下来唯一关心的是，作为违法用途之后产生的投诉会影响到自身的经营和业务排名。所以，指控 YT 公司构成犯罪，首先要解决最基础的商务运营逻辑。

4. 在 20 万张卡中，部分卡被 YFD 公司用于发送带有赌博信息的垃圾短信，YT 公司对此没有责任，而且事后才知情

在案证据显示：任某与王某关于该批次订单合作的微信沟通记录，可以充分证明 YT 公司目的是：①提升业务量；②YFD 公司承诺会选择正规客户，不会产生 12321 平台垃圾短信投诉；YT 公司在相关业务订单中便清楚注明：如出现违规，将按 YT 公司相关规则单方面关停；③YT 公司关于该批订单在价格上保持微利甚至略有亏损（行业成本是每条短信 7.5 分，YT 公司的交易价格是 8 分），YT 公司与 YFD 公司合作的初衷仅仅是为了提升正常业务量的排名，产生垃圾短信投诉受损失的恰恰是 YT 公司。

工信部网站显示的公开信息：2019 年第一季度左右，类似用于企业发送广告、营销短信的卡在全行业非常普遍，所以很多企业短信业务量巨大。当时 YT 公司通信整体业务量与用户数在全行业排在前三位，但在短信业务量上，YT 公司排名一直靠后。直至 2019 年第二季度，包括被指控业务订单垃

圾短信投诉在内，连续四个季度以上，在工信部每季度发布的 12321 平台垃圾短信投诉行业排名中，YT 公司通信业务都从未被列入过前十名。相对于 YT 公司在全行业 40 余家企业中一直排名前三的用户规模，YT 公司通信业务在垃圾短信防控方面一直保持着较高水平，这些数据均为公开数据。

所以，YT 公司不是不履行，而是一直在积极履行自己的义务。

5. 关于 YT 公司有无整改能力，以及是否具备整改条件的问题

起诉书第 4 页、第 5 页关于 20 万张卡：因部分被 YFD 公司用于发送违规短信，被用户在 12321 平台投诉，并由 12321 平台通报至 YT 公司，YT 公司并未及时关停。我们不否认投诉存在，但是，指控逻辑不能成立。

（1）12321 平台是中国互联网协会下属单位，受工信部相关单位委托，对全国运营商垃圾短信、服务质量等投诉进行统计。12321 平台本身并不是监管部门，他们只负责统计数据，只是一个数据中心，唯一的功能就是统计投诉数据。12321 平台在垃圾短信投诉方面，每季度末（统计到第 3 个月 25 日）出一次数据，交由工信部相关部门进行审核后发布，作为行业管理数据。在季度末正式投诉数据发布前，12321 平台上包含大量重复、恶意投诉、虚假投诉的原始数据，须经过技术手段进行研判，才成为每季度正式投诉数据。起诉书提到的 2019 年 3 月、2019 年 4 月间，YT 公司获取到的 12321 平台原始投诉数据仅具有参考意义。

（2）12321 平台不会也不可能向企业主动进行通报。检察机关指控的 2019 年 3 月、4 月间的投诉数据正是王某亲自安排公司成立的专职部门，从 12321 平台系统上主动下载和整理的，就这样一个主动监督的行为却被用来作为对 YT 公司不利的证据进行指控。重要的是，这些数据只是未经核实过的原始数据，仅是用于 YT 公司内部分析和管理，正是这个原因，YT 公司并没有第一时间决定关停，而是如起诉书中提到的由相关同事逐级与 YFD 公司进行核实。这就是 2019 年 5 月 11 日，王某凌晨还亲自在微信上质询了 YFD 公司董事长任某的原因。5 天之后，即 2019 年 5 月 16 日，在王某质询任某没有获得回复后，经公司副总岳某某提议与商议（岳某某的行为值得重点关注），YT 公司主动关停了整个订单所有号码，阻止了违法信息的进一步传播，更是终止了下游代理商的继续违法犯罪。

事实上，作为虚拟网络运营商的 YT 公司并没有被要求去下载这些原始投

诉数据的法定义务。但 YT 公司依然为了加强自我管理主动对 12321 平台投诉数据进行了研判。虚拟网络运营商依托于三大基础网络运营商（移动、联通、电信），没有三大运营商直接处理数据的基础网络功能，所以只能通过事后监督的方式。

（3）关于赌博短信：所谓的赌博等违法短信，在案证据显示，仅是一个提示性、引流性质的链接，并无直接赌博相关内容，接收短信的用户需要手动复制链接通过局域网络才能打开，具有一定隐蔽性且传播速度有限。而且 YT 公司作为运营商，从技术上就不具备掌握和识别短信内容的条件，如果掌握，恰恰是违法的，那岂不构成侵犯公民信息？

（4）检察机关指控：2018 年 12 月 19 日、20 日，YT 公司汪某、薛某等就 75 号文工信部专项整治工作的准备情况，发给王某与相关人的报告明确指明了是"物联网行业卡"整改报告。而公诉人提出在 2019 年 2 月，工信部关于 75 号文落实情况检查在北京召开通报会议，会上将 YT 公司问题主要归纳为"使用场景为短信注册的非物联网场景，也通过了安全评估"。也就是说，YT 公司与 YFD 公司合作的这批用于企业用户发送广告营销短信的卡，并不是用于物与物通信的物联网卡。

（5）关于 2019 年 1 月，工信部组织相关部门对 YT 公司进行专项检查，发现 YT 公司与长沙市岳麓区 YQL 通讯店等三家下游代理商的合同有问题并提出整改，这三份合同所涉及的整改对象相互间隶属不同主体，且没有关联性。重点：①该事实发生于 75 号文发布之前；②YT 公司第一时间做了整改。该部分事实相关的证据仅具有行政法层面的价值，与本案指控的罪名和事实没有关联。

（6）公诉人指控"挑卡"这个行为违反了实名制规定，该指控逻辑不能成立。理由：YT 公司发货给 YFD 公司的卡未经实名认证，只有进行实名登记后才可以激活使用，挑选行为发生于代理商提货环节，并不是最终用户实名登记时的"挑选"，这并不违反实名制规定，且符合行业惯例。李某某所在的部门一直都在负责与 YFD 公司进行订单对接和执行，庭审中公诉人出示的证据可以证实：王某并没有特意安排李某某对 YFD 公司进行特殊照顾或违法性处理的指示。至于 YFD 公司之后利用这些回收号以特殊技术手段解读原有用户的微信账户等事实并不知情，与 YT 公司任何人都没有关系，这是常识。

（7）公诉人出示相关书证和被告人供述，用以证实：YT 公司于 2016 年 12 月、2017 年 1 月、2017 年 2 月三次被工信部有关部门因下游网点"实名制"方面被检查出问题而被通报和要求整改。

反对理由：首先，YT 公司在得知这些违规情况的第一时间就积极进行了整改。其次，我国虚拟运营商行业试点，从 2014 年开始至 2018 年 5 月颁发首批正式业务牌照，起诉书所列出的这三次违规通报均发生在行业试点期，几十家参与试点的企业普遍收到过类似通报，而 YT 公司一直积极落实整改措施。最后，2018 年 5 月，在 42 家试点企业中，YT 公司是首批 13 家获批正式牌照的企业之一，这充分证明了我们在试点期的工作获得了监管部门的认可，绝不可能在存在拒不整改的情况下，首批获得正式业务牌照。

6. 重点：关于工信部司局简函《关于涉及 YT（北京）通信技术有限公司相关咨询的复函》（工网安函〔2020〕935 号）第 4 项的解读

第 4 项回复内容：YT 公司将绑定个人微信号的移动电话卡回收后制作成行业卡销售给其他公司，未落实行业卡短信功能限制要求，未认真履行用户安全评估责任，违反了电话用户实名制、行业卡安全管理等相关规定。

分析：关于 YT 公司将绑定个人微信号的移动电话卡回收后制作成行业卡销售给其他公司，该评价只是中性表述。需要说明的是：YT 公司本来就可以回收绑定个人微信号的移动电话卡并再次进行销售，但这只是一个客观事实，因为 YT 公司并不掌握哪些卡绑定了微信或相关公民信息，也并非刻意销售有微信绑定的卡给 YFD 公司。再者，从不获利或微利这一商业常识也不难判断出 YT 公司并无作案动机。

关于后半句"未落实行业卡短信功能限制要求，未认真履行用户安全评估责任，违反了电话用户实名制、行业卡安全管理等相关规定"的评析：落实行业卡短信功能的限制指的是物与物通信的行业卡，但检察机关指控的"20 万张卡"并不是物与物的通信的行业卡，该回函出现偏差的原因正是在于工信部并不知悉和掌握指控逻辑和全部的基础事实。所以，工信部网安局在信息不对称的前提下便据此认定 YT 公司"违反了电话用户实名制、行业卡安全管理等相关规定"是不客观的。因为，事实上工信部网安局并不知悉"YT 公司与 YFD 公司除了正常的商业交往之外，YFD 公司是在 YT 公司并不知情的情况下利用特殊技术手段获取用户微信"等基础事实，误解为整个逻辑操作的责任人是 YT 公司。

(二) 综合辩护意见

1. YT 公司没有接到任何有关监管部门（网安、电信、公安等）责令改正的书面法律文件，认定王某构成拒不履行信息网络安全管理义务罪，没有事实依据

依据《最高人民法院、最高人民检察院关于办理非法利用信息网络、帮助信息网络犯罪活动等刑事案件适用法律若干问题的解释》：①责令网络服务提供者整改的法律依据只能是法律和行政法规两种非规范性法律文件；②"通知整改"必须以书面方式（责令整改通知书等法律文书）作出。

关于"责令改正"的认定标准：认定"经监管部门责令采取改正措施而拒不改正"，应当综合考虑监管部门责令改正是否具有法律、行政法规依据，整改措施及期限要求是否明确、合理，网络服务提供者是否具备按照要求采取改正措施的能力和条件等因素综合判断。

而本案中，YT 公司与 YFD 公司的货物订单签订于 2019 年 4 月 15 日，发货日期为 2019 年 4 月 27 日，至 2019 年 5 月 16 日 YT 公司将这批卡关停，这批短信业务卡仅仅运行 20 天时间，在此期间，YT 公司没有收到任何主管部门的整改通知。另外，从工信部网站公开的数据表明，自 2018 年第一季度至 2019 年第三季度在工信部所有行业通报中，也没有关于 YT 公司在垃圾短信治理领域的整改要求。在全行业通报中曾提到过 YT 公司需要重视和整改的领域涉及骚扰电话，但这属于传达性质，而不是命令性质，与本案认定的"实名制登记"或"垃圾短信"基础事实没有关联。此外，工信部有多种针对虚商的管理指标，与本案相关的唯一因素只有垃圾短信这一事项，其他通知事项与案件考察的事实没有因果关系。

针对 YT 公司是否下发过责令整改的书面通知，是认定"拒不履行信息网络安全管理义务罪"的基础性法定条件，一旦本案中没有相关主管部门依据法律、行政法规作出的书面整改通知，本罪名便不可能成立。

2. 本案是一个"先天性残疾的"案件：基础事实从公安机关侦查的第一步开始就已认定错误

据公安机关发布的公开报道信息显示：物联网行业卡是用于机器设备上的卡，不应具备发送短信或语音功能，但作为上游运营商的 YT 公司为了攫取

更大的经济利益，不认真履行相应的监管义务，致使一级代理商 YFD 公司将本该用于互联网行业的物联网卡违规开通短信功能及语音功能，违规销售给下级代理商，使得这些未经实名登记的电话卡最终被犯罪分子利用。所以，侦查机关认为：YT 公司不履行实名制登记制度，不履行网络服务提供者应尽的网络安全管理义务，是造成下游网络乱象的源头。

2019 年 4 月 15 日，YT 公司与 YFD 公司签订了一份 20 万张短信业务卡的订单。如上所述，"短信业务卡"主要用于企业发广告短信，YT 公司有经营短信业务卡的资质，而 YFD 公司作为一家企业，正常购买短信业务卡用于发广告短信，这完全属于合法的经营行为。但我们要清楚，物联网行业卡只能用于物与物之间的通信。而短信类的行业卡唯一的作用就是用于发短信，所以并不适用于工信部 75 号文关于物联网行业卡的管制标准，这在订单里写得清清楚楚。侦查机关曲解了短信业务卡的定义，将其误读为物联网行业卡，并进一步认定 YT 公司违反 75 号文的规定，未经实名制违规出售给 YFD 公司。所以这就是这个案件一直走到今天的真相。

短信业务卡唯一可能导致的危害是发送垃圾短信，投诉内容是吸引用户加微信，用户需要手动将微信号码复制或抄下来进一步搜索并添加，才能达成犯罪分子的目的，所以渗透率极低。运营商的义务就仅仅表现为卖"白卡"而已，必须实际登记到公司或个人名下，才能被激活并投入使用，由于运营商并不能掌握购卡方实际用卡的内容和相关情况，没有义务也没有能力主动干涉其用卡行为。

3. YT 公司履行了实名制登记的义务：将 20 万张短信业务卡登记在 YFD 公司关联公司济南 ZS 公司名下

YT 公司自 2016 年开始便开始严格落实实名制，实名制登记率达99.99%，YT 公司根本就无法辨别实名登记后的用户是否用于发送垃圾短信和骚扰电话。其垃圾短信排名从未进入过前十名，即便接到整改通知，也轮不上 YT 公司。

事实上，YT 公司与 YFD 公司签订的 20 万张短信业务卡登记在由 YFD 公司提供的第三方公司"济南 ZS 公司"名下，YT 公司也就尽到了信息网络安全管理的义务。之后即便是 YFD 公司或其下游二级代理商用来发送垃圾短信，YT 公司不可能掌握济南 ZS 公司所发短信的内容。这里涉及一个专业问题，三大基础运营商有网络和服务器，所以能够预先设置关键词搜索拦截垃圾短信，但虚拟运营商依托于基础运营商，没有服务器，不具备主动掌握信息内容并拦截垃圾短信的能力和条件，只能通过用户12321平台投诉才能被动监测到投诉信息。如果这时YT公司接到相关主管部门的整改通知拒不改正，才会产生涉嫌本罪名刑事风险的问题。信息网络安全管理的法定义务来源于具有法律、行政法规依据的书面整改通知，但YT公司于2019年4月27日发货给YFD公司，至2019年5月16日全部关停，其间并未收到任何部门的书面通知，甚至连口头通知也没有。其间于2019年5月11日凌晨，王某自行通过12321平台初步投诉数据中主动发现有少量投诉信息，于是用微信告诉任某有投诉，任某当时在国外，没及时回复王某。随后任某于2019年5月15日被抓。这充分说明，王某是在没有经相关部门的通知前提下，主动履行了信息网络安全管理义务。

4. 拒不履行信息网络安全管理义务违背YT公司商业目的，王某没有实施犯罪行为的动机

首先，YT公司销售20万张短信业务卡的业务收入模式为后付费，YT公司一条短信的成本是7.5分，卖给YFD公司是8分，毛利率不到5%，相较于虚拟运营商35%的毛利率属于微利销售，扣除制卡成本和人工运营成本，几乎不赚钱。而YT公司即便是不赚钱也要与YFD公司签订单的原因即在于，YT公司其他业务量（用户数、流量）排名在行业领先，但短信业务量排名却明显落后。2019年4月，任某找到王某，对王某说其能找到不会产生投诉的干净用户，可以为YT公司扭转这一不利局面。所以即便不赚钱，王某也答应与YFD公司关于该批次订单的合作。但合作的基础是，YFD公司不能有垃圾短信的投诉，否则，一旦投诉率过高，工信部便会终止对YT公司的号码资源供应。所以说，YT公司与YFD公司的合作前提恰恰是任某不能拿这些卡去做违法的事情，不能产生垃圾短信被投诉。否则，YT公司便得不偿失。这也是王某为何会如此关心12321平台投诉情况，并主动联系任某解决的原因。在联系不上任某后，YT公司最终于2019年5月16日将20万张卡悉数关停。所以，王某已然尽了管理义务，客观上不存在拒不履行的行为。

其次，YT公司作为运营商，其所通过12321平台了解到的投诉只是一个"初步数据"，实践中有很多恶意投诉或无效投诉，并非最终经确认的有效投

诉，需要一个理性的审查判断过程。而且数量极少，只有几十条投诉，未经确认为有效投诉便贸然关停，必定会给用卡人造成不必要的损失。如此，YT公司便有违约的风险。法律不强人所难，我们不能要求 YT 公司冒着违约的风险去实施一项自己没有能力完成的非法定义务。

5. 短信业务卡产生投诉的商业逻辑

20 万张卡被关停，但我们发现还会存在垃圾短信并伴随有投诉。举例说明，20 万张卡被关停后，产生投诉的卡对应的批次的范围有 1 万张，剩下的 19 万张卡 YT 公司不可能浪费，公司要回收继续利用，被新的用户买走，新的合同关系建立，与原订单便脱离关系。这就是一个批次的订单被关停，为何又会有使用记录并产生新的投诉的原因。单从商业外观察看，很容易误解为虚商没有尽到信息网络安全管理义务，致使侦查逻辑违背"通信卡是一个反复使用的过程"这一商业逻辑。

6. YT 公司为"实名制登记"所做的努力

一方面，虚拟运营商制卡只需要花费很低的成本，但是它流转起来的社会资本是会呈几十倍，甚至上百倍增幅。这会导致一个后果：第一，运营商有获得现金流的欲望；第二，代理商花了钱就有变现的冲动，于是就会无所不用其极地去规避实名制。加之通信卡在激活之前的流转非常频繁，而流转的过程是运营商没有办法把控的。运营商作为企业要获取现金，代理商和多层代理商又需要大量的资本占用，同时还要有快速变现的可能，客观上驱动其破坏实名制，这从根本上损害了运营商利益。另一方面，国家运营商实名制做得越好，就导致非实名制卡的价格越高。促使代理商运用各种技术和商业手段，甚至是去贿赂运营商，也要想方设法把卡激活，并借此获取高额利润，这便是"3. 15 专案"发生的根本原因。

为有效解决实名制的问题，王某自 2017 年开始研发一套足以改变行业用卡乱象的技术系统——卡盟。卡盟是一个系统工程又牵扯到商务流转技术管控，王某用了 3 年的时间完成实名审核体系。

第一，卡盟改变了一件事，由于运营商管的不是 SIM 卡，物理的卡是不重要的。卡盟的价值在于卡本身就没有电话号码和话费，卡只是一个备用的物品。如此一来，卡在整个流转过程中就没有电话号码及话费，这样既降低了整个社会资本占用，同时代理商也就没有了变现的冲动。

第二，所有参与的社会力量是需要赚钱的，于是王某进行了技术创新。王某把 YT 公司所有的电话号码变成卡盟共享的工具包，即实名制工具包相当于电话号码不流转，流转的只是工具包本身，而每一个工具包都共享 YT 公司所有的号码资源，所有的用户都可以按照需求定义话费。这时，用户的需求就转化成了实名制的驱动力。

第三，王某用技术手段进行了控制，如果不做实名制，从技术上这个号码根本就写不进去，将运营商引到新的模式下自动对接实名制。

第四，由于有先进的技术和理念，YT 公司在细分领域成为整个行业的领军企业。YT 公司进一步用卡盟发展了 100 多万名新用户，但原来发展的用户无法改成新的模式，所以还是有不法分子会寻找漏洞。YT 公司又打造了一系列的后期二次管理方案。比如：卡盟的优势是用户在哪买的卡 YT 公司都有记录，但是以前的卡流转多次后运营商并不能知道在哪被激活，而卡盟在实名制以后要将这个号码从总部拿出来并将号码写进系统，以此掌握用卡情况。

【简要总结】

本案社会影响重大，系中国虚拟网络运营商领域的"实名制第一案"，起诉书中认定的事实没有构成本罪名的法律和行政法规依据，且 YT 公司没有收到任何具有刑法意义的书面整改通知。另外，检察机关将物联网行业卡（用于物与物的通信）的规则错误应用在行业短信卡上，致使商业逻辑甄别错误，是本案法律事实认定错误的根本原因。

冤错案件是包括检察人员、审判人员在内的所有司法人员的公敌。任何有良知、有正义感、心怀慈悲的法律人都不可能容忍和坐视。

附：相关法律法规及司法解释

《中华人民共和国刑法》

第二百八十六条之一　【拒不履行信息网络安全管理义务罪】网络服务提供者不履行法律、行政法规规定的信息网络安全管理义务，经监管部门责令采取改正措施而拒不改正，有下列情形之一的，处三年以下有期徒刑、拘役或者管制，并处或者单处罚金：

（一）致使违法信息大量传播的；

（二）致使用户信息泄露，造成严重后果的；

（三）致使刑事案件证据灭失，情节严重的；

（四）有其他严重情节的。

单位犯前款罪的，对单位判处罚金，并对其直接负责的主管人员和其他直接责任人员，依照前款的规定处罚。

有前两款行为，同时构成其他犯罪的，依照处罚较重的规定定罪处罚。

　　📖《最高人民法院、最高人民检察院关于办理非法利用信息网络、帮助信息网络犯罪活动等刑事案件适用法律若干问题的解释》

第一条　提供下列服务的单位和个人，应当认定为刑法第二百八十六条之一第一款规定的"网络服务提供者"：

（一）网络接入、域名注册解析等信息网络接入、计算、存储、传输服务；

（二）信息发布、搜索引擎、即时通讯、网络支付、网络预约、网络购物、网络游戏、网络直播、网站建设、安全防护、广告推广、应用商店等信息网络应用服务；

（三）利用信息网络提供的电子政务、通信、能源、交通、水利、金融、教育、医疗等公共服务。

第二条　刑法第二百八十六条之一第一款规定的"监管部门责令采取改正措施"，是指网信、电信、公安等依照法律、行政法规的规定承担信息网络安全监管职责的部门，以责令整改通知书或者其他文书形式，责令网络服务提供者采取改正措施。

认定"经监管部门责令采取改正措施而拒不改正"，应当综合考虑监管部门责令改正是否具有法律、行政法规依据，改正措施及期限要求是否明确、合理，网络服务提供者是否具有按照要求采取改正措施的能力等因素进行判断。

第三条　拒不履行信息网络安全管理义务，具有下列情形之一的，应当认定为刑法第二百八十六条之一第一款第一项规定的"致使违法信息大量传播"：

（一）致使传播违法视频文件二百个以上的；

（二）致使传播违法视频文件以外的其他违法信息二千个以上的；

（三）致使传播违法信息，数量虽未达到第一项、第二项规定标准，但是按相应比例折算合计达到有关数量标准的；

（四）致使向二千个以上用户账号传播违法信息的；

（五）致使利用群组成员账号数累计三千以上的通讯群组或者关注人员账号数累计三万以上的社交网络传播违法信息的；

（六）致使违法信息实际被点击数达到五万以上的；

（七）其他致使违法信息大量传播的情形。

第四条 拒不履行信息网络安全管理义务，致使用户信息泄露，具有下列情形之一的，应当认定为刑法第二百八十六条之一第一款第二项规定的"造成严重后果"：

（一）致使泄露行踪轨迹信息、通信内容、征信信息、财产信息五百条以上的；

（二）致使泄露住宿信息、通信记录、健康生理信息、交易信息等其他可能影响人身、财产安全的用户信息五千条以上的；

（三）致使泄露第一项、第二项规定以外的用户信息五万条以上的；

（四）数量虽未达到第一项至第三项规定标准，但是按相应比例折算合计达到有关数量标准的；

（五）造成他人死亡、重伤、精神失常或者被绑架等严重后果的；

（六）造成重大经济损失的；

（七）严重扰乱社会秩序的；

（八）造成其他严重后果的。

第六条 拒不履行信息网络安全管理义务，具有下列情形之一的，应当认定为刑法第二百八十六条之一第一款第四项规定的"有其他严重情节"：

（一）对绝大多数用户日志未留存或者未落实真实身份信息认证义务的；

（二）二年内经多次责令改正拒不改正的；

（三）致使信息网络服务被主要用于违法犯罪的；

（四）致使信息网络服务、网络设施被用于实施网络攻击，严重影响生产、生活的；

（五）致使信息网络服务被用于实施危害国家安全犯罪、恐怖活动犯罪、黑社会性质组织犯罪、贪污贿赂犯罪或者其他重大犯罪的；

（六）致使国家机关或者通信、能源、交通、水利、金融、教育、医疗等领域提供公共服务的信息网络受到破坏，严重影响生产、生活的；

（七）其他严重违反信息网络安全管理义务的情形。

📖《中华人民共和国网络安全法》

第八条　国家网信部门负责统筹协调网络安全工作和相关监督管理工作。国务院电信主管部门、公安部门和其他有关机关依照本法和有关法律、行政法规的规定，在各自职责范围内负责网络安全保护和监督管理工作。

县级以上地方人民政府有关部门的网络安全保护和监督管理职责，按照国家有关规定确定。

第九条　网络运营者开展经营和服务活动，必须遵守法律、行政法规，尊重社会公德，遵守商业道德，诚实信用，履行网络安全保护义务，接受政府和社会的监督，承担社会责任。

第四十七条　网络运营者应当加强对其用户发布的信息的管理，发现法律、行政法规禁止发布或者传输的信息的，应当立即停止传输该信息，采取消除等处置措施，防止信息扩散，保存有关记录，并向有关主管部门报告。

📖《中华人民共和国电信条例》

第三条　国务院信息产业主管部门依照本条例的规定对全国电信业实施监督管理。

省、自治区、直辖市电信管理机构在国务院信息产业主管部门的领导下，依照本条例的规定对本行政区域内的电信业实施监督管理。

第六条　电信网络和信息的安全受法律保护。任何组织或者个人不得利用电信网络从事危害国家安全、社会公共利益或者他人合法权益的活动。

第五十九条　电信业务经营者应当按照国家有关电信安全的规定，建立健全内部安全保障制度，实行安全保障责任制。

📖《电话用户真实身份信息登记规定》

第六条　电信业务经营者为用户办理入网手续时，应当要求用户出示有

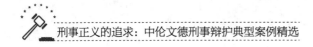

效证件、提供真实身份信息，用户应当予以配合。

用户委托他人办理入网手续的，电信业务经营者应当要求受托人出示用户和受托人的有效证件，并提供用户和受托人的真实身份信息。

朱某荣涉嫌参加黑社会性质组织罪案

许波 孙埂

■■ 【基本案情】

案情简介：

2010年，被告人周某侠（集团犯罪首犯）、被告人蒋某勤合作从事高利贷放贷业务，同年9月共同出资设立徐州A公司，先后招募被告人冯某、李某、苗某、庄某等多人加入，在江苏省徐州市市区、沛县、新沂市、安徽省宿州市等地长期实施"套路贷"违法犯罪活动。

2018年1月中旬，被告人周某侠得知H公司所在地块即将拆迁，遂起意"收购"牟利。因H公司股东牛某军、乐某等人欠被告人朱某荣人民币800余万元土地购置款，周某侠遂与朱某荣、褚某旭合谋，虚构朱某荣、褚某旭欠周某侠人民币1000万元的事实，周某侠安排庄某纠集社会人员，假装在牛某军、乐某等人面前采取威胁、恐吓等方式向朱某荣、褚某旭"逼取债务"，朱某荣、褚某旭以此为由向牛某军、乐某等人反复施压，最终迫使牛某军、乐某等人以人民币2750万元的价格将H公司的厂房及土地出售给周某侠，后周某侠获得H公司地块人民币8000余万元的高额拆迁补偿款。

2017年2月，周某侠为获取被害人孟某所有的徐州经济技术开发区纬四路南土地的使用权，利用之前伪造的借款合同，捏造孟某名下的W公司拖欠张某1000万元的事实，并向徐州经济技术开发区人民法院提起民事诉讼，朱某荣等人在庭审时出庭作出虚假证言，最终法院判决W公司偿还张某1000万元借款，为进一步强迫孟某以土地抵偿张某欠款创造条件。

朱某荣还担任被告单位G公司的法定代表人，2018年11月，朱某荣为获取高额拆迁补偿款，经被告人周某侠介绍陪同，在时任徐州高新区城改办副主任梁某办公室，送给梁某面值1300万元的徐州淮海农村商业银行承兑汇票。

检察院公诉意见认为，被告人朱某荣参加黑社会性质组织；以捏造的事实配合他人提起民事诉讼，妨害司法秩序或者严重侵害他人合法权益；以威胁手段，强迫他人转让公司资产，情节特别严重；作为单位直接负责的主管人员，为谋求不正当利益而行贿，情节严重。对朱某荣应当分别以参加黑社会性质组织罪、虚假诉讼罪、强迫交易罪、单位行贿罪追究其刑事责任。前述罪行依法应数罪并罚，综合刑期为 9 年至 14 年有期徒刑。G 公司为谋取不正当利益而行贿，数额特别巨大，情节严重，应当以单位行贿罪追究其刑事责任。

审查起诉阶段，辩护律师积极行使辩护职责，现场见证了犯罪嫌疑人认罪认罚具结书的签署，并向办案机关表达了积极退赃的意愿。案件移交法院进入审判阶段之前，检察院倾向性量刑建议 7 年至 11 年。法庭审理阶段，辩护人从事实上、法律上积极为被告人朱某荣辩护，多次与检察院、法院进行工作沟通，交流案情。庭审结束后，检察院对被告人朱某荣等量刑建议调整为 5 年至 8 年。一审庭审结束后，辩护律师继续积极履行辩护职责，与主审法官进行工作沟通，从积极退赃等方面努力为朱某荣争取从轻减轻处罚。

审理结果：

法院认为，被告人朱某荣参加黑社会性质组织，接受被告人周某侠等人的安排，长期从事违法犯罪活动；以捏造的事实提起民事诉讼，妨害司法秩序，严重侵害他人合法权益，情节严重；以威胁手段，强迫他人转让公司资产，情节特别严重；作为单位直接负责的主管人员，为谋求不正当利益而行贿，情节严重，其行为已构成参加黑社会性质组织罪、虚假诉讼罪、强迫交易罪、单位行贿罪。最终决定执行有期徒刑 5 年，并处罚金人民币 157 万元。G 公司为谋取不正当利益而行贿，情节严重，构成单位行贿罪，判处罚金人民币 80 万元。

【争议问题】

（一）关于虚假诉讼罪

1. 朱某荣依法应被认定为从犯

本起案件犯意的提起、律师的安排、犯罪过程的实施，均由周某侠一手指挥。朱某荣只是和蒋某、周某等人一起出庭作证，印证张某提交的 5 笔银行借款流水的真实性。即使朱某荣不出庭，该 5 笔银行流水也是客观存在的，也就是说，朱某荣出庭与否均不影响其真实性。朱某荣在该起案件中仅起次要和辅助作用，依法应被认定为从犯。

2. 朱某荣对法院出庭作证一度不知情

根据朱某荣供述，进入法庭之前，朱某荣对出庭作证一无所知。由于法律意识淡薄，朱某荣对作伪证缺乏基本的法律认知，加之平时对周某侠"言听计从"，才会在周某侠等人的精心安排下有意无意中到法院出庭并作虚假陈述。

3. 朱某荣并未从该起案件中获益

朱某荣和周某侠是"好邻居"，出于"报恩"心理（在朱某荣认知里，周某侠曾为朱某荣丈夫褚某旭行贿案提供重大帮助）为周某侠提供帮助，并完全按照周某侠的安排行事。朱某荣未收受周某侠任何好处，也未在该起虚假诉讼案中获取任何利益。

鉴于朱某荣在该起犯罪案件中所起作用几乎可以忽略不计，且归案后能够主动坦白，辩护律师建议合议庭对朱某荣该起犯罪给予定罪免刑处罚。

（二）关于强迫交易罪

根据被害人牛某军、乐某、陈某的陈述，对受害人产生心理威慑的是周某侠以及受周某侠指使的庄某等人的威胁、恐吓行为，朱某荣、褚某旭夫妇自始至终未对牛某军、乐某等人实施暴力或言语威胁行为，当场施压的也并非朱某荣、褚某旭夫妇，朱某荣、储某旭夫妇的行为不符合强迫交易罪的行为特征。

根据《中华人民共和国刑法》第 226 条"以暴力、威胁手段，实施下列行为之一，情节严重的，处三年以下有期徒刑或者拘役，并处或者单处罚金；情节特别严重的，处三年以上七年以下有期徒刑，并处罚金：……（四）强迫他人转让或者收购公司、企业的股份、债券或者其他资产的……"之规定，实施暴力威胁手段的行为人，最终也是强迫交易行为的受益人；被强迫交易的受害人，因受到犯罪行为人的威胁恐吓、内心产生恐惧，从而被迫转让公司资产。

而本案中，朱某荣并非暴力威胁等手段的实施人，其追索债务的行为虽然在客观上起到帮助周某侠收购 H 公司的作用，但并未对牛某军、乐某、陈某等人产生心理威慑，朱某荣也并非 H 公司的实际受让人。

鉴于朱某荣参与本起犯罪行为"事出有因"，情节显著轻微，危害不大，辩护人建议合议庭对朱某荣判处拘役刑，并处或者单处罚金。

（三）关于单位行贿罪

1. 朱某荣因受周某侠等人欺骗而参与行贿，其行为不具典型性

本案的客观事实是，高新区管委会为顺利推进土地征迁工作，希望尽快做通 G 公司的工作。于是周某侠主动联系朱某荣，谎报 G 公司的真实评估价格，诱使朱某荣同意将征地补偿款中的一部分送给梁某、许某。而事实上，G 公司的最终评估价是该厂应得的正当补偿价款。先由梁某故意将 G 公司评估价压低了4000万元，再由周某侠施以多种手段欺骗、控制朱某荣，从而使朱某荣未经丈夫褚某旭同意便签订了拆迁合同，并同意将拆迁款中的一部分送给梁某、许某。为了让朱某荣"欣然同意"，周某侠还主动拿出 1300 万元承兑汇票，借朱某荣之手向梁某行贿。朱某荣自始至终并不清楚 G 公司的真实评估价格。

2. 该起案件中，朱某荣只是承兑汇票的转递人，而真正的行贿受贿行为发生于周某侠和梁某、许某之间

该案犯意的提起、行贿过程的管控完全是周某侠、梁某等人操控，朱某荣不清楚 G 公司拆迁补偿的真实情况，因受周某侠欺骗送梁某承兑汇票，并用 G 公司应得的补偿款"偿还"周某侠。据梁某、许某供述，周某侠行贿 1300 万元是为了提高其本人拥有的与 G 公司相邻的 H 公司地块的拆迁补偿价格。事实上，H 公司的拆迁补偿价格远远超出正常的补偿价格标准，周某侠以 2750 万元的价格从牛某、乐某等人手中购得 H 公司，获得的拆迁补偿款却高达 8000 万元。此外，1300 万元承兑汇票也是由周某侠安排手下的人兑现并交给梁某、许某的。

3. G 公司或朱某荣未从该起行贿案中获得任何不正当利益

根据《中华人民共和国刑法》第393条"单位为谋取不正当利益而行贿，或者违反国家规定，给予国家工作人员以回扣、手续费，情节严重的，对单位判处罚金，并对其直接负责的主管人员和其他直接责任人员，处五年以下有期徒刑或者拘役，并处罚金……"以及《最高人民法院、最高人民检察院

关于办理行贿刑事案件具体应用法律若干问题的解释》（法释〔2012〕22 号）之相关规定，行为人（个人或者单位）实际获得了不正当利益，才能构成行贿罪，如果行为人谋取的是正当利益，或迫于某种压力，或不得已而为之的，则不构成本罪。

根据梁某及评估公司法人刘某科的证言，G 公司最开始的评估价就是1.28 亿元，G 公司或朱某荣并未从单位行贿中获取任何不正当利益，其最终得到的土地拆迁补偿款是其应获得的正当合法利益。

综上所述，辩护人认为，朱某荣的单位行贿犯罪行为不具典型性，依法应予从轻减轻处罚。

（四）关于参加黑社会性质组织罪

1. 朱某荣的行为不具备黑社会性质组织的组织特征

根据《全国部分法院审理黑社会性质组织犯罪案件工作座谈会纪要》（法〔2015〕291 号）："二、关于黑社会性质组织的认定……对于参加黑社会性质组织，没有实施其他违法犯罪活动，或者受蒙蔽、威胁参加黑社会性质组织，情节轻微的，可以不作为犯罪处理。对于参加黑社会性质组织后仅参与少量情节轻微的违法活动的，也可以不作为犯罪处理。以下人员不属于黑社会性质组织的成员：1. 主观上没有加入黑社会性质组织的意愿，受雇到黑社会性质组织开办的公司、企业、社团工作，未参与或者仅参与少量黑社会性质组织的违法犯罪活动的人员……"

本案中，朱某荣并没有参加黑社会性质组织，而且是受蒙蔽实施了少量的、轻微的违法犯罪活动，且该三起犯罪与黑社会性质组织的犯罪存在本质区别。具体而言，朱某荣没有在周某侠、蒋某勤开办的任何企业任职、形成劳动关系或者领取报酬，蒋某勤甚至根本不认识朱某荣。朱某荣未参与本案的高利贷及其他犯罪活动，和冯某、李某锋等积极参加者也未见任何交集。朱某荣的行为，更符合《最高人民法院、最高人民检察院、公安部、司法部关于办理黑恶势力犯罪案件若干问题的指导意见》（法发〔2018〕1 号）"……没有加入黑社会性质组织的意愿，受雇到黑社会性质组织开办的公司、企业、社团工作，未参与黑社会性质组织违法犯罪活动的，不应认定为'参加黑社会性质组织'"之规定。

因此，辩护人认为，朱某荣不应被认定为黑社会性质组织的一般参加者。

2. 朱某荣不具有参加黑社会性质组织的行为特征

根据《中华人民共和国刑法》第 294 条第 5 款第 3 项"以暴力、威胁或者其他手段，有组织地多次进行违法犯罪活动，为非作恶，欺压、残害群众"，以及《最高人民法院、最高人民检察院、公安部、司法部关于办理黑恶势力犯罪案件若干问题的指导意见》"为确立、维护、扩大组织的势力、影响、利益或者按照纪律规约、组织惯例多次实施违法犯罪活动，侵犯不特定多人的人身权利、民主权利、财产权利，破坏经济秩序、社会秩序，应当认定为'有组织地多次进行违法犯罪活动，为非作恶，欺压、残害群众'"之规定，黑社会性质组织的行为特征应具备三个条件：一是行为的暴力性、胁迫性，至少应有一部分能够明显地体现出暴力或者以暴力相威胁的特征；二是行为的有组织性，即必须是有组织地实施行为，包括"为确立、维护、扩大组织的势力、影响、利益或者按照纪律规约、组织惯例多次实施违法犯罪活动"；三是行为对象的不特定多人性，即不是针对特定个人实施。

公诉机关指控罪名 19 个，朱某荣仅参与了其中的 3 起，且均为非暴力犯罪，在该 3 起案件中，朱某荣或受蒙蔽参与，或"事出有因"，或情节显著轻微，危害不大，在犯罪中的作用微乎其微。

故，辩护人认为朱某荣等行为不符合参加黑社会性质组织的行为特征。

经济特征、危害性特征，同上述三起具体个罪的辩护意见。

（五）关于财产部分的辩护意见

辩护人认为，朱某荣的行为不构成参加黑社会性质组织罪，其已被查封、扣押、冻结的个人资产不应作为涉黑资产罚没，至于其他在案资产，或为其配偶所有，或为其子女合法所有，或购买于认识周某之前，对于该部分存在过度查封、扣押、冻结的资产，应尽快依法返还相应的权利人。

【法理分析】

（一）关于强迫交易罪

《中华人民共和国刑法》第 226 条规定："以暴力、威胁手段，实施下列行为之一，情节严重的，处三年以下有期徒刑或者拘役，并处或者单处罚金；情节特别严重的，处三年以上七年以下有期徒刑，并处罚金：（一）强买强卖商品的；（二）强迫他人提供或者接受服务的；（三）强迫他人参与或者退出投标、拍卖的；（四）强迫他人转让或者收购公司、企业的股份、债券或者其他资产的；（五）强迫他人参与或者退出特定的经营活动的。"

从上述规定可以看出，情节的严重程度对是否构成强迫交易罪有至关重要的影响，即不仅要有强迫交易的行为，还要结合该行为的严重程度。《最高人民检察院、公安部关于公安机关管辖的刑事案件立案追诉标准的规定（一）的补充规定》中规定："〔强迫交易案（刑法第226条）〕以暴力、威胁手段强买强卖商品，强迫他人提供服务或者接受服务，涉嫌下列情形之一的，应予立案追诉：（一）造成被害人轻微伤的；（二）造成直接经济损失2千元以上的；（三）强迫交易3次以上或者强迫3人以上交易的；（四）强迫交易数额1万元以上，或者违法所得数额2千元以上的；（五）强迫他人购买伪劣商品数额5千元以上，或者违法所得数额1千元以上的；（六）其他情节严重的情形。以暴力、威胁手段强迫他人参与或者退出投标、拍卖，强迫他人转让或者收购公司、企业的股份、债券或者其他资产，强迫他人参与或者退出特定的经营活动，具有多次实施、手段恶劣、造成严重后果或者恶劣社会影响等情形之一的，应予立案追诉。"[1]以上规定明确了强迫交易罪中情节程度的标准。强迫交易行为是一种复合性行为，包括强迫行为和交易行为两个方面，强迫行为是手段，交易行为是目的，即通过强迫手段达到交易目的。[2]

首先，刑法中的暴力、威胁在不同的罪名中有不同的程度，在强迫交易罪中，暴力的范围笔者认同广义的概念，即"不法对人行使有形力，但不要求直接对人的身体行使。即使是对物行使有形力，但因此对人的身体以强烈的物理影响时，也构成暴力（间接暴力）"[3]，说明强迫交易的暴力手段只需要达到使交易对方当事人害怕而不得已进行交易的强迫程度即可。[4]同样，威胁在强迫交易罪中的范围，主要是指对受害人实施威逼、恐吓等精神强制

---

〔1〕　参见《最高人民检察院、公安部关于公安机关管辖的刑事案件立案追诉标准的规定（一）的补充规定》（公通字〔2017〕12号）。

〔2〕　周强、罗开卷：《强迫交易罪司法实务问题探讨》，载《上海政法学院学报（法治论丛）》2011年第2期。

〔3〕　〔日〕大塚仁：《刑法概说（各论）》（第3版），冯军译，中国人民大学出版社2003年版。

〔4〕　张勇：《强迫交易及其关联罪的体系解释：以酒托案为例》，载《中国刑事法杂志》2011年第5期。

手段〔1〕，使被害人害怕而不得已进行交易。在交易过程中，通过威胁或暴力手段不一定会使受害人受到实际的身体伤害，但会造成实际的经济损失。如果行为人仅进行了强迫手段，却未造成被害人交易导致的经济损失，则可以认为是其他侵犯人身权利的罪名。其次，交易才是行为人最终的目的。正常的交易应当为正常的等价交换，我国通说认为本罪保护的法益应是正常的市场交易秩序。本罪的市场交易秩序法益属性既决定了本罪只能发生在正常的商业经营或者交易活动中，也决定了本罪的犯罪主体应是正常的商业经营或者交易活动中的参与者，其与被害人之间必须是一种相对的交易关系，否则很难产生侵犯正常市场交易秩序的结果。〔2〕而强迫交易罪可罚性的根据并不在于交易本身，而在于以暴力、威胁的方式来完成交易；刑法规定强迫交易罪的法定刑为3年以下有期徒刑或者拘役的轻刑，其行为必须具有等价交换的交易实质，否则就可能在强迫交易罪与抢劫罪、寻衅滋事罪之间造成罪刑不均衡。如果行为人主观上并不具有等价交换的意图，而只是想利用"交易"之名，以暴力、威胁手段通过不正常的价格达到非法占有他人财物的目的，其行为与抢劫无异。〔3〕因此，强迫交易罪的认定有双重标准，须同时满足才可以认定。

本案中，朱某荣与牛某、乐某本来就是债权债务关系，周某侠则是利用这一关系，才有机会向牛某、乐某"演戏"并使被害人被迫同意交易。对于牛某、乐某来说，这无疑是强迫交易，但是强迫手段的行为人与最终利益的获得者均不是朱某荣、褚某旭夫妇二人，朱某荣未对被害人实施暴力或者威胁行为，地块的转让也是假借朱某荣的名义"中转"，朱某荣仅在周某侠实施威胁行为中配合"演戏"，并无主观上的恶意强迫目的，故辩护人以此认为朱某荣在案件中为从犯，应比照主犯周某侠从轻减轻处罚。

---

〔1〕 张勇：《强迫交易及其关联罪的体系解释：以酒托案为例》，载《中国刑事法杂志》2011年第5期。

〔2〕 江海洋：《强迫交易罪的主体在原则上须是交易的相对方》，载正义网：https://baike.baidu.com/reference/8588530/4022y-J-vct8_ss1XUPE5TIacTLXWVSTL0KgZXNATH4zuE7HVGUSxLXr8F1QUkB_0_RSGRYsdyYC-5v5-RWJMs9xsXxxE6PNDymorwpl6FEAcp3I，最后访问日期：2019年10月17日。

〔3〕 吴学斌、郑佳：《强迫交易罪适用中的几个问题》，载《人民检察》2007年第7期。

（二）关于虚假诉讼罪

《中华人民共和国刑法》第 307 条之一规定："以捏造的事实提起民事诉讼，妨害司法秩序或者严重侵害他人合法权益的，处三年以下有期徒刑、拘役或者管制，并处或者单处罚金；情节严重的，处三年以上七年以下有期徒刑，并处罚金。单位犯前款罪的，对单位判处罚金，并对其直接负责的主管人员和其他直接责任人员，依照前款的规定处罚。有第一款行为，非法占有他人财产或者逃避合法债务，又构成其他犯罪的，依照处罚较重的规定定罪从重处罚。司法工作人员利用职权，与他人共同实施前三款行为的，从重处罚；同时构成其他犯罪的，依照处罚较重的规定定罪从重处罚。"

从《中华人民共和国刑法》第 307 条之一第 1 款的表述来看，本罪的保护法益具有选择性，即只要行为妨害司法秩序 " 或者"侵害他人的合法权益，便具有违法性。换言之虚假诉讼行为，只要妨害了司法秩序或者侵害了他人的合法权益，就可能成立犯罪，而不要求行为同时妨害司法秩序与侵害他人的合法权益。只有当虚假诉讼行为既不妨害司法秩序，也没有侵害他人的合法权益时，才不构成犯罪。[1]虚假诉讼行为对他人合法权益的侵害，既可能表现为对他人财产权益的侵害，也可能表现为对其他合法权益的侵害。[2]从以上学者的观点可以看出，虚假诉讼罪所侵犯的客体为选择性的，既可能是对司法秩序的侵害，也可能是对他人合法权利的侵害，还可能是对二者的同时侵害。

本罪的客观方面为"捏造的事实"，它既可能表现为行为人自己捏造事实向法院提起诉讼，也可能表现为利用他人捏造的事实向法院提起诉讼。[3]其包含两个方面，一是违反真实陈述义务作虚假陈述，影响法院对案件事实的判断。其包括：当事人的虚假自认、虚假陈述；证人作伪证；鉴定人故意作与事实不符的鉴定结论。二是以欺骗方法形成不正当的诉讼状态。当事人使用不正当的手段或方法使自己处于有利的诉讼地位，或形成有利于自己的诉讼状态。由于实施了欺骗方法，启动了诉讼程序，形成了有利于自己的诉讼

---

〔1〕 张明楷：《虚假诉讼罪的基本问题》，载《法学》2017 年第 1 期。

〔2〕 周光权：《刑法各论》（第 3 版），中国人民大学出版社 2016 年版。

〔3〕 张明楷：《虚假诉讼罪的基本问题》，载《法学》2017 年第 1 期。

状态。[1]

本案中，犯意的提起、律师的安排、犯罪过程的实施，均由周某侠一手指挥。朱某荣只是和蒋某、周某等人一起出庭作证，印证张某提交的 5 笔银行借款流水的真实性。即使朱某荣不出庭，该 5 笔银行流水也是客观存在的，也就是说，朱某荣出庭与否均不影响其真实性。朱某荣本人的行为并不属于"捏造的事实"，虽然该诉讼的结果损害了被害人的利益，但朱某荣在该起案件中仅起次要和辅助作用。因此，辩护人认为，朱某荣在该起犯罪中应被认定为从犯，对于朱某荣的行为应比照主犯从轻减轻处罚。

（三）关于参加黑社会性质组织罪

《中华人民共和国刑法》第 294 条第 5 款规定："黑社会性质组织应当同时具备以下四项特征：（一）形成较稳定的犯罪组织，人数较多，有明确的组织者、领导者，骨干成员基本固定；（二）有组织地通过违法犯罪活动或者其他手段获取经济利益，具有一定的经济实力，以支持该组织的活动；（三）以暴力、威胁或者其他手段，有组织地多次进行违法犯罪活动，为非作恶，欺压、残害群众；（四）通过实施违法犯罪活动，或者利用国家工作人员的包庇或者纵容，称霸一方，在一定区域或者行业内，形成非法控制或者重大影响，严重破坏经济、社会生活秩序。"

"恶势力"是黑社会性质组织的雏形，有的最终发展成为黑社会性质组织。[2]2019 年 2 月 28 日印发的《最高人民法院、最高人民检察院、公安部、司法部关于办理恶势力刑事案件若干问题的意见》中明确规定了恶势力的定义。恶势力，是指经常纠集在一起，以暴力、威胁或者其他手段，在一定区域或者行业内多次实施违法犯罪活动，为非作恶，欺压百姓，扰乱经济、社会生活秩序，造成较为恶劣的社会影响，但尚未形成黑社会性质组织的违法犯罪组织。其特征有：恶势力一般为 3 人以上，纠集者相对固定；恶势力实施的违法犯罪活动，主要为强迫交易、故意伤害、非法拘禁、敲诈勒索、故意毁坏财物、聚众斗殴、寻衅滋事，但也包括具有为非作恶、欺压百姓的特

---

[1] 张艳：《虚假诉讼类型化研究与现行法规定之检讨——以法院裁判的案件为中心》，载《政治与法律》2016 年第 7 期。

[2] 参见《全国部分法院审理黑社会性质组织犯罪案件工作座谈会纪要》（法〔2015〕291 号）。

征，主要以暴力、威胁为手段的其他违法犯罪活动。[1]黑社会性质组织与恶势力存在转化关系，即恶势力演变到黑社会性质组织是一个渐进的、不断积累最终达到质变的过程。[2]仅通过人数、存续时间并不能准确地判断犯罪团体是"恶势力"还是黑社会性质组织，二者主要的区分点在于该团体是否具备经济特征和一定的组织纪律、活动规约。在经济特征中，黑社会组织所获取的利益是用作组织非法活动的，而获取利益的手段不局限于非法活动。有些黑社会性质组织通过合法的投资、生产、经营活动，获取长久、有保障的利益，再将部分或全部用作非法活动。获取利益的可能是组织中的个人，也可能是整个组织，只要获得经济利益以支持组织活动即可认定[3]为该组织具备经济特征。此外，与恶势力、恶势力犯罪集团依靠成员之间的相互配合不同，黑社会性质组织为了自身的存续、发展以及管理、控制成员，必然存在一些明示、默示的行为规范和准则。[4]《全国部分法院审理黑社会性质组织犯罪工作座谈会纪要》中也说明：黑社会性质组织为了维护自身的安全和稳定，一般会有一些约定俗成的纪律、规约，有些甚至还有明确的规定。因此，具有一定的组织纪律、活动规约，也是认定黑社会性质组织特征的重要参考依据。综上所述，以周某侠、蒋某勤为首的犯罪组织确为黑社会性质组织。

根据《全国部分法院审理黑社会性质组织犯罪案件工作座谈会纪要》（法〔2015〕291号）"二、关于黑社会性质组织的认定……对于参加黑社会性质组织，没有实施其他违法犯罪活动，或者受蒙蔽、威胁参加黑社会性质组织，情节轻微的，可以不作为犯罪处理。对于参加黑社会性质组织后仅参与少量情节轻微的违法活动的，也可以不作为犯罪处理。以下人员不属于黑社会性质组织的成员：1. 主观上没有加入黑社会性质组织的意愿，受雇到黑社会性质组织开办的公司、企业、社团工作，未参与或者仅参与少量黑社会性质组织的违法犯罪活动的人员……"，以及《最高人民法院、最高人民检察院、公

---

[1]　参见《最高人民法院、最高人民检察院、公安部、司法部关于办理恶势力刑事案件若干问题的意见》（法发〔2019〕10号）。

[2]　杨均涵：《组织、领导、参加黑社会性质组织罪研究》，中国人民公安大学2020年硕士学位论文。

[3]　朱本欣、梁健：《论黑社会性质组织的司法认定》，载《法学评论》2008年第1期。

[4]　谢望原、张尹：《论黑社会性质组织的组织特征》，载《河北大学学报（哲学社会科学版）》2019年第4期。

安部、司法部关于办理黑恶势力犯罪案件若干问题的指导意见》（法发〔2018〕1号）"……没有加入黑社会性质组织的意愿，受雇到黑社会性质组织开办的公司、企业、社团工作，未参与黑社会性质组织违法犯罪活动的，不应认定为'参加黑社会性质组织'"的规定，黑社会性质组织中受雇佣的人员不应当全部被认定为参加黑社会性质组织。具体可以将其分为两类，一类是受雇佣后成为该组织成员；另一类是不知公司企业是该组织开办的这一性质而受雇佣的人。这些受雇佣的人是否认定为犯罪要分情况讨论，主要考察以下两个要素：第一，受雇佣的人是否主观明知，即知道自己受雇于黑社会性质组织。第二，受雇佣的人是否从事了违法犯罪活动。当受雇佣的人满足两者，即主观上明知，客观上具有违法犯罪行为，那么就等同于是该组织的成员，即构成本罪。为防止扩大打击面，假如有一条不满足，那么都不成立本罪。[1]

本案中，朱某荣并没有参加黑社会性质组织，而且是受蒙蔽实施了少量的、轻微的违法犯罪活动，且该三起犯罪与黑社会性质组织的犯罪存在本质区别。具体而言，朱某荣没有在周某侠、蒋某勤开办的任何企业任职、形成劳动关系或者领取报酬，蒋某勤甚至根本不相识朱某荣。朱某荣未参与本案的高利贷及其他犯罪活动，和冯某、李某锋等积极参加者也未见任何交集。因此，辩护人认为，朱某荣的行为不符合"参加黑社会性质组织"的相关法律规定。

（四）关于单位行贿罪

《中华人民共和国刑法》第393条规定："单位为谋取不正当利益而行贿，或者违反国家规定，给予国家工作人员以回扣、手续费，情节严重的，对单位判处罚金，并对其直接负责的主管人员和其他直接责任人员，处五年以下有期徒刑或者拘役，并处罚金。因行贿取得的违法所得归个人所有的，依照本法第三百八十九条、第三百九十条的规定定罪处罚。"第389条规定："为谋取不正当利益，给予国家工作人员以财物的，是行贿罪。在经济往来中，违反国家规定，给予国家工作人员以财物，数额较大的，或者违反国家规定，

---

〔1〕 杨均涵：《组织、领导、参加黑社会性质组织罪研究》，中国人民公安大学2020年硕士学位论文。

给予国家工作人员以各种名义的回扣、手续费的，以行贿论处。因被勒索给予国家工作人员以财物，没有获得不正当利益的，不是行贿。"第 390 条规定："对犯行贿罪的，处五年以下有期徒刑或者拘役，并处罚金；因行贿谋取不正当利益，情节严重的，或者使国家利益遭受重大损失的，处五年以上十年以下有期徒刑，并处罚金；情节特别严重的，或者使国家利益遭受特别重大损失的，处十年以上有期徒刑或者无期徒刑，并处罚金或者没收财产。行贿人在被追诉前主动交待行贿行为的，可以从轻或者减轻处罚。其中，犯罪较轻的，对侦破重大案件起关键作用的，或者有重大立功表现的，可以减轻或者免除处罚。"

根据《中华人民共和国刑法》和自 1999 年 9 月 16 日起施行的《最高人民检察院关于人民检察院直接受理立案侦查案件立案标准的规定（试行）》的规定，单位行贿行为构成犯罪的标准是具备以下两种情形之一：一是单位行贿数额在 20 万元以上的；二是单位为谋取不正当利益而行贿，数额在 10 万元以上不满 20 万元，但具有下列情形之一的：①为谋取非法利益而行贿的；②向 3 人以上行贿的；③向党政领导、司法工作人员、行政执法人员行贿的；④致使国家或者社会利益遭受重大损失的。而行贿行为构成行贿罪的标准：一是行贿数额在 1 万元以上的；二是行贿数额不满 1 万元，但具有下列情节之一：①为谋取非法利益而行贿的；②向 3 人以上行贿的；③向党政领导、司法工作人员、行政执法人员行贿的；④致使国家或者社会利益遭受重大损失的。

最高人民法院于 2001 年 1 月 21 日印发的《全国法院审理金融犯罪案件工作座谈会纪要》中指出，单位犯罪中"直接负责的主管人员"，是在单位实施的犯罪中起决定、批准、授意、纵容、指挥等作用的人员，一般是单位的主管负责人，包括法定代表人。"其他直接责任人员"，是指在单位犯罪中具体实施犯罪并起较大作用的人员，既可以是单位的经营管理人员，也可以是单位的职工，包括聘任、雇佣的人员。应当注意的是，在单位犯罪中，对于受单位领导指派或者奉命参与实施了一定犯罪行为的人员，一般不宜作为直接责任人员追究刑事责任。在本罪中，行为人在主观上必须具有对单位行贿的主观认识。如果有关人员主观上并不明知单位领导的决策内容属于为谋取不正当利益的行贿行为，而误认为是应当向他人合理收取资金或者交纳资金，就不应认定为"直接负责的主管人员"或"其他直接责任人员"。[1]

本案中，朱某荣因受周某侠等人欺骗而参与行贿。本案客观事实是，高新区管委会为顺利推进土地征迁工作，需做通 G 公司的工作，以便顺利完成拆迁。G 公司的最终评估价是该厂应得的正当补偿价款。先由梁某故意将 G 公司评估价压低了 4000 万元，再由周某侠施以多种手段欺骗、控制朱某荣，从而使朱某荣未经丈夫褚某旭同意便签订了拆迁合同，并同意将拆迁款中的一部分送给梁某、许某。为了让朱某荣"欣然同意"，周某侠还主动拿出 1300 万元承兑汇票，借朱某荣之手向梁某行贿。朱某荣自始至终并不清楚 G 公司的真实评估价格，G 公司的最终评估价格也是客观真实的，朱某荣并未因"行贿"而受益。相反，周某侠却是真正的受益人，周某侠从牛某军、乐某处强迫交易得来的地块，与朱某荣的 G 公司毗邻，最终评估价远远高于市场正常价。朱某荣只是承兑汇票的转递人，G 公司或朱某荣也未从该起行贿案中获得任何不正当利益。加之朱某荣案发后主动坦白，因此辩护人认为朱某荣应当从轻判处。

■ 【简要总结】

本案牵连人数多、犯罪周期长、案情复杂，因此在办案过程中很容易遗漏一些细节，我国对于涉案罪名的规定也有不足，这对罪名的认定会产生一定的影响，但也为辩护律师提供了相应的辩护空间。辩护人在辩护过程中细致地分析委托人的行为细节，深度把握涉案关键证据，抽丝剥茧，及时发现证据材料中存在的问题，认真梳理、甄别相关法律法规、司法解释的适用，科学对应或者区分法律法规中的规定，对案件的结果起到了至关重要的影响。在行使辩护职责过程中，辩护律师从程序法角度和实体法角度充分行使辩护权，积极配合司法机关引导当事人做好认罪认罚、积极退赃的工作。同时，在发现法律不完善的过程中，如本案中关于朱某荣构成参加黑社会性质组织罪的定性，辩护人认为更多因素是受扫黑除恶的刑事政策环境影响，缺乏明确具体、操作性强的法律依据。辩护律师也希望未来立法可以更加细致、精

---

〔1〕 肖中华：《论单位受贿罪与单位行贿罪的认定》，载《法治研究》2013 年第 5 期。

准地制定法律，使新制定的法律具备更强的可适用性和可操作性，以应对社会经济发展过程中新的犯罪形态的发生。

本案是江苏省徐州市有史以来最大的一起黑社会组织案件，首犯周某侠因其多起犯罪行为得到应有惩罚，但朱某荣本为 GX 重型机械有限公司的法定代表人、实际控制人，多年一直致力于发展实业，是当地具有较高知名度和影响力的优秀企业家，是徐州市女子企业家协会常务副会长。但是朱某荣一时受周某侠蛊惑，迷失自我，忽视了企业的科学发展和自身法律意识的提高，忽视了自身价值观的改造，从备受政府重视、社会各界尊敬的优秀企业家到沦为阶下囚，其犯罪之路令人惋惜，发人深省。

（1）民营企业发展之初，规模小，管理灵活方便，多是靠亲情、友情或其他特殊关系维系，但企业做大做强之后，其科学稳定的发展壮大必须依靠现代化的管理制度，建立起一套行之有效的企业合规制度，有效规避财务风险以及其他法律风险。事实上，朱某荣的企业在发展壮大之后，这方面是缺失的。

（2）近年来，企业家犯罪案件频发，其原因是复杂的、多方面的，但其中最重要的一个方面是企业家在企业发展过程中，重财务风险、企业经营中的商业风险而轻刑事风险，很多企业家认为刑事风险离自身很遥远，殊不知一旦涉及刑事责任，无论对企业家个人、家庭，还是对经营中的企业，其影响往往是毁灭性的、不可逆的。因此，加强企业刑事合规体系建设，有效规避企业经营中的刑事法律风险，是每个企业/企业家必须格外重视的焦点问题。本案中，朱某荣以及 GX 重型机械有限公司因法律意识淡漠，忽视企业刑事风险而触犯刑律，最终导致了企业彻底无法经营。冰冷的铁窗之内，朱某荣曾多次向辩护律师表达忏悔之情。

（3）据笔者了解，2020 年 3 月，最高人民检察院启动对涉嫌违法犯罪依法不捕、不诉、不判处实刑的企业合规试点工作，并确定上海市浦东新区、广东省深圳市南山区、宝安区，江苏省张家港市等 6 地基层检察院为试点开展"企业犯罪相对不诉适用机制改革"。之后，2021 年 4 月，最高人民检察院下发《关于开展企业合规改革试点工作方案》，第二期企业合规试点范围扩大至北京、辽宁、上海、江苏、浙江、福建、山东、湖北、湖南、广东等 10 个省（直辖市）。笔者相信，随着试点工作的逐步推进、完善，与企业刑事合规相关的刑事法规、企业刑事合规制度也会逐步在全国推广。笔者衷心希望广大企业，尤其是民营企业、企业家，以国家重视、推动企业合规经营为契机，以企业刑事合规体系建设为抓手，建立一套完善的企业刑事合规体系制度，为企业科学稳定发展、依法合规经营保驾护航。

附：相关法律法规及司法解释

📖《中华人民共和国刑法》

第二百二十六条　【强迫交易罪】以暴力、威胁手段，实施下列行为之一，情节严重的，处三年以下有期徒刑或者拘役，并处或者单处罚金；情节特别严重的，处三年以上七年以下有期徒刑，并处罚金：

（一）强买强卖商品的；

（二）强迫他人提供或者接受服务的；

（三）强迫他人参与或者退出投标、拍卖的；

（四）强迫他人转让或者收购公司、企业的股份、债券或者其他资产的；

（五）强迫他人参与或者退出特定的经营活动的。

第二百九十四条　【组织、领导、参加黑社会性质组织罪】组织、领导黑社会性质的组织的，处七年以上有期徒刑，并处没收财产；积极参加的，处三年以上七年以下有期徒刑，可以并处罚金或者没收财产；其他参加的，处三年以下有期徒刑、拘役、管制或者剥夺政治权利，可以并处罚金。

【入境发展黑社会组织罪】境外的黑社会组织的人员到中华人民共和国境内发展组织成员的，处三年以上十年以下有期徒刑。

【包庇、纵容黑社会性质组织罪】国家机关工作人员包庇黑社会性质的组织，或者纵容黑社会性质的组织进行违法犯罪活动的，处五年以下有期徒刑；情节严重的，处五年以上有期徒刑。

犯前三款罪又有其他犯罪行为的，依照数罪并罚的规定处罚。

黑社会性质的组织应当同时具备以下特征：

（一）形成较稳定的犯罪组织，人数较多，有明确的组织者、领导者，骨干成员基本固定；

（二）有组织地通过违法犯罪活动或者其他手段获取经济利益，具有一定的经济实力，以支持该组织的活动；

（三）以暴力、威胁或者其他手段，有组织地多次进行违法犯罪活动，为非作恶，欺压、残害群众；

（四）通过实施违法犯罪活动，或者利用国家工作人员的包庇或者纵容，称霸一方，在一定区域或者行业内，形成非法控制或者重大影响，严重破坏经济、社会生活秩序。

第三百零七条之一　【虚假诉讼罪】以捏造的事实提起民事诉讼，妨害司法秩序或者严重侵害他人合法权益的，处三年以下有期徒刑、拘役或者管制，并处或者单处罚金；情节严重的，处三年以上七年以下有期徒刑，并处罚金。

单位犯前款罪的，对单位判处罚金，并对其直接负责的主管人员和其他直接责任人员，依照前款的规定处罚。

有第一款行为，非法占有他人财产或者逃避合法债务，又构成其他犯罪的，依照处罚较重的规定定罪从重处罚。

司法工作人员利用职权，与他人共同实施前三款行为的，从重处罚；同时构成其他犯罪的，依照处罚较重的规定定罪从重处罚。

第三百八十九条　【行贿罪】为谋取不正当利益，给予国家工作人员以财物的，是行贿罪。

在经济往来中，违反国家规定，给予国家工作人员以财物，数额较大的，或者违反国家规定，给予国家工作人员以各种名义的回扣、手续费的，以行贿论处。

因被勒索给予国家工作人员以财物，没有获得不正当利益的，不是行贿。

第三百九十条　【行贿罪的处罚规定】对犯行贿罪的，处五年以下有期徒刑或者拘役，并处罚金；因行贿谋取不正当利益，情节严重的，或者使国家利益遭受重大损失的，处五年以上十年以下有期徒刑，并处罚金；情节特别严重的，或者使国家利益遭受特别重大损失的，处十年以上有期徒刑或者无期徒刑，并处罚金或者没收财产。

行贿人在被追诉前主动交待行贿行为的，可以从轻或者减轻处罚。其中，犯罪较轻的，对侦破重大案件起关键作用的，或者有重大立功表现的，可以减轻或者免除处罚。

第三百九十三条 【单位行贿罪】单位为谋取不正当利益而行贿，或者违反国家规定，给予国家工作人员以回扣、手续费，情节严重的，对单位判处罚金，并对其直接负责的主管人员和其他直接责任人员，处五年以下有期徒刑或者拘役，并处罚金。因行贿取得的违法所得归个人所有的，依照本法第三百八十九条、第三百九十条的规定定罪处罚。

杨某忠等组织、领导黑社会性质组织案法律分析

——从刑事诉讼代理人的角度维护受害人合法权益

许 波

【基本案情】

案情简介：

河北省固安县人民检察院以固检公诉刑诉（2018）305 号起诉书指控被告人杨某忠犯组织、领导黑社会性质组织罪，敲诈勒索罪，故意毁坏财物罪，寻衅滋事罪，故意伤害罪，贪污罪，诈骗罪，强迫交易罪，挪用资金罪；被告人崔某某犯领导黑社会性质组织罪、敲诈勒索罪、故意毁坏财物罪、寻衅滋事罪、故意伤害罪；被告人赵某某犯参加黑社会性质组织罪、故意毁坏财物罪、寻衅滋事罪、故意伤害罪；被告人张某某犯参加黑社会性质组织罪、敲诈勒索罪、强迫交易罪，被告人杨某海犯参加黑社会性质组织罪、寻衅滋事罪；被告人刘某伟犯参加黑社会性质组织罪、故意毁坏财物罪、寻衅滋事罪；被告人马某某、张某、姚某某、聂某某犯参加黑社会性质组织罪、故意毁坏财物罪、故意伤害罪；被告人刘某军犯参加黑社会性质组织罪、寻衅滋事罪，被告人陈某某犯诈骗罪，于 2018 年 12 月 27 日向河北省固安县人民法院（以下简称"固安县法院"）提起公诉，固安县法院依照廊坊市中级人民法院（以下简称"廊坊中院"）指定管辖决定，于 2019 年 1 月 2 日立案受理。

在法院审理过程中，附带民事诉讼原告人向固安县法院提起刑事附带民事诉讼。固安县法院于 2019 年 5 月 30 日作出（2019）冀 1022 刑初 1 号刑事附带民事判决书，原审部分附带民事诉讼原告人、被告人不服一审判决，上诉至廊坊中院。廊坊中院于 2019 年 8 月 2 日作出（2019）冀 10 刑终 329 号刑事附带民事裁定书，裁定"驳回上诉，维持原判"。

检方起诉意见书称：

（一）组织、领导、参加黑社会性质组织罪及该组织实施的具体犯罪

2005年5月，被告人杨某忠注册成立廊坊市HS房地产开发有限公司（以下简称"HS公司"）。2008年，被告人杨某忠利用王某1、被告人张某某的职务便利，以北小营村委会的名义，通过个人关系获得了北小营村城中村改造项目的批复。2010年3月14日，HS公司与廊坊市DJ商业城房地产开发有限公司（以下简称"DJ公司"）签订合作开发北小营村《协议书》，逐步控制了城中村改造项目。2010年至2016年间，杨某忠利用把控城中村改造之机，伙同张某某、陈某某分别实施了贪污、强迫交易、诈骗等犯罪行为，聚敛财富达人民币4700余万元。

2016年8月为攫取非法利益，杨某忠勾结被告人崔某某，以崔某某经营的廊坊市HF拆除工程有限公司（以下简称"HF公司"）和由崔某某实际控制的廊坊市HM城市房屋拆迁有限公司（以下简称"HM公司"）为依托，介入北小营村城中村改造项目的旧房拆除工程，形成了以杨某忠为组织者、领导者，崔某某为领导者，被告人赵某某、张某某、杨某海、犯罪嫌疑人王某4为积极参加者，被告人刘某伟、马某某、姚某某、聂某某、张某、刘某军为一般参加者的黑社会性质组织。该组织结构稳定，有明确的层级和分工，通过实施违法犯罪行为获取经济利益以支持该组织的活动。

2012年12月22日，杨某忠与被害人张某1、邢某某签订了《股份制医院合作协议》，约定三方出资成立股份制合作医院，名称为"廊坊城南医院"（以下简称"城南医院"），医院成立后一直由张某1担任法人及执行董事。自2015年底，杨某忠、张某1二人因医院管理问题产生矛盾并逐步加深，2017年6月29日，杨某忠聘请第三方对城南医院进行全面管理，张某1被迫离开城南医院。同年7月2日，张某1申请变更医院执业地点，并于7月5日获得执业地点变更的批复，在新地址筹建新城南医院。为实现对城南医院的控制，杨某忠一方面在城南医院原址登记注册"新城医院"，另一方面指使组织成员崔某某、赵某某、杨某海、刘某伟等人，于2017年7月至10月实施了寻衅滋事、故意伤害等多起犯罪行为，滋扰、阻止被害人张某1筹建新城南医院。

2016年8月至2018年1月期间，为了组织利益，该组织还实施了敲诈勒

索、寻衅滋事、故意毁坏财物、故意伤害等多起违法犯罪行为，获取经济利益人民币9000余万元。通过实施具体的违法犯罪行为，该组织对北小营村和DJ公司形成了非法控制，严重干扰破坏了北小营村和DJ公司的正常生活、经营、工作秩序。该组织通过对被害人张某1及城南医院实施多起暴力犯罪，并以暴力威胁手段迫使张某1于2018年1月26日签订两份协议，将城南医院股权及经营管理权全部转让给杨某忠。次日，张某1在拒绝对致其伤残的马某某等4人出具《刑事谅解书》后从新城南医院办公室跳楼身亡。该事件引起社会广泛关注，造成了极其恶劣的社会影响。

以杨某忠为首的黑社会性质组织为达到非法控制的目的，拉拢腐蚀党政干部、政法干警，竭力编织保护伞，严重败坏了党和政府的形象。截至目前，纪检监察部门已对27人分别给予了党纪政务处分，其中7人已被移送司法机关处理。

1. 该黑社会性质组织在拆迁改造过程中实施的具体违法犯罪事实

（1）敲诈勒索罪。

首先，在DJ公司开发北小营村改造项目期间，杨某忠于2016年8月1日安排被告人崔某某介入该项目拆迁工作。其间，杨某忠指使崔某某延迟拆迁，影响项目进度。2017年3月左右，HM公司未按约定期限完成拆迁工作，影响了DJ公司的项目进度。DJ公司自行组织人员进行后期拆迁工作。崔某某得知此事后，通过威胁、恐吓等方式对拆迁人员进行阻挠、滋扰，并派人在北小营村村口进行看守，阻止拆迁工作。后杨某忠、崔某某以DJ公司自行拆迁损害HM公司经济利益为由，以签订《补充协议》的方式，迫使DJ公司承诺无偿给付HM公司3500平方米房产面积（折合人民币1050万元）。因案发时工程未竣工，上述房产面积尚未实际交付。

其次，2016年底至2017年5月，杨某忠以为该黑社会性质组织谋取非法利益为目的，以不配合DJ公司征地、拆迁等手段相要挟，以签订《协议书》的方式，迫使DJ公司免除HS公司及杨某忠借款人民币2600万元，并承诺无偿给付HS公司15 000平方米房产面积（折合人民币4500万元）。因案发时工程未竣工，上述房产面积尚未实际交付。

最后，2017年8月，杨某忠、张某某得知应返还DJ公司的征地补偿费人民币4328.3592万元已拨付到杨税务乡财政所后，杨某忠指使张某某不配合

置补偿协议，安排徐某等人到张某雨在北小营村经营的蛋糕店滋扰，后张某雨、张某娥、王某侠驾车到村委会内与被告人赵某某等人谈拆迁事宜，其间发生争吵，徐某将张某雨驾驶的长城哈弗 H1 汽车两条轮胎扎破。后被告人崔某某出面与张某雨协商，最终张某雨与 HM 公司签订了《拆迁安置补偿协议》。

2. 该黑社会性质组织针对城南医院及张某 1 实施的违法犯罪事实

（1）寻衅滋事罪。

首先，2017 年 7 月 21 日上午，被害人张某 1 在城南医院组织各科室负责人开会，被告人杨某海知道后将此情况告知其父杨某忠，杨某忠遂指使被告人崔某某前去阻止。后崔某某纠集被告人赵某某、刘某伟及王某 4 等人赶到医院威胁医务人员、扰乱会场秩序，致使医院工作人员人心惶惶，医院的正常工作受到极大影响。

其次，2017 年 8 月 23 日，杨某海、赵某某先后通过打电话、发送短信的方式对城南医院管理人员曹某某进行威胁、恐吓，向其索要该院医师电子注册信息系统的用户名和密码，致使曹某某及家人极度恐慌，影响其正常生活。

再次，2017 年 8 月 24 日上午，杨某忠指使赵某某、刘某伟到城南医院向副院长邢某某索要医师电子注册信息系统的用户名和密码。因索要未果，赵某某、刘某伟在邢某某办公室内对其进行殴打，致其脸部受伤，造成医院秩序混乱。

最后，2017 年 10 月，在新城南医院挂牌施工过程中，杨某忠、杨某海父子指使崔某某进行阻止。后崔某某、赵某某、马某某、张某、姚某某、刘某伟等人在淮鑫大厦施工现场进行看守，阻止挂牌施工，致使施工未能完成。

（2）故意伤害罪。

杨某忠因与受害人张某 1 之间的矛盾逐步加深，向组织成员崔某某、赵某某等人表达对张某 1 的不满。为讨好杨某忠，赵某某指使马某某、姚某某、张某、聂某某准备作案工具，对张某 1 进行跟踪盯守，伺机进行殴打。2017 年 10 月 18 日 17 时许，姚某某、张某、聂某某驾驶无牌路虎揽胜汽车在廊坊师范学院东院发现张某 1 驾车回家，该三人佩戴统一的黑色帽子和口罩，在该院 13 号楼前持镐把将张某 1 腿部打伤，致张某 1 双腿右侧胫、腓骨上段粉碎性骨折。经鉴定，张某 1 的损伤程度为轻伤一级。作案后，马某某带领姚某某、张某、聂某某驾车逃至永清县境内，将作案时所驾的无牌照路虎揽胜汽车藏匿。当晚赵某某给付姚某某、张某、聂某某人民币各1万元。

案发后被告人姚某某、张某、聂某某先后被公安机关抓获，为帮助组织成员减轻罪责，2018年1月27日上午，杨某忠指使崔某某找受害人张某1，迫使张某1对赵某某等人出具不予追究刑事责任的谅解书。后崔某某带领刘某伟到新城南医院9楼张某1办公室，拿出事先准备好的谅解书强迫张某1签字，张某1未签字，崔某某、刘某伟离开后，张某1从办公室跳楼身亡。

(二) 被告人个人实施的具体犯罪

1. 贪污罪

2011年，在征收北小营村59.862亩匹配土地过程中，北小营村村务负责人被告人张某某伙同杨某忠出具虚假地上物补偿证明，骗取国家征地补偿款人民币169.24万元，该款被杨某忠据为己有。

2. 诈骗罪

2010年至2014年期间，杨某忠插手北小营村一期回迁安置工作，虚构被安置主体，指使被告人陈某某通过签订回迁安置协议的形式，隐瞒DJ公司，擅自对外销售本属于DJ公司所有的剩余回迁安置楼126套，所得价款人民币4107.4144万元被杨某忠据为己有。DJ公司在不明真相的情况下，已对上述回迁楼进行实际交付。

3. 强迫交易罪

2010年底，北小营村一期改造项目开始陆续施工建设，被害人陈某忠承包该项目B区全部工程建设。2011年夏天，被告人张某某、杨某忠分别找到康某某、陈某忠，以村委会不配合相关工作、阻碍建设施工相要挟，强行索要B区窗户加工、安装工程，最终陈某忠被迫将该工程交由张某某施工并拆除在施工现场已经建好的门窗厂。张某某通过该工程获取工程款人民币400余万元。

4. 挪用资金罪

2017年5月23日，杨某忠利用其与院长张某1共同负责管理城南医院财务的职务便利，以HS公司资金紧张为由，向城南医院借款人民币1100万元，利用卢某某、王某5（均另案起诉）担任城南医院会计和出纳的职务便利，将借款分两笔转至杨某忠实际控制的其子杨某海个人账户，用于购买理财产品。

针对上述指控，公诉机关出示了物证、书证、证人证言、被害人陈述、被告人供述和辩解、鉴定结论等证据。

公诉机关认为：被告人杨某忠的行为应以组织、领导黑社会性质组织罪，敲诈勒索罪，故意毁坏财物罪，寻衅滋事罪，故意伤害罪，贪污罪，诈骗罪，强迫交易罪，挪用资金罪追究其刑事责任，系该黑社会性质组织的组织者、领导者，且在各起犯罪中系主犯，应按该组织所犯的全部罪行进行处罚，并应数罪并罚；被告人崔某某的行为应以领导黑社会性质组织罪、敲诈勒索罪、故意毁坏财物罪、寻衅滋事罪、故意伤害罪追究其刑事责任，系该黑社会性质组织的领导者，且在各起犯罪中系主犯，应当按照其所组织、指挥的全部犯罪处罚，敲诈勒索罪系未遂，并应数罪并罚；被告人赵某某的行为应以参加黑社会性质组织罪、故意毁坏财物罪、寻衅滋事罪、故意伤害罪追究其刑事责任，系该黑社会性质组织的积极参加者，在其所实施的犯罪中起主要作用，系主犯，并应数罪并罚；被告人张某某的行为应以参加黑社会性质组织罪、敲诈勒索罪、强迫交易罪追究其刑事责任，系该黑社会性质组织的积极参加者，在敲诈勒索罪中系从犯，在强迫交易罪中系主犯，并应数罪并罚；被告人杨某海的行为应以参加黑社会性质组织罪、寻衅滋事罪追究其刑事责任，系该黑社会性质组织的积极参加者，在寻衅滋事罪中系主犯，并应数罪并罚；被告人刘某伟的行为应以参加黑社会性质组织罪、故意毁坏财物罪、寻衅滋事罪追究其刑事责任，系该黑社会性质组织的参加者，在其所参与的犯罪中系从犯，在故意毁坏财物罪中系自首，并应数罪并罚；被告人马某某、张某、姚某某、聂某某的行为应以参加黑社会性质组织罪、故意毁坏财物罪、故意伤害罪追究其刑事责任，4名被告人系该黑社会性质组织的参加者，在故意伤害罪中系主犯，在故意毁坏财物罪中系从犯，张某、姚某某系累犯，对4名被告人应数罪并罚；被告人刘某军的行为应以参加黑社会性质组织罪、寻衅滋事罪追究其刑事责任，系该黑社会性质组织的参加者，在寻衅滋事罪中系主犯，并应数罪并罚；被告人陈某某的行为应以诈骗罪追究其刑事责任，且系从犯。

附带民事诉讼原告人，受害人张某1遗孀李某某要求追究被告人杨某忠、赵某某、马某某、姚某某、张某、聂某某刑事责任，请求赔偿医药费70 135.92

元、住院伙食补助费 10 200 元、营养费 5885 元、误工费 68 000 元、护理费 48 960 元、残疾赔偿金 685 640 元、精神损失费 50 000 元、律师费 140 000 元，以上共计 1 078 820.92 元，并提交了廊坊市人民医院住院病案、河北省医疗门诊收费凭据、费用结算单等证据材料。其诉讼代理人提出的代理意见是，在张某 1 被故意伤害案中，杨某忠、崔某某均负有责任；杨某忠以城南医院连续几年盈利而张某 1 不分红为由，逐步插手、掌控医院管理，张某 1 等人被迫离开城南医院之后，杨某忠、崔某某等人实施了一系列违法犯罪行为，迫使张某 1 签订股权转让协议，最终导致张某 1 跳楼身亡。

附带民事诉讼原告人王某 3、刘某某、王某要求追究被告人崔某某、赵某某、刘某伟、刘某军刑事责任，请求赔偿医药费、鉴定费、误工费等各项损失三人分别为 115 591.4 元、100 410 元、100 410 元，并提供了诊断证明书、鉴定费票据、门诊收据等证据材料。

法院经审理查明：

（一）组织、领导、参加黑社会性质组织事实

2005 年 5 月，被告人杨某忠注册成立 HS 公司，从事房地产开发、经营。2004 年，王某 1 担任廊坊市安次区杨税务乡北小营村党支部书记。2006 年，被告人张某某担任北小营村村务负责人。杨某忠利用二人的兄弟关系，通过安排被告人陈某某及亲属顾某某到北小营村委会管理财务、选派修路施工队等行为，插手北小营村村务管理，进而把持北小营村基层政权。2008 年，廊坊市城中村改造办公室同意北小营村改造申请后，2010 年 3 月，杨某忠凭借该批复与 DJ 公司签订北小营村《合作开发协议》，逐步取得了对北小营村拆迁改造工程项目的非法控制权。

2016 年 8 月，杨某忠伙同被告人崔某某以崔某某经营的 HF 公司和由崔某某实际控制的 HM 公司为依托，介入北小营村二期城中村改造工程项目，逐步形成了以杨某忠为组织者、领导者，崔某某为领导者，被告人赵某某、张某某及王某 4 为积极参加者，被告人刘某伟、马某某、姚某某、聂某某、张某为一般参加者的黑社会性质组织。该组织结构稳定，有明确的层级和分工，通过实施违法犯罪行为获取经济利益以支持该组织的活动。

为攫取非法利益，该组织利用杨某忠对北小营村基层政权的控制，以北小营一期工程结算为由，与 DJ 公司签订合同，DJ 公司免除 HS 公司及杨某忠

借款 2600 万元，无偿给付 HS 公司 15 000 平方米房产面积（尚未实际交付）。另协议约定 HS 公司享有 DJ 公司在北小营村二期开发改造项目中 20% 的股权（尚未实际取得）。该组织通过 HM 公司与 DJ 公司签订协议的方式，在北小营村二期拆迁改造工程中，获取拆迁款 5450 万元。该组织还采用停止拆迁、村委会不配合办理拨款手续等手段相要挟，实施敲诈勒索等违法犯罪行为，获取非法利益 100 万元，严重影响了 DJ 公司的正常经营。在北小营村拆迁改造过程中，该组织实施放哀乐、堵锁眼、砸玻璃、强拆房屋等暴力行为，造成了北小营村村民心理恐惧，严重破坏了当地正常的社会、生活秩序。

城南医院为杨某忠与张某 1、邢某某三方出资成立的民办非营利性医疗机构，张某 1 担任法定代表人。2015 年底，被告人杨某忠、受害人张某 1 二人因医院管理问题产生矛盾。2017 年 7 月，张某 1 将城南医院迁址到廊坊市银河南路 97 号筹建新城南医院。同年 7 月至 10 月，杨某忠指使组织成员崔某某、赵某某、刘某伟等人，实施了威胁、殴打医务人员、阻止新城南医院挂牌等寻衅滋事行为。同年 10 月 18 日，被告人赵某某指使被告人马某某、姚某某、张某、聂某某持镐把将张某 1 腿部打致轻伤。2018 年 1 月 26 日，杨某忠以刘某之名与张某 1 等人签订协议，约定张某 1、邢某某以 3500 万元将城南医院股份及经营管理权全部转让给杨某忠（尚未实际取得）。同年 1 月 27 日上午，崔某某受杨某忠指使带刘某伟到新城南医院 9 楼，找张某 1 签署对赵某某、马某某等人的谅解书未果，崔某某、刘某伟离开后，张某 1 跳楼身亡。

以被告人杨某忠为首的黑社会性质组织为达到非法控制的目的，拉拢腐蚀党政干部、政法干警，竭力编织保护伞，败坏了党和政府的形象。截至目前，纪检监察部门已对 26 人分别给予了党纪政务处分，其中孟某申、姚某涛已被判处刑罚。

（二）敲诈勒索事实

2017 年 5 月，北小营村二期拆迁及土地平整工作尚未完成，杨某忠以 DJ 公司过渡费发放不及时为由指使崔某某停止拆迁，致使 DJ 公司被迫自行组织人员进行后期拆迁。崔某某得知此事后，通过威胁、恐吓等方式对拆迁人员进行阻挠、滋扰，并派人在北小营村村口进行盯守，阻止拆迁。后杨某忠、崔某某以 DJ 公司自行拆迁损害 HM 公司经济利益为由，迫使 DJ 公司签订补充协议，承诺无偿再给付 HM 公司 3500 平方米房产面积。案发时上述房产未交付。

2017 年 8 月，杨某忠、张某某得知返还 DJ 公司的征地补偿费 4328.3592 万元已拨付到杨税务乡财政所。杨某忠指使张某某不配合 DJ 公司办理拨款手续，由其出面以给村民交保险的名义向 DJ 公司索要钱款。DJ 公司董事长康某某多次找杨某忠协商，杨某忠以不给办理拨款手续为要挟，迫使康某某给付杨某忠 1000 万元后，才授意张某某组织召开村民代表会议为 DJ 公司办理拨款手续。2018 年 1 月 17 日，DJ 公司按照杨某忠的要求将 1000 万元打入城南医院账户，同日该款被转到杨某忠控制的刘某的个人账户，被杨某忠据为己有。

（三）故意毁坏财物事实

HM 公司在北小营村拆迁过程中，以砸玻璃、堵锁眼、放哀乐等方式，对村民徐某某、顾某 1、王某 2 进行滋扰、威胁。2017 年 8 月 14 日晚，赵某某安排铲车，指使刘某伟、马某某等人到现场或在路口看守，将徐某某、顾某 1、王某 2 的房屋强行拆毁。经鉴定，徐某某家被拆毁房屋价值 44 976 元，顾某 1 家被拆毁房屋价值 14 924 元，王某 2 家被拆毁房屋价值 63 761 元。

2017 年 8 月 23 日，崔某某未经村民孙某广、孙某新同意，派人用挖掘机将二人位于北小营村西的房屋拆毁。经鉴定，被拆毁房屋价值 114 581 元。

（四）寻衅滋事事实

1. 在薛家营村寻衅滋事事实

2017 年 1 月 10 日 15 时许，在廊坊市广阳区薛家营村委会祁某某办公室，王某 3、刘某某、王某三人因协商拆迁事宜与祁某某发生争执，被告人崔某某、赵某某、刘某伟、刘某军等人对王某 3、刘某某、王某进行殴打。经鉴定，王某 3、刘某某、王某三人损伤程度均为轻微伤。案发后，王某 3、刘某某、王某在廊坊市人民医院检查治疗，分别花费医药费若干，鉴定费每人 400 元。

2. 在城南医院寻衅滋事事实

（1）2017 年 7 月 21 日上午，张某 1 在城南医院组织各科室负责人开会，被告人杨某海将此情况告知被告人杨某忠，杨某忠指使被告人崔某某前去阻止。崔某某纠集被告人赵某某、刘某伟及王某 4 等人赶到医院，威胁医务人员，扰乱会场秩序，致使医院工作人员人心惶惶，医院的正常业务受到极大影响。

（2）2017年8月23日，杨某海通过打电话、赵某某通过发短信方式不断对城南医院管理人员曹某某进行威胁、恐吓，强行索要该院医师电子注册信息系统的用户名和密码。

（3）2017年8月24日上午，被告人杨某忠指使赵某某、刘某伟到城南医院向副院长邢某某索要医师电子注册信息系统用户名和密码未果，赵某某、刘某伟对其进行殴打，致其脸部受伤，造成医院秩序混乱。

（4）2017年10月，被告人杨某海将新城南医院挂牌一事告知杨某忠，杨某忠指使被告人崔某某进行阻止。崔某某、赵某某安排马某某、张某、姚某某、刘某伟等人在挂牌现场附近进行看守，阻止挂牌施工，致使医院挂牌未能完成。

（五）故意伤害事实

被告人杨某忠与张某1因城南医院经营管理矛盾的逐步加深，杨某忠向崔某某、赵某某等人表达对张某1的不满。为讨好杨某忠，被告人赵某某指使被告人马某某、姚某某、张某、聂某某准备作案工具，对张某1跟踪盯守，伺机殴打。2017年10月18日17时许，姚某某、张某、聂某某驾驶赵某某提供的无牌路虎揽胜汽车，在廊坊师范学院东院13号楼北侧等张某1驾车回家，见张某1下车后，该三人佩戴黑色帽子和口罩，聂某某从背后将张某1摔倒在地进行殴打，张某、姚某某持镐把殴打张某1腿部。作案后，姚某某、张某、聂某某驾驶路虎揽胜汽车跟随马某某驾驶的鲁B7S×××白色本田汽车逃至永清县境内，并将作案时所驾驶的无牌照路虎揽胜汽车藏匿。当晚，赵某某给姚某某、张某、聂某某各1万元。经鉴定，张某1双腿右胫腓骨开放性多段粉碎性骨折，损伤程度为轻伤一级。被害人张某1在廊坊市人民医院住院治疗15天，支付医药费30 540.92元，其他费用若干元。

（六）违法事实

2017年9月21日，被告人崔某某为占用北小营村村民杨某来位于该村村西的土地，与杨某来协商未果，指使被告人聂某某、张某、姚某某等人强行将杨某来种植的160株杨树砍伐。经鉴定，被砍树木价值1493元。

2017年3月19日，为迫使北小营村民张某雨签订拆迁安置补偿协议，

HM 公司徐某等人到张某雨在北小营村经营的蛋糕店滋扰，后张某雨、张某娥、王某侠驾车到村委会谈拆迁事宜时双方发生争吵，徐某将张某雨驾驶的长城哈弗 H1 汽车两条轮胎扎破。

（七）贪污事实

2011 年，在征收北小营村 59.862 亩匹配土地过程中，被告人杨某忠伙同北小营村村务负责人张某某出具虚假地上物补偿证明，骗取国家征地补偿款 169.24 万元，被杨某忠据为己有。

（八）诈骗事实

2010 年至 2014 年期间，被告人杨某忠插手北小营村期回迁安置工作，虚构回迁安置户，指使被告人陈某某通过签订回迁安置协议的形式，隐瞒 DJ 公司，对外销售本属于 DJ 公司所有的 126 套剩余回迁房，得款 4107.4144 万元被杨某忠据为己有。DJ 公司在不明真相的情况下，已对上述回迁楼进行实际交付。

（九）强迫交易事实

2010 年底，北小营村一期改造项目开始陆续施工建设。陈某忠承包该项目 B 区全部工程建设。其间，被告人张某某、杨某忠分别找到康某某、陈某忠，以村委会不配合相关工作、阻碍建设施工相要挟，强行索要 B 区门窗加工、安装工程，陈某忠被迫将该工程交由张某某施工。2013 年 7 月，张某某通过该工程获取工程款 400 余万元。

（十）挪用资金事实

2017 年 5 月 23 日，被告人杨某忠利用与张某 1 共同负责城南医院财务管理的职务便利，以 HS 公司资金紧张为由，向城南医院借款，指使城南医院会计卢某某、出纳王某将城南医院资金 1100 万元分两笔转至杨某忠实际控制的杨某海个人账户，用于购买理财产品。

审理结果：

2019 年 5 月 30 日，固安县法院作出（2019）冀 1022 刑初 1 号刑事附带民事判决书，根据该判决书，法院判决如下：

一、被告人杨某忠犯组织、领导黑社会性质组织罪，判处有期徒刑 9 年，剥夺政治权利 3 年，并处没收个人全部财产；犯诈骗罪，判处有期徒刑 15

年，并处罚金人民币 200 万元；犯敲诈勒索罪，判处有期徒刑 15 年，并处罚金人民币 150 万元；犯贪污罪，判处有期徒刑 6 年，并处罚金人民币 30 万元；犯挪用资金罪，判处有期徒刑 4 年；犯故意毁坏财物罪，判处有期徒刑 3 年 6 个月；犯故意伤害罪，判处有期徒刑 3 年；犯强迫交易罪，判处有期徒刑 2 年 6 个月，并处罚金人民币 10 万元；犯寻衅滋事罪，判处有期徒刑 2 年 6 个月。决定执行有期徒刑 25 年，剥夺政治权利 3 年，并处没收个人全部财产。

二、被告人崔某某犯领导黑社会性质组织罪，判处有期徒刑 7 年，剥夺政治权利 2 年，并处没收个人全部财产；犯敲诈勒索罪，判处有期徒刑 8 年，并处罚金人民币 50 万元；犯故意毁坏财物罪，判处有期徒刑 3 年 6 个月；犯故意伤害罪，判处有期徒刑 3 年；犯寻衅滋事罪，判处有期徒刑 2 年 6 个月。决定执行有期徒刑 18 年，剥夺政治权利 2 年，并处没收个人全部财产。

三、被告人张某某犯参加黑社会性质组织罪，判处有期徒刑 5 年，剥夺政治权利年，并处罚金人民币 30 万元；犯敲诈勒索罪，判处有期徒刑 5 年，并处罚金人民币 10 万元；犯强迫交易罪，判处有期徒刑 2 年 6 个月，并处罚金人民币 10 万元。与其犯贪污罪所判处有期徒刑 5 年、并处罚金人民币 30 万元数罪并罚。决定执行有期徒刑 14 年，剥夺政治权利 1 年，并处罚金人民币 80 万元。

四、被告人赵某某犯参加黑社会性质组织罪，判处有期徒刑 5 年，剥夺政治权利 1 年，并处罚金人民币 30 万元；犯故意毁坏财物罪，判处有期徒刑 3 年；犯故意伤害罪，判处有期徒刑 2 年 10 个月；犯寻衅滋事罪，判处有期徒刑 1 年 6 个月。决定执行有期徒刑 10 年，剥夺政治权利 1 年，并处罚金人民币 30 万元。

五、被告人张某犯参加黑社会性质组织罪，判处有期徒刑 1 年 6 个月，并处罚金人民币 2 万元；犯故意伤害罪，判处有期徒刑 3 年；犯故意毁坏财物罪，判处有期徒刑 1 年 6 个月。决定执行有期徒刑 5 年，并处罚金人民币 2 万元。

六、被告人姚某某犯参加黑社会性质组织罪，判处有期徒刑 1 年 6 个月，并处罚金人民币 2 万元；犯故意伤害罪，判处有期徒刑 3 年；犯故意毁坏财物罪，判处有期徒刑 1 年 6 个月。决定执行有期徒刑 5 年，并处罚金人民币

2 万元。

七、被告人马某某犯参加黑社会性质组织罪，判处有期徒刑 1 年 6 个月，并处罚金人民币 2 万元；犯故意伤害罪，判处有期徒刑 3 年；犯故意毁坏财物罪，判处有期徒刑 1 年。决定执行有期徒刑 4 年 6 个月，并处罚金人民币 2 万元。

八、被告人聂某某犯参加黑社会性质组织罪，判处有期徒刑 1 年，并处罚金人民币 1 万元；犯故意伤害罪，判处有期徒刑 3 年；犯故意毁坏财物罪，判处有期徒刑 1 年。决定执行有期徒刑 4 年，并处罚金人民币 1 万元。

九、被告人陈某某犯诈骗罪，判处有期徒刑 3 年，并处罚金人民币 10 万元。

十、被告人刘某伟犯参加黑社会性质组织罪，判处有期徒刑 10 个月，并处罚金人民币 1 万元；犯寻衅滋事罪，判处有期徒刑 1 年 2 个月；犯故意毁坏财物罪，判处有期徒刑 1 年。决定执行有期徒刑 2 年，并处罚金人民币 1 万元。

十一、被告人刘某军犯寻衅滋事罪，判处有期徒刑 1 年 3 个月。

十二、被告人杨某海犯寻衅滋事罪，判处有期徒刑 8 个月。

十三、追缴被告人杨某忠诈骗、敲诈勒索所得人民币 5002.5065 万元，返还廊坊市 DJ 公司；追缴挪用资金所得人民币 500 万元，返还城南医院。追缴不足部分责令退赔。违法所得人民币 2600 万元，上缴国库。

十五、追缴被告人崔某某违法所得人民币 5450 万元，上缴国库。

十六、追缴被告人赵某某违法所得人民币 40 万元，上缴国库。

十七、扣押在案的作案工具车架号 SALMF13488A294×××黑色无车牌路虎揽胜汽车一辆、车牌号鲁 B7S×××白色本田汽车一辆，予以没收，上缴国库。

十八、被告人杨某忠、赵某某、马某某、聂某某、姚某某、张某连带赔偿附带民事诉讼原告人李某某医药费、护理费、误工费、伙食补助费共计人民币 102 340.92 元。

十九、被告人崔某某、赵某某、刘某伟、刘某军连带赔偿附带民事诉讼原告人王某 3 医药费、鉴定费、误工费共计人民币 1092.4 元；连带赔偿附带民事诉讼原告人王某医药费、鉴定费、误工费共计人民币 911 元；连带赔偿附带民事诉讼原告人刘某某医药费、鉴定费、误工费共计人民币 911 元。

二十、驳回附带民事诉讼原告人李某某、王某3、王某、刘某某的其他诉讼请求。

二十一、对扣押在案的2016年8月后杨某忠名下房产1处、HS公司及杨某忠名下车辆9辆，姜某、徐某、刘某及HS公司账户人民币17 698 274.35元，予以没收，上缴国库；对2016年8月前登记在HS公司、杨某忠及其妻子王某杰名下的房产2处及车辆10辆、杨某忠账户人民币592 943.71元、王某杰账户人民币184.41元及廊坊市GY议价粮油有限公司名下房产2处，以夫妻共同财产按50%确认为杨某忠个人财产，予以没收，上缴国库。对崔某某信用社账户人民币6 160 202元，予以没收，上缴国库；对崔某某妻子孙某玲名下房产14处及崔某某其他银行账户人民币1 370 381.34元，以夫妻共同财产按50%确认为崔某某个人财产，予以没收，上缴国库。对被告人杨某忠、崔某某未被扣押的其他个人财产继续追缴，按上述处置原则予以没收，上缴国库。其他扣押财产没有证据显示属于违法所得或犯罪所得的，返还财产持有人。

2019年8月2日，廊坊中院作出（2019）冀10刑终329号刑事附带民事裁定书，裁定"驳回上诉，维持原判"。

■■ 【争议问题】

本案的争议焦点主要有三个：一是杨某忠等是否构成组织、领导、参加黑社会性质组织罪？二是杨某忠、崔某某是否构成故意伤害罪？三是杨某忠等实施的针对城南医院的一系列行为是否构成寻衅滋事罪？

■■ 【法理分析】

（一）杨某忠等是否构成组织、领导、参加黑社会性质组织罪？

根据《中华人民共和国刑法》第294条第5款之规定，黑社会性质的组织应当同时具备以下特征：①形成较稳定的犯罪组织，人数较多，有明确的组织者、领导者，骨干成员基本固定；②有组织地通过违法犯罪活动或者其他手段获取经济利益，具有一定的经济实力，以支持该组织的活动；③以暴力、威胁或者其他手段，有组织地多次进行违法犯罪活动，为非作恶，欺压、残害群众；④通过实施违法犯罪活动，或者利用国家工作人员的包庇或者纵容，称霸一方，在一定区域或者行业内，形成非法控制或者重大影响，严重破坏经济、社会生活秩序。也即组织特征、经济特征、行为特征和危害性特征。

在本案中，杨某忠通过张某某控制北小营村基层政权，利用崔某某控制北小营村二期拆迁工程，采取暴力方式解决城南医院经营管理纠纷。张某某、崔某某直接听命于杨某忠，赵某某、王某4等人直接听命于崔某某，逐步形成了以杨某忠为组织者、领导者，崔某某为领导者，赵某某、王某4、张某某为积极参加者，刘某伟、马某某、聂某某、张某、姚某某为一般参加者的黑社会性质组织，该组织人数较多，有明确的组织者、领导者，骨干成员基本固定，内部层级分明，组织对所属成员具有控制力和号召力。该组织通过采取敲诈勒索等违法犯罪活动或其他手段攫取经济利益，用于为组织成员提供食宿、发放工资、缴纳保险等与实施有组织违法犯罪活动有关的费用支出，已具备一定的经济实力。该组织通过实施寻衅滋事、故意毁坏财物、敲诈勒索、故意伤害等违法犯罪活动，为组织谋利，确立组织强势地位，维护组织非法权威，造成北小营村村民、城南医院职工的心理恐慌，严重影响 DJ 公司正常经营活动，在一定区域内形成了非法控制，严重破坏了当地的社会、生活秩序对当地产生了重大的负面影响。

杨某忠组织、领导其他被告人等形成的组织同时符合法律规定的黑社会性质组织的四个特征，构成组织、领导、参加黑社会性质组织罪。

（二）杨某忠、崔某某是否构成故意伤害罪？

本案中，赵某某为讨好杨某忠而伙同马某某、张某、姚某某、聂某某对受害人张某1实施了故意伤害行为，致其右胫腓骨开放性多段粉碎性骨折，损伤程度为轻伤一级，而后杨某忠和崔某某迫使受害人张某1签订股权转让协议并要求其谅解对其实施伤害的组织成员，受害人张某1在拒绝谅解要求后跳楼身亡。杨某忠、崔某某称并未明示对张某1进行伤害，据此，杨某忠的辩护人称杨某忠对张某1被伤害一事不知情，崔某某的辩护人称张某1被伤害与其无关。而被害人张某1遗孀李某某代理人认为，杨某忠与崔某某是否构成故意伤害罪的根本在于杨某忠等是否构成组织、领导、参加黑社会性质组织罪。

根据《最高人民法院关于审理黑社会性质组织犯罪的案件具体应用法律若干问题的解释》第 3 条第 1 款之规定，组织、领导、参加黑社会性质的组织又有其他犯罪行为的，根据《中华人民共和国刑法》第 294 条第 3 款的规定，依照数罪并罚的规定处罚；对于黑社会性质组织的组织者、领导者，应当按照其所组织、领导的黑社会性质组织所犯的全部罪行处罚；对于黑社会性质组织的参加者，应当按照其所参与的犯罪处罚。

因被告人杨某忠等人的行为已构成组织、领导、参加黑社会性质组织罪，杨某忠作为黑社会性质组织的组织者、领导者，崔某某作为黑社会性质组织的领导者，应对其组织成员为组织利益实施的全部罪行承担刑事责任，故被告人杨某忠、崔某某均构成故意伤害罪。

（三）杨某忠等实施的针对城南医院的一系列行为是否构成寻衅滋事罪？

依照《中华人民共和国刑法》第 293 条之规定，寻衅滋事罪是指肆意挑衅，随意殴打、骚扰他人或任意损毁、占用公私财物，或者在公共场所起哄闹事，严重破坏社会秩序的行为。

1. 被告人对城南医院工作人员实施的阻止开会、威胁、殴打等行为符合寻衅滋事罪的主观方面

寻衅滋事罪的主观方面为直接故意，即明知而故犯，犯罪的动机是为了寻求刺激、发泄情绪、逞强耍横等，无事生非。被告人杨某忠正是为了不当干预城南医院的管理事务，逞强耍横，才指示崔某某、赵某某等人针对城南医院的工作人员实施了一系列寻衅滋事行为。

2. 被告人的一系列寻衅滋事行为符合寻衅滋事罪的客观方面

寻衅滋事罪在客观方面表现为四种情况：①随意殴打他人，情节恶劣的；②追逐、拦截、辱骂、恐吓他人，情节恶劣的；③强拿硬要或者任意损毁、占用公私财物，情节严重的；④在公共场所起哄闹事，造成公共场所秩序严重混乱的。

（1）被告人阻止城南医院开会的行为符合上述第二种至第四种情况。据被告人杨某海当庭陈述，当其得知受害人张某 1 院长要给城南医院各科室负责人开会时即通知其父杨某忠。据杨某忠当庭陈述，当他得知此事时即让崔某某"去医院看看"。崔某某与赵某某等人赶往城南医院。根据牛某某、邸某某等人的证言，2017 年 7 月 21 日上午，会议现场有张某 1 院长、邢某某副院

长及各科室负责人共 30 人左右，一名男子冲入会议室内命令、恐吓医务科牛某某主任离开会议室，并对其他与会者喊道"都散了吧"。该名男子随之与牛某某在会议室和楼道内发生争吵，呵斥道"赶紧脱了白大褂走人"，其他六七名男子身着黑衣围在牛某某身边，对其形成心理上的威胁。一个戴着金项链的男子（崔某某）进入张某 1 院长的办公室，说"我拿人钱就得替人办事"，即表明自己是受杨某忠指使。在随后杨某忠与牛某某的通话中，杨某忠同样用"你不走就见不到我了"这类颇具威胁性、恐吓性的语言逼迫牛某某离开城南医院。被告人聚众扰乱城南医院的会场秩序，导致院方报警，会议最终无法进行，严重干扰了医院的医疗管理秩序，符合"在公共场所起哄闹事，造成公共场所秩序严重混乱的"客观表现。

（2）被告人威胁曹某某的行为符合寻衅滋事罪的第二种客观表现。曹某某是城南医院医师系统账号密码的唯一保管人。据曹某某陈述，2017 年 8 月23 日，杨某海给曹某某打匿名电话威胁其交出该账号密码，声称"不发我就找人办你"。据杨某忠当庭供述，自己还授意赵某某向曹某某索要该账号密码。曹某某与赵某某素不相识，赵某某更未获得医院领导的有效授权，即向曹某某发送匿名短信索要。根据曹某某提供的短信记录，其中一条的内容为："××栋×号你家还住这吗？"该内容可被解读为："我知道你家的确切住址。"在索取机密信息而收信人未予答复的情形下，报上收信人的家庭住址，根据一般生活常理，这显然属于明显的威胁、恐吓行为。城南医院信息系统的账号、密码属于医院的机密信息，由曹某某专门保管，连张某 1 院长都不知晓，杨某海、赵某某向曹某某匿名威胁索取的行为严重影响了她的日常工作，院长张某 1 不得不开车护送其上下班，符合寻衅滋事罪"追逐、拦截、辱骂、恐吓他人，情节恶劣的"客观表现。

（3）被告人殴打邢某某的行为符合寻衅滋事罪的第一种客观表现。据赵某某供述，在向曹某某索要用户名、密码未果的情况下，杨某忠又让他和刘某伟去找副院长邢某某索要，并告诉他们邢某某的房间号。据邢某某陈述，2017 年 8 月 24 日，赵某某、刘某伟径直进入邢某某办公室，向邢某某索要用户名、密码。在邢某某回答不知道时，赵某某突然拿起桌上的花盆砸向邢某某面部，刘某伟也拿起办公桌上的乒乓球拍殴打邢某某。视频记录显示，邢某某左侧脸部颧骨外伤出血，办公室内部凌乱不堪。在殴打之后，赵某某还拿起办公室里的台球杆，指着邢某某让其打电话向管理员要密码，在赵某某的恐吓之下，邢某某只能听从，给管理员打电话。被告人赵某某、刘某伟无端殴打城南医院副院长邢某某的行为符合"随意殴打他人，情节恶劣的"客观表现。

（4）被告人阻止城南医院挂牌的行为符合寻衅滋事罪的第四种客观表现。据被告人崔某某供述，2017年8月份左右，杨某忠即提过，不能让张某1在城南医院新址挂牌。后来焊牌施工时，杨某海打电话通知其此事。崔某某要求赵某某、刘某伟派人去医院门口紧盯，阻止挂牌。据姚某某、聂某某等被告人供述，2017年10月中旬，马某某等安排了20多人、5辆小客车，排班在医院新址淮鑫大厦门口蹲守3天，阻止城南医院挂牌。据王某聪、周某龙等施工人员及城南医院的工作人员陈述，当工人准备焊接"廊坊城南医院"名牌时，五六个人上前围住工人不让焊接，并拔掉焊机电源，威胁工人安装之前要打电话通知他们，否则"连你们一块弄"。施工人员因为惧怕，最终没有完成新城南医院名牌的焊接。被告人的阻挠行为严重干扰了医院的正常经营秩序，符合"在公共场所起哄闹事，造成公共场所秩序严重混乱的"客观表现。

3. 被告人的寻衅滋事行为符合寻衅滋事罪的客体要件

寻衅滋事罪侵犯的客体是公共秩序。公共秩序既包括公共场所秩序，也包括生活中人们应当遵守的共同准则。公共场所就是人们共同生活的场所，不仅包括人员集中、人们活动频繁的地方，还应包括人员分散的非私人场所。因此，被告人杨某忠指使他人在医院内部阻挠开会、在副院长办公室内殴打邢某某等行为，严重危害了公共秩序，符合寻衅滋事罪的客体要件。

综上，被告人杨某忠、崔某某等人组织、领导黑社会组织冲入城南医院殴打副院长邢某某，对邢某某、曹某某等人进行暴力、语言威胁索取信息系统密码、阻挠城南医院召开管理层会议、阻挠城南医院挂牌、逼迫张某1自杀，实施了三种以上的寻衅滋事行为，应综合评价为寻衅滋事罪。

■■【简要总结】

杨某忠等犯组织、领导黑社会性质组织、寻衅滋事、故意伤害等罪案，被称为"京津冀扫黑除恶第一案"，该案是一起社会影响面广、案情重大、疑难复杂的集团犯罪案，其涉案人员众多，涉及多项罪名，卷宗数量庞大，同时伴有附带民事诉讼，增加了办案难度。但其最为典型的在于笔者是以被害人家属代理人的身份参与本案办理，有别于一般刑事案件辩护人的代理思路，为刑事诉讼代理人办理案件提供了一个良好的示范。

首先，从案件代理的思路上来看，刑事诉讼代理人在本案中的角色与公诉人类似，这有别于一般的辩护人帮助犯罪嫌疑人减轻、免除刑事处罚的辩护工作，刑事诉讼代理人的工作主要是帮助被代理人维护其合法权益，协助办案机关确认犯罪嫌疑人的罪名并使之成立。本案中，在侦查阶段，诉讼代理人通过与被代理人的沟通，向侦查机关提供若干重要证据及证据线索，被侦查机关采纳；在审查起诉阶段，代理律师提出的首犯杨某忠构成职务侵占罪（廊坊城南医院）、诈骗罪（北小营村拆迁）等多项罪名被检察院采纳并依法起诉至人民法院；在审判阶段，代理律师提出廊坊城南医院作为本案涉案主体，应有代理律师代理其参加诉讼，经据理力争、与司法机关依法协调，法院最终采纳了代理律师的意见，准许廊坊城南医院作为涉案主体委托律师参加诉讼。

其次，作为组织、领导黑社会性质组织等犯罪的被害人家属，除了希望罪犯得到应有的惩罚，更为担心的是后续的打击报复。如果罪犯的罪刑责不相适应，量刑过低，虽使罪犯得到了惩罚，受害人家属的心理负担却会更为严重。在案件办理过程中，笔者作为受害人家属的诉讼代理人不止一次听到受害人家属对罪犯打击报复的担忧，并多次落泪，受害人家属在失去所爱之人的同时还忍受着强烈的心理煎熬。因而，代理律师应从维护当事人合法权益、维护社会公平正义的角度出发，据理力争、协助办案机关完善证据、尽可能发掘犯罪嫌疑人的累累罪行。在代理律师以及办案机关的不懈努力下，受害人家属对本案审理结果较为满意：刑事部分，首犯杨某忠被判处基层法院裁判权限内的最高刑有期徒刑25年，其他主犯也分别受到应有惩罚；刑事附带民事部分，代理人也较好地维护了受害人家属的合法权益，依法维护了廊坊城南医院的合法权益。

最后,从社会影响来看,本案是"京津冀扫黑除恶第一案"、中央巡视组督办的重大涉黑涉恶集团犯罪案件,是扫黑除恶案件中极具标志性意义的一案,体现了扫黑除恶的艰巨性和复杂性。本案的正当、依法处理将会为类似案件产生极大的示范效应,也能够为社会的稳定发展、打击黑恶势力产生积极的影响。

本案的审理虽已结束,犯罪嫌疑人也已得到应有的惩罚,但其留下受害人的悲惨遭遇、被告人杨某忠由著名民营企业家一步步沦为阶下囚的教训,令笔者心情久久难以平复。被害人张某1,苦心经营城南医院十多年,当面临违法犯罪分子、黑恶势力集团暴力威胁、伤害时,如果能够勇敢地拿起法律的武器与不法行为进行斗争,相信医院无法经营、本人跳楼身亡的惨剧或许就不会发生。被告人杨某忠,曾经是当地小有名气的民营企业家,随着企业的逐步发展壮大而不断膨胀的私欲和狂妄自大,最终伤害了他人,对法律的无知、淡漠,也毁灭了自己和家人,毁灭了多年经营的企业。如果杨某忠等人在企业发展壮大过程中,能够敬畏法律,加强企业管理,引导企业依法合规经营,尤其是重视企业及其实际控制人、高管人员的刑事法律风险防控意识,那么其也许不会以身试法,屡屡犯法,最终沦为阶下囚。

在此,笔者特别强调并提醒,企业家在经营发展过程中,一定要重视企业的科学管理,重视企业合规建设,尤其是企业刑事合规体系建设,敬畏法律,合规经营,为企业健康发展练好"内功",适应"法治化市场经济"发展的需要。

附:相关法律法规及司法解释

《中华人民共和国刑法》

第二百九十三条 【寻衅滋事罪】有下列寻衅滋事行为之一,破坏社会秩序的,处五年以下有期徒刑、拘役或者管制:

(一)随意殴打他人,情节恶劣的;

(二)追逐、拦截、辱骂、恐吓他人,情节恶劣的;

(三)强拿硬要或者任意损毁、占用公私财物,情节严重的;

（四）在公共场所起哄闹事，造成公共场所秩序严重混乱的。

纠集他人多次实施前款行为，严重破坏社会秩序的，处五年以上十年以下有期徒刑，可以并处罚金。

第二百九十四条　【组织、领导、参加黑社会性质组织罪】组织、领导黑社会性质的组织的，处七年以上有期徒刑，并处没收财产；积极参加的，处三年以上七年以下有期徒刑，可以并处罚金或者没收财产；其他参加的，处三年以下有期徒刑、拘役、管制或者剥夺政治权利，可以并处罚金。

【入境发展黑社会组织罪】境外的黑社会组织的人员到中华人民共和国境内发展组织成员的，处三年以上十年以下有期徒刑。

【包庇、纵容黑社会性质组织罪】国家机关工作人员包庇黑社会性质的组织，或者纵容黑社会性质的组织进行违法犯罪活动的，处五年以下有期徒刑；情节严重的，处五年以上有期徒刑。

犯前三款罪又有其他犯罪行为的，依照数罪并罚的规定处罚。

黑社会性质的组织应当同时具备以下特征：

（一）形成较稳定的犯罪组织，人数较多，有明确的组织者、领导者，骨干成员基本固定；

（二）有组织地通过违法犯罪活动或者其他手段获取经济利益，具有一定的经济实力，以支持该组织的活动；

（三）以暴力、威胁或者其他手段，有组织地多次进行违法犯罪活动，为非作恶，欺压、残害群众；

（四）通过实施违法犯罪活动，或者利用国家工作人员的包庇或者纵容，称霸一方，在一定区域或者行业内，形成非法控制或者重大影响，严重破坏经济、社会生活秩序。

　　《最高人民法院关于审理黑社会性质组织犯罪的案件具体应用法律若干问题的解释》

第三条　组织、领导、参加黑社会性质的组织又有其他犯罪行为的，根据刑法第二百九十四条第三款的规定，依照数罪并罚的规定处罚；对于黑社会性质组织的组织者、领导者，应当按照其所组织、领导的黑社会性质组织所犯的全部罪行处罚；对于黑社会性质组织的参加者，应当按照其所参与的犯罪处罚。

对于参加黑社会性质的组织，没有实施其他违法犯罪活动的，或者受蒙蔽、胁迫参加黑社会性质的组织，情节轻微的，可以不作为犯罪处理。

吴某海等组织、领导、参加黑社会性质组织案法律分析

许　波　郭雪华

案情简介：

（一）公诉机关指控吴某海、吴某龙等组织、领导、参加黑社会性质组织罪及该黑社会性质组织实施的其他犯罪

1. 组织、领导、参加黑社会性质组织罪

2008 年 6 月，被告人吴某龙、吴某海等人成立 A 公司在乐安河乐港张家至接渡山下段组织采砂、卖砂。为从乐安河采砂中攫取更多非法利益，2009 年 9 月，被告人吴某龙、吴某海通过某市相关公职人员的支持入股 B 公司。2014 年初，吴某海联络苏某、青某等 15 人，逐渐形成了以被告人吴某龙、吴某海为首的较稳定的黑社会性质犯罪组织。该组织通过种种犯罪活动对乐安河乐港张家至接渡山下河道的采砂形成绝对控制，在乐安河沿线及周边地区造成恶劣的社会影响，严重破坏了当地的经济、社会生活秩序。

2. 非法采矿罪

（1）乐安河接渡采区非法采矿的事实。2008 年 3 月 21 日，被告人吴某龙、吴某海等人通过拍卖取得了乐安河接渡采区 3 年的河道采砂权。同年 6 月 4 日，被告人吴某龙、吴某海等成立 A 公司，在未依法办理采砂许可证的情况下，在乐安河接渡采区开采砂石并对外销售。2012 年 10 月 30 日，A 公司注销后仍以 A 公司名义继续采砂销售至 2017 年 3 月，其间 A 公司非法收入收入合计 87 727 057.76 元。

（2）乐安河乐港张家至接渡山下 30 公里河道非法采矿事实。2009 年 9 月 11 日，被告人吴某龙、吴某海等人通过增资扩股方式入股 B 公司，直至 2013 年 12 月 6 日，被告人吴某龙占股 68.5%，吴某海成为 B 公司法定代表人。被

告人吴某龙、吴某海在未办理采砂许可证的情况下，以疏浚和码头建设为名，在乐安河乐港镇张家至接渡山下 30 公里河道非法采砂并销售，收入合计 159 614 446.31 元。

（3）C 采砂区非法采矿事实。2015 年 7 月 22 日，经被告人吴某龙同意，被告人吴某海指使方某以拍卖方式取得 C 采砂区采砂经营权。吴某海、夏某松等人在未办理采砂许可证的情况下，在戴村一标采砂区开采砂石并销售，收入合计 5 170 150.63 元。

3. 寻衅滋事罪

（1）被告人吴某海寻衅滋事的事实。①2014 年 3 月 26 日，B 公司员工徐某凤与朱某林等因挖砂及分成一事发生纠纷而受伤住院。被告人吴某海得知后，于 2014 年 3 月 27 日纠集社会闲散人员王某强、王某光、王某才等人赶至高家渡砂场，强行将朱某林带走，在拉扯过程中将朱某林打伤，随后又与赶来的朱某某发生冲突，致被害人朱某某受伤。经公安司法鉴定中心鉴定，朱某某损伤程度评定为轻微伤。②2015 年 3 月 11 日晚，B 公司员工王某心等人在巡逻时，发现张某军挂靠公司的采砂船违反规定偷采，制止无果后将该情况层报被告人吴某海。被告人吴某海要求对张某军的采砂船强行停机。当晚，B 公司员工方某带领青某、胡某波等人登上张某军的采砂船强行停机，并对正在船上作业的王某兵进行殴打，致被害人王某兵受伤。经公安司法鉴定中心鉴定，王某兵损伤程度评定为轻微伤。事后，B 公司赔偿了对方 24 000 元。③2015 年 11 月 21 日，被害人黄某荣开车至 B 公司渡头砂场买砂，因量方问题与 B 公司员工孙某会发生口角。B 公司员工高某中、宋某（已亡）等人在得知此事后，为维护公司利益，赶至渡头砂场，对黄某荣拳打脚踢，并用鹅卵石将黄某荣头部砸伤。经公安司法鉴定中心鉴定，黄某荣损伤程度评定为轻微伤。案发后，经被告人吴某海同意，B 公司赔偿了对方 4000 元。

（2）被告人吴某海、高某中、胡某波寻衅滋事的事实。2014 年 10 月 24 日上午，被害人汪某站开车至韩家渡砂场买砂，因量方与 B 公司员工杨某琴发生口角。宋某得知此事后，为维护公司利益，纠集高某中、胡某波等人赶至韩家渡砂场，使用甩棍、铁棍将被害人汪某站打伤。经公安司法鉴定中心鉴定，汪某站损伤程度评定为轻微伤。案发后，经被告人吴某海同意，B 公司赔偿了受害人汪某站 15 000 元。

（3）被告人吴某海、王某心、牛某博、王某强、李某柱等人涉嫌寻衅滋事罪的犯罪事实。2016年1月1日下午，王某心乘坐李某柱的摩托车，途经镇桥镇徐家村堤坝时与晾晒稻谷的徐某鑫发生口角，随即两人停车对徐某鑫进行殴打。牛某博、王某强等人巡逻路过此处，见状便一起殴打徐某鑫及在场的邵某娇、华某林，致徐某鑫、邵某娇、华某林受伤。当晚，王某心、王某强、牛某博被民警带至派出所，后被告人吴某海亲自到派出所进行处理。经公安司法鉴定中心鉴定，徐某鑫损伤程度评定为轻微伤。案发后，B公司与被害人家属达成协议，赔偿4000元。

4. 被告人吴某海、徐某风敲诈勒索罪

2018年6月21日晚、22日晚至次日凌晨，徐某英因其搅拌站需要鹅卵石，便组织车辆至乐港镇鸣山码头挖掘鹅卵石。被告人吴某海指示苏某赶至现场，并以B公司的名义向公安局水上派出所报案。吴某海、徐某风为迫使徐某英支付巨额赔偿，通过时任公安局副政委李某华的帮助，对徐某英进行刑事立案，并以双方谈好赔偿作为对徐某英取保候审的前置条件。徐某英得知自己被立案后，多次找被告人吴某海协商，请求谅解，被告人吴某海均以要取得徐某风的谅解为由予以推脱，徐某风则提出需要获得被告人吴某海同意，且赔偿几十万元方肯谅解对方，否则就让徐某英坐牢。徐某英为获得取保候审，被迫于2019年2月12日与徐某风签订协议，支付徐某风共计190 000元，其中包含被告人吴某海提供的30 000元。

5. 被告人吴某海行贿罪

2008年以来，被告人吴某海为进入、掌控B公司，并以承揽护岸、疏浚的名义进行非法采矿，向多名国家工作人员行贿，包括时任政府副市长、市委常委、农工部长刘某卿，政府副市长查某良，接渡镇党委副书记、镇长、塔山街道办主任汪某勇，水务局党组副书记、局长占某平，水务局副局长，公安局副政委李某华等人，财物价值共计1 780 290元。

6. 被告人吴某海、苏某、吴某财等涉嫌隐匿、故意销毁会计凭证、会计账簿罪的犯罪事实

2013年12月6日，被告人吴某海掌控B公司后，为了掩饰B公司河道采砂获取巨额收入的违法犯罪事实，指使吴某财等人采取内、外两套账簿的方式进行记账。2019年4月，被告人吴某海得知B公司在被检察机关调查的消

息后，遂指使苏某、吴某财销毁账簿。苏某、吴某财从出纳汪某玲处取走 B 公司账簿、票据，整理后将部分账簿、票据分两次进行销毁。被告人吴某海将其剩余账簿交王某藏匿于亭培小区××-×-×××室。

7. 重大责任事故罪

被告人吴某龙、吴某海在多次收到地方海事处下达的安全隐患整改通知书的情况下，为非法采砂获利，仍然在生产、作业中违反安全生产管理规定，安排没有驾驶资质的员工驾驶船舶。2016 年 1 月 29 日早上，B 公司员工宋某按照公司安排，在没有驾驶证的情况下，独自驾驶船舶从渡头码头沿乐安河驶向鄱阳途中溺水身亡。

(二) 被告人吴某海、吴某龙及其组织、领导的黑社会性质组织成员在该黑社会性质组织意志内实施的犯罪活动

(1) 2009 年被告人吴某海强势入股 B 公司，采取多种手段打压公司股东及挂靠挖砂船主。为达到完全控制 B 公司的目的，2012 年吴某海指使徐某凤和林某在陈某芳开会结束准备离开时予以阻拦，并将陈某芳打伤。陈某芳迫于无奈转让了其在 B 公司的股份。

(2) 2015 年 12 月 10 日，王某强、牛某博等人因班车行驶时溅起的泥水弄脏了王某强等人的衣物，于是王某强、牛某博等人驾驶摩托车追上班车，冲上车对班车司机邹某军拳打脚踢。事后 B 公司的青某、吴某财等人出面与对方达成调解，赔偿了邹某军 3000 元。

(3) 乐平市乐港镇下朱村、高家渡村村民多人为阻止 B 公司非法采砂，于 2016 年 8 月 15 日、21 日两次与 B 公司 2 号采砂船发生冲突。2016 年 10 月 6 日下午，乐港镇下朱村老年协会的陈某财、王某根等人再次到 B 公司 2 号采砂船上要求该船停止采砂。被告人吴某海得知后通过电话安排方某过去处理。方某赶到后与陈某财、王某根等人发生争执，并将陈某财、王某根打伤。经公安司法鉴定中心鉴定，王某根的右侧肋骨骨折评定为轻微伤。事后，夏某松代表 B 公司渡头砂场与对方达成调解并以方某名义赔偿王某根医疗费 18 000 元。

(4) 因 B 公司采砂船对沿河生态造成破坏，2017 年 2 月 16 日、2017 年 3 月 20 日，乐平市乐港镇魁堡村村民两度上船阻止 B 公司的采砂船采砂。苏某得知后向被告人吴某海报告，并根据被告人吴某海的指通知方某和吴某阳前

往处理，方某与吴某阳均与村民发生冲突，致被害人杨某仁、黄某妹受伤。事后，B公司渡头砂场以"慰问金"及"补偿款"的形式奖励方某2000元。

（5）2017年6月下旬，因汛期即将来临，水务局多次要求B公司加强乐安河道内的采砂船、运砂船的安全防护工作。2017年6月25日凌晨5时许，因B公司安全防护工作不到位，致固定船只的缆绳断开，停放在韩家渡大桥附近的采砂船、运砂船撞上韩家渡大桥，造成韩家渡大桥全封闭10余天，经过1个多月维修后作了限高处理，大型车辆至今无法通行，给周边群众的生产、生活带来了严重影响。

（三）黑社会性质组织成员在组织意志外实施的个人犯罪

（1）被告人吴某平明知吴某龙、吴某海等人形成一定规模，以非法采矿为主要活动，仍提供其个人银行账户用于管理B公司非法采砂收入。2015年8月至2017年4月期间，被告人吴某平提供其账户为××××××的银行账户存入B公司非法采砂收入共计18 967 198元，并通过转账等方式予以转移。

（2）夏某松在采砂活动中，为牟取不正当利益，于2008年至2016年期间，向时任乐平市人民政府副市长查某良，镇桥镇镇长、鸪鹚乡党委书记汪某勇等人行贿，合计人民币71.5万元。其中向查某良行贿13万元、向汪某勇行贿31.7万元、向李某华行贿7万元、向黄某军行贿19.8万元。

（四）黑社会性质组织外成员实施的犯罪活动

1. 被告人王某隐匿会计凭证、会计账簿罪

2019年5月至6月份，在得知B公司被调查后，被告人王某向吴某海提议将未销毁的B公司账簿从乐平市某学校转移到他处藏匿。2019年6月10日，被告人王某电话联系好藏匿地点后，将账簿从某学校搬运至亭培小区××-×-×××室藏匿。

2. 被告人彭某华、叶某江非法采矿罪

被告人彭某华、叶某江分别于2015年7月、2017年4月投资入股戴村一标并参与日常经营管理活动，在未办理采砂许可证的情况下，开采砂石并对外销售，直至2017年8月停止采砂。

案发后，被告人吴某海、苏某、夏某松、吴某财、汪某玲、王某、叶某江、彭某华被传唤到案，被告人王某强主动投案。

公诉机关认为，被告人吴某海组织、领导黑社会性质组织，应当按照其

所组织、领导的黑社会性质组织所犯的全部罪行处罚；违反矿产资源法的规定，未取得采矿许可证擅自采矿，且情节特别严重；随意殴打他人，情节恶劣；敲诈勒索他人财物，数额巨大；为谋取不正当利益，给予国家工作人员财物，情节严重；隐匿、故意销毁依法应当保存的会计凭证、会计账簿，情节严重；在生产、作业中违反有关安全管理的规定，因而发生重大伤亡事故；应当以组织、领导黑社会性质组织罪，非法采矿罪，寻衅滋事罪，敲诈勒索罪，行贿罪，隐匿、故意销毁会计凭证、会计账簿罪，重大责任事故罪数罪并罚追究其刑事责任。建议合并执行有期徒刑17年，剥夺政治权利2年，并处没收个人全部财产。

被告人吴某龙组织、领导黑社会性质组织，应当按照其所组织、领导的黑社会性质组织所犯的全部罪行处罚；违反矿产资源法的规定，未取得采矿许可证擅自采矿，且情节特别严重；在生产、作业中违反有关安全管理的规定，因而发生重大伤亡事故；应当以组织、领导黑社会性质组织罪，非法采矿罪，重大责任事故罪、寻衅滋事罪，敲诈勒索罪，行贿罪、隐匿、故意销毁会计凭证、会计账簿罪数罪并罚追究其刑事责任。建议合并执行有期徒刑15年，剥夺政治权利2年，并处没收个人全部财产。

被告人苏某积极参加黑社会性质组织，系该组织骨干成员；违反矿产资源法的规定，未取得采矿许可证擅自采矿，且情节特别严重；故意销毁依法应当保存的会计凭证、会计账簿，情节严重；应当以参加黑社会性质组织罪，非法采矿罪，故意销毁会计凭证、会计账簿罪数罪并罚追究其刑事责任。建议合并执行有期徒刑7年，并处罚金。

被告人吴某平积极参加黑社会性质组织，系骨干成员；明知是黑社会性质组织犯罪所得，而提供资金账户、通过转账等方式协助资金转移18 967 198余元；应当以参加黑社会性质组织罪、洗钱罪数罪并罚追究其刑事责任。合并执行建议判处有期徒刑6年，并处罚金。

被告人吴某阳积极参加黑社会性质组织，犯参加黑社会性质组织罪，建议判处有期徒刑3年，并处罚金。

其他被告人均犯有不同罪行，建议判处相应刑罚。

审理结果：

经二审法院审理，全案各被告人均认罪认罚，判决上诉人吴某海犯组织、领导黑社会性质组织罪，判处有期徒刑 8 年，剥夺政治权利 2 年，并处没收个人全部财产；犯非法采矿罪，判处有期徒刑 5 年，并处罚金人民币 1000 万元；犯寻衅滋事罪，判处有期徒刑 2 年；犯敲诈勒索罪，判处有期徒刑 3 年 6 个月，并处罚金人民币 10 万元；犯行贿罪，判处有期徒刑 6 年，并处罚金人民币 10 万元；犯重大责任事故罪，判处有期徒刑 1 年；犯隐匿、故意销毁会计凭证、会计账簿罪，判处有期徒刑 2 年，并处罚金人民币 20 万元；决定执行有期徒刑 13 年（一审判处有期徒刑 17 年），剥夺政治权利 2 年，并处没收个人全部财产。

上诉人吴某龙犯组织、领导黑社会性质组织罪，判处有期徒刑 7 年，剥夺政治权利 2 年，并处没收个人全部财产；犯非法采矿罪，判处有期徒刑 4 年，并处罚金人民币 1000 万元；犯寻衅滋事罪，判处有期徒刑 1 年；犯敲诈勒索罪，判处有期徒刑 3 年，并处罚金人民币 5 万元；犯行贿罪，判处有期徒刑 5 年，并处罚金人民币 10 万元；犯重大责任事故罪，判处有期徒刑 8 个月；犯隐匿、故意销毁会计凭证、会计账簿罪，判处有期徒刑 1 年，并处罚金人民币 20 万元；决定执行有期徒刑 9 年 10 个月（一审判处有期徒刑 14 年），剥夺政治权利 2 年，并处没收个人全部财产。

上诉人苏某犯参加黑社会性质组织罪，判处有期徒刑 3 年，并处罚金人民币 20 万元；犯非法采矿罪，判处有期徒刑 3 年，并处罚金人民币 40 万元；犯隐匿、故意销毁会计凭证、会计账簿罪，判处有期徒刑 1 年 6 个月，并处罚金人民币 10 万元；决定执行有期徒刑 5 年 6 个月（一审判处有期徒刑 7 年），并处罚金人民币 70 万元。

上诉人吴某平犯参加黑社会性质组织罪，判处有期徒刑 2 年，并处罚金人民币 10 万元；犯洗钱罪，判处有期徒刑 1 年 6 个月，并处罚金人民币 100 万元；决定执行有期徒刑 2 年 6 个月（一审判处有期徒刑 3 年 6 个月），并处罚金人民币 110 万元。

原审被告人吴某阳犯参加黑社会性质组织罪，判处有期徒刑 1 年 2 个月，并处罚金人民币 10 万元；犯非法采矿罪，判处有期徒刑 10 个月，并处罚金人民币 10 万元；决定执行有期徒刑 1 年 3 个月（一审判处有期徒刑 2 年 6 个月），并处罚金人民币 20 万元。

其他涉案被告人均判处相应有期徒刑及罚金。

【争议问题】

本案争议问题主要有以下几点：被告人吴某海是否应被认定为组织、领导黑社会性质组织罪的组织者、领导者？被告人吴某龙是否应对 A 公司、B 公司以及 C 采砂区的非法采矿行为承担相应的刑事责任？被告人吴某龙是否构成重大责任事故罪？

【法理分析】

（一）吴某龙是否应被认定为组织、领导黑社会性质组织罪的组织者、领导者？是否应按组织、领导黑社会性质组织所涉嫌的全部罪行进行处罚，并分别以组织、领导黑社会性质组织罪，非法采矿罪，重大责任事故罪，寻衅滋事罪，敲诈勒索罪，行贿罪，隐匿、故意销毁会计凭证、会计账簿罪追究刑事责任？

结合本案的事实及各方意见，辩护人认为：

（1）从有组织的犯罪角度看，合伙犯罪→团伙犯罪→犯罪集团→恶势力犯罪集团→黑社会性质组织犯罪，这是一个层层递进的关系。本案各被告人系亲属或合作关系，而非组织关系。两名黑社会性质组织罪的组织者、领导者吴某龙与吴某海之间的关系为同胞兄弟关系，作为一般参加者的吴某平系吴某龙、吴某海的妹妹，作为一般参加者的吴某阳系吴某海的长子。在公诉机关指控的一系列有组织的犯罪活动中，被告人吴某龙并未参与其中。

（2）A 公司由吴某龙独立运营管理，A 公司的股东为丁某良、吴某龙、芦某乐三人；B 公司由吴某海独立运营管理，吴某龙并未参与到 B 公司的经营管理之中；C 采砂区由吴某海和夏某松共同经营，吴某龙亦未参与。

（3）A 公司、B 公司、C 采砂区，企业的正常运营，非本罪意义下的管理与被管理、领导与被领导的关系。非组织关系，有别于黑社会性质组织界定的组织、领导者之间的关系。吴某龙与 B 公司、C 采砂区的非法采砂行为之间不具有关联性。

（4）从吴某龙在本案中所处的地位和所起的作用来看，其并不是黑社会性质组织的组织者、领导者。①吴某龙仅是A公司的法定代表人，A公司的员工无一涉案。②部分被告人供述吴某龙与B公司无关，部分被告人在B公司工作期间，在公司从未见到过吴某龙，甚至许多被告人根本不认识被告人吴某龙。③B公司、C采砂区的分红也均未涉及吴某龙；B公司、C采砂区的审计账目中的收支，无一与吴某龙有关。④审计报告中A公司涉案的三个银行账户的资金来源并非来自B公司、C采砂区；A公司的资金去向亦未进入B公司、C采砂区。

这说明吴某龙并未参与到B公司、C采砂区之中，对B公司、C采砂区更没有掌控权。

（5）本案中，如B公司涉黑，则全案涉黑。从第三被告人开始的各被告人，仅是基于B公司涉黑而被追究刑责。A公司经营中的违法犯罪行为，涉嫌的只是个罪，A公司并不涉黑。

（6）不能以工商档案中记载的股东身份来认定吴某龙是B公司的管理者、组织者、领导者，进而以此定罪。

吴某龙并不是B公司的实际股东，B公司的企业登记信息是吴某海自行办理。吴某龙在不知情中被登记为股东，股东身份应属无效，不能以此认定吴某龙为公司的实际股东，更不应对B公司的涉黑违法犯罪行为承担股东义务及相应的民事、刑事责任。

（二）被告人吴某龙是否应对A公司、B公司以及C采砂区的非法采矿行为承担相应的刑事责任？

（1）A公司、B公司以及C公司虽无采矿许可证，但与政府签订了相关合同。经责令停止开采后，因多方面原因得以继续开采。

（2）针对乱采滥挖现象，政府对乐安河河道进行综合治理，A公司通过拍卖的方式，支付出让费7 612 500元，取得乐安河河道采砂经营权；在水务局下发的关于接渡、清水滩、枫树滩采区采砂许可的通知中A公司采砂许可证由水务局办理，未办理采砂许可证不能归责于A公司；A公司在乐安河河道疏浚护岸项目上，垫资3 515 831.70元，肩负着政府及相关部门的责任。

（3）乐安河河道清理所产生砂石的堆放费用、道路的维修养护费用、采砂疏浚过程中通过政府支付给乐安河沿河村委会再分给村民的费用等，均是由 A 公司支付。

（4）本罪名项下所涉采区，在当地不唯一，且任一采区绝大部分并无采砂许可证。即涉案采区的采砂行为在当地并未形成垄断。

（5）B 公司依据 2008 年 6 月 5 日与水务局签订的《关于乐安河河道疏浚、航道疏通及建设水运码头协议书》在乐安河乐港张家至接渡山下 30 公里的河道范围内进行河道疏浚（河道采砂）、航道疏通和码头建设，是履行合同义务的合法行为，不构成非法采砂。

对于河道疏浚（河道采砂）、航道疏通和码头建设是否需要办理采砂许可证的问题，有两种观点：第一种观点认为，在河道疏浚、航道疏通和码头建设过程中有采砂行为的，只要未办理采砂许可证，就按非法采矿处理。第二种观点认为，在河道疏浚、航道疏通和码头建设过程中采砂，未办理采砂许可证的，如按照河道管理相关法律、法规的规定，报经河道主管机关批准、报经有管辖权的水行政主管部门审查、批准，则不宜按非法采矿罪定罪处罚。根据《中华人民共和国水法》第 39 条规定："国家实行河道采砂许可制度。河道采砂许可制度实施办法，由国务院规定。在河道管理范围内采砂，影响河势稳定或者危及堤防安全的，有关县级以上人民政府水行政主管部门应当划定禁采区和规定禁采期，并予以公告。"《中华人民共和国河道管理条例》第 25 条规定："在河道管理范围内进行下列活动，必须报经河道主管机关批准；涉及其他部门的，由河道主管机关会同有关部门批准：（一）采砂、取土、淘金、弃置砂石或者淤泥……"《江西省河道采砂管理条例》第 17 条规定："……因防洪吹填加固堤防和疏浚、整治河道采砂的，不需要办理河道采砂许可证，但应当按照有关河道管理的法律、法规的规定办理相关手续……"

根据上述法律法规，B 公司的河道疏浚、航道疏通以及码头建设行为合法合规，不应依非法采矿罪定罪处罚。

（6）C 采砂区，股东分别为吴某海、夏某松、彭某华、叶某江，吴某龙不参与经营管理，不参与收益分配，C 采砂区的采砂行为，无论合法与否，均与吴某龙无关。

鉴于对前述乐安河河道采砂经营权的取得、合同的签订、合同期限的变更、请示、批复、函件等相关事实、法律文件的梳理，也不难看出：本案中，采矿许可证未取得，不应单方归责于 A 公司、B 公司、C 采砂区以及相关自然人。

（三）被告人吴某龙是否构成重大责任事故罪？

本起犯罪追究的是2016年1月29日，B公司员工宋某在非工作期间溺水身亡事件。B公司由吴某海独立运营管理，吴某龙不参与。辩护人认为，对于本起宋某溺水死亡事件，不应以重大责任事故罪追究吴某龙的刑事责任：

（1）在非生产作业期间，宋某违规驾驶船只，导致其死亡结果的发生，不应以重大责任事故罪追责。

（2）退而言之，即便因宋某溺水身亡事件将相关责任主体定性为重大责任事故罪，吴某龙也不是承担刑事责任的主体。①吴某龙并不属于对B公司生产、作业负有组织、指挥或者管理职责的负责人、管理人员，也不属于直接从事生产、作业的人员，不符合承担刑事责任的主体要件。②宋某是B公司的员工，B公司的法定代表人为吴某海，即便追责，也应追究发生事故的单位和经营组织、经营户的直接责任人员的法律责任，而非吴某龙。③吴某龙并非B公司实际股东，不掌控B公司的日常运作，非B公司实际负责人，不是本罪承担刑责的主体范围。虽然B公司的工商注册登记中记载，"吴某龙是B公司的股东"，但吴某龙对其是B公司持股股东身份并不知情，其是在被抓捕后才知道的。B公司的工商注册材料，吴某龙未曾签字。④吴某海因外出，委托其兄吴某龙出面调解，吴某龙作为同胞兄弟参与事故处理，不宜认定违法犯罪。

（3）被告人吴某龙是基于组织、领导黑社会性质组织罪，而对组织内所涉其他犯罪承担刑责。重大责任事故罪系过失犯罪，而组织犯罪为故意共同犯罪，本起犯罪应定性为组织外个人犯罪。鉴于此，被告人吴某龙对本起犯罪不应承担刑责。

（四）关于B公司、C采砂区、D砂场涉嫌非法采矿案资金情况专项审计报告及关于A公司财务状况专项审计报告能否作为有效证据予以认定的问题

1. 鉴定机构及鉴定人不具有法定司法鉴定的资质

（1）审计依据明确审计行为系司法鉴定审计。关于B公司、C采砂区、D砂场涉嫌非法采矿案资金情况专项审计报告及关于A公司财务状况专项审计报告的审计依据：①法律法规依据；②行为依据，包括公安局鉴定聘请书，公安局司法审计委托书。

鉴定聘请书是为了查明 B 公司非法采矿案，聘请会计师事务所对 B 公司、C 采砂区、D 砂场财务情况进行司法鉴定；司法鉴定审计委托书也均明确审计行为系司法鉴定审计。

（2）专项审计报告鉴定机构及鉴定人须有法定资质，但本案未见鉴定机构以及鉴定人的法定资质相关材料。

《最高人民法院关于适用〈中华人民共和国刑事诉讼法〉的解释》第 97条第 1 项规定，对鉴定意见应当着重审查鉴定机构和鉴定人是否具备法定资质。

《最高人民法院关于适用〈中华人民共和国刑事诉讼法〉的解释》第 98条第 1 项、第 2 项规定，鉴定机构与鉴定人员不具备法定资质的，不得作为定案的根据。

司法部于 2005 年 9 月 30 日公布施行的《司法鉴定机构登记管理办法》第 3 条第 2 款规定："司法鉴定机构是司法鉴定人的执业机构，应当具备本办法规定的条件，经省级司法行政机关审核登记，取得《司法鉴定许可证》，在登记的司法鉴定业务范围内，开展司法鉴定活动。"

《司法鉴定机构登记管理办法》第 28 条规定，"凡经司法行政机关审核登记的司法鉴定机构及司法鉴定人，必须统一编入司法鉴定人和司法鉴定机构名册并公告。"

根据《江西省司法鉴定条例》第 9 条规定，在本省从事第 4 条规定的司法鉴定业务的鉴定机构、鉴定人由省司法行政部门审核登记或者备案登记并公告。鉴定机构和鉴定人未经省司法行政部门审核登记或者备案登记并列入名册的，不得从事第 4 条规定的司法鉴定业务。结合本案，江西省司法厅网站上并没有鉴定机构从事司法会计鉴定从业资格证，两名鉴定人员也不具有从事司法会计鉴定执业证。

鉴于此，B 公司、C 采砂区、D 砂场涉嫌非法采矿案资金情况专项审计报告及关于 A 公司财务状况专项审计报告证据能力不适格，不能以此作为定案依据。

2. 判决依据不适格的审计结论认定以吴某海为首的黑社会性质组织违法所得252 511 654.70元，违法开采的矿产品价值183 337 056.66元，明显依据不足（见下表1）

表1　吴某海等涉黑案件涉案金额统计表

序号	企业名称	起止时间	违法所得/元	违法采矿所得/元
1	A公司	2008.06.04—2017.03.31	87 727 057.76	—
		2011.05.01—2017.03.31	—	52 867 649.24
2	B公司	2009.10.01—2019.03.31	159 614 446.31	—
		2011.05.01—2019.03.31	—	125 299 256.79
3	C采砂区	2015.07.22—2017.12.31	5 170 150.63	5 170 150.63
合　计			252 511 654.70	183 337 056.66

本案认定黑社会性质组织以A公司、B公司的收入作为经济依托进行养黑，那么A公司、B公司的收入是否足以养黑。表1所列三笔金额分别是A公司、B公司、C采砂区各自的经营收入。其中A公司、B公司、C采砂区的拍卖款的投入均未列入各自成本费用；企业运营期间的各项费用均未扣减。

审计结论是通过日记账和银行流水将每一笔收入进行了累加，对于该款项的来源、资金去向、资金用途，合法收入、非法收入，个人收入、法人收入，是否存在涉案A公司、B公司、C采砂区之外的收入，并未进行核查和确认。

综上，专项审计报告不能作为有效证据予以认定。

■ 【简要总结】

全国扫黑除恶专项工作，自2018年1月23日开始，至2020年12月底结束，为期3年。在扫黑除恶专项工作中，以B公司吴某海、吴某龙为首的黑社会性质组织犯罪案件，是中央扫黑除恶督导组挂牌督办重大特一类黑社会性质组织犯罪案件，本案涉案金额252 511 654.70元，涉案被告人21人，案件重大、疑难、复杂，社会影响大，给辩护律师有效开展辩护工作带来了较大的困难和挑战。

关于本案的辩护工作，辩护律师从实体上、程序上、"认罪认罚从宽制度"依法适用等层面多角度行使辩护职能。

实体上，针对公诉机关指控的组织、领导黑社会性质组织罪，非法采矿罪，敲诈勒索罪，寻衅滋事罪，重大责任事故罪等主体罪名，辩护律师除对办案机关查封的13箱有关本案证据材料进行详细梳理之外，还进行了实地的调查取证工作。为此，辩护律师对 B 公司承接疏浚的乐安河乐港张家至接渡山下的河道完成了整个闭环的实地考察，提取了一手的照片和视频资料。辩护律师详细周密的证据材料准备，有力地支持了辩护工作的有效开展，不仅使公诉机关在审查起诉阶段去掉了侦查机关起诉意见书上的三个罪名，也对多起个案的从轻减轻处罚起到了关键性作用。

程序上，由于公诉机关没有对本起重大案件"二退三延"，审查起诉期限仅用了 1 个月便起诉到法院，导致公诉机关及各被告人没有时间开展"认罪认罚"工作。二审法院审理期间，辩护律师将"认罪认罚"、争取从轻减轻处罚作为辩护重点，和二审检察院、法院进行了大量的沟通工作，最终在二审法院庭前会议之后、终审判决之前实现几名主要被告人"认罪认罚"，这对二审法院的终审判决的定罪量刑产生了积极影响。比照同期同类重大涉黑集团犯罪案件，尤其是中央巡视组查办的特一类重大涉黑集团犯罪案件，在一审法院量刑基础上，二审法院终审判决从轻减轻的幅度是比较大的。

在本案的办理过程中，几名主要被告人及家属对二审法院的判决结果、辩护律师卓有成效的辩护工作均表示满意，截至本文截稿时，几名主要被告人的辩护律师还接受家属委托，代理本案执行阶段以及可能发生的申诉阶段（主要针对终审判决后基于新取得证据基础上的财产方面量刑的申诉工作）的法律服务工作。本案被告人吴某海、吴某龙兄弟本为当地知名优秀企业家，还曾因为对地方经济发展做出突出贡献而受到各级政府嘉奖，却在家族式企业做大做强的同时，忽视企业的科学化、制度化、合规化管理，尤其是由于刑事法律防范意识的淡薄而触犯多起刑事犯罪，其违法犯罪之路值得广大民营企业、企业家深思。

附：相关法律法规及司法解释

📖《中华人民共和国刑法》

第二百九十四条 　【组织、领导、参加黑社会性质组织罪】组织、领导黑社会性质的组织的，处七年以上有期徒刑，并处没收财产；积极参加的，处三年以上七年以下有期徒刑，可以并处罚金或者没收财产；其他参加的，处三年以下有期徒刑、拘役、管制或者剥夺政治权利，可以并处罚金。

......

犯前三款罪又有其他犯罪行为的，依照数罪并罚的规定处罚。

黑社会性质的组织应当同时具备以下特征：

（一）形成较稳定的犯罪组织，人数较多，有明确的组织者、领导者，骨干成员基本固定；

（二）有组织地通过违法犯罪活动或者其他手段获取经济利益，具有一定的经济实力，以支持该组织的活动；

（三）以暴力、威胁或者其他手段，有组织地多次进行违法犯罪活动，为非作恶，欺压、残害群众；

（四）通过实施违法犯罪活动，或者利用国家工作人员的包庇或者纵容，称霸一方，在一定区域或者行业内，形成非法控制或者重大影响，严重破坏经济、社会生活秩序。

第三百四十三条第一款 　【非法采矿罪】违反矿产资源法的规定，未取得采矿许可证擅自采矿，擅自进入国家规划矿区、对国民经济具有重要价值的矿区和他人矿区范围采矿，或者擅自开采国家规定实行保护性开采的特定矿种，情节严重的，处三年以下有期徒刑、拘役或者管制，并处或者单处罚金；情节特别严重的，处三年以上七年以下有期徒刑，并处罚金。

📖《中华人民共和国水法》

第三十九条 　国家实行河道采砂许可制度。河道采砂许可制度实施办法，由国务院规定。

在河道管理范围内采砂，影响河势稳定或者危及堤防安全的，有关县级以上人民政府水行政主管部门应当划定禁采区和规定禁采期，并予以公告。

📖《中华人民共和国河道管理条例》

第二十五条　在河道管理范围内进行下列活动，必须报经河道主管机关批准；涉及其他部门的，由河道主管机关会同有关部门批准：

（一）采砂、取土、淘金、弃置砂石或者淤泥；

（二）爆破、钻探、挖筑鱼塘；

（三）在河道滩地存放物料、修建厂房或者其他建筑设施；

（四）在河道滩地开采地下资源及进行考古发掘。

📖《全国人民代表大会常务委员会关于〈中华人民共和国刑法〉第二百九十四条第一款的解释》

全国人民代表大会常务委员会讨论了刑法第二百九十四条第一款规定的"黑社会性质的组织"的含义问题，解释如下：

刑法第二百九十四条第一款规定的"黑社会性质的组织"应当同时具备以下特征：

（一）形成较稳定的犯罪组织，人数较多，有明确的组织者、领导者，骨干成员基本固定；

（二）有组织地通过违法犯罪活动或者其他手段获取经济利益，具有一定的经济实力，以支持该组织的活动；

（三）以暴力、威胁或者其他手段，有组织地多次进行违法犯罪活动，为非作恶，欺压、残害群众；

（四）通过实施违法犯罪活动，或者利用国家工作人员的包庇或者纵容，称霸一方，在一定区域或者行业内，形成非法控制或者重大影响，严重破坏经济、社会生活秩序。

📖《最高人民法院、最高人民检察院关于办理非法采矿、破坏性采矿刑事案件适用法律若干问题的解释》

第一条　违反《中华人民共和国矿产资源法》《中华人民共和国水法》等法律、行政法规有关矿产资源开发、利用、保护和管理的规定的，应当认定为刑法第三百四十三条规定的"违反矿产资源法的规定"。

第二条　具有下列情形之一的，应当认定为刑法第三百四十三条第一款规定的"未取得采矿许可证"：

（一）无许可证的；

（二）许可证被注销、吊销、撤销的；

（三）超越许可证规定的矿区范围或者开采范围的；

（四）超出许可证规定的矿种的（共生、伴生矿种除外）；

（五）其他未取得许可证的情形。

第三条 实施非法采矿行为，具有下列情形之一的，应当认定为刑法第三百四十三条第一款规定的"情节严重"：

（一）开采的矿产品价值或者造成矿产资源破坏的价值在十万元至三十万元以上的；

（二）在国家规划矿区、对国民经济具有重要价值的矿区采矿，开采国家规定实行保护性开采的特定矿种，或者在禁采区、禁采期内采矿，开采的矿产品价值或者造成矿产资源破坏的价值在五万元至十五万元以上的；

（三）二年内曾因非法采矿受过两次以上行政处罚，又实施非法采矿行为的；

（四）造成生态环境严重损害的；

（五）其他情节严重的情形。

实施非法采矿行为，具有下列情形之一的，应当认定为刑法第三百四十三条第一款规定的"情节特别严重"：

（一）数额达到前款第一项、第二项规定标准五倍以上的；

（二）造成生态环境特别严重损害的；

（三）其他情节特别严重的情形。

第四条 在河道管理范围内采砂，具有下列情形之一，符合刑法第三百四十三条第一款和本解释第二条、第三条规定的，以非法采矿罪定罪处罚：

（一）依据相关规定应当办理河道采砂许可证，未取得河道采砂许可证的；

（二）依据相关规定应当办理河道采砂许可证和采矿许可证，既未取得河道采砂许可证，又未取得采矿许可证的。

实施前款规定行为，虽不具有本解释第三条第一款规定的情形，但严重影响河势稳定，危害防洪安全的，应当认定为刑法第三百四十三条第一款规定的"情节严重"。

第七条　明知是犯罪所得的矿产品及其产生的收益，而予以窝藏、转移、收购、代为销售或者以其他方法掩饰、隐瞒的，依照刑法第三百一十二条的规定，以掩饰、隐瞒犯罪所得、犯罪所得收益罪定罪处罚。

实施前款规定的犯罪行为，事前通谋的，以共同犯罪论处。

第八条　多次非法采矿、破坏性采矿构成犯罪，依法应当追诉的，或者二年内多次非法采矿、破坏性采矿未经处理的，价值数额累计计算。

第十二条　对非法采矿、破坏性采矿犯罪的违法所得及其收益，应当依法追缴或者责令退赔。

对用于非法采矿、破坏性采矿犯罪的专门工具和供犯罪所用的本人财物，应当依法没收。

LZ 公司秦某峰等开设赌场案法律分析

许　波

【基本案情】

案情简介：

2013 年以来，北京 LZ 互动网络股份有限公司（以下简称"LZ 公司"）棋牌部推出"德州扑克""楚汉德州""坚豆扑克"等游戏，以"万能豆"作为游戏虚拟货币。玩家在 LZ 公司网站在线玩游戏时，除可以获得赠送的"万能豆"外，还可以通过网站在线充值，价格为人民币 1 元 1 万个万能豆。此外，赌客还可以通过银行账户、支付宝、微信、QQ 钱包等途径从币商处以网站充值 7.3 折的价格购买"万能豆"，然后在线通过"德州扑克""坚豆扑克""楚汉德州"等游戏进行网上赌博，赢得的"万能豆"再以 7.1 折的价格回卖给币商以兑换人民币。而币商则是以 7.2 折的价格从总代理处购买"万能豆"，如此循环往复，通过低价买进、高价卖出的方式，赚取差价获利。为方便币商和赌客交易"万能豆"，棋牌部上线"排行榜""体验桌""星座争霸赛"等功能，通过排行榜所列币商的特殊标志，赌客可以简单识别不同的币商；通过"体验桌""星座争霸赛"等功能，赌客和币商可以大量、便携地转移"万能豆"。赌客在线赌博时，LZ 公司游戏网站提取一定比例的"万能豆"作为赌客参局的费用，并对参赌人员、"万能豆"消耗数量等进行数据日监控。为扩大赌客规模，提升业绩，LZ 公司棋牌部下属推广部专门负责招揽赌客。此外，LZ 公司每年还举办线下比赛，对获奖人员发放"万能豆"，获奖人员可以将获得的"万能豆"奖品在线游戏或出售给币商。被告人张某磊作为币商总代理，是连接 LZ 公司和下一级币商的纽带，为加强对币商的管理，还专门成立了币商 QQ 群"枫叶会"。

被告人秦某峰作为 LZ 公司副总裁，负责棋牌部的所有业务，被告人沈某鹏为币商，向赌客买卖"万能豆"。被告人陈某为 LZ 公司数据分析部总监，负责对 LZ 公司所有游戏数据的统计，拥有"万能豆"管理最高权限，生成"万能豆"并向币商总代理发放。被告人王某翼为 LZ 公司财务总监，全面负责 LZ 公司财务，LZ 公司收到购买"万能豆"的款项后，由财务部门通知陈某发放。为提升业绩，被告人秦某峰、陈某、王某翼等人还于 2016 至 2017 年间向 LZ 公司注入资金 6000 余万元用于购买"万能豆"，之后被告人陈某以7.14 折的价格将"万能豆"出售给币商总代理张某磊以回笼资金，冲抵公司业绩。

被告人蔡某于 2014 年初至 2015 年任德州扑克市场推广部负责人，主要负责拉拢赌客进行线上赌博。被告人王某南为德州扑克运营部经理，负责"体验桌""坚豆扑克"的研发、运营。被告人谭某明于 2012 年 8 月至 2016 年 4 月任项目经理，于 2017 年 2 月至 2018 年 4 月任项目管理中心经理，负责"体验桌"项目的开发管理及改进产品研发流程。被告人钟某亮为游戏开发部经理，负责"体验桌""排行榜"的具体技术研发及游戏维护。被告人苏某钢为网站研发中心总监，主要负责网站的开发、维护及游戏产品的开发协调。被告人徐某欧于 2012 年底至 2014 年 2 月负责"德州扑克"的开发、运营，2014 年 8 月至 2014 年底负责"德州扑克"等游戏的管理咨询，提出开发"体验桌"的设想，此外，徐某欧经营 SMZY 公司期间，在 SMZY 公司举办线下棋牌比赛时，接受 LZ 公司的赞助用于推广"德州扑克"游戏，并购买价值人民币 4 226 570 元的"万能豆"，用于发放给参赛的赌客。被告人周某按照被告人秦某峰的安排，为方便向 LZ 公司推广员发放推广费注册成立 GM 控股有限公司（以下简称"GM 公司"），GM 公司财务、人员管理仍然归属于 LZ 公司，被告人周某负责向推广员结算推广费。被告人方某为大数据中心负责人，主要负责对 LZ 公司的所有游戏数据进行统计分析及"万能豆"回收数量的监控等。

被告人张某磊于 2016 年初经由被告人周某向被告人秦某峰推荐，成为"万能豆"总代理，从 LZ 公司、被告人陈某处低价买进，高价向币商销售，从中赚取差价，并通过"枫叶会"对币商进行集中管理。被告人沈某鹏、段某峰、夏某、牟某红、杨某军、曹某传，明知 LZ 公司游戏网站部分游戏接受部分赌客参与赌局，仍然为获取非法利益成为币商，从"万能豆"总代理张某磊处购买"万能豆"出售给赌客，然后再从部分赌客处回购"万能豆"，转手倒卖给张某磊，实现"万能豆"与人民币的变相交易和转化。

被告人张某磊和沈某鹏、SMZY公司为购买"万能豆"向LZ公司、被告人陈某账户汇款共计人民币157 803 186元，美元8 681 800.01元，港币12 568 166.46元。被告人张某磊出售"万能豆"价值共计人民币110 239 252.07元；被告人沈某鹏参与购买"万能豆"价值共计人民币48 010 775.24元，出售46 344 324元；被告人夏某购买"万能豆"价值共计人民币1 656 920.38元，出售3 061 138.28元；被告人杨某军购买"万能豆"价值共计人民币10 004 510.39元，出售7 373 781元；被告人牟某红购买"万能豆"价值共计人民币4 010 494.7元，出售953 764.79元。

被告人秦某峰、被告人周某案发后逃亡泰国，后经中国警方赴泰国劝返，并于2018年6月8日随警方回国主动投案。被告人陈某于2018年4月3日向公安机关自首。被告人王某翼于2018年4月4日向公安机关自首。被告人谭某明于2018年4月3日在LZ公司被公安机关抓获归案。被告人蔡某、王某南、苏某钢于2018年4月1日被公安机关抓获归案。被告人钟某亮于2018年4月28日向公安机关自首。被告人徐某欧于2018年3月31日被公安机关抓获归案。被告人方某于2018年4月2日被公安机关抓获归案。被告人张某磊于2018年2月15日被公安机关传唤到案。被告人沈某鹏于2018年7月19日向公安机关自首。被告人段某峰于2018年2月10日被公安机关传唤到案。被告人夏某于2018年3月18日被公安机关传唤到案。被告人曹某传于2018年4月11日被公安机关抓获归案。被告人杨某军于2018年4月8日被公安机关抓获归案。被告人牟某红于2018年4月5日被公安机关抓获归案。

审理结果：

经过一审法院河南省新密市人民法院审理并作出（2019）豫0183刑初80号刑事判决书，判决被告人秦某峰犯开设赌场罪，判处有期徒刑4年6个月，并处罚金人民币100万元；被告人陈某犯开设赌场罪，判处有期徒刑2年1个月，并处罚金人民币50万元；被告人王某翼犯开设赌场罪，判处有期徒刑2年5个月，并处罚金人民币20万元；被告人蔡某犯开设赌场罪，判处有期徒刑2年1个月，并处罚金人民币10万元；被告人王某南犯开设赌场罪，判处有期徒刑 3 年 10 个月，并处罚金人民币 10 万元；被告人谭某明犯开设赌场罪，判处有期徒刑 3 年，并处罚金人民币 10 万元；被告人苏某钢犯开设赌场罪，判处有期徒刑 3 年 10 个月，并处罚金人民币 10 万元；被告人钟某亮犯开设赌场罪，判处有期徒刑 3 年，并处罚金人民币 10 万元；被告人徐某欧犯开设赌场罪，判处有期徒刑 2 年，并处罚金人民币 10 万元；被告人周某犯开设赌场罪，判处有期徒刑 2 年 1 个月，并处罚金人民币 5 万元；被告人方某犯开设赌场罪，判处有期徒刑 3 年 6 个月，并处罚金人民币 5 万元；被告人张某磊犯开设赌场罪，判处有期徒刑 5 年 11 个月，并处罚金人民币 100 万元；被告人沈某鹏犯开设赌场罪，判处有期徒刑 2 年 5 个月，并处罚金人民币 5 万元；被告人段某峰犯开设赌场罪，判处有期徒刑 2 年 5 个月，并处罚金人民币 2 万元；被告人夏某犯开设赌场罪，判处有期徒刑 2 年 5 个月，并处罚金人民币 2 万元；被告人曹某传犯开设赌场罪，判处有期徒刑 2 年 5 个月，并处罚金人民币 1 万元；被告人杨某军犯开设赌场罪，判处有期徒刑 2 年 5 个月，并处罚金人民币 1 万元；被告人牟某红犯开设赌场罪，判处有期徒刑 3 年 1 个月，并处罚金人民币 1 万元。扣押冻结 LZ 公司 3 790 000 元等非法所得，依法予以没收。

一审法院判决后，部分被告人对一审法院判决不服，向郑州市中级人民法院提起上诉，郑州市中级人民法院裁定将本案发回重审。再审阶段辩护律师努力行使辩护职能，一审法院（2020）豫 0183 刑初 91 号刑事判决书对多名被告人均在原一审法院判决基础上从轻减轻处罚，判决结果如下：

被告人秦某峰犯开设赌场罪，判处有期徒刑 4 年，并处罚金 90 万元；被告人陈某犯开设赌场罪，判处有期徒刑 2 年 1 个月，并处罚金 50 万元；被告人王某翼犯开设赌场罪，判处有期徒刑 2 年 5 个月，并处罚金 20 万元；被告人蔡某犯开设赌场罪，判处有期徒刑 2 年 1 个月，并处罚金 10 万元；被告人王某南犯开设赌场罪，判处有期徒刑 2 年 9 个月，并处罚金 10 万元；被告人谭某明犯开设赌场罪，判处有期徒刑 2 年 8 个月，并处罚金 10 万元；被告人苏某钢犯开设赌场罪，判处有期徒刑 2 年 9 个月，并处罚金 10 万元；被告人钟某亮犯开设赌场罪，判处有期徒刑 2 年 4 个月，并处罚金 10 万元；被告人徐某欧犯开设赌场罪，判处有期徒刑 2 年，并处罚金 10 万元；被告人周某犯开设赌场罪，判处有期徒刑 2 年 1 个月，并处罚金 5 万元；被告人方某犯开设赌场罪，判处有期徒刑 2 年 8 个月，并处罚金 5 万元；被告人张某磊犯开设赌场罪，判处有期徒刑 4 年 6 个月，并处罚金 90 万元；被告人沈某鹏犯开设赌场罪，判处有期徒刑 2 年 5 个月，并处罚金 5 万元；被告人段某峰犯开设赌场罪，判处有期徒刑 2 年 5 个月，并处罚金 2 万元；被告人夏某犯开设赌场罪，判处有期徒刑 2 年 5 个月，并处罚金 2 万元；被告人曹某传犯开设赌场罪，判处有期徒刑 2 年 5 个月，并处罚金 1 万元；被告人杨某军犯开设赌场罪，判处有期徒刑 2 年 5 个月，并处罚金 1 万元；被告人牟某红犯开设赌场罪，判处有期徒刑 2 年 8 个月，并处罚金 1 万元。扣押冻结 LZ 公司 3 790 000 元等非法所得，依法予以没收。对在案扣押的其他物品，依法予以没收。

重审一审判决下达后，部分被告人仍不服一审判决，再次提起上诉，郑州市中级人民法院经审理认为一审法院判决认定事实清楚，证据确实充分，遂裁定：驳回上诉，维持原判。至此，秦某峰等开设赌场案审结终结。

【争议问题】

本案主要有五个争议点：LZ 公司被冻结资金是否系违法所得，司法机关应否予以没收？本案被告人秦某峰、周某在泰国被羁押期间能否折抵刑期？如何认定"为赌博网站担任代理并接受投注的行为"？关于"分红"和"获得返点"行为的定性问题？关于开设赌场罪、赌博罪赌资的计算？

【法理分析】

（一）LZ 公司被冻结资金是否系违法所得，司法机关应否予以没收？

在本案侦查阶段，公安机关依职权强行扣划了 LZ 公司招商银行小关支行（账号：861781368×××××）账户资金人民币 300 万元、民生银行国奥支行（账号：0152014170×××××）账户资金 79 万元，并冻结了 LZ 公司民生银行国奥支行外债户（账号：610×××××）账户资金 37 453 133.99 元。对此，LZ 公司代理律师在法庭审理阶段就该几笔资金的性质和法庭进行了多轮的沟通，并向法庭提交了《律师代理意见》《专家论证法律意见书》以及 LZ 公司委托第三方审计机构出具的审计报告。代理律师认为，LZ 公司本身没有参与开设赌场的犯罪行为，自身运营模式完全合法合规；LZ 公司系企业法人，根据

《中华人民共和国刑法》的规定不构成开设赌场罪的犯罪主体；无证据证明LZ公司被划扣的招商银行小关支行（账号：861781368××××××）账户资金人民币300万元、民生银行国奥支行（账号：0152014170××××××）账户资金79万元，被冻结的LZ公司民生银行国奥支行外债户（账号：610×××××）账户资金37 453 133.99元系违法所得。综合本案证据和《中华人民共和国刑法》《中华人民共和国刑事诉讼法》及相关司法解释的规定，河南省新密市司法机关不应划扣和冻结LZ公司相关银行账户内资金，具体论证如下：

1.LZ公司运营模式合法合规，没有实施开设赌场的犯罪行为

（1）LZ公司拥有各级主管部门颁发的资质证照，是研发、运营游戏网站的合法主体，是依法经营的网络游戏虚拟货币发行企业。LZ公司已取得的资质证照包括：文化部批准的《网络文化经营许可证》［编号：京网文（2015）0514-194号］、北京市通信管理局批准的《电信与信息服务业务经营许可证》（经营许可证编号：京ICP证080029号）、工业和信息化部批准的《增值电信业务经营许可证》（即"SP"经营许可证，编号：B1.B2-20090243）、北京市新闻出版局和新闻出版总署批准的《互联网出版服务许可证》［（总）网出证（京）字第066号］等。此外，LZ公司运营的"德州扑克"游戏，LZ公司按照文化部及国家新闻出版广电总局的相关规定，取得了相关游戏资质，包括国家新闻出版广电总局的版号批复（批文号：新广出审【2014】1737号），并通过打包形式以平台（包含LZ公司"德州扑克"等2款游戏）方式取得了文化部备案（备案文号：文网游备字【2015】W-CBG 0204号）。结合以上公司的各类资质证照以及LZ公司实际运营情况，代理律师认为LZ公司是研发、运营游戏网站的合法主体，是依法经营的网络游戏虚拟货币发行企业。

（2）LZ公司盈利模式合法合规，不存在开设赌场获利的非法收入。首先，LZ公司的所有游戏均具有合法合规经营的资质，其运营模式和盈利模式与其他游戏公司的产品一样，收取的是合法合规的固定服务费，不存在"抽水""人机对赌"等违法犯罪行为。

其次，LZ公司的游戏币"万能豆"采用统一市场定价进行销售，且一经销售LZ公司不会逆向回购，并禁止任何个人或机构以任何方式进行交易、赠与或转让。为此LZ公司在游戏设置上严格遵守"四不标准"（即不收取或以"虚拟货币"等方式变相收取与游戏输赢相关的佣金；开设适用游戏积分压输

赢、竞猜等游戏的，均设置用户每局、每日游戏积分输赢数量；不提供游戏积分交易、兑换或以虚拟货币等方式变相兑换现金、财务的服务；不提供用户间赠与、转让等游戏积分转账服务）。此外，"万能豆"是 LZ 平台的一种游戏内积分道具，并不是虚拟货币。仅用于记录用户的游戏过程，其本身没有任何价值且只能在游戏内使用，游戏积分所有的流向都是单向的，不存在官方游戏积分回兑虚拟货币、现金的渠道，因此"万能豆"本身没有价值。

最后，代理经销商推广销售模式，是标的公司对有意代理销售批发商，与其签署协议，使其享受折后批发价格，并以市场统一价对外销售，该等代理销售模式与传统的各类商业营销模式并无二致。代理经销商推广销售模式也是腾讯等业界同行通行的做法。本案中，张某磊及其妻子作为 LZ 公司唯一的正式签约经销商，LZ 公司根据《LZ 游戏数字产品销售协议》将"万能豆"销售给张某磊，张某磊将购买"万能豆"的款项转入 LZ 公司银行账户，双方之间的这种交易行为完全是闭合、单向、不可逆的，LZ 公司不存在任何反向回购、倒买倒卖"万能豆"的非法牟利行为，LZ 公司与此相关的收入也系合法、正当收入。张某磊与秦某峰、陈某等人倒买倒卖"万能豆"的非法收入均进入到秦某峰、陈某等人个人账户，张某磊、秦某峰、陈某等人开设赌场犯罪行为与 LZ 公司不具有关联性，其非法收入与 LZ 公司等正当收入不具有关联性。

另外，LZ 公司作为一家香港上市公司，每年每一笔收入都经过独立审计机构的严格核查和审计，且收入确认只与虚拟货币的销售以及用户兑换的虚拟道具在游戏内的消耗使用有关，不存在任何非法收入进入 LZ 公司的情况。2014 年，LZ 公司上市时取得了北京市通信管理局、北京市新闻出版局、北京市公安局海淀分局和北京市文化市场行政执法总队的守法证明，此后每年 LZ 公司都要接受各级管理部门的监管并顺利通过各类年审及检查。

综上所述，代理律师认为，LZ 公司自身运营模式完全合法合规，本身没有任何参与开设赌场的违法犯罪行为。

2. 根据我国刑法，开设赌场罪并无单位犯罪的相关规定，LZ 公司系企业法人，并非开设赌场罪的犯罪主体，依法不构成开设赌场罪

关于开设赌场罪的法律法规和司法解释，并无单位犯罪的相关规定。《中华人民共和国刑法》第 30 条规定："公司、企业、事业单位、机关、团体实

施的危害社会的行为，法律规定为单位犯罪的，应当负刑事责任。"《中华人民共和国刑法》第 303 条前两款规定："以营利为目的，聚众赌博或者以赌博为业的，处三年以下有期徒刑、拘役或者管制，并处罚金。开设赌场的，处三年以下有期徒刑、拘役或者管制，并处罚金；情节严重的，处三年以上十年以下有期徒刑，并处罚金。"根据上述规定，开设赌场罪是指客观上具有聚众赌博、开设赌场、以赌博为业的行为。本罪的犯罪主体为一般主体，只要达到法定刑事责任年龄、具备刑事责任能力的自然人均能构成本罪。本案中，LZ 公司属于单位法人，并非开设赌场罪的犯罪主体，依法不构成开设赌场罪。

3. LZ 公司被划扣的账户资金，均系合法经营所得，无证据证明其为非法所得

具体而言，LZ 公司招商银行小关支行账号为 861781368×××××× 的账户于 2018 年 8 月 7 日被新密市公安局划扣走人民币 300 万元整；LZ 公司民生银行国奥支行账号为 0152014170×××××× 的账户于 2018 年 8 月 7 日被新密市公安局划扣走人民币 79 万元整；被新密市公安局冻结的 LZ 公司民生银行国奥支行（外债户）账号为 610×××××× 的账户余额为人民币 37 453 133.99 元，该笔资金系 Ourgame International Holdings Limited（LZ 公司母公司）通过换汇转给 LZ 公司的借款，该笔资金主要用于员工的工资发放和公司日常营运费用的支取，费用的支取必须有经监管部门审核的合同和发票。

代理律师认为，前两笔被划扣的资金系 LZ 公司合法合规经营所获得的合法收入，公诉机关亦未提供证据证明其为非法所得；对于第三笔被冻结的民生银行国奥支行外债户内资金，该笔资金系 LZ 公司母公司 Ourgame International Holdings Limited 通过合法换汇转给 LZ 公司的借款，与秦某峰等人开设赌场的犯罪行为不具有任何关联性。

综合以上论述不难得出以下结论：LZ 公司具有研发、运营游戏网站的合法资质，其运营的德州扑克游戏具有完备合法的法律手续，该公司的运营和盈利模式合法合规；LZ 公司系企业法人，不符合我国刑法关于开设赌场罪中主体构成要件的要求，依法不构成开设赌场罪；LZ 公司被划扣的招商银行小关支行（账号：861781368××××××）账户资金人民币 300 万元、民生银行国奥支行（账号：0152014170××××××）账户资金 79 万元，被冻结的民生银行

国奥支行外债户（账号：610×××××）账户资金 37 453 133.99 元系公司合法经营的收入。根据相关规定，司法机关应当将划扣 LZ 公司银行账户资金予以返还，将冻结的 LZ 公司银行账户资金解除冻结措施。代理经销商推广销售模式是业界同行通行的做法，张某磊及其妻子系 LZ 公司唯一的正式签约经销商，LZ 公司根据《LZ 游戏数字产品销售协议》将"万能豆"销售给张某磊，张某磊将购买"万能豆"的款项转入 LZ 公司银行账户，双方交易完全是闭合、单向、不可逆的，LZ 公司不存在反向回购、倒买倒卖"万能豆"的非法牟利行为。张某磊、秦某峰、陈某等开设赌场犯罪行为与 LZ 公司不具有关联性。

经过代理律师反复多次与办案机关沟通，最终法院未认定 LZ 公司民生银行国奥支行外债户（账号：610×××××）账户资金 37 453 133.99 元为非法所得。目前，司法机关已解除对 LZ 公司该笔账户资金的冻结措施。

（二）本案被告人秦某峰、周某在泰国被羁押期间能否折抵刑期？

本案中，被告人秦某峰和周某在归国之前，曾被泰国移民局监狱羁押两个月之久，后经过我国警方与泰国警方协调，二被告人被遣返回国。那么，被告人秦某峰和周某在泰国被羁押期间能否折抵刑期呢？辩护人认为，犯罪后逃往境外，因中国警方的边控措施而导致秦某峰、周某被泰国移民局监狱羁押，此时境外羁押期间应当折抵刑期。辩护人持此观点主要基于两点原因：一是这符合羁押折抵的原理与基本条件，是因同一犯罪事实，客观上被告人的人身自由被剥夺，从保障犯罪嫌疑人、被告人合法权益的角度，应当予以折抵刑期。二是虽然该羁押手续与过程在境外，由境外的司法机关主要依据境外的法律规范采取羁押措施的，此时羁押折抵刑期，似乎存在损害司法主权的嫌疑，但是我们认为，这一担心是不存在的也是多余的，因为境外司法机关之所以对被告人采取羁押措施，正是由于中方司法机关的边控措施在先，且往往是基于双边司法协助协议采取的，实属一种委托代理关系。受托境外司法机关采取的法律措施，境内司法机关应当认同并承担责任，这也有利于加强与境外司法机构司法协助活动的开展。

（三）如何认定"为赌博网站担任代理并接受投注的行为"？

2010 年《最高人民法院、最高人民检察院、公安部关于办理网络赌博犯罪案件适用法律若干问题的意见》（以下简称《网络赌博犯罪意见》），对

"代理"的概念进行了界定且规定担任网络赌博代理并接受投注的行为构成开设赌场罪。这一规定看似并无争议,但是司法实践中,却发现有两种特殊情形的"网络赌博代理":一种是行为人利用其掌握的会员账号,行使"类代理"之权,聚集多人在其家中参与网络赌博,即多人使用同一会员账号投注;另一种是有的人为了自己"上分"方便,使用代理账号仅接受自己投注。

在认定代理行为的上述两种情形中,司法实务界主要有两种观点即"形式符合说"与"实质符合说"。前者"形式符合说"主张客观主义、形式主义,即严格按照司法解释的规定——只有拥有赌博代理账号并设置有下级账号的才是刑法意义上的网络赌博的代理,至于其是否真正从事了代理行为在所不问。后者"实质符合说"则强调,对代理身份的认定,不应僵化刻板地局限于解释中条文之表述,不能仅以掌握代理账号作为唯一判断依据,应对其行为性质进行综合评价。

对于第一种情形,"形式符合说"认为,只要行为人不掌握设置有下级账号的代理账号,便不符合司法解释中对赌博网站代理身份的规定,对该行为不宜认定为开设赌场罪。如果符合聚众赌博构成要件,应以赌博罪论处。

对于第二种情形,即使用代理号仅接受自己投注的,"形式符合说"认为,按照司法解释的规定,行为人只要满足拥有设置有下级账号的代理账号、并接受投注就构成开设赌场罪,并没有限定接受谁的投注,也不限定接受多少投注。因为依照传统的主客观相一致的犯罪构成理论,这种情形下,行为人在主观上明知自己使用代理账号,在客观上又实施了接受投注的行为,因此符合犯罪构成,做到了"主客观相统一"。

上述的"形式符合说"忽视了刑法的法益保护功能。法益保护的功能要求只要对法益未造成侵害或者没有侵害的风险就不存在犯罪。具体到赌博网站代理身份的认定,在司法认定中不应刻板地囿于赌博网站给出的身份名称,从赌博网站取得的账号权限固然重要,但是还应该考察其所实施的行为、行为所产生的后果是否符合担任赌博网站代理并接受投注这一类型开设赌场犯罪的本质特征,是否起到了为赌博网站发展、招徕会员、扩大赌资来源的经营作用。否则,就与前述对"开设赌场罪"实质的理解相违背。对于第一种情形,虽然其在形式上并不符合赌博网站"代理"的身份,没有设置有下级账号的代理账号,但实质上却实现了赌博网站与参赌会员之间的交易,这种无代理之"名"还要行代理之"实"的行为在性质上甚至比拥有代理账号再发展会员的行为在主观上更恶劣。该行为与使用赌博代理账号发展参赌会员的行为在实质上具有高度相似性，但仍有微小差异。因为使用赌博代理账号是在网络中发展会员，而会员账号由于权限有限需要在现实中发展会员，这也决定了在网络中发展会员的社会危害性要远高于现实中发展会员的危害性。换言之，二者在法益侵害的程度上有所区别。这种区别所带来的问题是，是否可以将这种在现实中使用会员账号聚集多人参赌的行为评价为"为赌博网站担任代理并接受投注的行为"？我们认为，应当依据法益侵害之程度的不同来作具体区分：

首先，对于利用会员账号持续性地、长期地聚集众多参赌人员进行赌博的行为，应依照"实质符合说"认定为开设赌场罪，因为该行为是在行网络赌博代理之实，仅仅因其并没有代理账号就无法认定失之偏颇。

其次，对于利用会员账号短时期内或偶尔聚集多人参与网络赌博投注的，应认定为"聚众赌博"，按照赌博罪论处。理由是，虽然该行为在一定程度上建立起了赌博网站与会员之间的联系，但是由于其行为模式在根本上有别于赌博网站代理长期性、经营性的组织行为，所造成的影响范围有限，更符合"聚众赌博"中的"聚众"之意，故以开设赌场罪追责将可能出现罪刑不符的问题。

最后，对于即使符合聚众赌博的客观行为特点，但缺乏以营利为目的的主观故意的，也不能用刑法处罚，如利用会员账号仅提供亲朋偶尔参与网络赌博的行为。

对于第二种情形，虽然客观上满足《网络赌博犯罪意见》中对代理的权限、接受投注的事实等形式要件的要求，但笔者认为对代理的认定应该综合形式和实质两个角度考察。从实质角度来看，该行为与普通的单纯使用网络赌博参赌账号下注的参赌会员无二，因为这种行为实际上仅仅是利用代理账号方便实现自己的参赌目的，就是自己代理了自己并只接受自己投注。虽然《网络赌博犯罪意见》规定了参赌人数的计算方法，但这种对参赌人数的计算是以构成开设赌场的行为为前提的，且并不是对代理行为发展参赌人数提出的要求。在违法性层面就不能认定为开设赌场的行为，更遑论参赌人数的认定了。因此，我们认为在第二种情形下行为人没有实现赌博网站的推广以及赌博网站与参赌会员之间信息流、资金流等内容的流通，本质上只是自己参与赌博的特殊手段。因此，这种掌握所拥有的代理账号但仅供自己投注的行为不宜认定为"开设赌场"，这样才符合开设赌场罪的实质和立法者的意愿。

（四）关于"分红"和"获得返点"行为的定性问题

司法解释中将"参与赌博网站利润分成的"的行为认定为开设赌场行为。所谓参与赌博网站利润分成主要包括投资赌博网站或者以参股的形式成为赌博网站"股东"的人，而类似于雇佣人员等则不在上述人员的范围内。这与抽头渔利有明显区别，抽头渔利是指拿回扣，庄家从赢家所得中抽取一定数额的利钱或提供赌博条件而按照一定比例获得费用的行为。针对利润分成型网上开设赌场行为，争议较多的是"分红"和"获得返点"行为的定性问题。

案例：商某经上级代理人熊某介绍成为 HG 平台（依托互联网接受投注和兑奖的赌博网站）的代理级会员，负责平台代理工作并发展下级玩家，下家通过网银与平台进行结算。并与平台约定：按照上级代理的授权，商某可以获得其下家投注额总数 5% 的返点。实际上，其往往给予下家 2%～3.5% 的返点，自己实得 1.5%～3% 的返点。此外，在下家累计输掉 1 万元以上时，商某还可以获得所输金额 13% 的分红。

关于商某获得"分红"以及"获得返点"的定性问题：

第一种观点认为，该分红和返点属于赌博网站经营中的利润分成。赌博网站的盈利绝大多数来源于赌客输赢资金的差额，而商某的分红和获得返点的规则是依托于参赌人员的所输金额制定的，实质上是赌博网站的利润，商某也可以变相地认定为庄家，可直接认定为开设赌场罪。

第二种观点认为，该分红和返点应作为商某的抽头渔利进行处理。参赌人员在赌博网站下注即是与赌博网站的经营者进行赌博，商某的分红和获得返点行为实质上是从经营者输赢的资金差额中抽头，根据《网络赌博犯罪意见》规定，应当认定为开设赌场罪中的情节严重行为。

第三种观点认为，该分红和返点属于商某为赌博网站代发展会员的劳动报酬所得，也就是说商某与赌博网站之间形成一种雇佣或者帮助的关系，根据《网络赌博犯罪意见》的规定，商某可作为开设赌场罪的共犯处理。

对于商某获得分红和返点的行为，如果认定是利润分成或抽头渔利，依据《网络赌博犯罪意见》可直接认定为开设赌场罪；如果认定为服务费，则可认定为开设赌场罪的共犯，因此认定商某所得利益的性质是关键。我们认为，商某所获的分红和返点应属于劳动报酬所得。理由有三：其一，所谓"分红"就是指"企业分配盈余或利润"。而"返点"一般是指"经销商或代理人在一定市场、一定时间范围内达到指定的销售额的基础上给予多少个百分点的返还收入"。赌博网站的利润分成主要针对的是赌博网站的投资人或者是参股人，而商某这种仅从赌博网站获利的人所获得的利益不属于参与利润分成。其二，从表面上看，商某的获得分红和返点行为确实是从输赢差额中抽取一定数额的利钱或获取一定费用的行为，但是最重要的一点是，商某并没有参与组织投注或提供赌博条件，与赌场的经营者的性质不同，不能构成所谓的庄家，因此商某所获的利益不能认定为抽头渔利。其三，赌博网站支付给商某费用的具体性质应依据商某获得利益的基础行为来界定，商某为赌博网站发展会员，并不提供投注交易服务，针对发展会员的这一行为，赌博网站给予商某费用，无论形式如何，其本质都是网站对其发展会员的激励措施，其作用与商场为会员办理会员卡并执行不同的打折标准类似，实际是为鼓励已注册会员发展新的会员，是对商某提供发展会员服务的一种酬劳。

综上所述，类似于"分红"和"获得返点"的行为应当认定为行为人为赌博网站服务从而获取酬劳的行为，可认定为开设赌场罪的共犯。

（五）关于开设赌场罪、赌博罪赌资的计算

由于网上开设赌场行为中款物、筹码、结算方式电子化的特殊性，《网络赌博犯罪意见》中对于赌资认定细化为三种方式：一是点数标准，即按照网络上投注或者赢取的点数乘以每一点实际代表的金额认定赌资；二是虚拟物价值标准，即将资金直接或间接兑换为虚拟货币、游戏道具等虚拟物品，并用其作为筹码投注的，按照购买该虚拟物品所需资金数额或者实际支付资金数额认定赌资；三是账户资金标准，即开设赌场犯罪中用于接受、流转赌资的银行账户的资金，犯罪嫌疑人、被告人不能说明合法来源的，可以认定为赌资。

三种计算方法均以法律规定的方式予以明确，但从司法实践的情况来看，对"赌资"的不同理解以及计算方式的不同确实可能造成统计金额的巨大差异。诸如使用投注点数标准中出现无法计算参赌人员中尚未投注（赌客购买的全部点数除去已经投注的点数）的虚拟点数的情形、无法计算参赌人员转出资金的情况和赢取资金的情形以及对于赢取点数标准中，开设赌场的营利性驱使，参赌人员总共赢取金额小于全部投注金额，导致通过赢取点数标准认定赌资明显会与实际赌资有差距。虽然虚拟赌资的计算标准中对于"代理型"和"寄附型"等新型网上开设赌场行为的定罪处罚具有重要的意义，但仍然存在未经赌博网站的平台交易等直接用于赌博的虚拟物品价值如何认定等问题。

对于上述问题，我们认为，首先应当把握赌资数额的认定中心方向，即开设赌场罪侵犯的法益是社会的公序良俗以及公共管理秩序，赌资数额的确是对于基本刑基础之上加重情节的定性，对于赌资数额的计算应整体把握，应与社会公共管理秩序的危害程度相匹配。具体来讲，首先，相较于参赌人员，在计算赌资时，应更注重赌场的作用，即计算开设赌场行为所积聚的全部款物，重视赌场账目以及赌博网站详细资金记录的作用；其次，网上开设赌场犯罪作为开设赌场罪的一种，应当与现实空间中开设赌场犯罪作同等评价，可借助现实中开设赌场行为赌资的计算方式予以确定金额；最后，赌博是一个资金不断循环的过程，参赌人员不断投入资金，赢取资金或者输掉资金，同时还存在转出一定资金的情况。因此，我们认为，从赌场内转出的资金不再视为赌场内的资金，再次投入赌场的，应视为新投入的赌资，重新计算。

▪▪ 【简要总结】

本案是一起涉及妨害社会管理秩序罪章节中的罪名开设赌场罪的典型集团犯罪案例，LZ 公司涉案账户中资金的性质定性以及秦某峰、周某在泰国被泰国警方羁押的期限能否折抵刑期是本案的争议焦点。办案警方认为 LZ 公司涉案账户中的资金为开设赌场罪的违法所得，应当予以冻结并没收；而代理律师则认为 LZ 公司系公司企业法人，不是开设赌场罪的犯罪主体以及 LZ 公司运营及盈利模式完全合法，不存在开设赌场的违法行为，经过多次反复与办案机关、审理法院法官沟通，最终法院对 LZ 公司后一笔资金未予认定为违法所得，即返还 LZ 公司该笔资金。我们认为，LZ 公司的这笔资金能够顺利解冻很大程度上归功于其刑事法律服务团队提供的高质量的刑事法律帮助服务，辩护律师不仅从刑事实体法上即对开设赌场罪的犯罪构成进行深入研究挖掘，而且从刑事程序法上也检索定位到解除冻结资金的关键性法律法规、司法解释的规定，这对合法资金的解除冻结起到了至关重要的作用。另外，专家论证意见书的出具也对本案的成功办理发挥了关键性作用，专家论证意见书的出具人皆为全国著名顶尖的刑事法律专家、学者，对于该问题的把握具有权威性和公信力，对说服法官采纳代理律师的意见起到不可忽略的作用。经过刑事法律服务团队的多方位的努力，最终为 LZ 公司挽回了巨额的经济损失。

此外，一审期间对于秦某峰、周某在泰国被泰国警方羁押期限能否折抵刑期控辩双方也展开了激烈辩论，辩护律师分别从国际刑法、双边条约和多边条约等视角对在境外被羁押期限应当折抵刑期进行了充分的分析论证，最终一审法院一定程度上采纳了辩护律师的意见。

综上所述，我们认为，除公检法机关对该类案件的办案水平有待提高以外，代理律师在办理本案的过程中还有许多尚待改进之处。首先，在审查起诉阶段应当及时地与主办检察官进行关于本案行为定性的沟通，若主办检察官能够采纳辩护律师法庭上关于本案被告人行为定性的法律意见，则个别被告人有被判处缓刑的可能性；其次，在一审阶段也应当积极主动地与主审法官进行当面充分沟通，有理有据、耐心细致地说服法官采纳代理律师的代理意见。最后，在本案的审查起诉阶段，阅卷后应当对相关的证据材料留有足够时间予以分析挖掘讨论，比如说对涉及本案定性的关键性证据是否符合我国刑事诉讼法中证据的相关规定进行考证，看能否作出非法证据排除的可能。

总体而言，我们认为在刑事案件办理的各个阶段不仅应当做好充分的准备，包括时间上的和对案件的把握，切忌临时抱佛脚，而且应当及时有效地与办案机关进行沟通，尽最大可能维护当事人的合法权益。

LZ 公司作为一家著名的港股上市公司，在业界具有较高的知名度和影响力，其公司总部位于北京市朝阳区望京地区福码大厦，有着三层楼的办公面积，总部员工达 600 人之多，公司的发展正处不断上升的辉煌时期。但是，由于该公司忽视企业合规体系，尤其是企业刑事合规体系建设，疏于公司法律风险防控体系建设，对公司关键岗位上的公司高管人员缺乏有效监管，导致了以秦某峰为首的开设赌场罪重大集团犯罪的案发。该起公安部挂牌督办的重大案件，给 LZ 公司带来几乎灭顶之灾：股价暴跌，股市一度停牌，至笔者截稿时，庞大的 LZ 公司总部仅残留几十平方米的办公场地、员工几十人苦苦支撑，公司濒临倒闭边缘。值得庆幸的是，代理律师强有力的代理工作，为 LZ 公司挽回了几千万经济损失，使其得到了公司得以"起死回生"的宝贵发展资金。

目前，最高人民检察院正在一些地方开展企业刑事合规体系建设的试点，希望与企业刑事合规体系建设相关的法律法规、司法解释尽快出台，推动企业开展企业刑事合规体系建设，助力企业健康发展。

附：相关法律法规及司法解释

📖《中华人民共和国刑法》

第三百零三条第一款至第二款　**【赌博罪】**以营利为目的，聚众赌博或者以赌博为业的，处三年以下有期徒刑、拘役或者管制，并处罚金。

【开设赌场罪】开设赌场的，处五年以下有期徒刑、拘役或者管制，并处罚金；情节严重的，处五年以上十年以下有期徒刑，并处罚金。

📖《最高人民法院、最高人民检察院、公安部关于办理网络赌博犯罪案件适用法律若干问题的意见》

一、关于网上开设赌场犯罪的定罪量刑标准

利用互联网、移动通讯终端等传输赌博视频、数据，组织赌博活动，具有下列情形之一的，属于刑法第三百零三条第二款规定的"开设赌场"行为：

（一）建立赌博网站并接受投注的；

（二）建立赌博网站并提供给他人组织赌博的；

（三）为赌博网站担任代理并接受投注的；

（四）参与赌博网站利润分成的。

实施前款规定的行为，具有下列情形之一的，应当认定为刑法第三百零三条第二款规定的"情节严重"：

（一）抽头渔利数额累计达到 3 万元以上的；

（二）赌资数额累计达到 30 万元以上的；

（三）参赌人数累计达到 120 人以上的；

（四）建立赌博网站后通过提供给他人组织赌博，违法所得数额在 3 万元以上的；

（五）参与赌博网站利润分成，违法所得数额在 3 万元以上的；

（六）为赌博网站招募下级代理，由下级代理接受投注的；

（七）招揽未成年人参与网络赌博的；

（八）其他情节严重的情形。

二、关于网上开设赌场共同犯罪的认定和处罚

明知是赌博网站，而为其提供下列服务或者帮助的，属于开设赌场罪的共同犯罪，依照刑法第三百零三条第二款的规定处罚：

（一）为赌博网站提供互联网接入、服务器托管、网络存储空间、通讯传输通道、投放广告、发展会员、软件开发、技术支持等服务，收取服务费数额在 2 万元以上的；

（二）为赌博网站提供资金支付结算服务，收取服务费数额在 1 万元以上或者帮助收取赌资 20 万元以上的；

（三）为 10 个以上赌博网站投放与网址、赔率等信息有关的广告或者为赌博网站投放广告累计 100 条以上的。

实施前款规定的行为，数量或者数额达到前款规定标准 5 倍以上的，应当认定为刑法第三百零三条第二款规定的"情节严重"。

实施本条第一款规定的行为，具有下列情形之一的，应当认定行为人"明知"，但是有证据证明确实不知道的除外：

（一）收到行政主管机关书面等方式的告知后，仍然实施上述行为的；

（二）为赌博网站提供互联网接入、服务器托管、网络存储空间、通讯传输通道、投放广告、软件开发、技术支持、资金支付结算等服务，收取服务费明显异常的；

（三）在执法人员调查时，通过销毁、修改数据、账本等方式故意规避调查或者向犯罪嫌疑人通风报信的；

（四）其他有证据证明行为人明知的。

如果有开设赌场的犯罪嫌疑人尚未到案，但是不影响对已到案共同犯罪

嫌疑人、被告人的犯罪事实认定的，可以依法对已到案者定罪处罚。

三、关于网络赌博犯罪的参赌人数、赌资数额和网站代理的认定

赌博网站的会员账号数可以认定为参赌人数，如果查实一个账号多人使用或者多个账号一人使用的，应当按照实际使用的人数计算参赌人数。

赌资数额可以按照在网络上投注或者赢取的点数乘以每一点实际代表的金额认定。

对于将资金直接或间接兑换为虚拟货币、游戏道具等虚拟物品，并用其作为筹码投注的，赌资数额按照购买该虚拟物品所需资金数额或者实际支付资金数额认定。

对于开设赌场犯罪中用于接收、流转赌资的银行账户内的资金，犯罪嫌疑人、被告人不能说明合法来源的，可以认定为赌资。向该银行账户转入、转出资金的银行账户数量可以认定为参赌人数。如果查实一个账户多人使用或多个账户一人使用的，应当按照实际使用的人数计算参赌人数。

有证据证明犯罪嫌疑人在赌博网站上的账号设置有下级账号的，应当认定其为赌博网站的代理。

四、关于网络赌博犯罪案件的管辖

网络赌博犯罪案件的地域管辖，应当坚持以犯罪地管辖为主、被告人居住地管辖为辅的原则。

"犯罪地"包括赌博网站服务器所在地、网络接入地，赌博网站建立者、管理者所在地，以及赌博网站代理人、参赌人实施网络赌博行为地等。

公安机关对侦办跨区域网络赌博犯罪案件的管辖权有争议的，应本着有利于查清犯罪事实、有利于诉讼的原则，认真协商解决。经协商无法达成一致的，报共同的上级公安机关指定管辖。对即将侦查终结的跨省（自治区、直辖市）重大网络赌博案件，必要时可由公安部商最高人民法院和最高人民检察院指定管辖。

为保证及时结案，避免超期羁押，人民检察院对于公安机关提请审查逮捕、移送审查起诉的案件，人民法院对于已进入审判程序的案件，犯罪嫌疑人、被告人及其辩护人提出管辖异议或者办案单位发现没有管辖权的，受案人民检察院、人民法院经审查可以依法报请上级人民检察院、人民法院指定

管辖，不再自行移送有管辖权的人民检察院、人民法院。

五、关于电子证据的收集与保全

侦查机关对于能够证明赌博犯罪案件真实情况的网站页面、上网记录、电子邮件、电子合同、电子交易记录、电子账册等电子数据，应当作为刑事证据予以提取、复制、固定。

侦查人员应当对提取、复制、固定电子数据的过程制作相关文字说明，记录案由、对象、内容以及提取、复制、固定的时间、地点、方法，电子数据的规格、类别、文件格式等，并由提取、复制、固定电子数据的制作人、电子数据的持有人签名或者盖章，附所提取、复制、固定的电子数据一并随案移送。

对于电子数据存储在境外的计算机上的，或者侦查机关从赌博网站提取电子数据时犯罪嫌疑人未到案的，或者电子数据的持有人无法签字或者拒绝签字的，应当由能够证明提取、复制、固定过程的见证人签名或者盖章，记明有关情况。必要时，可对提取、复制、固定有关电子数据的过程拍照或者录像。

X 某出售出入境证件案

——对出售出入境证件罪的立法完善

王本桥

【基本案情】[1]

引言：

随着我国综合国力的不断提升，由于长期保持社会稳定及经济飞速发展所带来的示范效应不断加强，向心辐射影响范围愈发广泛。同时，随着对外开放、交流的进一步扩大、深入，基于古代文化与先进技术相结合所带来的奇妙反应在强大经济基础的支撑之下愈发显得魅力无穷。而这些魅力的外在投射表现之一就是越来越多的外籍人士希望能够来到中国境内发展，与此同时，这种局面也会带来一些问题，妨害国（边）境管理类案件也由输出类型逐步向输入类型转变。

笔者在承办的妨害国（边）境管理类犯罪的案件时，有相关思考，不过一直没有机会仔细梳理，恰逢此次机会，在此与诸君分享、交流。

案情简介：

上海市某区公安机关根据出入境管理部门移送的线索发现，Z 某系中国香港籍人士，在上海开设公司并在上海长期居住。R 某（女，菲律宾籍）为 Z 某非法雇佣的外籍家政服务人员。Z 某为达到使 R 某长期在中国非法居留的目的，委托 X 某以上海某某投资咨询有限公司投资咨询经理身份为 R 某申请外国人就业许可证及居留许可，并通过该等许可实现了 R 某在上海长期非法居留的目的。R 某在上海长期居留期间作为家政服务人员为 Z 某提供住家家政服务。

---

[1] 案号：（2013）闵刑初字第 1196 号。

经过初步排查，根据已经掌握的情况，公安机关决定正式立案侦查。经过侦查后发现，X 某系自 2007 年起即开始为帮助雇主（多为外籍来华人士）实现长期雇佣外籍家政服务人员的目的，通过虚构来华目的、虚构从业经历等方式帮助外籍家政服务人员取得外国人就业许可证及居留许可，以使得该等外籍家政服务人员能够长期在华居留。X 某每次成功帮助外籍家政服务人员取得就业许可后都会收取由雇主支付的相应报酬。

公诉机关指控 X 某具体犯罪事实如下：2007 年，X 某将 L 某介绍给他人从事非法家政服务工作，并于 2008 年 2 月至 2013 年 1 月间，先后 6 次通过伪造签证申请材料等手段，以上海某某工贸有限公司副总裁身份为 L 某申请外国人就业许可证及就业类外国人居留许可后进行有偿转让，每次收取费用人民币 3000 元至 10 000 元。

2008 年 9 月至 2012 年 7 月期间，X 某先后 5 次通过伪造签证申请材料的手段，以上海某某贸易有限公司部门经理身份为在他人家中从事非法家政服务工作的 M 某申请了外国人就业许可证及就业类外国人居留许可后进行有偿转让，每次收取费用人民币 3000 元至 10 000 元。

2009 年 12 月至 2012 年 12 月期间，X 某先后 4 次通过伪造签证申请材料的手段，以青岛某某物流有限公司上海分公司行政经理身份为在他人家中从事非法家政服务工作的 C 某申请了外国人就业许可证及就业类外国人居留许可后进行有偿转让，每次收取费用人民币 3000 元至 10 000 元。

2012 年 9 月，被告人 X 某将 ML 某介绍给他人从事非法家政服务工作，并于 2013 年 3 月通过伪造签证申请材料等手段，以上海某某实业有限公司室内设计师的身份为 ML 某申请了外国人就业许可证及就业类外国人居留许可后进行有偿转让，收取费用人民币 12 000 元。

2013 年 2 月，被告人 X 某通过伪造签证申请材料的手段，以某某贸易（上海）有限公司外籍客服经理身份为在他人家中非法从事家政服务工作的 I 某申请了外国人就业许可证及就业类外国人居留许可后进行有偿转让，收取费用人民币 4000 元。

审理结果：

法院审理后认为：对于公诉机关所指控的犯罪事实，X 某在开庭审理过程中亦无异议，且有证人证言、涉案人员的居留许可申请材料及登记信息、公安机关出具的工作情况等证据证实。

最终，法院认定 X 某为牟取非法利益，向他人有偿转让以不正当手段取得的出入境证件，其行为已构成出售出入境证件罪，且出售出入境证件 5 份以上（法院认定 17 份），属情节严重，最终综合各相关情节，判处 X 某有期徒刑 5 年，并处罚金人民币 3 万元。

其他典型案例刑罚参考：

"自己孩子的外籍家教居留签证即将到期，为了挽留外籍家教，四处打听寻找帮助对方延签的途径。最终，不仅成功帮助外籍家教延签，还发现了可以通过代办居留或延期居留等签证非法牟利的生财之道……2014 年 9 月 24 日，被公安部认定为出售出入境证件'国内第一案'在江苏省南京市鼓楼区人民法院公开开庭宣判，始作俑者孙某某因犯出售出入境证件罪被处有期徒刑八年（认定 15 份），并处罚金 6 万元。其他 6 名被告人则被判处 1 年 3 个月至 3 年不等的有期徒刑。"[1]

【争议问题】

就本案而言，在法庭审理阶段，最为核心的争议问题聚焦于出入境证件的具体范畴，即本案中 X 某所出售的材料是否属于出入境证件。

（一）相关背景说明

在分析案情之前，笔者先简单介绍一下外国人来华就业的大体流程，以便于诸位读者能有个具象的概念。

介绍一个概念的首选任务就是对这个概念下一个定义，所谓外国人在中国就业，就是指没有取得定居权的外国人（不具有中国国籍的人员）在中国境内依法从事社会劳动并获取劳动报酬的行为。[2]但是这并不是说任何外国人随时都可以与中国居民一样申请从事任何自己想要从事的职业，我国对于外国人来华就业的岗位限定有着如下的基本原则："聘用外国人从事的岗位应

---

〔1〕　案号：（2014）鼓刑初字第 150 号、（2014）宁刑终字第 209 号。
〔2〕　参见《外国人在中国就业管理规定》（2010 年修正）第 2 条。

是有特殊需要，国内暂缺适当人选，且不违反国家有关规定的岗位。"[1]

如果一个外国人有志于前往中国就业，且恰好他所希望从事的职业或岗位又是符合规定的，那么接下来这位外国人需要做的就是由境内拟聘用他的公司为其申请就业许可，并经获准且取得《中华人民共和国外国人就业许可证书》[2]（现为《中华人民共和国外国人工作许可通知》，以下简称"许可证书"），取得该许可证书后，外国人来华就业才算正式启动。外国人在取得许可证书之后结合其他资料向中华人民共和国驻外使、领馆申请签证。外国人应持职业签证入境（2017 年修改为 Z 字签证），入境后 15 日内，境内用人单位需要为该外国人申请《外国人就业证》（现为《中华人民共和国外国人工作许可证》，以下简称"就业证"），该就业证需要前往所在地外国人工作管理部门（各地归口部门不同，一般为当地外国专家局或人力资源和社会保障部门）领取。与此同时，外国人在入境后的 30 日内需至用人单位所在地公安机关出入境管理机构办理工作类居留证件。至此，外国人才算办理完毕来华就业的基本证件。

简单来说，外国人来华就业需要取得如下 4 个证件/许可之后方才合法有效，其分别为许可证书、Z 字签证、就业证、居留证件，这 4 个证件的发证机关分别为外国专家局（之前为人力资源社会保障部门）、驻外使领馆、外国专家局（或人力资源社会保障部门）、公安机关。这里，笔者提请诸位读者特别留意"就业许可"与"就业证"的区别，并注意 4 个证件的发证机关，这也是后续进一步分析案件的基础。

（二）上述争议简要分析

本案中，就基本事实控辩双方并无争议，X 某本人承认其确实从事了起诉指控的事实，但是其表示并不知道该等行为已经触犯了刑律。换言之，其对于自己从事的行为明确知晓，但是对于该等行为的后果却不知晓。由此，不由得令笔者想起了一句经典法谚"不知法律不免责"（Ignorantia juris non excusat），不知事实免责，但不知法律不免责[3]。进一步来说，本案有所争

---

〔1〕 参见《外国人在中国就业管理规定》（2010 修正）第 6 条。
〔2〕 参见《外国人在中国就业管理规定》（2010 修正）第 5 条。
〔3〕 参见张明楷：《刑法格言的展开》（第 3 版），北京大学出版社 2013 年版，第 534~535 页。

议的核心是对于 X 某行为的具体定性问题，即，在刑法层面对于其行为如何评判。为厘清该问题，笔者尝试将 X 某的犯罪行为加以解构，并得出如下几个涉案要素：

- ·寻找合适的境内"用人单位"并假借其名义；
- ·虚构用人单位拟聘用涉案外国人的事实申请就业许可；
- ·涉案外国人申请职业签证（Z 字签证）；
- ·涉案外国人入境后申领就业证；
- ·涉案外国人办理居留证件

这些因素的核心就是虚构用人单位拟聘用涉案外国人的事实获批就业许可。对于该节事实的定性争议，也是本案控辩双方的争议关键。

【法理分析】

通过之前的大量铺垫、说明，本案中的控辩双方的核心争议焦点其实可以分别都用一句话来概括，控方的观点可以归纳为：被告人 X 某以伪造签证申请材料等手段非法取得的出入境证件有偿转让给他人并从中牟利，应当以出售出入境证件罪论处。辩方的观点可以归纳为：被告人 X 某以伪造所取得的证件/许可并不是出入境证件，不应当以出售出入境证件罪论处。虽然法院最终支持了控方的观点，但是就案件本身来说，其带来的思考和研究并未停止。

（一）取得出入境证件的申请资料不等于出入境证件

基于之前的论述，如将控辩双方的核心观点进一步提炼，必然会涉及一个问题，即 X 某有偿转让的到底是出入境证件还是申请出入境证件的资料？显然无论从发证机关主体、还是从相关证件的出示、检查阶段以及检验机关来说，就业许可、就业证等均不属于出入境证件。而 X 某虚构的事实却止于取得该两份证件/许可，对于持证人的身份信息并无虚构，由此对其行为本身的评判，如不适用扩大解释的话，X 某虚构、骗取并有偿转让的是取得职业签证（Z 字签证）的申请资料而不是职业签证（Z 字签证）本身。职业签证（Z 字签证）确实是由相关机构颁发给持证人的，但却是基于申请人的故意欺瞒而陷入错误认识之后所产生的结果。

（二）X 某的行为更加符合骗取出入境证件的情形

纵观 X 某的犯罪手法，其核心手段在于以虚构外国人拟从事岗位及从业经历的方式骗取了劳动行政管理部门颁发的就业许可，进而以该等弄虚作假方式获得的就业许可获准职业签证（Z 字签证），并由持证人本人以职业签证（Z 字签证）入境中国。随后进一步按照相关法律法规要求，以虚构或捏造方式取得就业证。其犯罪核心流程如下：【骗取就业许可→申请职业签证（Z 字签证）】（境外阶段）；【骗取就业证→申请居留证件】（境内阶段）。其收取报酬的主要内容在于骗取就业许可与骗取就业证这两点，因为这两点都需要由境内用人单位的名义申请，无法由外国人本人申请完成，而在取得就业许可与就业证之后的申请过程则由外国人本人完成，此时申请行为均不在 X 某的直接控制之下。进一步来说外国人本人要想取得职业签证（Z 字签证）或居留许可证除了有 X 某虚构事实并寻找合作单位的帮助之外，还有一项必备要件，这就是有外国人本人持证申请，若外国人持他人证件办理显然不能获准。由此可以印证出一点，外国人所取得的职业签证（Z 字签证）或居留许可证是在使得相关部门陷入错误认识之后而实现的。由此，笔者认为若将境外阶段的过程评价为一个完整行为而后再加以评价其行为，更加符合"骗取"出入境证件的定性。

从刑事辩护角度而言，笔者在代理该案后，遵循如下的逻辑脉络进行本案的辩护。

（三）基于本案公诉机关指控罪名，我们试图明确关于"出入境证件"在刑法范畴的边际

本案中既然涉案罪名是出售出入境证件罪，那么在评价 X 某是否构成该罪前，应当先对出入境证件的具体边界加以界定。否则，就构罪要件来说应然层面会存在瑕疵，更遑论实然层面。

1. "就业许可"不在行政机关定义的出入境证件范畴之内

截至目前，笔者尚未能通过公开渠道查询到对于"出入境证件"一词具体的官方定义（归纳概括式）。但可以作为参考的是，在国家移民管理局网站上，有专门网页介绍出入境证件样式（栏目名称为"出入境证件宣介"），该页面中共计有 20 个选项，其分别为"电子普通护照样式、97-2 版护照样

式、前往港澳通行证样式、往来台湾通行证样式、往来港澳通行证样式、台湾居民定居证样式、港澳居民来往内地通行证样式、台湾居民来往大陆通行证样式、本式出入境通行证样式、一次有效往来台湾通行证样式、一次有效台湾居民来往大陆通行证、一次有效出入境通行证样式、一次有效台湾居民来往大陆通行证样式、贴纸式签注样式、边境旅游专用出入境通行证样式、团体签证样式、普通签证样式、外国人出入境证样式、外国人旅行证样式、外国人居留许可样式"。笔者之所以用枚举法将全部选项列明就是希望给诸位读者一个直观的认识，在国家移民管理局网站上公示的出入境证件中，并无"就业许可"或"就业证"这两类证件，由此可以得出一个初步结论，"就业许可"不属于出入境证件之列。

2. 出入境证件在司法范畴内的定义

在司法范畴内，对于出入境证件的定义可以通过相关法律及司法解释的规定予以明确，并设定相应的参考坐标。

在《中华人民共和国刑法》第 320 条中，对于出入境证件并没有直接予以定义。这样显然无法满足司法实践中具体案件的承办要求。由此，在随后的《最高人民法院、最高人民检察院关于办理妨害国（边）境管理刑事案件应用法律若干问题的解释》［以下简称《妨害国（边）境管理刑事案件解释》］第 2 条和第 3 条之中对于出入境证件的范围予以明确，《防害国（边）境管理刑事案件解释》第 3 条第 1 款规定了提供伪造、变造的出入境证件罪和出售出入境证件罪中"出入境证件"的范围[1]。具体来说，《中华人民共和国刑法》第 319 条规定的"出境证件"，包括护照或者代替护照使用的国际旅行证件，中华人民共和国海员证，中华人民共和国出入境通行证，中华人民共和国旅行证，中国公民往来香港、澳门、台湾地区证件，边境地区出入境通行证，签证、签注，出国（境）证明、名单，以及其他出境时需要查验的资料。［《防害国（边）境管理刑事案件解释》第 2 条第 2 款］《中华人民共和国刑法》第 320 条规定的"出入境证件"，包括本解释第 2 条第 2 款所列的证件以及其他入境时需要查验的资料。［《防害国（边）境管理刑事案件解

---

〔1〕陈国庆、韩耀元、吴峤滨：《〈关于办理妨害国（边）境管理刑事案件应用法律若干问题的解释〉理解与适用》，载《人民检察》2013 年第 3 期。

释》第3条第1款）]

据此我们可以得出，在刑法语境下"出入境证件"概括性定义应包括两部分的内容，一是以枚举法定义的"包括护照或者代替护照使用的国际旅行证件，中华人民共和国海员证，中华人民共和国出入境通行证，中华人民共和国旅行证，中国公民往来香港、澳门、台湾地区证件，边境地区出入境通行证，签证、签注，出国（境）证明、名单"；二是俗称的兜底条款"以及其他出入境时需要查验的资料。"同样，笔者在枚举定义中并没有发现"就业许可"或"就业证"。那么"就业许可"与"就业证"是否属于"其他出入境时需要查验的资料"呢？

3. 为厘清问题，我们需要进一步引入其他法律规定作为参照坐标，并进一步明确出入境证件的具体指向

（1）出入境证件发证主体为公安部及外交部等机关。在《中华人民共和国出境入境管理法》（以下简称《出境入境管理法》）第4条中规定如下：公安部、外交部按照各自职责负责有关出境入境事务的管理。中华人民共和国驻外使馆、领馆或者外交部委托的其他驻外机构负责在境外签发外国人入境签证。出入境边防检查机关负责实施出境入境边防检查。县级以上地方人民政府公安机关及其出入境管理机构负责外国人停留居留管理。公安部、外交部可以在各自职责范围内委托县级以上地方人民政府公安机关出入境管理机构、县级以上地方人民政府外事部门受理外国人入境、停留居留申请。公安部、外交部在出境入境事务管理中，应当加强沟通配合，并与国务院有关部门密切合作，按照各自职责分工，依法行使职权，承担责任。

由此可见，负责管理出境入境事务的国家机关只有公安部、外交部、驻外使领馆和外交部委托的驻外签证机构这4类，那么据此进一步得出结论，由这4个部门（机构）所签发的证件才属于出入境证件，除此之外的其他国家机关或行政部门不享有管理出入境事务的权力，也无权办理、签发出入境证件。《出境入境管理法》第4条第4款规定公安部、外交部与国务院有关部门系合作关系，并无权直接管理出境入境事务。同时，在该条第3款中规定具体负责地方出入境事务的管理的机构仍然为公安部、外交部的下级直属单位，该法并未授权公安部、外交部可以委托除其直接下级单位（县级以上）以外的单位介入出境入境事务的管理。

故而，笔者认为，以纳入司法评判范畴作为限定，现有法律、法规对于出入境证件设定的第 1 条评判维度应当是主体特定化，即除公安部、外交部、驻外使领馆和外交部委托的驻外签证机构这 4 类机关所颁发的与出入境有关的证件外，其余主体发出的证件均不属于出入境证件。

（2）出入境证件必须与持证人一一对应。所谓证件，通常指证明身份、经历等的证书和文件，其核心作用是在于对于持有人的身份经历等予以说明与证实，以避免再次核实该等信息的过程。其证明对象通常是特定的个人。因此，在确定发证机关主体之后，接下来需要确定的就是持证人的特定性。

在《出境入境管理法》第 11 条与第 18 条中进一步细化规定如下："中国公民出境入境，应当向出入境边防检查机关交验本人的护照或者其他旅行证件等出境入境证件，履行规定的手续，经查验准许，方可出境入境。具备条件的口岸，出入境边防检查机关应当为中国公民出境入境提供专用通道等便利措施。""外国人申请办理签证，应当向驻外签证机关提交本人的护照或者其他国际旅行证件，以及申请事由的相关材料，按照驻外签证机关的要求办理相关手续、接受面谈。"

由此可见，出入境证件除了发证机关确定之后，必须同时满足持证人本人持有这一条件。

（3）出入境时接受检查时必须出示的证件。随着社会的飞速发展，证件的种类也越来越多，本案涉案罪名既为出售出入境证件，那么对于证件的限定必然是出入境时需要出示并接受检查的证件。换言之，如果在出入境时无需接受检验的证件就不是出入境证件。同时，需要进一步说明的是，对于检查证件的机关法律也有具体限定，必须是出入境边防检查机关[1]，除该机关之外其他机关并不具有在出境或入境时检查出入境证件的权利。

综上，在笔者认为在现行法律体系之下，在司法层面对于出入境证件的定义除了《妨害国（边）境管理刑事案件解释》所枚举的护照或者代替护照使用的国际旅行证件，海员证，出入境通行证，旅行证，中国公民往来香港、澳门、台湾地区证件，边境地区出入境通行证，签证、签注，出国（境）证明、名单之外，就是同时符合由公安部、外交部、驻外使领馆和外交部委托

---

〔1〕　参见《中华人民共和国出境入境管理法》第 4 条。

的驻外签证机构所颁发的、能够与持有人一一对应，且在出入境时需要接受出入境边防检查机关检验的证件。

（四）笔者试图以就业许可、就业证与出入境证件的区别及联系为支撑，构建整个辩护的基本框架

1. 就业许可、就业证与出入境证件的区别

第一，无论是在移民局网站公示的出入境证件中还是在《妨害国（边）境管理刑事案件解释》所枚举的出入境证件中均未发现有就业许可、就业证的存在。显然，就业许可、就业证与一般意义的出入境证件无关，只能在兜底条款的范畴内进行检索，以查明该等证件是否符合出入境证件的相关定义。

第二，从发证主体来看，《外国人在中国就业管理规定》（2017年修正）已经明确了就业许可、就业证的发证单位为外国专家局（原为人力资源社会保障部门），这而非前述公安部、外交部等4个出入境证件的发证主体，单位不同，且外国专家局（人力资源社会保障部门）亦非法律授权具备办理出入境证件资格的单位，因此就发证主体来看，就业许可与就业证的发证单位与出入境证件的发证单位不匹配。

第三，从就业许可的用途来看，就业许可属于前置审批类文件，基于现有的申请步骤，申请人必须是拟聘用外国人来华就业的境内用人单位。以民法概念作为比喻，该申请可以视为境内用人单位在向拟聘用外国人发出要约之前的资格审批，该审批是实质审批并非形式审批，且评判标准也逐年细化提高。需要强调的是，取得该许可并不能确保外国人就自然获得职业签证（Z字签证），两者之间确有联系，但并非应然关系，关于两者的联系之后会再行详述，在此暂不展开。

第四，从就业证的用途来分析，就业证系外国人在中国境内的合法工作的法律证件，但是并不能直接或是间接地使外国人合法享有出境入境的资格。同时关于就业证的申领，依据现有规定是在外国人入境后的15天内，由境内用人单位进行申请。可以说，就业证的申领是在外国人已经完成了合法入境之后，且并不是办理职业签证（Z字签证）的前置条件。

第五，从核查就业许可与就业证的程序来看，就业许可证是在外国人申请职业签证时供给驻外使、领馆或外交部委托的驻外签证机构办理职业签证（Z字签证）时所需诸多申请材料的一种，检查单位并不是出入境边防检查机关。

而就业证则是劳动行政管理部门颁发的就外国人是否具备在中国国内合法从业资格予以确认的文件，亦不是外国人出境入境时接受检查的证明文件。

2. 就业许可、就业证与出入境证件的联系

行文至此，相信读者也已经清楚笔者在该案件中的抗辩思路，即否定就业许可、就业证的出入境证件属性，以达到击破公诉方关于 X 某构成出售出入境证件罪的立论。但是，事物本身是具有普遍联系的，况且此刻我们讨论案情已经可以撇开法庭上辩论的立场，以更加全面的视角来看待问题。接下来笔者想谈一下就业许可、就业证与出入境证件两者之间联系。

基于之前的论述，笔者认为就业许可[1]显然并不属于出入境证件，但是职业签证（Z 字签证）却是实实在在的出入境证件，这点是毋庸置疑的。

通常来说，外国人前来中国需要获得相应的签证，签证的种类有很多，不同签证对应的入境事由、逗留时间、可从事活动的种类均有不同。依笔者的理解，外国人持有就业许可表示他可以选择以获得职业签证（Z 字签证）进入中国的申请资格。但两者并不是应然关系，举例来说，一个外国人即使取得了就业许可，但仍可以选择以申请旅游签证（L 字签证）的方式进入中国。故此，笔者认为外国人取得了就业许可意味着他有资格申请职业签证（Z 字签证），但并不意味着他已经获得了职业签证（Z 字签证），取得就业许可只是取得职业签证（Z 字签证）的必要条件之一。

通过前述两部分的梳理、构架，笔者认为已经就本案的基本框架予以了限定，构建了一个相对完备的逻辑自洽体系，并可以此为基础，与刑辩主旨相呼应完成本案的辩护。

■ 【简要总结】

如果我们先撇开案件的判决结果不论，仅就笔者的证成逻辑继续推演，假设法院支持笔者的辩护观点，X 某的行为属于骗取，那么关于骗取该等证件我国刑法的规定又是怎么样的呢？《中华人民共和国刑法》第 319 条规定："以劳务输出、经贸往来或者其他名义，弄虚作假，骗取护照、签证等出境证

---

〔1〕　由于就业证是在外国人持职业签证（Z 字签证）合法入境之后办理的在此不作讨论。——笔者注

件，为组织他人偷越国（边）境使用的，处三年以下有期徒刑，并处罚金；情节严重的，处三年以上十年以下有期徒刑，并处罚金。单位犯前款罪的，对单位判处罚金，并对其直接负责的主管人员和其他直接责任人员，依照前款的规定处罚。"显然，按照定义 X 某的行为更契合"以其他名义，弄虚作假，骗取护照、签证等出境证件"的构成要件。但是，该条款只规定了骗取出境证件构成犯罪而没有规定骗取入境证件构成犯罪，因此，此时法院将陷入两难境地，从 X 某的行为实质来说其确实侵犯了我国正常的出入境管理秩序，但就其行为本身来说，相关构成要件又与《中华人民共和国刑法》第 319 条更加契合，但是其骗取的又是入境证件而非出境证件。由此，笔者认为《中华人民共和国刑法》第 319 条恐怕不能满足新形势下的司法需求，应当予以进行相应的调整，以使其更加符合社会的发展需求。

此外，随着经济的发展科技的进步，境内外、国内外的交流愈发的频繁、密切，国内出现了大量的咨询类企业。在此笔者希望可以通过本案提醒相关企业的负责人，在进行相关商事活动中，充分重视企业经营行为的合规性，本案中，X 先生在第一次见到笔者时表示："在我国香港地区'菲佣'是非常常见的，内地没有这种氛围。原先以为这种行为就是打打擦边球，被抓住顶多罚款，没想到触犯了刑律，早知道就不做这块业务了。"对于，跨越不同法域的企业、企业家来说，了解并遵守当地的法律、法规是头等大事，否则一旦越过红线，那就悔之晚矣。

附：相关法律法规及司法解释

📖《中华人民共和国刑法》

第三百二十条　为他人提供伪造、变造的护照、签证等出入境证件，或者出售护照、签证等出入境证件的，处五年以下有期徒刑，并处罚金；情节严重的，处五年以上有期徒刑，并处罚金。

📖《最高人民法院、最高人民检察院关于办理妨害国（边）境管理刑事案件应用法律若干问题的解释》

第二条　为组织他人偷越国（边）境，编造出境事由、身份信息或者相关的境外关系证明的，应当认定为刑法第三百一十九条第一款规定的"弄虚作假"。

刑法第三百一十九条第一款规定的"出境证件"，包括护照或者代替护照使用的国际旅行证件，中华人民共和国海员证，中华人民共和国出入境通行证，中华人民共和国旅行证，中国公民往来香港、澳门、台湾地区证件，边境地区出入境通行证，签证、签注，出国（境）证明、名单，以及其他出境时需要查验的资料。

具有下列情形之一的，应当认定为刑法第三百一十九条第一款规定的"情节严重"：

（一）骗取出境证件五份以上的；

（二）非法收取费用三十万元以上的；

（三）明知是国家规定的不准出境的人员而为其骗取出境证件的；

（四）其他情节严重的情形。

第三条　刑法第三百二十条规定的"出入境证件"，包括本解释第二条第二款所列的证件以及其他入境时需要查验的资料。

具有下列情形之一的，应当认定为刑法第三百二十条规定的"情节严重"：

（一）为他人提供伪造、变造的出入境证件或者出售出入境证件五份以上的；

（二）非法收取费用三十万元以上的；

（三）明知是国家规定的不准出入境的人员而为其提供伪造、变造的出入境证件或者向其出售出入境证件的；

（四）其他情节严重的情形。

第六编

贪污贿赂、渎职类案件

论国家工作人员身份的认定

——霍某贪污案

黄晓亮

【基本案情】

案情简介：

原审被告人霍某，1992 年至 2001 年 4 月任 YG（河南）企业集团有限公司党委委员、董事、副总经理，1995 年兼任 YG 财务公司郑州代表处负责人，1997 年兼任河南 HT 房产有限公司、河南 HZ 置业有限公司董事长；1998 年兼任 YG 乒乓球俱乐部有限公司总经理；2001 年 5 月至 2014 年 5 月任河南 YG 集团党委书记、董事长。

经依法审理查明，1992 年 YG（河南）实业有限公司和河南省 JY 系统房屋建设开发公司联合成立了河南 HT 房产有限公司，1997 年霍某兼任该公司董事长，1998 年河南 HT 房产有限公司设立了 HT 物业管理分公司，霍某分管该公司。1996 年，被告人霍某购得了郑州市金水区经六路 3 号院 HT 住宅楼×单元×层××号、××号房屋两套，并将房屋登记在其妻庞某名下。1998 年底，霍某将该两套房屋打通成一套，交给 LD 装饰有限公司进行装修。装修费用让其分管的 HT 物业管理分公司总经理薛某和办公室主任许某负责结算。LD 装饰有限公司把装修费用开成票据，由薛某、许某签字后从 HT 物业管理分公司报销。其后薛某推荐由李某继续对该房屋装修，霍某安排由薛某、许某购买材料，装修费用从 HT 物业管理分公司账上报销。1999 年 8 月该房屋装修完毕，装修费用共计 313 604.7 元。霍某安排 YG 财务公司郑州代表处、YG 乒乓球俱乐部有限公司的马某、王某等人向 HT 物业管理分公司转款 620 000 元，一部分用于 HT 物业管理分公司公共支出，另一部分用于支付霍某房子的装修费用。

而在 2004 年，被告人霍某购得郑州市惠济区迎宾路 19 号迎宾花园 59 号别墅一套，登记在其母亲黄某某名下。2006年5月至2007年7月，霍某将该别墅交给YS装饰有限公司总经理李某进行装修，并指使李某将装修费用开具发票从河南HZ置业有限公司报销。装修期间及结束后，李某共开具9张总金额696 559元的装修材料发票，被告人霍某利用其担任河南HZ置业有限公司董事长的职务便利，将该9张发票签批后从河南HZ置业有限公司予以报销。

霍某因涉嫌贪污罪于2014年8月12日被漯河市人民检察院刑事拘留，同日被漯河市公安局执行刑事拘留，2014年8月12日被河南省人民检察院决定逮捕，次日被漯河市公安局执行逮捕。

河南省漯河市舞阳县人民检察院以漯舞检诉刑诉（2015）88号起诉书指控被告人霍某犯贪污罪，向舞阳县人民法院提起公诉。法院公开开庭审理了该案。漯河市舞阳县人民检察院指派检察员出庭支持了公诉，被告人霍某及其辩护人均到庭参加诉讼。

公诉人认为，霍某作为国家工作人员，利用职务之便指使手下将其装修房子的费用通过公司报销，涉案金额达100余万元，其行为已经构成贪污罪。而辩护人则认为，第一笔数额将公司费用与个人费用进行了混淆，数额在认定上存在错误与不当；而第二笔数额因其发生在特殊的历史时期，不应认定为贪污罪。辩护人认为2001年河南YG集团资不抵债、濒临破产，霍某在省委的指派下对河南YG集团进行了重组，但当时新组建的河南YG集团无注册资本资金、无行业归属、无流动资金、无经营资源、无政策支持。鉴于国家未对新组建成立的河南YG集团出资，国有投资主体一直缺位，霍某遂自筹资金帮助河南YG集团完成工商登记注册，直到2013年河南YG集团的工商注册才由6个自然人出资的民营私人企业性质更改为国有独资性质。因此霍某在2013年之前并不具有国家工作人员的身份，其发生在2004年至2007年间的第二笔数额也不能认定为贪污数额，更何况其在主观上也无非法占有单位财物的犯罪意图和动机，仅仅是违反单位的财经记录和制度，因而对于第二笔数额不能认定为贪污罪。

审理结果：

法院经审理认为，被告人霍某身为国家工作人员，利用职务之便，非法占有公共财物共计人民币1 010 163.7元，其行为已构成贪污罪。舞阳县人民检察院指控的罪名成立，予以支持。鉴于被告人霍某认罪悔罪，且归案后其家属主动退还全部赃款，辩护人关于对其从轻处罚的辩护意见，予以采纳。根据本案的案情、性质和对社会的危害程度，依照《中华人民共和国刑法》第 382 条第 1 款、第 383 条第 2 款、第 93 条第 2 款、《最高人民法院、最高人民检察院关于办理贪污贿赂刑事案件适用法律若干问题的解释》第 2 条、第 19 条第 1 款之规定，判决被告人霍某犯贪污罪，判处有期徒刑五年，并处罚金人民币 30 000 元。

霍某及其辩护人认为一审判决认定的第一起犯罪数额过高，且量刑过重，遂向漯河市中级人民法院提出上诉。漯河市中级人民法院经审理认为，原审判决认定事实清楚，证据确实充分，适用法律正确，定罪准确，量刑适当，审判程序合法。上诉人的上诉理由缺乏法律和事实依据，不予支持，遂裁定驳回上诉，维持原判。

【争议问题】

本案中，争议焦点主要集中在第二笔数额上。尽管第一笔数额在认定上存在一定的争议，但对于贪污罪的定罪则是可以确定的。而第二笔数额因历史背景复杂等原因，存在认定上的争议。

第一种观点认为，河南 YG 集团为国有控股公司，即便是 2001 年至 2013 年破产重组的阶段，河南 YG 集团在境内资产仍归省政府所有，其系在此基础上重建，性质仍属国有企业，因而霍某作为公司的法人代表利用职务之便，将其个人别墅装修的费用通过公司报销的行为，属于国家工作人员以秘密手段侵吞国有资产，应以贪污罪论处。

第二种观点认为，霍某于 2001 年接任河南 YG 集团党委书记、董事长后，表面上其身份仍然是国家工作人员，但鉴于当时河南 YG 集团复杂的重组背景，国家并未对新组建成立的河南 YG 集团出资，即国有投资主体一直缺位，工商注册资金均是霍某个人筹得，直到 2013 年国家才向河南 YG 集团注资将企业性质变更为国有。那么 2001 年至 2013 年间河南 YG 集团的性质并不能认定为国有，因而霍某并不具有国家工作人员的身份，其指使手下将装修费用通过公司报销的行为也不能被认定为贪污。此外，霍某主观上也并没有利用职务便利占有公共财物的犯罪故意。因此从主客观相结合的角度来看，不能对其认定为贪污罪。

可以看到，本案争议的焦点在于霍某的身份。霍某是否符合国家工作人员的身份，关系到对其最终的定罪量刑。此外一些复杂的历史背景因素也必然要考虑在内，对此，之后的刑辩要点及理论分析部分将会进行详细说明。

【法理分析】

（一）国家工作人员身份的认定

1. 国家工作人员的本质特征

国家工作人员属于犯罪主体里的一种特殊身份，《中华人民共和国刑法》第93条明确规定：本法所称国家工作人员，是指国家机关中从事公务的人员。国有公司、企业、事业单位、人民团体中从事公务的人员和国家机关、国有公司、企业、事业单位委派到非国有公司、企业、事业单位、社会团体从事公务的人员，以及其他依照法律从事公务的人员，以国家工作人员论。[1]从学界以及司法实践的主流认定来看，对于国家工作人员身份的认定经过了从"身份论"到"公务论"的转变。多年前司法机关在处理相应的贪污受贿案件时，对于犯罪主体的认定一般只关注其是否具备国家机关工作人员身份的资格，例如其是否具有干部履历表、是否具备正式编制等。[2]此种认定方式被学界形象地称为"身份论"。"身份论"只是片面强调对于身份的注重，很容易忽略其他同样从事公务但不具备干部或是编制的群体，例如机关事业单位的"合同工"等，进而导致认定不清、放纵犯罪。而此后司法实践不断完善认定方式，最高人民法院、最高人民检察院在出台的一系列司法解释中指出，对于国家工作人员身份的认定，不应只关注行为人是否具备编制或干部资格，更多应该看其是不是在依法履行公务、行使国家工作人员的相关职权。这一论断被称为"公务说"，进而成为学界与实务界的主流认定观点。

由此可见，"从事公务"即为国家工作人员这一身份认定的关键因素。对

---

[1] 高铭暄、马克昌主编：《刑法学》（第5版），北京大学出版社、高等教育出版社2011年版，第623页。

[2] 赵震：《职务犯罪重点疑难精解》，法律出版社2013年版，第125页。

于"从事公务"的具体内涵，目前理论界与实务界大致有以下几种观点的争鸣：①从事公务即依法履行一定的职务行为或者负有管理国家机关其他事务的职责；②从事公务具体表现为特定的人员在国家各级机关、企事业单位、国有公司、社会团体中承担组织、领导、监管等职责；③依法履行的管理国家、社会及公众的职能活动。[1]当然也有部分学者认为"从事公务"不必限定为具体的形式，只要其能体现出相应的管理性即可。而在 2003 年 11 月 13 日，最高人民法院印发的《全国法院审理经济犯罪案件工作座谈会纪要》认同了上述第二种观点，[2]即"从事公务"必须是在国家各级机关、企事业单位、国有公司、社会团体中承担组织、领导、监管等职责，仅仅从事不具有职权内容的普通劳务、采买并不属于公务的范畴。

归纳来看，"从事公务"作为认定国家工作人员身份的关键因素，必须含有"组织性""管理性""职务性"等内容，即除了国家机关工作人员外，其他事业单位、社会群体的人员以及受国家委派从事公共事务、提供公共服务、履行公共职务的人员都应认定为国家工作人员。[3]

2. 国家出资企业国家工作人员的认定

对于国家出资的企业，不仅包括国有独资公司、国有企业这些国家全资的公司或企业，也包含国家部分出资、参股的国有控股、合资企业。对于前者即国家全资的公司，其从事组织、管理、监管职责的工作人员毫无疑问属于国家工作人员，但对于国有控股公司从事管理性活动人员的认定，刑法并无明文规定。不过最高人民法院先后出台的三个司法解释也完善了存在的缺陷。[4]归纳司法解释的精神，根据其规定可以总结为：受国家机关、国有公

---

〔1〕　孙国祥：《贿赂犯罪的学说与案解》，法律出版社 2012 年版，第 278～279 页。

〔2〕　最高人民法院印发的《全国法院审理经济犯罪案件工作座谈会纪要》："从事公务，是指代表国家机关、国有公司、企业、事业单位、人民团体等履行组织、领导、监督、管理等职责。公务主要表现为与职权相联系的公共事务以及监督、管理国有财产的职务活动。如国家机关工作人员依法履行职责，国有公司的董事、经理、监事、会计、出纳人员等管理、监督国有财产等活动，属于从事公务。那些不具备职权内容的劳务活动、技术服务工作，如售货员、售票员等所从事的工作，一般不认为是公务。"

〔3〕　参见陈洪兵：《"国家工作人员"司法认定的困境与出路》，载《东方法学》2015 年第 2 期。

〔4〕　参见 2001 年 5 月 23 日公布的《最高人民法院关于在国有资本控股、参股的股份有限公司中从事管理工作的人员利用职务便利非法占有本公司财物如何定罪问题的批复》、2003 年 11 月 13 日最高人民法院印发的《全国法院审理经济犯罪案件工作座谈会纪要》、2005 年 8 月 1 日公布的《最高人民法院关于如何认定国有控股、参股股份有限公司中的国有公司、企业人员的解释》。

司、企事业单位委派到国有控股、参股企业从事管理性活动的人员，均属于《中华人民共和国刑法》所规定的国家工作人员，而其他人员则是公司、企业工作人员即非国家工作人员。因此对于国家参股等非国有公司中受国家委派从事管理性活动人员的认定，应当同时具备形式要件与实质要件。

形式要件主要是指"受国家出资机构的委任与派遣，"而实质要件则是指"代表上述群体在国家参股、出资等非国有企业中，从事组织、管理、监管、经营等工作"。[1]形式要件的判断较为简单，但实质要件则需要仔细划分认定。理论学界一般将实质要件分解为"代表性"与"公务性"两个层次。对于"代表性"，主要表现为经过国家出资机构相关会议的批准、研究决定，委派其到国有参股企业担任一定的职务，从而对国家出资的部分进行管理、监督，即"代表性"是从国家出资机构授权获得的。但一般来说，国家对于相关人员的委派都是经过了严密而且正规的研究决定，在实务中判断认定较为简单，因而"代表性"这一因素无法作为区分关键；而对于"公务性"，如前所述，主要表现为相关人员在国家出资企业中对于国家出资的部分进行经营、管理、监督，而从事非国有企业的一般具体事务则不能体现"公务性"。

综上所述，对于国家参股、控股等国家出资企业的工作人员，只有同时具备"受国家委派"以及对"国家资产进行管理、监管、经营"两个因素，才能被认定为国家工作人员。

（二）贪污罪非法占有目的之探析

在理论界的探讨以及司法实践处理中，对于贪污罪的主观方面都要求具有非法占有公共财物的目的。但是"非法占有目的"属于行为人的主观心理状态，司法机关人员很难直接推断出行为人主观上具有非法占有目的，因而需要根据行为人的客观表现来认定，[2]即探究"非法占有目的"的具体内涵。根据《中华人民共和国刑法》的规定，贪污罪的行为方式一般表现为侵吞、窃取、骗取等，而本罪的"侵吞""窃取"等方式必然也符合盗窃罪、侵占罪的犯罪构成。[3]因此可以参照盗窃罪等财产犯罪的"非法占有目的"结构，将本罪的"非法占有目的"拟制为"排除占有—建立自己所有"的结

---

〔1〕 参见陈兴良：《国家出资企业国家工作人员的范围及其认定》，载《法学评论》2015年第4期。

〔2〕 赵秉志、李希慧主编：《刑法各论》（第3版），中国人民大学出版社2016年版，第390页。

〔3〕 张明楷：《刑法学》（第4版），法律出版社2011年版，第1048页。

构模式。

理论学界对于财产犯罪的"非法占有目的"存在"权利人意思说"以及"利用处分意思说"的争议。"权利人意思说"注重排除意思，即主观上具有将他人财物非法转化为自己所有或者第三人所有的目的，客观上实施了排除他人对于自己财物的所有权；[1]"利用处分意思说"则更加注重所有意思，即建立自己或者第三人对于他人财物的所有权并拒绝返还。[2]这两种学说都有各自的道理，但从司法实务来看，排除意思、所有意思属于绝对不可分割的两个方面，[3]二者共同构成了"非法占有目的"。带入贪污罪中，其一，关于排除意思，显而易见贪污罪中的排除意思是永久性的，即行为人对于公共财物的排除占有是永久性的，永久排除了国家对于公共财物的所有权，且并无打算返还。其二，对于所有意思，主要表现为行为人利用自己主管、管理、经手公共财物的职务便利将财物占为己有或为第三人非法占有。二者共同构成了贪污罪的"非法占有目的"，因而在司法实践中行为人若客观上存在"平账"、借款潜逃等排除国家占有、建立自己占有的行为，都可以认定为具备非法占有目的。

（三）霍某的行为并不符合贪污罪的构成要件

对于犯罪嫌疑人的定罪量刑，切勿片面主观归罪或客观归罪，必须坚持主客观相统一的原则，做到主客观两方面的有机统一。

1. 霍某并不符合国家工作人员这一特殊犯罪主体身份

首先从犯罪主体来看，本案的焦点就集中于霍某是否具备国家工作人员的身份，一审乃至终审判决都认为尽管重组后的河南 YG 集团系霍某筹资，但其在境内的资产仍归国家所有，河南 YG 集团应为国有企业，因而霍某具有国家工作人员的身份，应以贪污罪论处。但结合本案的特殊历史背景以及主客观情况，这一裁判结果值得商榷。

如前所述，国有公司作为国家全部出资的企业，应由国家占据出资的主导地位。但结合案件材料可以看到，2001 年河南 YG 集团重组后，霍某于接

---

[1]　高铭暄、马克昌主编：《刑法学》（第 5 版），北京大学出版社、高等教育出版社 2011 年版，第 506 页。

[2]　参见刘明祥：《刑法中的非法占有目的》，载《法学研究》2000 年第 2 期。

[3]　参见台培森：《论贪污罪中的非法占有目的》，载《潍坊学院学报》2017 年第 3 期。

任河南 YG 集团党委书记、董事长。鉴于当时河南 YG 集团复杂的重组背景，国家并未对新组建成立的河南 YG 集团出资，即国有投资主体一直处于缺位的状态，工商注册资金均是由霍某等个人筹得，直到 2013 年国家才向河南 YG 集团注资，将企业性质变更为国有。此外，2013 年 12 月 23 日河南 YG 集团的变更登记申请书明确载明，其在此之前并不是国有公司、企业，而是 6 个自然人出资的民营企业；同理，案件材料显示河南 HZ 置业有限公司是其母公司河南 YG 集团的子公司。而母公司河南 YG 集团在 2001 年至 2013 年间尚且是由自然人注资的非国有企业，那么这种出资关系也决定了河南 HZ 置业有限公司不是国家出资的公司、企业，其资产的性质也不是国有性质。

2013 年的公司变更登记申请书显示，河南 YG 集团由 6 个自然人出资的民营私人企业性质更改为国有独资性质。鉴于公诉方出示的证据显示河南 YG 集团的境内资产仍由国家控制，那么在股权变更之前河南 YG 集团及子公司河南 HZ 置业有限公司其实是名义上为国有，但实质上为民营的公司。此种复杂情形下，霍某被省委任命为实际性质是民营企业的河南 YG 集团的董事长，相当于是被国有单位委派到非国有企业从事公务。判断行为人是否符合国家工作人员的身份并不是去看受谁委派，而是要看其是否从事公务，即经过国家出资机构研究决定委派其到非国有企业，维护国家在这些单位中的利益、管理国有单位在非国有单位的资产，或者从国家利益出发，对其活动进行指导和监督。[1]

但是从案件材料看，在相当长的时间里，省里（国家）既未出资本金，又未提供经营资源和政策支持，既然国家并未注资，又何来委派去管理国家资产之说？因而霍某即使是被国家委派到河南 YG 集团的，其从事公务维护的对象也应是非国有资产，从事公务指导监督的出发点也应是非国有利益。此外，还需特别注意上文提到的最高人民法院于 2003 年 11 月 13 日印发的《全国法院审理经济犯罪案件工作座谈会纪要》。该纪要在第一部分"关于贪污贿赂犯罪和渎职犯罪的主体"的第二个问题"国家机关、国有公司、企业、事业单位委派到非国有公司、企业、事业单位、社会团体从事公务的人员的认定"的最后指出，"国有公司、企业改制为股份有限公司后，原国有公司、企

---

[1] 高铭暄主编：《刑法专论》（第 2 版），高等教育出版社 2006 年版，第 740 页。

业的工作人员和股份有限公司新任命的人员中，除代表国有投资主体行使监督、管理职权的人外，不以国家工作人员论"。在本案中，霍某是经组织部任命的、新组建成立的河南 YG 集团主要领导，但由于省里（国家）没有任何出资，国有投资主体一直缺位，因而也不存在国有投资主体，也就不能认定霍某属于代表国有投资主体行使监督、管理职权。所以霍某从事公务的身份不应以国家工作人员论。

既然霍某并不符合国家工作人员的身份，自然其通过公司报销自家装修费用的行为仅是违反单位财经纪律和制度，不能以贪污罪论处。

2. 霍某并无非法占有公共财物的主观恶意

贪污罪的"非法占有目的"实际上是一个"排除占有—建立自己所有"的基本模式。判断行为人是否具有非法占有公共财物的主观恶意，一般需要通过行为人的客观表现来认定。可以看到，就霍某第二笔通过河南 HZ 置业有限公司报销的费用来看，表面上霍某确实排除了河南 HZ 置业有限公司对于这笔费用的所有权，并中饱私囊归自己所有。然而从案件材料来看，首先，2002 年霍某让其亲属的企业 HZH 实业公司无偿借给河南 HZ 置业有限公司2000 万元，先后使用两年多，用于 YG 大厦的建设；其次，2002 年底，霍某让 HZH 实业公司为河南 HZ 置业有限公司向银行贷款提供质押担保，而未收取任何质押担保费；最后，2006 年至 2009 年间河南 HZ 置业有限公司参与霍某亲属公司某项目的建设，尽管其出资一直未完全到位，但在分配售楼回款资金时，霍某却让河南 HZ 置业有限公司按照全额到位收回本金，还按全额到位出资分红。

上述事实可见，多年来霍某宁肯让自己的亲属公司或者实际控制公司吃亏，却一直在为河南 YG 集团及河南 HZ 置业有限公司获取丰厚经济收益（达数千万元）。另外案件材料显示河南 HZ 置业有限公司对霍某亲属公司或者实际控制公司仍存在着民事债务（共计 223.99 万元）。这样的情况下，霍某通过河南 HZ 置业有限公司报销自己装修费用几十万元的行为，其实更多是为了冲抵河南 HZ 置业有限公司对 HZH 实业公司的一部分欠账。这表明其在主观上根本没有非法侵吞单位财物的犯罪恶意。而且根据案发的时间，HZH 实业公司与河南 HZ 置业有限公司均为民营企业，二者之间的财务往来均属普通的民事债权债务关系，因而对于霍某的行为不能认定为利用职务便利占有公共财物。

（四）应当结合案件的历史背景以及保护民营企业家的政策谨慎裁判

1. 案件具体裁判应当结合历史背景

对于当事人行为的刑法性质认定，不能只拘泥于部分事实与法律，还应当立足于当时的社会背景和历史条件，进行客观的认识和分析。司法实践中对于国有企业改制过程中出现的职务犯罪，实际处理时一般会持非常谨慎的态度，特别是强调根据实际情况和历史因素给予合理的评价。而本案对于霍某的情况显然应当注意参考这些规定。最高人民法院、最高人民检察院曾于2010年11月26日专门印发了《关于办理国家出资企业中职务犯罪案件具体应用法律若干问题的意见》，其中明确指出："办理国家出资企业中的职务犯罪案件时，要综合考虑历史条件、企业发展、职工就业、社会稳定等因素，注意具体情况具体分析，严格把握犯罪与一般违规行为的区分界限。"在本案中，河南YG集团虽然不是改制的国有公司、企业，但在投资注册等问题上，也类似于改制的国有公司、企业，因而对于本案的处理，有必要参照上述意见。即那些法律性质上不是国有公司、国家也没有任何形式的出资或者出台相应的经济政策支持的情况下，对于那些形式上被委派来从事公务的人员，在认定职务犯罪时，应当特别谨慎。

本案中河南YG集团在2001年至2013年这一段时间，国有投资主体一直处于缺位的状态，霍某为了企业的经营发展，自筹注册资金、并通过亲属公司的帮衬将原来濒临破产的河南YG集团挽救回来，一跃成为省内利润靠前的大企业，同时还通过自身努力将河南YG集团的子公司河南HZ置业有限公司带入正常的发展轨道中来。而且后来在河南YG集团发展的黄金时期，霍某主动向省国资委汇报申请并取得支持，使得国家在2013年向企业注资，将河南YG集团的资产性质由民营私企改为国有独资。而根据上述《关于办理国家出资企业中职务犯罪案件具体应用法律若干问题的意见》的规定，"对于特定历史条件下、为了顺利完成企业改制而实施的违反国家政策法律规定的行为，行为人无主观恶意或者主观恶意不明显，情节较轻，危害不大的，可以不作为犯罪处理。"所以尽管霍某在2006年至2007年间通过河南HZ置业有限公司报销自家房屋装修费用，但结合上述分析，霍某主观上并无恶意，而且鉴于其在特定历史背景下为企业的改制发展做出了重大贡献，因而可以参照上述意见的内容，对霍某第二笔贪污的费用做无罪处理。

2. 国家对于民营企业产权保护的政策

尽管本案终审早已在 2015 年结束，而且按照本案审判结果，当事人的刑罚也已经执行完毕。但根据有错必纠的原则，任何案件哪怕早已结束几十年，如果本身存在错误裁判，也应重新拿出予以纠正。基于保护企业产权特别是民营企业产权的目的，2016 年 11 月 4 日公布的《中共中央、国务院关于完善产权保护制度依法保护产权的意见》明确提出，要妥善处理历史形成的产权案件。对涉及重大财产处置的产权纠纷申诉案件、民营企业和投资人违法申诉案件依法甄别，确属事实不清、证据不足、适用法律错误的错案冤案，要依法予以纠正并赔偿当事人的损失。严格遵循法不溯及既往、罪刑法定、在新旧法之间从旧兼从轻原则，以发展眼光客观看待和依法处理改革开放以来各类企业特别是民营企业经营过程中存在的不规范问题。2018 年 5 月 31 日，最高人民法院对张某某诈骗、单位行贿、挪用资金案进行公开宣判，撤销原审判决，改判张某某无罪。该案件的再审改判为民营企业、民营企业家涉罪行为的出罪提供了相应的司法出罪路径。[1]同年 11 月，习近平总书记在民营企业座谈会上的讲话以及最高人民法院召开的党组会也强调了要重点保护民营企业产权，坚决防止将经济纠纷当作犯罪处理，坚决防止将民事责任变为刑事责任，及时纠正冤假错案。

再回到本案，河南 YG 集团特殊的经营模式和发展历程使得其及下属河南 HZ 置业有限公司在所有制性质上也具有特殊性，即属于表面上的国有、实际却是民营企业。那么对这类经营发展历程特殊的民营企业，按照国家对于民营企业产权保护的政策，应当谨慎处理企业改制、变更股权过程中出现的产权或债务纠纷。而对于那些已经处置完毕的案件，如果确有处理不当之处，必须结合国家政策予以纠正。就本案霍某涉及的第二笔费用来看，作为河南 YG 集团董事长的霍某表面上通过其子公司河南 HZ 置业有限公司，报销了自家的装修费用。但据案件材料显示，霍某对于河南 YG 集团及河南 HZ 置业有限公司的发展做出了极大贡献，且通过其亲属公司无偿借给河南 HZ 置业有限

---

〔1〕 参见袁彬：《民营企业产权刑法保护的司法出罪路径及其扩张》，载《法律适用（司法案例）》2018 年第 12 期。

公司大量借款，且在案发前河南 HZ 置业有限公司也未偿还完毕所欠债务。因此对于霍某通过河南 HZ 置业有限公司报销费用的行为，实际相当于债务之间的互相抵消。既然更多属于民事主体之间的经济纠纷，那结合国家政策，完全没有必要将经济纠纷当作犯罪处理、将民事责任变为刑事责任，也不必追究霍某报销费用的刑事责任。

本案争议的焦点主要集中在第二笔款项上，即能否将霍某通过公司报销的行为认定为贪污罪。辩护律师在充分查阅案件材料、会见当事人以及多次实地走访后，形成了以下结论：

（五）从案卷材料来看，霍某在主观上并没有强烈和明确的犯罪故意，客观上也并非要恶意地非法占有公共财物

相反的是，之所以发生这种情况，与当时有关公司之间的复杂债务债权关系有关。当时，被告人霍某为了帮助河南 YG 集团、河南 HZ 置业有限公司渡过难关，让亲属公司给予资金帮助，出让了利益，形成了亲属公司（实际控制公司）与河南 HZ 置业有限公司合同和事实上的债权债务关系，后来，被告人霍某的亲属公司并没有向河南 YG 集团、河南 HZ 置业有限公司主张相应的债权。被告人霍某在装修 59 号别墅的时候，将部分装修费用到河南 HZ 置业有限公司账上报销，本意就是充抵上述河南 HZ 置业有限公司未偿付的债务，而后直至案发，被告人霍某都没有再向河南 HZ 置业有限公司乃至河南 YG 集团主张或者索要上述债务（实际上，还有较大数额的债务并未结算清楚）。

因而对霍某而言，其报销行为其实是自行解决亲属公司与河南 HZ 置业有限公司之间的债权债务关系，从形式上看，似乎没有经过单位集体讨论而存在不足，也有一定的隐蔽性，但也在根本上区别于直接恶意、毫无根据地将单位财物据为己有的情形，实际上是违反单位财经纪律和制度的表现。

（六）从客观上看，河南 YG 集团特殊的发展历程，决定了本案被告人霍某其实不具有针对国有财产的公务，也不具有这方面的职务便利

霍某 2001 年 5 月至 2014 年 5 月任国内新组建的河南 YG 集团党委书记、董事长，其在接任河南 YG 集团负责人时，该集团虽然在名义上是国有企业，但并没有国家的任何投资或者注资，因而其缺乏注册资金、运营资金，没有行业归属、经营资源，也没有任何国家支持政策。在这样的艰难情况下，霍

某依靠亲朋好友，为集团找来注册资金，完成注册和每年的工商年审。而且，在实际上，在 2013 年 12 月之前，河南 YG 集团的工商企业注册性质是有限责任公司（自然人投资或者控股）。因而在 2013 年 12 月之前，河南 YG 集团在性质和经营模式上具有特殊性，是名义上为国有、但实际上为民营的公司，并非真正意义上的国家出资企业。而霍某在河南 YG 集团并不是管理维护国有资产，因为省里（国家）对该企业没有任何投资；也不对该企业进行指导和监督，因而不能认定霍某具有从事公务的可能。

（七）霍某就本案而言，属于初犯、偶犯

霍某此前从未在经济领域有任何的违法犯罪活动，相反，为河南 YG 集团的发展、解决省政府的工作压力，付出了大量的心血，做出了显著的贡献，并在 2013 年 12 月通过变更工商注册资本、将河南 YG 集团的资产性质变为国家所有，公司由民营私企改为国有独资。同时，霍某认识到了自己行为的严重性和违法所在，积极退赃，配合司法机关的查处活动，属于法定的坦白情节，同时有明显的认罪、悔罪表现。最重要的是霍某的涉贪行为，有别于其他的贪污受贿案例，并不是性质恶劣、情节严重、涉案范围广、影响面大，也没有给国家造成其他的经济损失。

▪ 【简要总结】

本案由于历史发展及政策变化的特殊情况，导致当事人霍某的行为究竟属于贪污还是普通的经济纠纷存在极大争议。而关键的解决因素在于国家工作人员身份的判断，结合理论界的争鸣以及司法实践的处理来看，对于国家参股、控股等非国有企业中国家工作人员的认定，不能仅仅只关注行为人的具体身份，看其是否有干部履历表或是正式编制，而应把关注角度放在从事公务上，如果行为人是受国家委派，代表国家维护在这些单位中的利益、管理国有单位在非国有单位的资产，或者从国家利益出发对其活动进行指导和监督，此种情形才可以认定为国家工作人员。但显然本案中由于国家出资主体的缺位，霍某即便是被国家委派，但也并没有对国有资产进行经营管理、监督、经营，更多只是在处理非国有企业自身的财产，属于一般的管理活动，因而一审乃至终审裁判都认定霍某为国家工作人员并不妥当，值得商榷。

此外，鉴于本案所涉河南 YG 集团存在特殊的历史发展与改制背景，不能仅仅拘泥于法律与证据，应当立足于当时的社会背景和历史条件，进行客观的认识和分析，特别是结合目前国家对于民营企业产权保护的政策进行慎重处理。只有这样才能做到罪责刑相适应，实现司法的公平公正。

附：相关法律法规及司法解释

📖《中华人民共和国刑法》

第九十三条 【国家工作人员的范围】本法所称国家工作人员，是指国家机关中从事公务的人员。

国有公司、企业、事业单位、人民团体中从事公务的人员和国家机关、国有公司、企业、事业单位委派到非国有公司、企业、事业单位、社会团体从事公务的人员，以及其他依照法律从事公务的人员，以国家工作人员论。

第三百八十二条 【贪污罪】国家工作人员利用职务上的便利，侵吞、窃取、骗取或者以其他手段非法占有公共财物的，是贪污罪。

受国家机关、国有公司、企业、事业单位、人民团体委托管理、经营国有财产的人员，利用职务上的便利，侵吞、窃取、骗取或者以其他手段非法占有国有财物的，以贪污论。

与前两款所列人员勾结，伙同贪污的，以共犯论处。

第三百八十三条 【贪污罪的处罚规定】对犯贪污罪的，根据情节轻重，分别依照下列规定处罚：

（一）贪污数额较大或者有其他较重情节的，处三年以下有期徒刑或者拘役，并处罚金。

（二）贪污数额巨大或者有其他严重情节的，处三年以上十年以下有期徒刑，并处罚金或者没收财产。

（三）贪污数额特别巨大或者有其他特别严重情节的，处十年以上有期徒刑或者无期徒刑，并处罚金或者没收财产；数额特别巨大，并使国家和人民利益遭受特别重大损失的，处无期徒刑或者死刑，并处没收财产。

对多次贪污未经处理的，按照累计贪污数额处罚。

犯第一款罪，在提起公诉前如实供述自己罪行、真诚悔罪、积极退赃，避免、减少损害结果的发生，有第一项规定情形的，可以从轻、减轻或者免除处罚；有第二项、第三项规定情形的，可以从轻处罚。

犯第一款罪，有第三项规定情形被判处死刑缓期执行的，人民法院根据犯罪情节等情况可以同时决定在其死刑缓期执行二年期满依法减为无期徒刑后，终身监禁，不得减刑、假释。

📖《国有资产产权界定和产权纠纷处理暂行办法》

第四条　产权界定应遵循"谁投资、谁拥有产权"的原则进行。在界定过程中，既要维护国有资产所有者及经营使用者的合法权益，又不得侵犯其他财产所有者的合法权益。

📖《全国法院审理经济犯罪案件工作座谈会纪要》

从事公务，是指代表国家机关、国有公司、企业、事业单位、人民团体等履行组织、领导、监督、管理等职责。公务主要表现为与职权相联系的公共事务以及监督、管理国有财产的职务活动。如国家机关工作人员依法履行职责，国有公司的董事、经理、监事、会计、出纳人员等管理、监督国有财产等活动，属于从事公务。那些不具备职权内容的劳务活动、技术服务工作，如售货员、售票员等所从事的工作，一般不认为是公务。

📖《最高人民法院、最高人民检察院关于办理国家出资企业中职务犯罪案件具体应用法律若干问题的意见》

办理国家出资企业中的职务犯罪案件时，要综合考虑历史条件、企业发展、职工就业、社会稳定等因素，注意具体情况具体分析，严格把握犯罪与一般违规行为的区分界限。

📖《最高人民法院关于在国有资本控股、参股的股份有限公司中从事管理工作的人员利用职务便利非法占有本公司财物如何定罪问题的批复》

在国有资本控股、参股的股份有限公司中从事管理工作的人员，除受国家机关、国有公司、企业、事业单位委派从事公务的以外，不属于国家工作人员。

邵某某受贿罪案法律分析

许 波

■ 【基本案情】

案情简介：

本案发生于山西省阳高县。2006 年，孙某锋自河北宣化来到阳高县帮其弟孙某恒经营位于该县罗文皂镇的选场，与时任罗文皂镇派出所所长的邵某某相识。

2008 年该县进行了一次荒山荒坡的拍卖活动，孙氏兄弟参与了竞标。孙某恒拍得了罗文皂镇的"罗-11""罗-14"标段，孙某锋在未参与竞拍的情况下仍然拍得"龙-13"标段。

2014 年 8 月 29 日，邵某某因涉嫌受贿罪被阳高县人民检察院刑事拘留，中间经历了逮捕、取保候审以及再次执行逮捕，在审查起诉期间公诉机关两次退回补充侦查，直到 2015 年 5 月 26 日向大同县人民法院提起公诉。法院开庭后决定延期审理，并报请最高人民法院批准延长了审限，直到 2016 年 8 月 2 日作出一审判决。从被纪委采取留置措施到法院一审判决，该案历时两年之久，如此一波三折，其原因在于：①对于这次拍卖活动中发生的金钱往来，检方与辩方各执一词；②案件公诉后、法院审判之前，《中华人民共和国刑法修正案（九）》刚刚出台，但是相关罪名（贪污罪、受贿罪等）的量刑解释尚未出台，因此在法律适用上存在障碍，鉴于适用新出台的《中华人民共和国刑法修正案（九）》对被告人较为有利，故辩护人采取了延迟案件办理进程的辩护思路，并为此两度向办案机关申请延长本案办理时限。

根据大同县人民检察院的指控，被告人邵某某在担任罗文皂镇派出所所长期间，利用职务之便，于 2008 年 6 月 1 日和 6 月 17 日分别索取收受在辖区内开选场的孙某锋贿赂款 9 万元和 6 万元。具体情况是，邵某某得知孙某锋拍得荒山后，就向其索要 9 万元。过了一阵子，邵某某又向孙某锋打电话要钱，于是后者只好又汇款 6 万元给他。

然而根据邵某某的供述，这 15 万元并非孙某锋给他的贿赂款，而是正常的经济往来。2008 年 5 月份，阳高县公安局法制股的董某某在拍卖活动前策划串标，于是邵某某和董某某、吴某找到外地人孙某锋，让他出面宣布竞标，为此，他借给孙某锋 6 万元作为竞买荒地的保证金。在拍卖前几天，山西一名个体老板为了让孙某锋放弃投标支付给孙某锋 18 万元，让其不再竞标。邵某某认为这 18 万元是 4 人共同所得，于是向孙某锋索要这笔钱，孙某锋只打了 9 万元给邵某某，后者收下 3 万元，将另外两份打给董某某和吴某。随后，孙某锋将向邵某某借的 6 万元保证金又还给了邵某某。

审理结果：

2016 年 8 月大同县人民法院作出一审判决，邵某某犯受贿罪判处有期徒刑 1 年 6 个月，并处罚金 10 万元。被告人不服，提起上诉。大同市中级人民法院经开庭审理，于 2016 年 12 月 19 日作出裁定：驳回上诉，维持原判。

【争议问题】

本案中，最核心的争议焦点在于：邵某某是否构成受贿罪？另外，本案中还涉及另外两个争议焦点：一是邵某某被纪委"两规"期间的陈述能否作为定案依据？二是本案是否超过了刑法的追诉期限？下文将逐一论述。

（一）邵某某是否构成受贿罪？

首先，从刑事程序法的角度来看，本案中所谓的"被索贿人"孙某锋和"受贿人"邵某某对于案情事实各自有一套完全对立的说法。根据银行转账记录，能够被确定的事实是孙某锋将 9 万元和 6 万元分两次汇入邵某某的账户。但是这两笔汇款究竟是如孙某锋所说被迫转账给邵某某，还是邵某某所说的串标"分红"？这是本案最为关键的争议焦点，也是辩护律师在行使辩护职责时着重发力之处。

从理论上讲，欲使一项证据的真实性得到准确的验证，就需要使其所包含的事实信息得到其他证据的印证。所谓"印证"，是指两个以上的证据在所包含的事实信息方面发生了完全重合或者部分交叉，使得一个证据的真实性得到了其他证据的验证。我国刑事证据法之所以重视证据之间的相互印证，是因为对于同一案件事实而言，至少有两个具有独立信息来源的证据加以证明，从而避免了"孤证证明"的局面。所谓"孤证证明"，是指对于某一案件事实的认定，只是依靠某一孤立证据的证明。由于该孤证本身的真实性尚需要得到其他证据的证明，因此，孤立存在的证据是难以证明任何案件事实的。证据相互印证是证据事实具备可靠性的保证。因此，当证据之间存在矛盾无法验证证据所要证实的事实时，我们不能采纳相互矛盾的证据。[1]

孤证不能定案原则，是我国司法机关办理刑事案件的一条铁律。

结合本案，本案的核心争议在于：邵某某是否实施了受贿（索贿）行为？对于这一犯罪构成要件，检察机关所建构的事实是：邵某某以担任罗文皂镇派出所所长之便，两次向辖区内孙某锋索要好处费9万元和6万元。然而这个"犯罪事实"只有孙某锋一人的口供能够证明。（孙某恒与孙某锋是兄弟关系，因此孙某恒的证言证明力较低。另外，银行的转账记录只能证明两人之间有资金往来，但资金往来的来由孙某锋和邵某某说法不一）。何况孙某锋事后又出具了本人书写的说明材料，否认了邵某某向其索取贿赂的行为。由此可见，孙某锋的陈述相互矛盾，他所主张的事实没有其他有效证据能予佐证，各个证据材料之间没有形成闭合、完整的证据锁链。在这种情况下，法院对孙某锋出具的说明材料未作任何判断，选择性地忽略了这份有证明力的证据，而是一味地相信检方所构建的"犯罪事实"，尽管这一事实只有孙某锋的陈述能够予以支持。因此，为了查明案件事实，应当在犯罪构成要件的基础上对于涉案多个证据进行综合分析判断。

其次，从刑事实体法的角度看，邵某某的行为也不构成受贿罪，理由如下：

受贿罪的客观方面表现为利用职务上的便利，索取他人财物，或者非法收受他人财物，为他人谋取利益的行为。受贿行为包括两种不同的基本形式：

一是利用职务之便，索取他人财物，简称"索取贿赂"。索取贿赂，即行为人主动向他人索要、勒索并收受财物。基本特征是索要行为的主动性和交付财物行为的被动性。索取他人财物的，不论是否"为他人谋取利益"，均可

---

〔1〕 陈瑞华：《刑事证据法》（第4版），北京大学出版社2021年版，第154页。

构成受贿罪。[1]根据 1999 年 9 月 16 日公布施行的《最高人民检察院关于人民检察院直接受理立案侦查案件立案标准的规定（试行）》，"利用职务上的便利"，是指利用本人职务范围内的权力，即自己职务上主管、负责或者承办某项公共事务的职权及其所形成的便利条件。根据 2003 年 11 月 13 日最高人民法院印发的《全国法院审理经济犯罪案件工作座谈会纪要》的规定，"利用职务上的便利"，既包括利用本人职务上主管、负责、承办某项公共事务的职权，也包括利用职务上有隶属、制约关系的其他国家工作人员的职权。担任单位领导职务的国家工作人员通过不属于自己主管的下级部门的国家工作人员的职务为他人谋取利益的，应当认定为"利用职务上的便利"为他人谋取利益。

二是利用职务之便，非法收受他人财物，为他人谋取利益，简称"收受贿赂"。收受贿赂，即行为人对他人给付的财物予以接受。基本特征是给付财物行为的主动性、自愿性和收受财物行为的被动性。根据 1999 年 9 月 16 日公布施行的《最高人民检察院关于人民检察院直接受理立案侦查案件立案标准的规定（试行）》，非法收受他人财物的，必须同时具备"为他人谋取利益"的条件，才能构成受贿罪。但是为他人谋取的利益是否正当，为他人谋取的利益是否实现，不影响受贿罪的认定。根据 2003 年 11 月 13 日最高人民法院印发的《全国法院审理经济犯罪案件工作座谈会纪要》之规定，为他人谋取利益包括承诺、实施和实现三个阶段的行为。只要具有其中一个阶段的行为，如国家工作人员收受他人财物时，根据他人提出的具体请托事项，承诺为他人谋取利益的，就具备了为他人谋取利益的要件。明知他人有具体请托事项而收受财物的，视为承诺为他人谋取利益。据此，不能将"为他人谋取利益"简单地理解为已经为他人谋取到了利益。一般而言，为他人谋取利益包括四种情况：一是已经许诺（许诺包括明示与默许）为他人谋取利益，但尚未实际进行；二是已经着手为他人谋取利益，但尚未谋取到利益；三是已经着手为他人谋取利益，但尚未完全实现；四是为他人谋取利益，已经完全实现。

根据 2016 年 4 月 18 日公布施行的《最高人民法院、最高人民检察院关

---

〔1〕 高铭暄、马克昌主编：《刑法学》（第 9 版），北京大学出版社、高等教育出版社 2019 年版，第 630 页。

于办理贪污贿赂刑事案件适用法律若干问题的解释》第 13 条规定："具有下列情形之一的，应当认定为'为他人谋取利益'，构成犯罪的，应当依照刑法关于受贿犯罪的规定定罪处罚：（一）实际或者承诺为他人谋取利益的；（二）明知他人有具体请托事项的；（三）履职时未被请托，但事后基于该履职事由收受他人财物的。国家工作人员索取、收受具有上下级关系的下属或者具有行政管理关系的被管理人员的财物价值三万元以上，可能影响职权行使的，视为承诺为他人谋取利益。"

具体到本案，案发时，邵某某系罗文皂镇派出所的所长，而孙某锋投标的"龙-13"标段地处龙泉镇辖区。首先，招标投标并不是一个派出所所长的职权或者影响范围之内。另外，孙某锋声称的位于罗文皂镇的选场系其弟弟孙某恒投资所开。在 2008 年荒山拍卖之前，孙某锋的弟弟孙某恒有个选场在罗文皂镇，营业执照上写的也是孙某恒的名字，孙某恒实际经营，孙某锋只是到他弟弟的工地干活。因此，基于这一事实，邵某某缺乏向孙某锋索贿的基础条件，即使有利用职务之便，那索取的对象也只能是孙某恒，而不是孙某锋。

在受贿案中一个典型特征就是请托人的存在。受贿人通过允诺或者其他形式为请托人谋取利益。然而在本案中，孙某锋是受邵某某、董某某等三人委托帮某个体老板参加"龙-13"标段陪标的"受托人"，这与受贿罪的逻辑顺序完全颠倒了，反倒是受贿人向行贿人请求帮忙。根据孙某锋本人的说明材料和关键证人的证言，孙某锋帮忙陪标得到好处费 18 万元，自愿将其中 9 万元给邵某某，而第二次转账的 6 万元则是归还之前向邵某某借的欠款本金。据此，辩护律师认为，本案中公诉机关所出示的证据无法认定邵某某构成受贿犯罪。

（二）邵某某被纪委"两规"期间的陈述能否作为定案依据？

在本案中，司法机关认定邵某某构成受贿罪的主要证据源自邵某某在纪委"两规"期间形成的相关证据材料，包括"关于我向孙某峰要 9 万元钱的情况说明""个人检查""说明材料"以及阳高县纪委的"谈话笔录"。在一审判决书上，法院将这些在纪委"两规"期间邵某某的供述作为重要的定案依据。本文认为，纪委在查办案件中所取得的证据不能作为刑事诉讼中的证据使用。

《中华人民共和国刑事诉讼法》第 54 条第 2 款规定，行政机关在行政执法和查办案件过程中收集的物证、书证、视听资料、电子数据等证据材料可以作为证据使用。然而，根据《中国共产党章程》，纪检委是负责党内监督的专责机关，而不是行政机关，因此，纪检委在"两规"期间掌握的任何证据都不能作为定案依据。尤其是"情况说明""谈话笔录"等言词证据，容易受到各种主客观因素的影响而出现虚假或者失真的情况。此外，纪检程序不受刑事诉讼法的约束，通过纪检程序获得的言词证据的真实性得不到程序法的保障与检验，所以纪委移送的被调查对象的陈述、证人谈话等材料不应作为证据使用。

还有观点认为，对于被调查对象、证人亲笔书写的供词、证词，这些材料往往可以反映被调查人的主观心理变化（被调查对象从拒不认罪到被感化认罪、证人亲笔书写证词），因此这些材料经过检察机关核实确认后可以作为定案依据。我们认为这种观点同样是值得商榷的，比如在以下两种情形之下，被调查对象、证人亲笔书写的供词、证词就不应作为定案依据：情形一，亲笔书写的供词、证词是在刑讯逼供、受胁迫利诱等情形下作出，因其取得形式不合法，不是书写者的真实意思表示，不能作为定案依据；情形二，亲笔书写的供词、证词与在案其他证据存在矛盾，供词、证词内容的真实性存疑，此种情形也不能作为定案依据。比如在本案中，邵某某书写的"供词"虽是亲笔书写，但检察机关作为证据使用时，首先要排除邵某某被刑讯逼供的可能性，其次要结合其他在案证据来印证邵某某亲笔书写"供词"内容的真实性。笔者认为，检察机关在审查本案时还应综合考虑以下因素：

第一，孙某锋与邵某某早就有生意往来，司法机关应当考虑到孙某锋诬告报复的可能性，而不能仅凭孙某锋一人的举报就得出邵某某必定索贿的结论。另外，一审期间邵某某及其家人提供了孙某锋本人书写的说明材料，后者否认了他向邵某某行贿的事实，也就是说孙某锋本人的陈述也是前后自相矛盾。

第二，虽然孙某恒在证人证言中证实邵某某向孙某锋索取贿赂，但是对于涉案具体细节叙述则十分模糊，且与邵某某的口供不相吻合。考虑到孙某恒是孙某锋的弟弟，两人之间具有亲属关系，不排除孙某恒作证时出于亲情关系作伪证的可能性，因此孙某恒出具的证人证言的真实性存疑。

因此，我们认为邵某某在纪委"两规"期间的供述材料，哪怕是邵某某亲自书写的"个人检查"承认了他索贿的行为，也不能作为定案依据。值得一提的是，二审法院注意到了本案律师的这个重要辩点，以法律尚未明确规定为由，没有采纳纪委"两规"期间所取得的所有证据材料。

（三）本案是否超过了刑法的追诉期限？

追诉时效，是指刑事法律规定的，对犯罪分子追究刑事责任的有效期限。在追诉时效内，国家司法机关或有告诉权的人，有权追究或者请求追究犯罪人的刑事责任。超过时效，司法机关或有告诉权的人追究或请求追究犯罪人刑事责任的权力归于消灭。追诉时效完成，是刑罚请求权消灭的重要事由之一。

刑事法律为什么要规定时效，即时效确立的根据是什么？刑罚理论上主要有以下几种学说：①怠于行使说。该说认为，既然国家怠于对犯罪人的追诉或对犯罪人所判刑罚的执行，那么，刑罚权应予消灭。②证据湮灭说。该说认为，犯罪之证据因为时间的流逝而散失，因而难以达到正确处理案件的目的。③改善推测说。该说认为，犯罪后既经长久时间，可预想犯罪人的恶性业已改善，无再加处罚之必要。④社会遗忘说。此说认为，犯罪事实因经过长久时间而为社会所遗忘，社会秩序也随之恢复，此情之下，如再对犯罪人追诉处罚，反而会扰乱社会秩序。⑤刑罚同一说。此说认为，犯罪人犯罪后，经过长时间的逃避，时时提心吊胆，惧怕被发觉，这种无形痛苦，实际上与执行刑罚所遭受的痛苦无异。⑥法律与事实调和说。此说认为，法律之目的在于恢复因犯罪所扰乱社会秩序之事实，时效制度则意在谋取法律与事实的调和。[1]

以上各学说，其中"怠于行使说"和"刑罚同一说"似乎难以成立。因为，对犯罪人不予追诉或者对犯罪人所判刑罚不予执行的事实，并非国家的疏忽所造成，而是由于种种不能克服的原因如战争、自然灾害、不能破案等因素所导致。所以，将失效制度的立法根据说成是国家怠于对犯罪人的追诉或刑罚的执行，是不符合客观实际的。犯罪人为逃避刑事追诉或刑罚执行确实遭受了一定的痛苦，但是，这种痛苦与执行刑罚所遭受的痛苦是不能同日

---

〔1〕 高仰止：《刑法总则之理论与实用》，台湾五南图书出版公司1986年版，第570页。

而语的，国家并非基于犯罪人为逃避所受痛苦与执行刑罚所受痛苦相同的考虑而规定时效的。其余四说均有一定道理，但各执一词，难免有片面之弊。[1]我们认为，确立时效制度的根据可以概括为以下几个方面：

（1）基于犯罪人的根据。一个人犯罪后，经过一定的期间虽然未被追诉或执行刑罚，但没有实施新的犯罪，据此可以推断其已经具有悔改的表现，不致再危害社会。对于这样的犯罪人再去追诉或执行刑罚，已经没有什么意义了。

（2）基于刑罚效果的根据。犯罪人在经过一定期间后未犯新罪的情况下，如果不对其进行追诉或执行刑罚，则可能感念国家的政策，彻底地去恶从善，成为一个真正的守法公民。如果相反，对他仍然予以追诉或执行刑罚，那么就会引起他对国家的敌视，拒不接受审判或改造，这样，就收不到适用刑罚的应有效果，而是适得其反。

（3）基于司法审判的根据。一个犯罪案件发生后，由于经过一定期限没有追诉、审理，证据的收集会困难重重，侦查、起诉和审判工作就不可能顺利进行，从而使案件难以得到正确处理。在这种情况下，与其增加司法程序上的麻烦，使案件的处理存有疑虑，不如设立时效制度，让刑罚归于消灭。

（4）基于社会秩序的依据。罪案发生经过一定时期后，因犯罪而遭受破坏的某一方面的社会秩序以及因犯罪而引起的人们心理的失衡状态已经得到恢复，在这种情况下，如果重新追究旧案，往往会使积怨重提，容易引起新的不安定因素，不利于社会秩序的稳定。

我国刑法的追诉时效，是指我国刑法规定的对犯罪分子追究刑事责任的有效期限。超过法定追诉期限的，不得再对犯罪人进行追诉，已经追诉的，应撤销案件，或不予起诉，或终止审判。《中华人民共和国刑法》第87条规定："犯罪经过下列期限不再追诉：（一）法定最高刑为不满五年有期徒刑的，经过五年；（二）法定最高刑为五年以上不满十年有期徒刑的，经过十年；（三）法定刑最高刑为十年以上有期徒刑的，经过十五年；（四）法定最高刑为无期徒刑、死刑的，经过二十年。如果二十年以后认为必须追诉的，须报

---

[1] 马克昌主编：《刑罚通论》（第2版），武汉大学出版社1999年版，第668页。

请最高人民检察院核准。"[1]根据司法机关认定的事实，本案发生于 2008 年 6 月，追诉期限应当从"犯罪"实行之日后开始起算。在一审判决之前，《最高人民法院、最高人民检察院关于办理贪污贿赂刑事案件适用法律若干问题的解释》（2016 年 4 月 18 日已公布施行），根据最新的司法解释，即使邵某某真的构成受贿罪，且金额为 15 万元，则属于"数额较大"，根据《中华人民共和国刑法》第 383 条第 1 款的规定，应处 3 年以下有期徒刑或拘役，并处罚金。那么，邵某某的法定最高刑符合第 87 条第 1 款的规定，属于最高法定刑为不满 5 年有期徒刑的，因此追诉时效是 5 年。

然在本案中，从所谓邵某某"犯罪之日"（2008 年 6 月）到邵某某被司法机关追诉之日（2014 年 8 月）计算，已经远超 5 年的追诉时限。因此，即使认定邵某某的行为构成受贿罪，其行为也大大超过了刑法规定的追诉时效，邵某某不应当受到刑事追诉。

【法理分析】

本案的疑难复杂之处在于：一方面，关于案件事实尤其是受贿行为的表述，不仅被告人和举报人的陈述完全不一致，且举报人先后两次的陈述也不一致；另一方面，本案从提起公诉到一审判决之间经历了《中华人民共和国刑法修正案（九）》及《最高人民法院、最高人民检察院关于办理贪污贿赂刑事案件适用法律若干问题的解释》的出台，现行法律的改动也为律师创造了很大的辩护空间。如何通过提交辩护词以外的手段来保证委托人利益的最大化，本案在这方面有一定的典型性。

（一）本案事实不清、证据不足

在本案中，由于是孙某锋主动举报，因此司法机关据以定罪的大量线索和证据材料都是孙某锋一人提供的，而其他证据要么与本案无关，要么证据能力不强。辩护律师正是从这点出发开展了卓有成效的辩护工作，通过大量阅卷和会见之后，发现本案事实不清、证据不足，并对可疑之处进行了精辟的论证。

---

〔1〕 参见《中华人民共和国刑法》第 87 条。

事实上，能够证明邵某某受贿行为的无非是他亲笔书写的"个人检查"和举报人孙某锋的陈述以及其弟孙某恒的证人证言。本案辩护律师在辩护中逐一进行了驳斥。第一，邵某某亲笔书写的"个人检查"等材料全部是在纪委"两规"期间形成的。因此，这些材料没有证据能力，不能成为定罪依据。第二，孙某锋与邵某某早就有生意往来，司法机关应当考虑到孙某锋诬告报复的可能性，而不能仅凭孙某锋一人的举报就得出邵某某必定索贿的结论。另外，一审期间邵某某及其家人提供了孙某锋本人书写的说明材料，后者否认了他向邵某某行贿的事实，也就是说孙某锋本人的陈述也是前后自相矛盾。第三，虽然孙某恒在证人证言中证实邵某某向孙某锋索取贿赂，但是对于涉案具体细节叙述则十分模糊，且与邵某某的口供不相吻合。考虑到孙某恒是孙某锋的弟弟，具有利害关系，因此他出具的这份证人证言的真实性值得怀疑。

总而言之，在认定邵某某构成受贿罪的全部证据中，有些与本案完全无关，有些不具有证明力，无法相互印证、形成一条完整的证据链条，因此本案事实不清，证据不足，应当按照"疑罪从无"的原则依法认定邵某某无罪。

（二）争取适用新法

本案从提起公诉到一审判决之间，恰好经历了《中华人民共和国刑法修正案（九）》的出台。《中华人民共和国刑法修正案（九）》对于受贿罪的数额和量刑进行了很大的变动，认定受贿罪"数额较大"的标准大幅提高。因此，若是本案适用《中华人民共和国刑法修正案（九）》，显然对被告人更为有利。因此，本案律师本着委托人利益最大化的原则，在本案提起公诉后尚未进入法庭审理时，用多种合法手段努力促成法院待《中华人民共和国刑法修正案（九）》正式生效后再开庭审理。比如，辩护律师多次向法院提交《申请法院调取证据的申请》，既是为了能收集对被告人有利的证据，也是为了延长法院的审前准备期间。另外，本案律师与家属配合，找本案的关键证人收集证人证言并提交给法院，法院在核实这些新证据新材料的过程中也会花费一定工作时间。这样一来，本案2015年5月提起公诉，直到2016年8月才一审宣判，其中大同县人民法院甚至上报最高人民法院批准延长审限。根据旧法，受贿15万元属于情节严重，基准刑为有期徒刑10年，而根据新法，受贿15万元的基准刑为3年以下有期徒刑或拘役。在本案中，在包括辩护律师在内的多方努力之下，使得法院延期审理，并在审理本案时适用了最新出台的《中华人民共和国刑法修正案（九）》和贪污贿赂的解释，最终邵某某只被判处 1 年 6 个月的有期徒刑。

■ 【简要总结】

其一，辩护人在履行辩护职能时，思路可以适当拓展，不局限于证据本身，证据链的完整也可以成为辩护中重要的思路。法律讲究因果关系的逻辑，如果现有的证据不能构筑完整的证据链条证成整个案件的前因后果，无法排出合理怀疑，则应当视为犯罪构成要件的缺失，这也是辩护律师应重点突破的辩护方向。其二，在"两规"期间的问讯方式也需要严格监督，以防出现虚假供述，影响案件的正常审判。其三，辩护律师要时刻关注法律新规的变化，邵某某受贿案案发时，《中华人民共和国刑法修正案（九）》虽已公布施行，但具体量刑标准尚未出台，邵某某之所以判处刑罚相对较轻，律师的专业辩护固然必不可少，但时刻关注最新出台的法律法规，为当事人争取到最好量刑结果，也是律师更好行使辩护职能的一门必修课。

附：相关法律法规及司法解释

📖 《中华人民共和国刑法》

第三百八十五条 【受贿罪】国家工作人员利用职务上的便利，索取他人财物的，或者非法收受他人财物，为他人谋取利益的，是受贿罪。

国家工作人员在经济往来中，违反国家规定，收受各种名义的回扣、手续费，归个人所有的，以受贿论处。

📖 《最高人民法院、最高人民检察院关于办理贪污贿赂刑事案件适用法律若干问题的解释》

第一条 贪污或者受贿数额在三万元以上不满二十万元的，应当认定为刑法第三百八十三条第一款规定的"数额较大"，依法判处三年以下有期徒刑或者拘役，并处罚金。

贪污数额在一万元以上不满三万元，具有下列情形之一的，应当认定为刑法第三百八十三条第一款规定的"其他较重情节"，依法判处三年以下有期徒刑或者拘役，并处罚金：

（一）贪污救灾、抢险、防汛、优抚、扶贫、移民、救济、防疫、社会捐助等特定款物的；

（二）曾因贪污、受贿、挪用公款受过党纪、行政处分的；

（三）曾因故意犯罪受过刑事追究的；

（四）赃款赃物用于非法活动的；

（五）拒不交待赃款赃物去向或者拒不配合追缴工作，致使无法追缴的；

（六）造成恶劣影响或者其他严重后果的。

受贿数额在一万元以上不满三万元，具有前款第二项至第六项规定的情形之一，或者具有下列情形之一的，应当认定为刑法第三百八十三条第一款规定的"其他较重情节"，依法判处三年以下有期徒刑或者拘役，并处罚金：

（一）多次索贿的；

（二）为他人谋取不正当利益，致使公共财产、国家和人民利益遭受损失的；

（三）为他人谋取职务提拔、调整的。

第二条　贪污或者受贿数额在二十万元以上不满三百万元的，应当认定为刑法三百八十三条第一款规定的"数额巨大"，依法判处三年以上十年以下有期徒刑，并处罚金或者没收财产。

贪污数额在十万元以上不满二十万元，具有本解释第一条第二款规定的情形之一的，应当认定为刑法第三百八十三条第一款规定的"其他严重情节"，依法判处三年以上十年以下有期徒刑，并处罚金或者没收财产。

受贿数额在十万元以上不满二十万元，具有本解释第一条第三款规定的情形之一的，应当认定为刑法第三百八十三条第一款规定的"其他严重情节"，依法判处三年以上十年以下有期徒刑，并处罚金或者没收财产。

第三条　贪污或者受贿数额在三百万元以上的，应当认定为刑法第三百八十三条第一款规定的"数额特别巨大"，依法判处十年以上有期徒刑、无期徒刑或者死刑，并处罚金或者没收财产。

贪污数额在一百五十万元以上不满三百万元，具有本解释第一条第二款规定的情形之一的，应当认定为刑法第三百八十三条第一款规定的"其他特别严重情节"，依法判处十年以上有期徒刑、无期徒刑或者死刑，并处罚金或者没收财产。

受贿数额在一百五十万元以上不满三百万元，具有本解释第一条第三款规定的情形之一的，应当认定为刑法第三百八十三条第一款规定的"其他特别严重情节"，依法判处十年以上有期徒刑、无期徒刑或者死刑，并处罚金或者没收财产。

第四条 贪污、受贿数额特别巨大，犯罪情节特别严重、社会影响特别恶劣、给国家和人民利益造成特别重大损失的，可以判处死刑。

符合前款规定的情形，但具有自首，立功，如实供述自己罪行、真诚悔罪、积极退赃，或者避免、减少损害结果的发生等情节，不是必须立即执行的，可以判处死刑缓期二年执行。

符合第一款规定情形的，根据犯罪情节等情况可以判处死刑缓期二年执行，同时裁判决定在其死刑缓期执行二年期满依法减为无期徒刑后，终身监禁，不得减刑、假释。

第五条 挪用公款归个人使用，进行非法活动，数额在三万元以上的，应当依照刑法第三百八十四条的规定以挪用公款罪追究刑事责任；数额在三百万元以上的，应当认定为刑法第三百八十四条第一款规定的"数额巨大"。具有下列情形之一的，应当认定为刑法第三百八十四条第一款规定的"情节严重"：

（一）挪用公款数额在一百万元以上的；

（二）挪用救灾、抢险、防汛、优抚、扶贫、移民、救济特定款物，数额在五十万元以上不满一百万元的；

（三）挪用公款不退还，数额在五十万元以上不满一百万元的；

（四）其他严重的情节。

第六条 挪用公款归个人使用，进行营利活动或者超过三个月未还，数额在五万元以上的，应当认定为刑法第三百八十四条第一款规定的"数额较大"；数额在五百万元以上的，应当认定为刑法第三百八十四条第一款规定的"数额巨大"。具有下列情形之一的，应当认定为刑法第三百八十四条第一款规定的"情节严重"：

（一）挪用公款数额在二百万元以上的；

（二）挪用救灾、抢险、防汛、优抚、扶贫、移民、救济特定款物，数额在一百万元以上不满二百万元的；

（三）挪用公款不退还，数额在一百万元以上不满二百万元的；

（四）其他严重的情节。

第七条　为谋取不正当利益，向国家工作人员行贿，数额在三万元以上的，应当依照刑法第三百九十条的规定以行贿罪追究刑事责任。

行贿数额在一万元以上不满三万元，具有下列情形之一的，应当依照刑法第三百九十条的规定以行贿罪追究刑事责任：

（一）向三人以上行贿的；

（二）将违法所得用于行贿的；

（三）通过行贿谋取职务提拔、调整的；

（四）向负有食品、药品、安全生产、环境保护等监督管理职责的国家工作人员行贿，实施非法活动的；

（五）向司法工作人员行贿，影响司法公正的；

（六）造成经济损失数额在五十万元以上不满一百万元的。

第八条　犯行贿罪，具有下列情形之一的，应当认定为刑法第三百九十条第一款规定的"情节严重"：

（一）行贿数额在一百万元以上不满五百万元的；

（二）行贿数额在五十万元以上不满一百万元，并具有本解释第七条第二款第一项至第五项规定的情形之一的；

（三）其他严重的情节。

为谋取不正当利益，向国家工作人员行贿，造成经济损失数额在一百万元以上不满五百万元的，应当认定为刑法第三百九十条第一款规定的"使国家利益遭受重大损失"。

第九条　犯行贿罪，具有下列情形之一的，应当认定为刑法第三百九十条第一款规定的"情节特别严重"：

（一）行贿数额在五百万元以上的；

（二）行贿数额在二百五十万元以上不满五百万元，并具有本解释第七条第二款第一项至第五项规定的情形之一的；

（三）其他特别严重的情节。

为谋取不正当利益，向国家工作人员行贿，造成经济损失数额在五百万元以上的，应当认定为刑法第三百九十条第一款规定的"使国家利益遭受特别重大损失"。

第十条 刑法第三百八十八条之一规定的利用影响力受贿罪的定罪量刑适用标准，参照本解释关于受贿罪的规定执行。

刑法第三百九十条之一规定的对有影响力的人行贿罪的定罪量刑适用标准，参照本解释关于行贿罪的规定执行。

单位对有影响力的人行贿数额在二十万元以上的，应当依照刑法第三百九十条之一的规定以对有影响力的人行贿罪追究刑事责任。

第十一条 刑法第一百六十三条规定的非国家工作人员受贿罪、第二百七十一条规定的职务侵占罪中的"数额较大""数额巨大"的数额起点，按照本解释关于受贿罪、贪污罪相对应的数额标准规定的二倍、五倍执行。

刑法第二百七十二条规定的挪用资金罪中的"数额较大""数额巨大"以及"进行非法活动"情形的数额起点，按照本解释关于挪用公款罪"数额较大""情节严重"以及"进行非法活动"的数额标准规定的二倍执行。

刑法第一百六十四条第一款规定的对非国家工作人员行贿罪中的"数额较大""数额巨大"的数额起点，按照本解释第七条、第八条第一款关于行贿罪的数额标准规定的二倍执行。

第十二条 贿赂犯罪中的"财物"，包括货币、物品和财产性利益。财产性利益包括可以折算为货币的物质利益如房屋装修、债务免除等，以及需要支付货币的其他利益如会员服务、旅游等。后者的犯罪数额，以实际支付或者应当支付的数额计算。

第十三条 具有下列情形之一的，应当认定为"为他人谋取利益"，构成犯罪的，应当依照刑法关于受贿犯罪的规定定罪处罚：

（一）实际或者承诺为他人谋取利益的；

（二）明知他人有具体请托事项的；

（三）履职时未被请托，但事后基于该履职事由收受他人财物的。

国家工作人员索取、收受具有上下级关系的下属或者具有行政管理关系的被管理人员的财物价值三万元以上，可能影响职权行使的，视为承诺为他人谋取利益。

第十四条　根据行贿犯罪的事实、情节，可能被判处三年有期徒刑以下刑罚的，可以认定为刑法第三百九十条第二款规定的"犯罪较轻"。

根据犯罪的事实、情节，已经或者可能被判处十年有期徒刑以上刑罚的，或者案件在本省、自治区、直辖市或者全国范围内有较大影响的，可以认定为刑法第三百九十条第二款规定的"重大案件"。

具有下列情形之一的，可以认定为刑法第三百九十条第二款规定的"对侦破重大案件起关键作用"：

（一）主动交待办案机关未掌握的重大案件线索的；

（二）主动交待的犯罪线索不属于重大案件的线索，但该线索对于重大案件侦破有重要作用的；

（三）主动交待行贿事实，对于重大案件的证据收集有重要作用的；

（四）主动交待行贿事实，对于重大案件的追逃、追赃有重要作用的。

第十五条　对多次受贿未经处理的，累计计算受贿数额。

国家工作人员利用职务上的便利为请托人谋取利益前后多次收受请托人财物，受请托之前收受的财物数额在一万元以上的，应当一并计入受贿数额。

第十六条　国家工作人员出于贪污、受贿的故意，非法占有公共财物、收受他人财物之后，将赃款赃物用于单位公务支出或者社会捐赠的，不影响贪污罪、受贿罪的认定，但量刑时可以酌情考虑。

特定关系人索取、收受他人财物，国家工作人员知道后未退还或者上交的，应当认定国家工作人员具有受贿故意。

第十七条　国家工作人员利用职务上的便利，收受他人财物，为他人谋取利益，同时构成受贿罪和刑法分则第三章第三节、第九章规定的渎职犯罪的，除刑法另有规定外，以受贿罪和渎职犯罪数罪并罚。

第十八条　贪污贿赂犯罪分子违法所得的一切财物，应当依照刑法第六十四条的规定予以追缴或者责令退赔，对被害人的合法财产应当及时返还。对尚未追缴到案或者尚未足额退赔的违法所得，应当继续追缴或者责令退赔。

第十九条　对贪污罪、受贿罪判处三年以下有期徒刑或者拘役的，应当并处十万元以上五十万元以下的罚金；判处三年以上十年以下有期徒刑的，

应当并处二十万元以上犯罪数额二倍以下的罚金或者没收财产；判处十年以上有期徒刑或者无期徒刑的，应当并处五十万元以上犯罪数额二倍以下的罚金或者没收财产。

对刑法规定并处罚金的其他贪污贿赂犯罪，应当在十万元以上犯罪数额二倍以下判处罚金。

为中标提供帮助而答谢对方钱财的认定

——王某行贿案

黄晓亮

■■■【基本案情】

案情简介：

原审被告人王某，男，46岁，案发时系唐山TB停车设备有限公司（以下简称"唐山TB公司"）副总经理及股东、北京TB双利停车场管理有限公司（以下简称"北京TB公司"）股东。

2016年，被告人王某为帮助唐山TB公司中标"北京市公安局808项目机械立体停车库设备购置项目"（以下简称"808项目"），多次请托北京市公安局警务保障部资产管理处副处长赵某（另案处理），在该项目招投标过程中为其提供帮助。后赵某在张某（另案处理）的帮助下，通过修改招标需求、技术参数、评分标准等方式，帮助唐山TB公司中标该项目。

事后，被告人王某为感谢赵某帮助唐山TB公司中标，并希望赵某继续帮助北京TB公司承接后期维护保养项目及提供其他便利，在唐山TB公司不知情的情况下，于2016年下半年至2018年1月间，在北京市公安局赵某办公室内，分三次从个人账户给予赵某现金好处费共计人民币50万元。

王某因涉嫌行贿罪，于2018年1月12日被北京市丰台区监察委员会采取留置措施，同年4月11日被逮捕，被押于北京市国家安全局看守所。

审理结果：

北京市丰台区人民检察院以京丰检刑诉（2018）1号起诉书指控被告单位唐山TB公司、被告人王某犯单位行贿罪，于2018年5月30日向北京市丰台区人民法院提起公诉；后以京丰检刑变诉（2018）12号变更起诉决定书，指控被告人王某犯行贿罪，于2018年11月9日向北京市丰台区人民法院提出变更起诉。北京市丰台区人民法院依法组成合议庭，公开开庭审理了此案。北京市丰台区人民检察院指派检察员出庭支持了公诉，被告人王某及其辩护人均到庭参加诉讼。法院审理认为，被告人王某为谋取不正当利益，给予国家工作人员财物，其行为已构成行贿罪，应予处罚。北京市丰台区人民检察院指控被告人王某犯行贿罪的事实清楚，证据充分，罪名成立。鉴于被告人王某到案后能够如实供述犯罪事实，认罪认罚，故依法对其予以从轻处罚。依照《中华人民共和国刑法》第 389 条、第 390 条、第 52 条、第 61 条、第 64 条、第 67 条第 3 款及《最高人民法院、最高人民检察院关于办理贪污贿赂刑事案件适用法律若干问题的解释》第 7 条之规定，判决被告人王某犯行贿罪，判处有期徒刑一年六个月，并处罚金人民币 10 万元。

【争议问题】

在本案的诉讼过程中，对被告人王某的行为的定性和处罚主要存在以下几种争议：

第一种意见认为，王某的行为构成行贿罪，这也是本案的最终审判结论。原因在于王某作为公司的副总经理，为帮助唐山 TB 公司中标以及为公司谋取将来的利益，在未经单位授权同意的情形下，遂以个人名义向国家工作人员赵某给予好处费 50 万元，且好处费资金来源均为王某个人账户。而在这个过程中，唐山 TB 公司并未参与其中，也并没有形成单位的意志进而指派王某去行贿，因此只应对王某个人的受贿行为进行处罚。

第二种意见认为，王某以及唐山 TB 公司构成单位行贿罪。这是公诉机关最初审查起诉时的意见。理由在于王某作为唐山 TB 公司的领导干部，为使单位中标以及获取其他非法利益，而向国家工作人员行贿。尽管王某是以自己个人的名义给予国家工作人员好处费，但实质上是为了单位的利益，中标后的利益还是归单位所有。因此这种行为仍符合单位行贿罪的构成要件，应以单位行贿罪处罚。

本案争议的焦点就在于：王某给予好处费的行为是代表单位还是其个人，也即王某的行为属于个人行为还是单位行为？对此，之后理论分析部分将会进行详细说明。

■■■【法理分析】

（一）行贿罪与单位行贿罪的认定之争

从目前的立法规定与司法实践来看，行贿罪与单位行贿罪的最大区别表现为犯罪主体的截然不同。前者的犯罪主体为自然人，后者的犯罪主体为单位。看似二者能通过犯罪主体进行明确界分，即个人为了谋取不正当利益而行贿的属于个人行贿，单位为了谋取不正当利益的属于单位行贿[1]。然而根据单位犯罪的实质，可以看到其作为法律拟制的主体，客观上根本不可能亲身去实施某种犯罪行为。单位内部即便形成了实施某种犯罪的合意，也必然要借助个人之力付诸实施。因而在单位犯罪中出现犯罪主体竞合的情形屡见不鲜，究竟自然人实施的行为属于个人行为还是单位行为，也成为实务案件的争议焦点。尤其是对于行贿罪与单位行贿罪的认定，自然人到底是以个人名义还是单位名义实施的行贿行为，以及自然人行贿谋取的利益是归于其个人还是归于单位，这些都是理论与实务认定存在的困难。

目前主流理论对于二者的界分主要有以下几种观点：

1. 以行贿所代表的名义作为区分标准

以行贿所代表的名义作为区分两罪的界限，主要表现为作为行贿主体的自然人，究竟是以单位的名义行贿还是以个人的名义行贿。换言之，如果要将自然人的行贿行为归责于单位行为，那么其必须是以单位的名义来实施行贿行为。如果是以个人的名义行贿，在理论上就很难认定其属于单位行贿行为。[2]但也有反对观点认为，司法实践中也存在单位内的自然人以个人名义，但实际是在单位意志支配下实施的行贿行为，显而易见这就变成了单位行为。[3]若仅仅以单位的名义作为区分标准，就无法全面涵盖实践中的全部情况。因而不能将以行贿所代表的名义作为区分两罪的必备要件。

2. 以行贿的财物来源作为区分标准

以行贿的财物来源作为区分两罪的界限，主要是指单位行贿的贿赂财物

---

〔1〕　杨兴国：《贪污贿赂犯罪认定精解精析》，中国检察出版社 2011 年版，第 293 页。

〔2〕　吕天奇：《贿赂罪的理论与实践》，光明日报出版社 2007 年版，第 227 页。

〔3〕　参见李辰：《单位行贿罪中的几种特殊情形分析》，载《人民检察》2006 年第 22 期，第 59 页。

来源于单位本身。换言之，在进行单位行贿时，不仅需要在形式上代表单位的名义，还需要在客观上利用单位的财物去行贿，倘若仅是使用个人的财物去行贿，并不符合单位行贿的实质。但反对观点认为，行贿的财物来源根本不会影响单位行贿罪的构成，况且在司法实践中，单位往往对账户及资金来源控制严密，手段隐蔽且复杂，有时无法调查清楚行贿的财物到底来源于何处，[1]如果将财物来源作为区分标准，显而会在具体定罪时存在困难之处，因而也不能将其作为区分标准。

3. 以行贿的利益归属作为区分标准

根据这一区分标准，倘若行贿是要为单位谋取不正当利益，且行贿的最终利益归属于单位，则属于单位行贿。这一标准尚无太多争议，但也有学者指出，如果行贿后的利益所得部分归属于个人，部分归属于单位，这时应如何区分两罪？[2]对此有学者认为，若单位利益与个人利益之间存在竞合关系的，若个人以单位名义进行行贿的，应当属于单位行贿罪。[3]此种情形主要是指个人不是直接为自己谋取不正当利益，而是根据单位的决定以单位的名义进行行贿，进而在为单位谋取不正当利益的同时为自己谋得一定利益，因此不影响单位行贿罪的成立。也有反对观点认为，应当按照单位犯罪与个人犯罪分别处理，对单位定单位行贿罪，对个人定行贿罪[4]。

（二）王某的行为属于个人行为而非单位行为

如前所述，目前理论与实务界对于行贿罪与单位行贿罪的存在极大争议。而区分单位行为还是个人行为则是认定是否构成单位行贿的关键。单位作为具备权利能力与行为能力的主体，一般要通过一定行为的实施来产生、变更、消灭相应的权利义务关系。因而单位行为在整个过程中处于重要地位。所谓单位行为，主要是指单位内部成员为了帮助单位谋取利益，通过一定的决策程序，并授权具体成员实施的危害社会且应受刑罚处罚的行为。在客观上单

---

〔1〕 参见刘志伟、刘炯：《论单位行贿与个人行贿的合理界分——析郁某"雅贿"国家工作人员案》，载彭东、陈连福、李文生主编：《〈刑事司法指南〉（2000—2010）分类集成——贪污贿赂罪·渎职侵权罪》，法律出版社2011年版，第442页、第445页。

〔2〕 参见董桂文：《行贿罪与单位行贿罪界限之司法认定》，载《人民检察》2013年第12期，第32页。

〔3〕 参见李桂红：《单位犯罪中单位行为与单位意志的认定》，载《当代法学》2006年第4期。

〔4〕 肖中华：《贪污贿赂罪疑难解析》，上海人民出版社2006年版，第215页。

位行为主要表现为，单位内部的决策机构通过决议以及授权具体执行人员，并提供相应的财力、物力以支持具体行为的施行。

如前所述，单位行为的具体施行必须借助于单位成员或相应的代理人进行，在实践中也必然会出现单位行为与个人行为的混淆，因而在客观上区分单位行为与个人行为也是认定单位行贿罪与行贿罪的关键。归纳来说，单位行为具有以下特征：

1. 以单位的名义具体行事

以单位的名义具体行事，表现为单位内部成员或是代理人经过单位决策机构的授权、使用单位的名义，进而实施具体的犯罪行为。倘若单位成员未经授权，实施的只是与单位名义无关的行为，则该单位人员的行为就不是单位行为，而是仅代表个人行为，一般不能认定为单位犯罪。[1]另外在司法实践中也存在一些单位为了逃避侦查，其并不以自己的名义或名称实施犯罪，而是授权单位成员在形式上以个人身份去实行，从而为单位谋取利益。这种情形实质仍是单位行为，应认定为单位犯罪。

带入行贿罪与单位行贿罪中，根据上述理论只有当单位具体成员经过单位的授权，以单位的名义进行行贿，才能构成单位行贿，倘若未得到单位的授权，只是凭自己的名义进行行贿，即使主观上存在帮助单位谋取利益的意思，也不能算作单位行贿。

2. 在单位的意志支配下实施

这一点主要是看单位具体成员实施的行为是否受到单位意志的支配，单位成员实施的行为只有在符合单位意志时，才能算作单位行为。但对于何为单位意志，理论界存在不同观点。有的观点认为，单位意志需要具备一定的程序性与整体性，主要体现为单位成员的意志经过一定的程序并得到决策机关的整体同意，进而上升为单位的整体意志。随后具体人员在单位整体意志的支配下再实施相应的行为。[2]但也有观点认为，得到决策机关的整体同意，即经过相应的程序性要件并不是形成单位意志的唯一条件。在司法实践中存

---

〔1〕　参见樊建民：《论单位行贿罪中的单位行为》，载《河南师范大学学报（哲学社会科学版）》2012年第6期。

〔2〕　参见肖鸿俊：《单位犯罪主客观特征的认定》，载 http://www.chinacourt.org/article/detail/2009/07/id/366421.shtml。

在单位领导层不经讨论、授权，直接以法定代表人的身份实施相应的行为，而目前也是把其作为单位犯罪来处理，但显而易见这种类型的行为不存在相应的程序性。因此不能把程序性作为单位意志形成的唯一要件。

归纳来看，单位意志并不是单位内部某些成员的意志，也不是所有成员意志的简单相加，而是单位内部成员在相互联系、互相作用、协调一致的条件下形成的意志，即单位的整体意志。[1]

3. 主观上为单位利益

主观上为单位的利益是单位犯罪的特定目的，这也是单位犯罪区别于自然人犯罪的本质特征。以前述两罪为例，单位行贿罪的主观目的是为单位谋取利益，也即主观上具备为单位谋利的意思，且最终利益的确也归属于单位，即便在过程中行为人并没有借用单位名义，而是经单位的授权以个人名义行贿，仍应以单位行贿罪处罚。因此，主观上为单位利益，且最终利益归属于单位的，都应算作单位行贿，但倘若行为人主观上只是为了个人利益或是最终利益归属于个人的，只能按普通行贿处理。

再回到本案，结合上述对于单位行为的分析，王某的行为仅是个人行为而非单位行为。

首先，从单位名义来看，王某仅系中标的唐山TB公司的副总经理、股东，行使开拓市场的项目经理职责，并非公司法定代表人、董事长或总经理等核心领导职务，其行贿行为未经董事会研究决定，因此其在未经董事会授权的情况下以个人的名义行贿，只能按普通行贿处理，而不能算作单位行贿。

其次，从单位意志来看，王某事先未就行贿事宜与单位决策机构商议，其行贿行为在事前、事中均未获得公司批准及授权，也即单位没有做出让王某行贿的决定，也没有为其行贿提供资金，因而并未经过一定的程序形成单位的整体意志，且其事后行贿事宜亦未受到公司追认，所以其个人行为不能体现公司的意志。此外行贿财物也是从王某的个人钱款中支出，因此其行贿行为不能体现唐山TB公司意志，不能认定为单位犯罪。

最后，从为单位利益来看，王某仅是在为个人谋取利益而非为单位谋取利益。王某作为唐山TB公司的大股东，该公司如果中标并承揽"808项目"，

---

[1] 张明楷：《刑法学》（上），法律出版社1997年版，第131页。

相应的盈利款项会到期转化为股东的分红款；另外，王某实施行贿行为，不仅仅是为唐山 TB 公司中标"808 项目"，也是为自己任股东的北京 TB 公司顺利承接 808 项目后续的维修保养项目铺路。可见，王某系为了自身利益而实施的个人行贿行为，并非单位行为。

（三）王某的行为符合行贿罪的犯罪构成

第一，王某的行为符合行贿罪的客观方面要件。根据《中华人民共和国刑法》第 389 条的规定：为谋取不正当利益，给予国家工作人员以财物的，是行贿罪。王某为了谋取个人利益，即帮助公司中标进而使自己能得到更多分红，在客观上未予告知公司，也未经单位内部决策机构授权的情况下，凭借个人的意志以个人名义从自己账户内取钱，给予国家工作人员赵某以数额较大的财物。其行贿行为旨在为自己谋取竞争优势，侵犯了国家工作人员职务行为的廉洁性以及国家经济管理的正常活动，不仅违反了法律法规及政策规章的规定，也违背了公平、公正原则，已符合行贿罪的客观方面要件。

第二，王某的行为也符合行贿罪的主观方面要件。王某作为公司的副总经理，在主观上具有为自己谋取不正当利益的目的。其通过行贿负责项目招标的赵某，使得其就任股东的唐山 TB 公司招标承接相关项目，进而项目获得的盈利款项会转化为其股东分红，同时也能提升其业务指标的业绩。因此王某主观上谋取不正当利益的目的已外化为具体行为，驱使其行使了个人行贿行为，因此应以受贿罪论处。

（四）本案辩护律师在接受被告人家属委托之后，通过多次的会见当事人以及查阅案卷材料后，形成了以下观点：王某的具体行贿行为属于个人行为，应以行贿罪处理

1. 被告人王某不是唐山 TB 公司直接负责的主管人员或者其他责任人员，没有以唐山 TB 公司的名义进行活动

一方面，关于被告人王某在唐山 TB 公司中的职务，本案中有唐山 TB 公司的书面说明和法定代表人王某利的证人证言，但是，并没有董事会的真实任命程序和文件。

另一方面，关于认定单位犯罪的实施者，按照最高人民法院于 2001 年印发的《全国法院审理金融犯罪案件工作座谈会纪要》来看，"直接负责的主管人员，是在单位实施的犯罪中起决定、批准、授意、纵容、指挥等作用的人

员，一般是单位的主管负责人，包括法定代表人。其他直接责任人员，是在单位犯罪中具体实施犯罪并起较大作用的人员，既可以是单位的经营管理人员，也可以是单位的职工，包括聘任、雇佣的人员”。依据该规定，不能认定被告人王某是单位犯罪中直接负责的主管人员或者其他直接责任人员，也不能认定被告人王某以唐山TB公司的名义进行行贿。

2. 被告人王某不是为唐山TB公司谋取利益

首先，根据唐山TB公司诉讼代表人郝某的证人证言，该公司的董事会、总经理等管理层，从来都没有给王某说过让其从涉案停车场项目中为唐山TB公司谋取利益。

其次，关于王某为唐山TB公司谋取利益而给赵某送钱，从证据上讲，有另案被告人赵某的供述，虽然另案被告人张某在供述中也有提到，但张某也是听赵某说的，即属于传来证据，其证明力要根据赵某的供述来确定，而赵某的供述属于孤证，并无其他言词证据来验证。

最后，从行为当时来看，停车场项目顺利进行或者已经施工完毕，到后来唐山TB公司的免费维保期也截止，从情理上讲，即便唐山TB公司不给赵某行贿，也根本不影响唐山TB公司的收益，而北京TB公司不给赵某送钱，就拿不到后期的维保项目。王某作为北京TB公司法定代表人和负责人，需要找来经营项目维持北京TB公司的运营，赚钱养活北京TB公司的员工。

3. 唐山TB公司没有作出让被告人王某给赵某送钱的决策和安排

在本案中，唐山TB公司没有任何关于给赵某行贿的决策和单位意志，没有作出让王某给赵某行贿的安排，也没有给王某给赵某行贿提供资金，至于王某给赵某行贿是否为唐山TB公司谋取利益，唐山TB公司完全不知道。被告人王某也称从来没有给唐山TB公司说过给赵某送钱的事情，而给赵某所送的钱，也是被告人王某从自己的账户中支付的。

关于单位决策的问题，2017年6月2日公布的《最高人民检察院关于办理涉互联网金融犯罪案件有关问题座谈会纪要》作出了规定，即“刑法规定应当追究单位刑事责任的，对同时具备以下情形且具有独立法人资格的单位，可以以单位犯罪追究：（1）犯罪活动经单位决策实施；（2）单位的员工主要按照单位的决策实施具体犯罪活动；（3）违法所得归单位所有，经单位决策使用，收益亦归单位所有”。参照此规定，结合本案的案情，被告人王某给赵某行贿，并不是唐山 TB 公司的决策，王某也不是按照唐山 TB 公司的决策去实施的。北京市公安局给唐山 TB 公司支付的合同价款，与被告人王某行贿也没有必然联系，不属于违法所得。

此外，被告人王某在本案中存在依法考虑从宽的情节。对于本案的发生，于王某而言，其属于初犯、偶犯，没有违法乱纪的前科，为国家解决了下岗职工或者残疾人的就业生活问题。而且，到案后认罪和悔罪，如实供述涉案事实情况，积极配合相关机关的调查和处理，同时，涉案的停车场项目质量达到标准，甚至是优秀，没有给国家造成任何损失，因而有从宽的法定情节（坦白）和酌定情节。

■■ 【简要总结】

对于行贿罪与单位行贿罪的认定，理论界存在着代表名义、财物来源、利益归属等方面的争议。归纳来说，认定清楚单位行为还是个人行为才是区分两罪的关键。而对于单位行为，还是应从两个方面予以考察：一是单位意志；二是利益归属。带入行贿罪与单位行贿罪中，从单位意志来看，如果行贿行为的具体实施者得到了单位决策机构或负责人的授权同意，即便其贿赂来源并非单位资金或是并未代表单位的名义，只要其得到单位的授权、能够代表单位的整体意志，即可构成单位行贿罪；若其并未得到单位同意，只是以个人的意志进行行贿，也只能以普通行贿论处；而从利益归属来看，如果行贿行为的具体实施者是为了帮助单位谋取不正当利益，且利益最终归属于单位，此时应当按单位受贿论处。倘若行为人主观上只是为自己谋取利益，即便其行贿行为确实为单位带来了一定利益，也只能按个人行贿论处。

本案中，王某作为唐山 TB 公司的股东以及唐山 TB 公司北京分公司的负责人，在单位意志上，王某仅仅行使中标的唐山 TB 公司的开拓市场项目的经理职责，并非公司法定代表人、董事长等核心领导职务，也并未告知单位其行贿行为。行贿行为不仅未经单位内部决策机构研究决定，即事前、事中均未得到授权、同意，且事后也未得到单位的追认，因此其个人行为无法体现单位的整体意志；而在利益归属上，行贿招标负责人不仅能使王某从唐山 TB 公司得到数量可观的分红，还能使自己负责的北京 TB 公司今后能承接中标项目的维修保养工作，因此王某通过行贿能为自己谋取大量的个人利益。综上所述，王某行贿招标负责人、为自己谋取利益的行为应按照行贿罪来处置。

附：相关法律法规及司法解释

📖《中华人民共和国刑法》

第三十条 【单位负刑事责任的范围】公司、企业、事业单位、机关、团体实施的危害社会的行为，法律规定为单位犯罪的，应当负刑事责任。

第三十一条 【单位犯罪的处罚原则】单位犯罪的，对单位判处罚金，并对其直接负责的主管人员和其他直接责任人员判处刑罚。本法分则和其他法律另有规定的，依照规定。

第六十二条 【从重处罚与从轻处罚】犯罪分子具有本法规定的从重处罚、从轻处罚情节的，应当在法定刑的限度以内判处刑罚。

第三百八十九条 【行贿罪】为谋取不正当利益，给予国家工作人员以财物的，是行贿罪。

在经济往来中，违反国家规定，给予国家工作人员以财物，数额较大的，或者违反国家规定，给予国家工作人员以各种名义的回扣、手续费的，以行贿论处。

因被勒索给予国家工作人员以财物，没有获得不正当利益的，不是行贿。

第三百九十条 【行贿罪的处罚规定】对犯行贿罪的，处五年以下有期徒刑或者拘役，并处罚金；因行贿谋取不正当利益，情节严重的，或者使国家利益遭受重大损失的，处五年以上十年以下有期徒刑，并处罚金；情节特别严重的，或者使国家利益遭受特别重大损失的，处十年以上有期徒刑或者无期徒刑，并处罚金或者没收财产。

行贿人在被追诉前主动交待行贿行为的，可以从轻或者减轻处罚。其中，犯罪较轻的，对侦破重大案件起关键作用的，或者有重大立功表现的，可以减轻或者免除处罚。

第三百九十三条 【单位行贿罪】单位为谋取不正当利益而行贿，或者违反国家规定，给予国家工作人员以回扣、手续费，情节严重的，对单位判处罚金，并对其直接负责的主管人员和其他直接责任人员，处五年以下有期徒刑或者拘役，并处罚金。因行贿取得的违法所得归个人所有的，依照本法第三百八十九条、第三百九十条的规定定罪处罚。

📖《全国法院审理金融犯罪案件工作座谈会纪要》

2. 单位犯罪直接负责的主管人员和其他直接责任人员的认定：直接负责的主管人员，是在单位实施的犯罪中起决定、批准、授意、纵容、指挥等作用的人员，一般是单位的主管负责人，包括法定代表人。其他直接责任人员，是在单位犯罪中具体实施犯罪并起较大作用的人员，既可以是单位的经营管理人员，也可以是单位的职工，包括聘任、雇佣的人员。应当注意的是，在单位犯罪中，对于受单位领导指派或奉命而参与实施了一定犯罪行为的人员，一般不宜作为直接责任人员追究刑事责任。对单位犯罪中的直接负责的主管人员和其他直接责任人员，应根据其在单位犯罪中的地位、作用和犯罪情节，分别处以相应的刑罚……

📖《最高人民检察院关于办理涉互联网金融犯罪案件有关问题座谈会纪要》

21. 涉互联网金融犯罪所涉罪名中，刑法规定应当追究单位刑事责任的，对同时具备以下情形且具有独立法人资格的单位，可以以单位犯罪追究：

（1）犯罪活动经单位决策实施；

（2）单位的员工主要按照单位的决策实施具体犯罪活动；

（3）违法所得归单位所有，经单位决策使用，收益亦归单位所有。但是，单位设立后专门从事违法犯罪活动的，应该以自然人犯罪追究刑事责任。

李某南涉嫌玩忽职守罪因程序违法二审发回重审案

洪国安　易依妮

【基本案情】

案情简介：

被告人李某南，男，因涉嫌滥用职权罪，于 2016 年 7 月 20 日被深圳市南山区人民检察院取保候审。

广东省深圳市福田区人民检察院以滥用职权罪对李某南提起公诉。

广东省深圳市福田区人民法院经公开审理查明：1994 年，原深圳市工商行政管理局蛇口分局与深圳市 PM 金属工程制品有限公司（以下简称"PM 公司"）合作建房，1997 年建成工贸佳园综合楼项目共八层。根据合作建房协议，蛇口工商分局分得裙楼一层、二层及三层部分面积，其中一层、二层用途为开办 HH 批发市场，三层用途为办公及市场，占总建筑面积 45%；而 PM 公司分得四至八层，用途为住宅，并公开对外销售，占总建筑面积 55%。

1999 年，原深圳市工商行政管理局蛇口分局并入深圳市工商行政管理局南山分局（以下简称"南山工商分局"），被告人李某南自 2000 年 3 月 21 日起任该分局局长。后根据"办管分离"相关政策及国企改制相关文件，深圳市 HH 农副产品批发市场服务有限公司（以下简称"HH 农批服务公司"）获得工贸佳园裙楼一层、二层 202 所有权，但由于历史原因，工贸佳园上述所有房产在 2004 年以前均未能办理房屋产权证书与产权变更登记。经协调与政策变更后，工贸佳园可通过先由南山工商分局初始登记，再以二级转移登记的方式直接登记至实际权利人名下并办理房地产证，但需要补交地价和契税。2002 年 8 月 5 日，经过南山工商分局局长办公会议讨论后，决定关于 HH 批发市场建设遗留问题南山工商分局办公室应指定专人负责，积极配合有关方面做好办证工作，但南山工商分局不承担任何额外经济责任。

后时任南山工商分局局长的被告人李某南授权田某玲名下公司员工杨某单独代表工商局办理相关手续，并向杨某出具多份《法定代表人委托证明书》，最终于 2004 年 12 月 14 日办理工贸佳园初始登记（权利人为南山工商分局，法人为李某南）。在办理房产证过程中，田某玲补缴了一层、二层 202 地价款，为保障相应款项之后可以得到偿还，2015 年 3 月田某玲公司员工杨某等人明知工贸佳园裙楼一层、二层 202 属于他人，仍携带多份虚假的房屋买卖合同、付清房款证明等资料到南山工商分局申请盖章拟将上述房产过户至田某玲及其关系人名下，但起先因无经办人带领而被盖章员苟某茗拒绝，后杨某等人来到被告人李某南办公室寻求帮助，被告人李某南未认真审核上述材料，便指示南山工商分局工作人员李某甲协助杨某等人在上述材料中加盖南山工商分局公章并允许在盖章的过程中使用其个人私章，之后，被告人李某南未再对此事进行监管，亦未指定李某甲跟进，最终导致杨某等人使用上述获得南山工商分局盖章认可并盖有被告人李某南个人私章的虚假买卖合同、授权委托书、付清房款证明等材料向国土部门申报产权转移登记，于2005 年 4 月 14 日至 5 月 26 日顺利将本属于 HH 农批服务公司所有的工贸佳园一层、二层 202 房屋产权登记在田某玲及其关系人李某乙名下（登记价分别为 15 025 070 元、1800 万元）。田某玲在非法获得上述房屋产权登记后，于2010 年至 2014 年间多次使用该房产向银行抵押贷款 1 亿多元人民币用于其公司经营，虽在此期间工贸佳园一层、二层 202 仍由 HH 农批服务公司占有、使用，但上述行为致使 HH 农批服务公司丧失对上述房产的处分权，并使上述房产存在被拍卖清偿的风险，HH 农批服务公司的合法权益受到严重侵害。2013 年 4 月至 2014 年 4 月，田某玲将上述贷款陆续还清，相关抵押权人解除了涉案房产的抵押登记，但工贸佳园一层、二层 202 仍一直登记在田某玲名下。2014 年，HH 农批服务公司因工贸佳园一层、二层 202 长期登记于田某玲等人名下而将南山工商分局、田某玲等起诉至南山区人民法院，后于 2015 年上诉至深圳市中级人民法院。2016 年 7 月 18 日，被告人李某南经深圳市南山区人民检察院通知到案配合调查。

广东省深圳市福田区人民法院认为被告人李某南作为国家工作人员，玩忽职守，造成恶劣的社会影响，致使公共财产、国家和人民利益遭受重大损失，其行为已构成玩忽职守罪，应依法予以惩罚，公诉机关指控的罪名成立。

判决被告人李某南犯玩忽职守罪，判处有期徒刑 6 个月。

辩护律师于本案一审判决后接受被告人李某南的委托，立马着手研究本案，在极短的时间内完成上诉状，依法向广东省深圳市中级人民法院提起上诉捍卫被告人李某南的权利。根据《中华人民共和国刑事诉讼法》的相关规定及司法实践，刑事案件二审书面审理为常态，一般不开庭审理。但本案在深圳市中级人民法院立案后，通过辩护人与法官积极、有效的沟通，将原定的书面审理方式更改为开庭审理。且二审于 2021 年 1 月 21 日开庭后，仅在 6 天后就收到了深圳市中级人民法院作出的发回重审裁定。

审理结果：

广东省深圳市中级人民法院认为：原审存在违反法定诉讼程序处理案件的情形，可能影响公正审判。依照《中华人民共和国刑事诉讼法》第 238 条第 3 项之规定，裁定如下：

一、撤销深圳市福田区人民法院（2018）粤 0304 刑初 1194 号刑事判决。

二、发回深圳市福田区人民法院重新审判。本裁定为终审裁定。

■■ 【争议问题】

（一）关于本案一审程序是否涉嫌违法

深圳市福田区人民检察院于 2018 年 8 月 24 日以深福检刑诉（2018）1455 号起诉书指控被告人李某南的行为已构成滥用职权罪，于 2018 年 9 月 3 日向深圳市福田区人民法院提起公诉。深圳市福田区人民法院于 2020 年 11 月 5 日作出被告人李某南犯玩忽职守罪的判决。

虽然滥用职权罪和玩忽职守罪都规制在《中华人民共和国刑法》第 397 条中，但仍有所较大区别。

经辩护人核查，一审的 5 次庭审笔录中，未见主审法官有一句释明或提及拟变更罪名从"滥用职权罪"到"玩忽职守罪"，甚至对于拟变更罪名主审法官没有任何试探性的发问；也没有给予被告人及一审辩护人就拟变更罪名发表辩护意见的机会；对行为定性是滥用职权抑或是玩忽职守，被告人是"超越职权，违法决定、处理其无权决定、处理的事项，或者违反法定程序处理公务"，还是"严重不负责任，不履行或者不正确履行职责"？法庭没有就犯罪的主观故意、客观行为组织相关调查及辩论，没有遵循《最高人民法院关于适用〈中华人民共和国刑事诉讼法〉的解释》（法释〔2012〕21号）第241条第2款的规定："人民法院应当在判决前听取控辩双方的意见，保障被告人、辩护人充分行使辩护权。必要时，可以重新开庭，组织控辩双方围绕被告人的行为构成何罪进行辩论。"

本案中，公诉机关指控的罪名是"滥用职权罪"，一审法院判决的是"玩忽职守罪"，二者罪名发生了变化。滥用职权罪是指超越职权或滥用手中的权力，而玩忽职守罪是指未尽职履责。在一审5次开庭审理过程中，没有就被告人李某南未尽职履责构成玩忽职守罪进行过辩护。西方有一句著名的法谚：任何人不得作为自己案件的法官。目前，在《最高人民法院关于适用〈中华人民共和国刑事诉讼法〉的解释》的规定没有改变的情况下，人民法院变更起诉罪名之前，必须事先通知被告人及其辩护人，并给其足够的时间准备辩护。有必要时应当再次开庭审理。否则，被告人不堪承受如此之不公平！

综上，本案存在剥夺或限制被告人行使辩护权的问题，影响了公正审判，一审程序违反了《中华人民共和国刑事诉讼法》第238条第3项、2012年《最高人民法院关于适用〈中华人民共和国刑事诉讼法〉的解释》第241条的规定，应当裁定撤销原判，发回原审人民法院重新审判。

（二）关于被告人是否构成玩忽职守罪

（1）一审认定2005年3月1日在《法人授权委托证明书》上加盖南山工商分局法定代表人姓名章是被告人李某南所为，没有经过查证属实，不能排除合理怀疑。基于疑罪从无的原则，被告人李某南不应认定构成玩忽职守罪。

（2）李某南于2002年8月5日主持召开了局长办公会议，指定局办公室专人负责工贸佳园房产办证事宜，作为局长的李某南已经尽到了注意义务。李某甲、苟某茗、林某群三人为负责工贸佳园房产办证事宜的局办公室工作人员，与本案被告人李某南有利害冲突，他们的言词证据前后不一、相互矛盾，辩护律师对其证言的真实性存疑，且没有其他证据相互印证形成证据链，对此不应采信。

（3）还原本案事实，被告人李某南的行为符合体制内主要领导人的一般工作习惯，主观上不存在过失，客观上并没有严重不负责任，不履行或者不正确履行职责的行为，不构成玩忽职守罪。

辩护人认为被告人李某南在本案中的所有行为是履行了注意义务的，并非不负责任。

第一，根据 2002 年 8 月 5 日南山工商分局局长办公会议纪要"（3）办公室应指定专人负责，积极配合有关方面做好办证工作"可以证明，被告人李某南积极履职，已经将涉案房产的办证事宜通过局长办公会议讨论决定授权给了局办公室。

第二，众所周知，党政机关办公室的天然职能包括印章管理、财务管理、后勤管理等行政事务工作。根据 2002 年 8 月 5 日南山工商分局局长办公会议纪要，办公室主任指定哪位具体办事人员去负责配合有关方面做好办证工作，时任南山工商分局局长的被告人李某南对此不应也不便再做具体安排，这与我国行政机关是层级制管理模式，而不是扁平化管理模式是相吻合的。

第三，授权工贸佳园的开发商代表杨某办理工贸佳园初始登记及命名等事宜是符合办理房屋初始登记的一般习惯的。1994 年，原深圳市工商行政管理局蛇口分局与 PM 公司合作建房，深圳市工商行政管理局蛇口分局出地，PM 公司负责出资和建设，PM 公司是实际开发商。众所周知，只有开发商办理初始登记取得了大产权证之后，购房者才能申请办理转移登记，领取个人的《房屋所有权证》。那么南山工商分局授权开发商代表杨某去办理工贸佳园的初始登记是符合一般办证习惯的，且一事一授权，不存在一审判决认定的"被告人李某南前期多次单独授权给杨某使工贸佳园办证事项存在较大风险"。在合作建房的实务中，合作建房的一方授权另一方工作人员去办理房地产证应当是常态。

第四，李某南自担任南山工商分局局长之日起，由南山工商分局刻制的李某南姓名章就不是其个人财产，而是作为南山工商分局的法定代表人姓名章来使用的。

由时任南山工商分局局长的被告人亲自对一尺多高、500 多份合同加盖法定代表人姓名章是不合乎常理的，更不要说进行实质性审查。不能仅因虚假材料上有被告人的姓名章而忽略事情的真相，因一些利害关系人自相矛盾的证言就不对事实进行核查，在事实不清，证据不足的情况下认定被告人未管理好南山工商分局的法定代表人姓名章，工作严重不负责任，是属于片面扩大和加重被告人作为局长的职责和义务。

（4）被告人的行为也许属于行政工作中的工作失误，但并不应当将此评价为刑法上的"玩忽职守罪"，否则有违刑法的谦抑性原则。

本案中，被告人李某南在事前召开局长办公会议时就指定局办公室负责涉案房产办证事宜，并对整个办证过程定下原则和基调；被告人李某南绝对不会也没有证据证明其交代办公室工作人员（经办人）不用审核材料，不按规章制度办事。

（5）玩忽职守是结果犯，被告人的行为并没有造成"致使公共财产、国家和人民利益遭受重大损失"的结果，不构成刑法上的"玩忽职守罪"。

首先，关于工贸佳园一层、二层202房、三层303房。

如一审判决所述："公诉机关指控中存在产权争议的303房产不应计入本案损失。根据被告人李某南的供述、证人田某玲的证言以及南山工商分局与PM公司关于工贸佳园分配方案，南山工商分局与PM公司就工贸佳园303的产权分配存在争议，被告人李某南供述称因PM公司拖欠工程款99.5万元故一直强占工贸佳园303的使用权，故现有证据无法证明南山工商分局具有工贸佳园303的产权。"

"工贸佳园一层、二层202房屋登记价格不宜作为本案的经济损失。根据陈某敦、吴某强的证言，工贸佳园一层、二层202房在案发至今占有、使用、收益等权利一直归属于实际权利人，用益物权并未因错误登记受到实质影响。"

深圳市南山区人民法院2020年12月4日作出的（2017）粤0305民初5075、5076号民事判决书中说理部分认为："不动产登记是不动产物权的公示方法，且不动产物权只有经过登记才能发生法律效力。不动产登记产生的公示公信效力，是对社会公众产生的外部效力，但是对于内部来说，登记机关的职能只局限于'登记'是一种公示行为，而非赋权行为。"

"HH农批服务公司占有、使用涉案房产，经历了工商体制改革、国有资产剥离与移交、债权转股权、涉案房产作为出资新成立公司、集资房转商品房等一系列复杂过程，而前述移交、转让和出资行为均仅有协议、申请、批复等手续，未办理任何登记手续，HH农批服务公司依据有关合同和文件等享有请求权但并不等同于享有物权。"

根据（2017）粤0305民初5075、5076号民事判决书判决认定：2005年3月1日签订的工贸佳园一层、二层202房的《深圳市房地产买卖合同》无效，田某玲、PM公司、李某乙应当向产权登记部门申请撤销产权登记。那么，在田某玲、PM公司、李某乙撤销产权登记后，工贸佳园涉案房产的实际所有人可以重新申请产权登记。可见，玩忽职守罪作为结果犯，本案并没有造成玩忽职守罪所要求的物质性损失，被告人李某南不构成玩忽职守罪。

其次，关于涉案房产后续被他人用作向银行贷款的抵押物。

企业如果需要获得银行贷款，所需要提供的材料包括但不限于：企业营业三证、开户许可证、企业章程、企业验资报告、购销合同，近6个月的流水、去年的年度财务报表和近半年的财务报表、资产证明（具体材料不同银行会有不同的要求）。以上可证明，拥有涉案房产的物权凭证并不是田某玲获得银行贷款的唯一条件；贷款资金并不是无偿地发放给田某玲或其关联公司使用，贷款发放后，田某玲按约向银行支付了贷款利息；案发前田某玲已通过偿还贷款等方式将工贸佳园一层、二层202的抵押解除。

可见，田某玲的个人行为才是将涉案房产用于向银行贷款的抵押物的主要原因，被告人的行为没有导致田某玲将涉案房产用作向银行贷款的抵押物。即被告人的行为（假定2005年3月1日被告人李某南错误地在虚假资料上加盖法定代表人姓名章的行为）与损害后果（田某玲将涉案房产用作向银行贷款抵押物）之间不具有刑法上的因果关系。

总而言之，本案被告人的行为没有造成玩忽职守罪所要求的物质性损失——"致使公共财产、国家和人民利益遭受重大损失"。

（6）本案没有"造成恶劣社会影响"，没有产生刑法层面上对玩忽职守罪所要求的"非物质性损失"。

所谓的"造成恶劣社会影响"本就是没有客观标准的，本案的一审判决关于"造成恶劣社会影响"认定依据为："实际权利人HH农批服务公司于2014年将深圳市市场和质量监督管理委员会南山市场监督管理局、田某玲均诉诸司法机关，造成恶劣社会影响。"辩护人认为失之偏颇。

首先，涉案房产涉及合作建房是否规范？国有资产划转程序是否规范？涉案房产的所有权属谁？办理初始登记、转移登记需补交的地价款由谁来承担？这些问题在当时的语境中就存在颇多争议；其次，怎么能够将平等的民事主体（在合作建房中，深圳市市场和质量监督管理委员会南山市场监督管理局属于普通的民事主体）之间正常的民事诉讼活动简单认定为造成恶劣影响的判断依据呢？民事诉讼是正常社会活动的一部分，因民事纠纷被起诉的，只要遵守法庭纪律，尊重生效判决，是不会发生不良影响的；最后，由于非物质损失缺乏客观性，必须有证据证明非物质损失的实际损害结果，而不是把无形的、喊喊口号的抽象损失认定为非物质损失。如果按照一审判决的标准，将会完全丧失对玩忽职守罪的可预知性，这并不符合刑法的基本原则。

总而言之，本案被告人的行为没有造成玩忽职守罪所要求的"造成恶劣社会影响"的非物质性损失。

综上，一审判决认定事实不清，证据不足，适用法律错误，基于存疑有利于被告原则，被告人李某南不应被认定构成玩忽职守罪，恳请合议庭撤销一审判决，判决被告人李某南无罪。

（三）关于本案是否已过追诉时效期限（在假设被告人李某南玩忽职守罪成立的前提下分析）

玩忽职守罪既不是连续犯也不是继续犯，而是状态犯。根据《中华人民共和国刑法》第89条第1款[1]规定，本案的追诉期限应从犯罪之日起算。

本案犯罪之日应当理解为犯罪成立之日，即犯罪行为符合全部构成要件之日，即在2005年5月26日将工贸佳园一层、二层202房错误登记于在田某玲及李某乙名下。

假设被告人李某南玩忽职守罪成立，根据一审判决其量刑幅度在3年以下，根据《中华人民共和国刑法》第87条[2]之规定追诉时效为5年。那么应于2005年5月26日起算追诉期限，至2010年5月25日追诉期限已经届满。本案于2016年7月19日立案侦查，已超过追诉时效期限，且本案不是必须追诉的情形，根据刑事诉讼法的相关规定应当撤销一审判决，裁定终止审理。

综上，辩护人认为，被告人李某南不构成玩忽职守罪，但退一步讲，假设2005年5月26日将工贸佳园一层、二层202房登记在田某玲及李某乙名下

---

[1]《中华人民共和国刑法》第89条第1款规定："追诉期限从犯罪之日起计算；犯罪行为有连续或者继续状态的，从犯罪行为终了之日起计算。"

[2]《中华人民共和国刑法》第87条规定："犯罪经过下列期限不再追诉：（一）法定最高刑为不满五年有期徒刑的，经过五年；（二）法定最高刑为五年以上不满十年有期徒刑的，经过十年；（三）法定最高刑为十年以上有期徒刑的，经过十五年；（四）法定最高刑为无期徒刑、死刑的，经过二十年。如果二十年以后认为必须追诉的，须报请最高人民检察院核准。"

的危害结果是由于被告人李某南错误地在虚假资料上加盖法定代表人姓名章的行为所致，被告人李某南即使构成玩忽职守罪，但是从其玩忽职守行为直接造成的犯罪后果产生之日（犯罪成立之日），即 2005 年 5 月 26 日起算本案的追诉时效期限，本案已超过追诉时效期限，根据刑事诉讼法的相关规定应当撤销一审判决，裁定终止审理。

【法理分析】

（一）关于人民法院直接变更人民检察院指控罪名是否涉嫌程序违法

《中华人民共和国刑事诉讼法》（2018 年修订）第 238 条规定："第二审人民法院发现第一审人民法院的审理有下列违反法律规定的诉讼程序的情形之一的，应当裁定撤销原判，发回原审人民法院重新审判：……（三）剥夺或者限制了当事人的法定诉讼权利，可能影响公正审判的……"

《最高人民法院关于适用〈中华人民共和国刑事诉讼法〉的解释》第 295 条规定："对第一审公诉案件，人民法院审理后，应当按照下列情形分别作出判决、裁定：……（二）起诉指控的事实清楚，证据确实、充分，指控的罪名与审理认定的罪名不一致的，应当按照审理认定的罪名作出有罪判决；……具有第一款第二项规定情形的，人民法院应当在判决前听取控辩双方的意见，保障被告人、辩护人充分行使辩护权。必要时，可以重新开庭，组织控辩双方围绕被告人的行为构成何罪进行辩论。"

刑事诉讼理论告诉我们：起诉效力和审判对象统一于刑事诉讼标的。刑事诉讼标的（也称诉讼对象）即刑事案件，是指起诉所指控的特定被告人的特定犯罪事实（包含人和事两个基本要素）。案件一经起诉至法院，诉讼标的即被固定，法院原则上只能就起诉时所指控的被告人和犯罪行为作出裁判，不得任意扩大调查和裁判范围。

我国刑事诉讼法实行公检法三机关分工负责、互相配合、互相制约的原则，人民检察院负责起诉，人民法院职司审判，体现了我国刑事诉讼对不告不理原则的认同。但对于起诉效力和审判对象的关系我国现行刑事诉讼法未置可否，《最高人民法院关于适用〈中华人民共和国刑事诉讼法〉的解释》第 295 条第 1 款第 2 项规定："起诉指控的事实清楚，证据确实、充分，指控的罪名与审理认定的罪名不一致的，应当按照审理认定的罪名作出有罪判决。"刑事诉讼作为"刑罚权之诉"，涉及实体法和程序法两个层面的问题。在实体法上构成一个刑罚权则在诉讼法上就可以提起一个诉；但在诉讼程序上，国家刑罚权的有无以及范围大小，在判决最终确定之前无从得知。诉讼标的的识别应从诉讼法的角度进行，但这并不意味着其与实体法的罪数没有关联，在个案识别时通常也会结合实体法上的罪数来进行。具体而言：其一，以实体法上的罪数理论来指导检察机关的起诉，即实体上作为一罪处理的行为不能分开先后进行起诉；其二，具有实质上一罪、裁判上一罪关系的数行为，检察机关只起诉其中一部分的，起诉的效力不能自动扩张到其他部分，法院对没有起诉的部分不得主动加以审判。[1]

在对被告人提起刑事指控时，起诉书上应当明确记载被告人的行为构成何罪，叙明罪状，以便使被告人知悉指控的性质从而有效地行使辩护权。

我国所属的中国特色社会主义法律体系，从实体上看，法院判决认定的罪名不受起诉指控罪名的约束，法院有权变更公诉机关的指控罪名，对指控不准或错误的罪名予以纠正。但就诉讼程序而言，《中华人民共和国刑事诉讼法》并没有明确规定。《最高人民法院关于适用〈中华人民共和国刑事诉讼法〉的解释》第295条第2款对此进行了完善和补充，根据该款规定，人民法院变更指控的罪名，应当在判决前听取控辩双方的意见，保障被告人、辩护人充分行使辩护权。必要时，可以重新开庭，组织控辩双方围绕被告人的行为构成何罪进行辩论。该规定旨在保障控辩双方平等行使诉讼权利，尤其是保障被告方充分行使辩护权。但是，必须看到，上述规定并未对人民法院直接变更人民检察院指控罪名的案件如何保障被告人的辩护权作出明确具体的规定，导致司法实践中对被告人辩护权的保障程度不一。借鉴其他国家的做法，结合司法实践，我们认为，对于人民法院直接变更人民检察院指控罪名的案件，在保障被告人辩护权方面，至少要做到以下三点：

第一，是向被告人及其辩护人明确告知拟变更的具体罪名。如果人民法院不向被告人及其辩护人明确告知拟变更的具体罪名，被告人及其辩护律师

---

〔1〕　国家法官学院案例开发研究中心编：《中国法院2018年度案例：刑事案件四（妨害社会管理秩序罪、贪污贿赂罪、渎职罪）》，中国法制出版社2018年版。

便无法有针对性地根据拟变更的具体罪名的犯罪构成参与法庭调查并进行辩护，以保障被告人的辩护权。关于告知方式，笔者认为，既可以进行书面告知，也可以进行口头告知，但是口头告知的情况应当记录在案。书面告知应当是常态，口头告知应当是例外。

第二，是给予被告人及其辩护人就拟变更的罪名发表辩护意见的机会。不给予被告人及其辩护人就变更后的罪名发表辩护意见的机会，属于未经辩护就给被告人定罪，其实质就是剥夺被告人的辩护权。关于被告人及其辩护人发表辩护意见的方式，笔者认为，根据案件的情况，在充分征求被告人及其辩护人意见的基础上，可以采取让被告人及其辩护人提出书面辩护意见的方式，也可以采取重新开庭的方式当庭进行辩护。

第三，是给予被告人及其辩护人准备辩护的充足时间。没有充足的准备辩护的时间，被告人及其辩护人就不可能进行有效辩护。为了保障被告人及其辩护律师的辩护权，人民法院向被告人及其辩护人告知拟变更的罪名后，应当在征询被告人及其辩护人意见的基础上，确定合理的辩护准备时间。如果案件的审限即将到期，必要时应当办理报请延长审限的手续。

如果法院不事先进行告知或释明，则控辩双方无法就审理拟变更的新罪名展开辩论，未经辩论即作出裁判则相当于裁判突袭，与裁判结果形成于法庭审理过程的要求不符，也不利于保障被告方充分行使辩护权，有违程序正义。

（二）关于滥用职权罪与玩忽职守罪的异同

《中华人民共和国刑法》第397条规定"国家机关工作人员滥用职权或者玩忽职守，致使公共财产、国家和人民利益遭受重大损失的，处三年以下有期徒刑或者拘役；情节特别严重的，处三年以上七年以下有期徒刑。本法另有规定的，依照规定。国家机关工作人员徇私舞弊，犯前款罪的，处五年以下有期徒刑或者拘役；情节特别严重的，处五年以上十年以下有期徒刑。本法另有规定的，依照规定。"

构成滥用职权罪和玩忽职守罪必须具备以下共同特征：

（1）滥用职权罪和玩忽职守罪侵犯和破坏了国家机关的正常管理活动。虽然滥用职权和玩忽职守的行为往往还同时侵犯了公民的权利或者社会主义市场经济秩序，但两罪所侵犯的主要还是国家机关的正常管理活动，因为滥用职权罪和玩忽职守罪从其引起的后果看可能侵犯了公民的人身权利，引起人身伤亡，或者使公共财产、国家和人民财产造成重大损失，但这些都属于这两种罪的社会危害性的客观表现，其本质仍然属于侵犯了国家机关的正常管理活动。

（2）国家机关工作人员才能构成本罪，其他人不能构成本罪。这里所称"国家机关工作人员"，是指在国家机关中从事公务的人员。"国家机关"是指国家权力机关、行政机关、司法机关、军事机关。

（3）滥用职权和玩忽职守的行为只有"致使公共财产、国家和人民利益遭受重大损失"的，才构成犯罪。是否造成"重大损失"是区分罪与非罪的重要标准。未造成重大损失的，属于一般工作过失的渎职行为，可以由有关部门给予批评教育或者行政处分。

在实践中正确认定和区分这两种犯罪具有重要意义。

滥用职权，是指国家机关工作人员超越职权，违法决定、处理其无权决定、处理的事项，或者违反法定程序处理公务，致使公共财产、国家和人民利益遭受损失的行为。

玩忽职守，指国家机关工作人员严重不负责任，不履行或者不正确履行职责，致使公共财产、国家和人民利益遭受损失的行为。

（三）关于玩忽职守罪中的"重大损失"应如何认定

构成玩忽职守罪，我国刑法要求行为人的玩忽职守行为，必须造成了"公共财产、国家和人民利益遭受重大损失"的结果。可见，玩忽职守犯罪不是一般意义上的结果犯，而是玩忽职守行为对特定法益造成法定程度的实际危害结果时才能认定构成犯罪既遂的实害犯。

《最高人民检察院关于渎职侵权犯罪案件立案标准的规定》中将滥用职权罪、玩忽职守罪中的"损失"分为物质性损失和非物质性损失。物质性损失，是指滥用职权、玩忽职守的行为所造成的人身伤亡、人的健康损害或者财产上的毁损。物质性损失是可以用数量或者金钱的数额进行计算的。非物质性损失是不能用数量或者金钱的数额加以计算的，但可以通过考察民间的呼声、舆论的影响等途径确定其损失的程度。

从司法实践来看，非物质性损失，是指滥用职权、玩忽职守的行为严重损害了国家声誉，或者造成了恶劣的社会影响。这意味着如果具备了"严重损害国家声誉""造成恶劣社会影响"两种情形中的一种，就可以构成滥用职权罪或者玩忽职守罪。其中"严重损害国家声誉"，一般是指具有下列情形之一：①犯罪行为被国内外媒体广泛报道，严重影响我国政府在国内外的形象；②犯罪行为损害了我国在国际上的威望和地位；③犯罪行为在国内较大的范围内使国家机关及其工作人员的威信丧失或者信任度明显下降，造成一方的社会不稳定。"造成恶劣社会影响"，是指国家机关工作人员滥用职权、玩忽职守的行为极大地破坏了国家机关工作人员的形象，引起了广大人民群众的强烈不满，甚至发生游行、示威、罢工等活动。如果同时具备两种情形的，就应认定为情节特别严重。[1]

（四）关于本案是否已过追诉时效期限

1. 本案被告人涉嫌的玩忽职守罪属于状态犯

继续犯也称持续犯，是指作用于同一对象的一个犯罪行为从着手实行到行为终了，犯罪行为与不法状态在一定时间内同时处于不间断的持续状态的犯罪，如非法拘禁罪、窝藏罪等。犯罪行为的继续，也就意味着犯罪不法状态的继续。连续犯，是指行为人基于一个概括的故意，反复实施了数个独立犯罪的行为，而触犯了同一罪名。如行为人基于非法占有的故意，连续实施的多个诈骗行为。

而状态犯，是指犯罪行为已经实施完毕，但犯罪行为所造成的不法状态仍在继续。状态犯的典型特征是属于构成要件的犯罪行为先行结束而不法状态仍然单独继续着，如盗窃罪。

继续犯与状态犯，虽然都有不法状态的继续，但两者的本质区别在于：继续犯的不法状态从犯罪实行时就已产生；而状态犯的不法状态产生于犯罪行为实行终了。继续犯是实行行为本身的持续，行为的持续导致不法状态也在持续，也即继续犯的行为对法益的侵犯在持续，行为的构成要件符合性在持续；而状态犯发生侵害结果后，行为的构成要件符合性没有持续，仅仅是犯罪的不法状态的继续。因此，《中华人民共和国刑法》第 89 条之规定是刑法对连续犯和继续犯的追诉期限所做的特殊规定。

---

〔1〕 最高人民法院中国应用法学研究所编：《人民法院案例选》（2012 年第 1 辑·总第 79 辑），人民法院出版社 2012 年版。

2. 对于本案中的犯罪之日应当做何理解

关于"犯罪之日"的含义，司法实践中存在"犯罪成立之日""犯罪行为实施之日""犯罪行为发生之日""犯罪行为完成之日""犯罪行为停止之日"等不同理解。辩护人认为，本案中的"犯罪之日"应当理解为犯罪成立之日，即犯罪行为符合全部构成要件之日。

参考 1981 年 11 月 1 日发布的《最高人民法院关于执行刑法中若干问题的初步经验总结》中规定了追诉期限的起算："根据刑法第七十八条的规定，追诉期限应当从犯罪构成之日起计算。"

依照《中华人民共和国刑法》第 397 条第 1 款的规定，玩忽职守罪属于结果犯，即除了有犯罪行为外，还应该致使公共财产、国家和人民利益遭受重大损失这一后果发生才构成犯罪。

首先，本案中要明确被告人李某南犯罪行为发生的时间。本案一审判决中认定的被告人李某南玩忽职守违规授权的时间为 2005 年 3 月 1 日，不动产二次转移登记时间为 2005 年 5 月 26 日。假设在被告人李某南在涉案房产虚假材料及授权委托书上加盖姓名章的事实成立的前提下，那么在 2005 年 3 月 1 日，即被告人李某南在涉案房产虚假材料及授权盖章之日，此时其所有涉及玩忽职守的犯罪行为已实施完毕。

其次，本案中需要明确被告人李某南犯罪行为的危害结果发生时间。一审判决认定："本案的渎职行为造成自 2005 年起实际权利人丧失工贸佳园一层、二层 202 的完整所有权，且该房产后续被他人用作向银行巨额贷款的抵押物，同时因用于错误登记的虚假合同中盖有被告人李某南的私章与南山工商分局公章导致国家机关与不动产登记公信力遭到质疑并导致南山工商分局因此事作为诉讼案件被告，造成社会恶劣影响……"司法实践中，渎职犯罪的情况复杂，渎职行为造成损害后果的情形也较为复杂，有生命损害、健康损害、物质损害等，不同的损害结果，在认定发生时间上也不尽相同。就本案而言，笔者认为，假设在被告人李某南在涉案房产虚假材料及授权委托书上加盖姓名章的事实成立的前提下，如果被告人李某南构成玩忽职守罪，那么被告人李某南玩忽职守行为造成的后果有且只有一个：即涉案房产被错误登记至田某玲及其关系人李某乙名下。因此，2005 年 5 月 26 日工贸佳园的涉案房产被错误登记至田某玲及其关系人李某乙名下，被告人李某南玩忽职守行为符合犯罪构成要件，追诉期限应从该日起算。

【简要总结】

本案历时久远、案情复杂。意大利犯罪学家加罗法洛提出自然犯罪和法定犯罪两种犯罪类型。按照加罗法洛的解释，自然犯罪是指违反人类怜悯情操和正直情操的任何犯罪行为，例如杀人、故意伤害、抢劫、盗窃、强奸、放火等。无论在何种法律背景和文化背景之下，这些行为在本质上都属于恶行。法定犯罪是指只有法律规定为犯罪才属于犯罪，否则就不是犯罪的行为，例如走私、偷税漏税等。这些行为不存在本质上的邪恶性。[1] 而本案所牵涉的渎职犯罪就属于法定犯，要解决此类型案件既需要运用到刑法，也需要丰富的民商法、行政法理论作为支撑。笔者有如下办案心得，分享之：

（一）本案启示行政机关负责人如何正确签发公文，避免风险

签发公文是领导工作的一项重要内容，应当规范使用和管理行政机关负责人的签名章及签发行为。但从实践来看，不少领导者在签发公文时不够规范，存在较大的随意性。

本案的被告人李某南曾担任深圳市某区行政机关负责人，正是由于在虚假买卖合同、授权委托书、付清房款证明等材料上出现了被告人李某南的签名章才导致其被立案调查甚至一审法院认定构成玩忽职守罪。

《党政机关公文处理工作条例》第 22 条规定："公文应当经本机关负责人审批签发。重要公文和上行文由机关主要负责人签发。党委、政府的办公厅（室）根据党委、政府授权制发的公文，由受权机关主要负责人签发或者按照有关规定签发。签发人签发公文，应当签署意见、姓名和完整日期；圈阅或者签名的，视为同意。联合发文由所有联署机关的负责人会签。"

就目前来看，我国尚未规定党政机关工作中可以用签名章代替签名，且签名章在现实中存在盗用、盗刻的风险，本案启示行政机关负责人如何正确签发公文，为防范不必要的风险，在工作履职中应慎用签名章。

（二）阅卷后迅速厘清案件内部逻辑关系，制定辩护策略

笔者认为刑事辩护案件的主办律师一定要阅卷，且阅卷次数要达到三遍

---

〔1〕 赵宝成：《法定犯时代犯罪的"真问题"是什么》，载《检察日报》2016 年 7 月 19 日，第 3 版。

以上，第一遍通读，第二遍细读，第三遍带着问题再读。通过阅卷之后，律师才能对事实基本形成内心确信，才能梳理出案件内部的逻辑关系，才能够制定辩护策略。到底是无罪辩护、罪轻辩护抑或是骑墙式辩护。

而本案，笔者就是通过阅卷后，形成了三步走的刑事辩护策略。第一步为程序问题；第二步为实体作用；第三步为即使构成犯罪，也已过追诉时效期限。以此安排来达到辩护意见层层递进、环环相扣的效果。

（三）重视提交书面辩护意见，让复杂问题简单化。

《最高人民法院、最高人民检察院、公安部、国家安全部、司法部印发〈关于依法保障律师执业权利的规定〉的通知》第 36 条规定："人民法院适用普通程序审理案件，应当在裁判文书中写明律师依法提出的辩护、代理意见，以及是否采纳的情况，并说明理由。"

刑事辩护是一门说服法官的艺术。辩护律师要说服法官，"将本方观点塞进法官脑子里"，需要具备一定的经验、技巧和智慧。[1]辩护词不仅仅是辩护律师庭审发言的归纳与总结，也是辩护律师向法庭提交全部材料与庭审发言的补充和完善。专业辩护词体现的是辩护律师的专业素养，这就需要体现其规范性、专业性、针对性。本案辩护人通过深入阅卷后最终将长达几百页的辩护词装订成册递交给二审法院，该份辩护词包括详细版辩护词、简版辩护词、案件时间轴、证人证言对比表、参考案例等，既有"丰满的骨肉"又有"清晰的脉络"。特别是本案制作并提交给法院的授权委托书对比表和证人证言对比表，一目了然地将案件事实呈现出来，为有效辩护起到事半功倍的作用。通过这些详尽的辩护材料，一方面能够将自己的辩护观点能够完全展示出来，另一方面也方便法官审理案件时直接进行参考、引用。

（四）本案运用援引案例的辩护策略，加强论证的说服力。

2020 年 7 月 27 日，最高人民法院印发的《关于统一法律适用加强类案检索的指导意见（试行）》第 4 条规定："类案检索范围一般包括：（一）最高人民法院发布的指导性案例；（二）最高人民法院发布的典型案例及裁判生效的案件；（三）本省（自治区、直辖市）高级人民法院发布的参考性案例及裁判生效的案件；（四）上一级人民法院及本院裁判生效的案件。除指导性案

---

〔1〕 陈瑞华：《刑事辩护的艺术》，北京大学出版社 2018 年版。

例以外，优先检索近三年的案例或者案件；已经在前一顺位中检索到类案的，可以不再进行检索。"

第 10 条规定："公诉机关、案件当事人及其辩护人、诉讼代理人等提交指导性案例作为控（诉）辩理由的，人民法院应当在裁判文书说理中回应是否参照并说明理由；提交其他类案作为控（诉）辩理由的，人民法院可以通过释明等方式予以回应。"

案例是统一裁量标准、构建法律人思维、维护法律安全性的重要手段。本案的二审辩护词援引了《刑事审判参考》中刊登的一个案例。尽管该案例并不具有指导案例的效力，但其通常都是由最高人民法院的法官予以审校，因此对法官办案具有极大的参考价值，具有理论参考意义。

附：相关法律法规及司法解释

📖《中华人民共和国刑法》

第三百九十七条　【滥用职权罪】【玩忽职守罪】国家机关工作人员滥用职权或者玩忽职守，致使公共财产、国家和人民利益遭受重大损失的，处三年以下有期徒刑或者拘役；情节特别严重的，处三年以上七年以下有期徒刑。本法另有规定的，依照规定。

国家机关工作人员徇私舞弊，犯前款罪的，处五年以下有期徒刑或者拘役；情节特别严重的，处五年以上十年以下有期徒刑。本法另有规定的，依照规定。

📖《中华人民共和国刑事诉讼法》

第二百三十八条　第二审人民法院发现第一审人民法院的审理有下列违反法律规定的诉讼程序的情形之一的，应当裁定撤销原判，发回原审人民法院重新审判：

（一）违反本法有关公开审判的规定的；

（二）违反回避制度的；

（三）剥夺或者限制了当事人的法定诉讼权利，可能影响公正审判的；

（四）审判组织的组成不合法的；

其他违反法律规定的诉讼程序，可能影响公正审判的。

📖《最高人民法院关于适用〈中华人民共和国刑事诉讼法〉的解释》

第二百九十五条　对第一审公诉案件，人民法院审理后，应当按照下列情形分别作出判决、裁定：

（一）起诉指控的事实清楚，证据确实、充分，依据法律认定指控被告人的罪名成立的，应当作出有罪判决；

（二）起诉指控的事实清楚，证据确实、充分，但指控的罪名不当的，应当依据法律和审理认定的事实作出有罪判决；

（三）案件事实清楚，证据确实、充分，依据法律认定被告人无罪的，应当判决宣告被告人无罪；

（四）证据不足，不能认定被告人有罪的，应当以证据不足、指控的犯罪不能成立，判决宣告被告人无罪；

（五）案件部分事实清楚，证据确实、充分的，应当作出有罪或者无罪的判决；对事实不清、证据不足部分，不予认定；

（六）被告人因未达到刑事责任年龄，不予刑事处罚的，应当判决宣告被告人不负刑事责任；

（七）被告人是精神病人，在不能辨认或者不能控制自己行为时造成危害结果，不予刑事处罚的，应当判决宣告被告人不负刑事责任；被告人符合强制医疗条件的，应当依照本解释第二十六章的规定进行审理并作出判决；

（八）犯罪已过追诉时效期限且不是必须追诉，或者经特赦令免除刑罚的，应当裁定终止审理；

（九）属于告诉才处理的案件，应当裁定终止审理，并告知被害人有权提起自诉；

（十）被告人死亡的，应当裁定终止审理；但有证据证明被告人无罪，经缺席审理确认无罪的，应当判决宣告被告人无罪。

对涉案财物，人民法院应当根据审理查明的情况，依照本解释第十八章的规定作出处理。

具有第一款第二项规定情形的，人民法院应当在判决前听取控辩双方的意见，保障被告人、辩护人充分行使辩护权。必要时，可以再次开庭，组织控辩双方围绕被告人的行为构成何罪及如何量刑进行辩论。

📖 **《最高人民检察院关于渎职侵权犯罪案件立案标准的规定》**

（一）滥用职权案（第三百九十七条）

滥用职权罪是指国家机关工作人员超越职权，违法决定、处理其无权决定、处理的事项，或者违反规定处理公务，致使公共财产、国家和人民利益遭受重大损失的行为。

涉嫌下列情形之一的，应予立案：

1. 造成死亡 1 人以上，或者重伤 2 人以上，或者重伤 1 人、轻伤 3 人以上，或者轻伤 5 人以上的；

2. 导致 10 人以上严重中毒的；

3. 造成个人财产直接经济损失 10 万元以上，或者直接经济损失不满 10 万元，但间接经济损失 50 万元以上的；

4. 造成公共财产或者法人、其他组织财产直接经济损失 20 万元以上，或者直接经济损失不满 20 万元，但间接经济损失 100 万元以上的；

5. 虽未达到 3、4 两项数额标准，但 3、4 两项合计直接经济损失 20 万元以上，或者合计直接经济损失不满 20 万元，但合计间接经济损失 100 万元以上的；

6. 造成公司、企业等单位停业、停产 6 个月以上，或者破产的；

7. 弄虚作假，不报、缓报、谎报或者授意、指使、强令他人不报、缓报、谎报情况，导致重特大事故危害结果继续、扩大，或者致使抢救、调查、处理工作延误的；

8. 严重损害国家声誉，或者造成恶劣社会影响的；

9. 其他致使公共财产、国家和人民利益遭受重大损失的情形。

国家机关工作人员滥用职权，符合刑法第九章所规定的特殊渎职罪构成要件的，按照该特殊规定追究刑事责任；主体不符合刑法第九章所规定的特殊渎职罪的主体要件，但滥用职权涉嫌前款第 1 项至第 9 项规定情形之一的，按照刑法第 397 条的规定以滥用职权罪追究刑事责任。

（二）玩忽职守案（第三百九十七条）

玩忽职守罪是指国家机关工作人员严重不负责任，不履行或者不认真履行职责，致使公共财产、国家和人民利益遭受重大损失的行为。

涉嫌下列情形之一的，应予立案：

1. 造成死亡 1 人以上，或者重伤 3 人以上，或者重伤 2 人、轻伤 4 人以上，或者重伤 1 人、轻伤 7 人以上，或者轻伤 10 人以上的；

2. 导致 20 人以上严重中毒的；

3. 造成个人财产直接经济损失 15 万元以上，或者直接经济损失不满 15 万元，但间接经济损失 75 万元以上的；

4. 造成公共财产或者法人、其他组织财产直接经济损失 30 万元以上，或者直接经济损失不满 30 万元，但间接经济损失 150 万元以上的；

5. 虽未达到 3、4 两项数额标准，但 3、4 两项合计直接经济损失 30 万元以上，或者合计直接经济损失不满 30 万元，但合计间接经济损失 150 万元以上的；

6. 造成公司、企业等单位停业、停产 1 年以上，或者破产的；

7. 海关、外汇管理部门的工作人员严重不负责任，造成 100 万美元以上外汇被骗购或者逃汇 1000 万美元以上的；

8. 严重损害国家声誉，或者造成恶劣社会影响的；

9. 其他致使公共财产、国家和人民利益遭受重大损失的情形。

国家机关工作人员玩忽职守，符合刑法第九章所规定的特殊渎职罪构成要件的，按照该特殊规定追究刑事责任；主体不符合刑法第九章所规定的特殊渎职罪的主体要件，但玩忽职守涉嫌前款第 1 项至第 9 项规定情形之一的，按照刑法第 397 条的规定以玩忽职守罪追究刑事责任。

后 记

　　中伦文德刑事法研究院是北京市中伦文德律师事务所下设的刑事法专业委员会，成立于 2017 年 5 月。刑研院自成立以来，秉承"重大至正，伦理求是，文以载道，德信为本"的所训，建立了一支专业、敬业、精业的刑辩律师团队，并以律所的名义延请刑事法理论和实务界著名法学家、学者、专家型领导担任高级学术顾问或者高级研究员，将刑事法理论与实践紧密结合，在工作中学习，在学习中精益渐进，不断提升自身的业务素质、理论水平和职业素养，努力为当事人提供专业、优质、高效的法律服务。

　　本书就是刑研院刑辩律师团队深度合作的重要成果之一。在案件办理过程中，我们总结、提炼颇具参考价值的法律观点，日积月累，现编辑成册，付梓出版，希冀以此"抛砖引玉"，寻求更多和业界同行学习交流的机会。参与本书编写的有北京师范大学法学院教授、博士生导师黄晓亮兼职律师，中伦文德北京总所许波律师、郭雪华律师，以及中伦文德上海分所陈云峰律师、王本桥律师、马珂律师，中伦文德深圳分所洪国安律师、易依妮律师，中伦文德成都分所王志坚律师、康琪律师、汪倩律师等。他们既有深厚的法学理论功底，又有丰富的实践办案经验，他们是"专家中的律师，律师中的专家"。本书的出版，正是他们"专业、敬业、精业"执业精神的体现。

　　作为新时代的刑辩律师，在深入贯彻习近平法治思想方面，我们肩负着光荣的时代使命。本书中很多案例涉及企业及企业家的刑事法律风险问题。目前，中国的企业普遍存在公司治理滞后、企业家犯罪逐年攀升的突出问题，这些问题的解决需要切实落实党和国家关于民营企业法律保护的各项方针政策，逐步建立和完善社会主义法治背景下的企业刑事合规体系。中伦文德刑事法研究院既希望，又有信心在企业刑事合规领域发挥建设性作用。在此设想之下，我们已经与北京师范大学法学院、北京万合企业法研究院等科研机构签订学术合作交流协议，以多种形式开展深入合作，每年定期发布刑事领域的典型案例，召开学术会议，向业界同行、企业家分享我们在刑事案件办理和企业刑事合规体系建设方面的实践经验和理论成果。

本书的编写和出版得到了刑事法界多位前辈和同仁的大力支持。感谢樊崇义老师百忙之中为本书作序，感谢陈文董事长、中伦文德执委会对本书出版工作的鼎力支持。此外，北京师范大学博士生王诗华同学，中伦文德刑事法韩春明、肖亚卓、孙壤等多位同事也为本书出版工作付出了辛劳和汗水，在此一并表示感谢。

当下，刑法学理论不断发展，新制定的法律法规、司法解释不断出台。鉴于作者能力和水平有限，本书错误和疏漏之处在所难免，诚请广大读者和方家批评斧正，不吝赐教。

中伦文德刑事法研究院院长　许波律师

二〇二三年三月

图书在版编目（CIP）数据

刑事正义的追求：中伦文德刑事辩护典型案例精选/许波，黄晓亮主编. —北京：中国政法大学出版社，2023.9
　ISBN 978-7-5764-0825-6

　Ⅰ.①刑… Ⅱ.①许… ②黄… Ⅲ.①刑事诉讼－辩护－案例－中国 Ⅳ.①D925.215.05

中国国家版本馆CIP数据核字(2023)第096432号

出　版　者　　中国政法大学出版社

地　　　址　　北京市海淀区西土城路 25 号

邮寄地址　　北京 100088 信箱 8034 分箱　　邮编 100088

网　　　址　　http://www.cuplpress.com (网络实名：中国政法大学出版社)

电　　　话　　010-58908289(编辑部) 58908334(邮购部)

承　　　印　　固安华明印业有限公司

开　　　本　　720mm×960mm　　1/16

印　　　张　　23

字　　　数　　360 千字

版　　　次　　2023 年 9 月第 1 版

印　　　次　　2023 年 9 月第 1 次印刷

定　　　价　　98.00 元